商周金文

商周金文 -中國古文字導讀-

본서의 이해를 돕기 위한 부록의 내용은 만국정(萬國鼎), 『중국역사기년표(中國歷史紀年表)』(商務印書館, 1978), 고명(高明), 『중국고문자학통론(中國古文字學通論)』(北京大學出版社, 1996), 주봉한(朱鳳瀚), 『고대중국청동기(古代中國青銅器)』(南開大學出版社, 1995)를 참고하였습니다.

이 책은 (재)한국연구재단의 지원으로 학고방출판사에서 출간, 유통합니다.

한국연구재단 학술명저번역총서 동양편 606

商周金文 上

商周金文 -中國古文字導讀-

저자 왕 휘
역자 곽노봉

學古房

■ 일러두기 ■ (『상주금문』 1~2쪽)

1. 본서 앞부분의 '금문과 그 연구'는 금문의 주요 내용과 그 연구 개황을 서술한 것이다. 본문은 대표적 명문 68편을 선별하여 주석을 추가하였다. 그 연대는 상나라 말기에서 춘추시기까지이며, 서주시기의 기물에 중점을 두었다. 상나라와 서주시기는 왕의 년[王年]을 순서로 삼았고, 춘추시기는 제후국들의 기물만 선택하여 기년으로 순서로 정하였다.

2. 본문의 각 편은 간단한 기물소개, 저록(著錄), 석문(釋文), 번역(飜譯), 주해(注解), 단대(斷代) 등의 항목으로 나누어 소개하였다. 단대에서는 본문의 주석에서 근거를 이미 언급한 경우 다시 중복하여 기술하지 않았다. 이해를 돕기 위하여 가능한 기물의 사진과 명문의 탁본(拓本), 모본(摹本)을 제시하였다.

3. 간단한 기물소개에서는 청동기의 출토와 수장에 관한 정황, 글자 수, 다른 명칭 등을 제시하였다. 글자의 수에는 합문과 중문을 포함시켰다.

4. 저록은 쉽게 접할 수 있는 책 혹은 최초의 저록만 선택하였을 뿐이며, 관련 서적 모두를 싣지는 않았다. 따라서 독자가 각 편 저록의 상세한 정황을 이해하고자 한다면, 손치추(孫稚雛)의 『금문저록간목(金文著錄簡目)』을 참고하기 바란다.

5. 본서는 일반적으로 번체자[繁體]와 정자체[正體]를 사용하였다. 다만, 자형을 고석(考釋)하거나 다른 뜻이 있는 경우에는 이체자(異體字)를 사용하였다.

6. 비교적 긴 주해는 되도록 반복을 피하기 위하여 앞에서 이미 주해한 것이 뒤에 나오는 경우 앞의 주해를 참고하도록 하였다.

7. 잘 알려지거나 공인된 견해 이외에 여러 학자들의 학설을 인용할 때에는 대부분 출처를 상세히 주석하여 밝혔다.

8. 난해한 글자는 일반적으로 특정 주석가의 말을 직접 채용하였다. 그러나 일부분 몇 종류 서로 다른 학설을 열거할 경우에는 주석가들의 경향성 의견만 표시하였을 뿐 장황한 고증은 하지 않았다.

9. 인용문은 일률적으로 옛 형태를 따랐는데, 예를 들면 다음과 같다.
'포(布)'는 『설문해자(說文解字)』에서 "모시풀로 짠 베이다[枲織也]."라고 하였는데, 단옥재(段玉裁)는 『설문해자주(說文解字注)』에서 "옛날에는 지금의 무명천이 없었고, 단지 삼베와 갈포만 있었을 뿐이다[古者無今之木棉布, 但有麻布及葛布而已]."라고 하였다.

10. 잘못 인용한 본문 내용은 '역자주'로 처리하여 교정과 보충 설명을 하였다.

11. 단대는 기물의 형태와 관련이 있지만, 본서에서는 명문에 중점을 두었기 때문에 청동기의 형제(形製)는 대부분 소개하지 않았다.

12. 명문은 대부분 탁본과 모본을 축소하여 실었는데, 비례는 명확히 제시하지 않았다.

13. 석문은 원문 상태를 그대로 옮겼으며, 통가자(通假字)는 ( ), 결자(缺字)를 문맥에 의거하여 보충할 수 있는 글자는 [ ], 오자(誤字)는 〈 〉, 결자는 □로 표시하였다.

14. 숫자는 일반적으로 아라비아 숫자를 사용하였고, 다만 연월을 기록하는 것[紀年月]은 한자를 사용하였다.

15. 본서 말미에 '저록간목(著錄簡目)'과 '인용서목(引用書目)'을 첨부하였는데, 전자는 시대의 선후를 순서로 하였고, 후자는 저자의 성씨 필획을 순서로 하였으며, 동일인은 인용의 선후로 순서를 정하였다.

16. 부록으로 Ⅰ. 하상주연대간표(夏商周年代簡表), Ⅱ. 금문, Ⅲ. 청동기의 종류 등을 첨부하여 본서에 대한 이해를 돕고자 하였다.

목 차

목 차

청동기의 종류

• • •

금문

금문 3

금문(金文)은 청동기명문(青銅器銘文)·종정문(鐘鼎文)·종정관지(鐘鼎款識)라고도 하는데, 청동기에 주조하거나 새긴 문자를 일컫는다. 『설문해자』를 보면, "금은 다섯 가지 색의 금속으로 누런 것이 가장 뛰어나다."라고 하였으며, 또한 "동은 붉은 금속이다."[1]라고도 하였다. 옛사람은 금·은·동·철·주석을 모두 '금'이라 불렀다. 청동은 동과 주석의 합금으로 이를 간략하게 '금'이라 불렀다. 『주례·고공기(周禮·考工記)』를 보면, "무릇 나무를 다스리는 장인이 7직이고, 금을 다스리는 장인이 6직이다."라고 하였으며, 또한 "금은 6가지 조제방법이 있는데, 금을 여섯으로 나누고 주석이 1을 차지하는 것을 종정(鐘鼎)의 조제라 하고, 금을 다섯으로 나누고 주석이 1을 차지하는 것을 부근(斧斤)의 조제라 한다."[2]라고도 하였다. 여기서 말한 금은 모두 청동을 가리킨다. 청동 예기에서의 '종'과 '정'은 귀족이 상용하였던 귀중한 기물이었으므로 '종정'을 청동기의 별칭으로 사용하였다. '관지(款識)'에서 '관'은 오목한 글자, '지'는 볼록한 글자를 청동기에 새기거나

1) 許愼, 『說文解字』: "金, 五色金也, 黃爲之長.……銅, 赤金也."
2) 『周禮·考工記)』: "凡攻木之工七, 攻金之工六.……金有六齊, 六分其金而錫居一, 謂之鐘鼎之齊, 五分其金而錫居一, 謂之斧斤之齊."

주조한 문자를 가리킨다.

청동기 제조는 상당히 유구한 역사를 가지고 있다. 대략 지금으로부터 4,000 - 5,000년 전 감숙성 동부의 마가요(馬家窯)·제가(齊家) 문화유적지 및 하북성·하남성·산서성·산동성의 용산(龍山) 문화유적지와 묘장(墓葬)에서 홍동과 청동으로 제조한 칼·도끼·송곳·끌 등의 농기구가 발견되었다. 이어서 하나라에 해당하는 하남성 언사(偃師) 이리두(二里頭)의 유적지와 묘에서는 청동 칼·도끼·화살촉·낚싯바늘 등과 함께 청동 술 그릇 작(爵)이 발견되었다. 상나라 이후 청동기 주조기술은 장족의 발전이 있었다. 정주(鄭州) 이리강(二里崗)의 상나라 전기 유적지에서 많은 종류의 청동 예기가 발견되었다. 예를 들면, 정(鼎)·언(甗)·궤(簋)·화(盉)·뢰(罍) 등이 그러하다. 상나라 후기(대략 기원전 14 - 13세기)의 도성 안양(安陽)의 청동기 제조는 이미 전성기에 달하였다. 종류는 많고, 형체는 높고 크며, 꽃무늬가 잡다하였다. 유명한 〈사모무대방정(司母戊大方鼎)〉은 무게가 875kg으로 매우 보기 드문 청동기이다.

대략 상나라 중기에서부터 청동기에 명문이 나타나기 시작한다. 이러한 명문의 글자 수는 매우 적다. 대부분 종족이나 제사를 지내는 부친과 조부의 이름, 혹은 기물을 만든 개인 이름 등이다. 예를 들면, 1976년 은허 5호묘에서 출토한 동기의 명문에 있는 '사모신(司(后)母辛)'·'부호(婦好)'는 상나라 왕인 무정(武丁)의 배우자이다. 상나라 후기에 이르러 비로소 비교적 길게 일을 기록한 명문이 나타나기 시작하였다. 예를 들면, 〈수사자정(戍嗣子鼎)〉에 30자, 〈사사익기유(四祀𠨘其卣)〉에 44자가 있다. 이러한 명문들은 상나라 사람의 상제(上帝)·선조에 대한 제사, 윗사람이 아랫사람에게 내리는 상, 상나라 왕의 방국(方國)에 대한 정벌, 신하에 대한 연회 등을 반영한 것으로 은상시기의 역사문화를 연구하는 데에 중요한 자료가 된다.

상나라 금문 글자체는 대부분 머리와 꼬리가 뾰족하고 중간은 굵은 파책이 있다. 웅혼하고 힘이 있으며, 험준하고 굳세며 구애됨이 없어 갑골문에 비하여 기백이 더욱 당당하다.

서주시기 금문은 상나라 금문의 기초 위에서 현저한 발전과 진보가 있었다. 서주시기 금문의 긴 명문은 이전보다 크게 증가하였다. 예를 들면, 〈대우정(大盂鼎)〉은 291자, 〈사장반(史墻盤)〉은 284자, 〈산씨반(散氏盤)〉은 375자, 〈모공정(毛公鼎)〉은 497자이다. 상나라의 주요 문자자료는 갑골문이고, 금문은 부차적 지위에 있었다. 서주시기 금문은 당시 문자자료의 주류이고, 갑골문·도문·석각문자는 수량도 적었으며, 내용 또한 단순하다. 서주시기 금문의 내용은 매우 풍부하고, 중대한 역사 사건들을 많이 기재하여 정치·경제·군사·문화·외교의 각 방면을 반영하고 있다. 따라서 서주시기의 역사·문화 연구에서의 가치는 『상서·주서』를 훨씬 능가한다.

서주시기 금문은 중대한 역사 기록을 많이 기술하고 있다. 예를 들면, 〈이궤(利簋)〉에서 무왕이 갑자일에 상나라를 멸하였다고 하였는데, 이는 『상서·무성(尙書·武成)』·『일주서·세부(逸周書·世俘)』와 더불어 서로 참조하고 검증할 수 있다. 〈천망궤(天亡簋)〉에서는 무왕이 동토(東土, 洛邑)를 도읍지로 살피고, 태실산(太室山)에 이르러 하늘에 제사지내고 성주(成周)의 건설을 준비하였다는 것을 기록하고 있다. 〈하준(何尊)〉에서는 성왕 5년(기원전 1020)[3], 성왕이 무왕의 유지

3) 본문에서 사용한 연대는 이후 모두 萬國鼎 編 『中國歷史紀年表』, 商務印書館 1978년에 의거한다.

를 계승하여 도읍을 성주로 옮기고 경실(京室)에서 종실의 자제들을 훈계하고 점을 쳐서 하늘에 고하였다는 것을 기록하고 있다. 명문에서 낙읍(洛邑)을 '중국(中國)'이라 하였으니, 즉 천하의 가운데에 위치한 도읍이란 의미로 『상서·소고(尙書·召誥)』의 기록과 완전히 일치하고 있다. 『사기』에 무왕을 "소공석을 연에 봉하였다."라 하였고, 성왕과 주공은 "강숙을 봉하여 위군으로 삼았다."라고 하였으며, "숙우를 당에 봉하였다."[4)]라고 하였다. 이는 또한 전해 내려오는 기물[傳世器] 〈매사도의궤(沬司徒迭簋)〉와 새로 출토된 〈극뢰(克罍)〉·〈극화(克盉)〉·〈숙우방정(叔夨方鼎)〉의 명문에서도 실증되고 있다.

"나라의 큰일은 제사와 전쟁에 있다."[5)]라고 한 것처럼 많은 금문은 서주시기의 제사의례를 반영하고 있다. 〈작책맥방준(作冊麥方尊)〉에서는 강왕이 형후(邢侯)를 형구(邢丘)에 다시 봉한 뒤에 형후가 종주(宗周, 鎬京) 분경(莽京)에서 왕을 알현하자 왕은 벽옹(辟雍)에서 배를 타고 큰 예를 올리며, 큰 새를 쏘아 제사의 용품으로 이바지하였음을 기록하고 있다. 〈작책령방이(作冊令方彝)〉에서는 소왕이 주공의 아들 명보(明保)에게 명하여 정부의 내정과 외무를 관장하라 하였고, 아울러 작책 령측(令夨)에게 이 일을 주공의 사당에서 제사지내고 고하라는 명을 기록하고 있다. 책명이 있은 뒤에 명보는 선왕의 종묘인 경궁(京宮)·강궁(康宮)에서 희생을 하는데, 항사(亢師)에게 울창주[鬯]·금(金)·작은 소[小牛]를 하사하고서 도(禱) 제사를 지내도록 명하였음을 기록하고 있다. 〈선궤(鮮簋)〉에서는 목왕 34년(943) 왕이 분경에서

4) 司馬遷, 『史記』: "封召公奭於燕.……封康叔爲衛君.……封叔虞於唐."
5) 『左傳·成公十三年』: "國之大事, 在祀與戎."

소왕에게 체(禘) 제사를 지낼 때 선(鮮)이 강신 의식[祼]을 진행하였고, 이에 왕이 강신 의식용 옥 3품을 하사한 것을 기록하고 있다. 명문에서의 체(禘)는 큰 제사로 부친인 소왕을 제사지내는 것이니, 은상 갑골문에서 보이는 상제를 제사지내는 것과는 구별이 있다.

서주시기는 전쟁이 빈번하여 무장이 전장에서 공이 있으면 왕의 후한 상을 받아 영광으로 여겼다. 그리고 기물을 만들어 그 일을 기록한 것이 금문에서 자주 보인다. 〈중언(中甗)〉 등 '중(中)' 관련 금문에서는 중이 소왕의 명을 받들어 남국을 순시하고 도로를 개통하며 남정을 준비하였음을 기록하고 있다. 〈사장반(史墻盤)〉에서는 소왕 일생의 덕행을 평가하여 "크고 아름다운 소왕이여, 초와 형을 넓혔으니, 남행이 빛났다."[6]라고 하였다. 『고본죽서기년(古本竹書紀年)』에서는 소왕 16년이라 기록하였고, 『금본죽서기년(今本竹書紀年)』에서는 소왕 19년에 두 차례 초나라를 정벌하여 "육사[7]를 한수에서 잃었다[喪六師於漢]."라고 기록하였으니, 금문의 내용과 서로 합한다. 그러나 금문에서는 그 실패한 일을 숨기고 있다. 〈반궤(班簋)〉에서는 목왕이 모반(毛班)에게 명하여 번양(繁陽)·촉(蜀)·소(巢) 등지의 군사업무를 주관하고, 주왕실이 봉한 수령·보병·병거를 거느려 "동쪽 나라 연융을 쳐라."[8]라고 명하였음을 기록하고 있다. 여기서 '연융'이란 곧 서언왕(徐偃王)이다. 주 목왕이 그를 쳤다는 것은 『사기·진본기(史記·秦本紀)』와 『사

6) 〈史墻盤〉: "宖魯昭王, 廣能楚荊, 唯寏(煥)南行."
7) 六師는 주나라 때 군제로 천자가 통솔한 여섯 개의 軍을 가리킨다. 다섯 명을 五, 5오를 兩, 4양을 卒, 5졸을 旅, 5旅를 師, 5사를 軍이라 하였다. 1軍은 12,500명이므로 6軍은 75,000명이다.
8) 〈班簋〉: "伐東國痟戎."

기·조세가(史記·趙世家)』에서 보이니, 금문은 이것이 믿을 수 있는 역사임을 증명하였다. 〈종궤(刻簋)〉에서는 목왕 때 백종(伯刻)이 군대를 거느려 하남성 엽현(葉縣) 부근의 역림(棫林)·호(麩, 胡)·당사(堂師)에서 회융(淮戎)을 습격하여 포로 및 각종 병기를 많이 얻었음을 기록하고 있다. 주나라 사람과 회이(淮夷)·남이(南夷)와의 전쟁은 줄곧 서주시기 말기까지 연속되었다. 〈괵중수(虢仲盨)〉·〈무기궤(無㠱簋)〉·〈우정(禹鼎)〉 등에서는 모두 여왕 때 회이·남이를 쳤던 일을 기록하였으나 그 결과는 전혀 거론하지 않았으니, 아마도 손해가 있었던 것 같다. 〈우정〉에서는 또한 전쟁을 시작할 때 "군사가 오랫동안 두려워하고, 사기가 떨어졌으며, 겁내었다."라는 것과 두려움이 심하여 "악을 쳤으나 이기지 못하였다."[9]라는 것을 언급하기도 하였다. 선왕 때의 〈사원궤(師寰簋)〉에서는 왕이 사원(師寰)에게 명하여 "제나라 군사, 기·래·극·둔의 좌우 용맹한 신하를 거느려 회이를 쳤다."[10]라는 것을 기록하고 있다. 선왕은 한 차례 중흥을 도모하였을 때, 대부분 전쟁에서 승리를 거두었다. 『시경·대아·강한』을 보면, "왕이 그 용맹을 떨치자 벼락과 같고 성냄과 같았다. 그 용맹한 신하를 나아가게 하니 바라봄이 마치 호랑이가 울부짖는 것 같다."라고 하였으며, 결과적으로 "사방이 이미 평정되자 서언왕이 비로소 조정에 왔다."[11]라고 하였다. 회이는 심각한 타격을 받고 신하로 복종할 것을 표하였으니, 선왕 때의 〈구보수개(駒父盨蓋)〉에서는 "남쪽의 회이는……취하고 복종하였

9) 〈禹鼎〉: "師彌怵匌恇.……弗克伐噩."

10) 〈師寰簋〉: "率齊師㠱𠩺棘居左右虎臣征淮夷."

11) 『詩經·大雅·江漢』: "王奮厥武, 如震如怒. 進厥虎臣, 闞如虓虎.……四方既平, 徐方來庭."

다.……감히 왕명을 두려워하지 않을 수 없어 우리를 맞이하여 공물을 바치고 복종하였다."[12]라고 하였다. 이러한 상황에서 주 왕실도 회이·남이에 대하여 어느 정도 안무하는 태도를 보였다. 〈혜갑반(兮甲盤)〉에서는 주나라 백성과 제후에게 회이와 공평한 교역을 규정하고, 만일 교역의 규정을 지키지 않으면 형벌에 처할 것임을 기록하고 있다.

험윤(玁狁)은 서북의 부족으로 장기간 주나라와 대적하였는데, 유왕 때 주나라를 멸한 견융(犬戎)은 대개 험윤의 별칭이다. 많은 금문에서 주나라 사람이 험윤을 공격하고 토벌한 일을 언급하고 있다. 〈괵계자백반(虢季子白盤)〉에서는 낙수 이북에서 험윤을 붙잡아 500명을 참수하고 50명을 포로로 잡은 일을 기록하고 있다. 〈다우정(多友鼎)〉에서는 험윤이 수도인 호경(鎬京)과 순(荀)·공(龔)·엽(楪)·양(楊)·칠(桼, 漆)을 침범하자 여왕이 무공의 부하 다우(多友)를 파견하여 험윤과 교전하도록 하여서 포로와 대량의 병사·수레·물품을 노획하였음을 기록하고 있다. 〈불기궤(不其簋)〉에서는 험윤이 주나라 서부지역을 진격하여 서(西, 지금의 甘肅省 禮縣)에 이르자 진 장공 불기(不其)가 왕명을 좇아 략(䍐, 略)·고도(高陶)에서 추격하고 많은 포로를 사로잡았음을 기록하고 있다. 『시경·소아·채미』를 보면, "집이 쓰러지고 집안이 쓰러짐은 험윤 때문이네. 여유롭게 열고 거할 수 없음은 험윤 때문이네.……어찌 하루라도 경계하지 않으랴, 험윤이 매우 두렵구나."[13]라고 하였다. 또한 『시경·소아·유월』에서는 "험윤이 매우 거

---

12) 〈駒父盨蓋〉: "南淮夷……厥取厥服……不敢不㔾(敬)畏王命, 逆見我, 厥獻厥服."

13) 『詩經·小雅·采薇』: "靡室靡家, 玁狁之故. 不遑啓居, 玁狁之故.……豈不日戒, 玁狁孔棘."

세어 우리가 급하다.……험윤은 헤아릴 수 없고 단정히 초확에 거하네. 호와 방을 침입하여 경수의 북쪽에 이르렀네."[14]라고 하였다. 험윤의 침략은 주나라 사람들에게 큰 재난을 주었으나, 『시경・소아・출거』에서는 험윤을 토벌한 남중(南仲)을 찬미하며 "왕이 남중에게 명하여 가서 방에다 성을 쌓게 하였다. 병거를 내보냄이 많고, 거북과 뱀을 그린 검은 기를 흔듦이 멀도다. 천자가 나에게 명하여 저 북방에 성을 쌓으라고 하였네. 혁혁한 남중이 험윤을 물리쳤네."[15]라고 하였다. 이러한 기록들은 모두 금문과 서로 검증된다.

많은 금문은 서주시기의 토지제도를 반영하고 있다. 〈여정(旟鼎)〉에서는 소왕의 왕비 왕강(王姜)이 여에게 3전(田)의 토지를 하사하였음을 기록하고 있다. 이를 보면, 왕후도 상으로 토지를 하사할 권한이 있었음을 알 수 있다. 〈구위화(裘衛盉)〉에서는 공왕 3년(기원전 925)에 구백(矩伯)의 하인이 구위(裘衛)에게서 왕을 알현할 때 사용하는 옥을 구하고 보답으로 구위에게 토지 10전과 별도로 80붕(朋)에 해당하는 것을 더하여 보상하였다는 기록이 있다. 이후 구백은 다시 구위에게서 붉은 옥・호박 한 쌍과 무늬가 있는 사슴가죽 두 장을 취하고, 보답으로 20붕과 토지 3전으로 교환하였다. 결과는 왕조(王朝)・경대부(卿大夫)・백읍부(伯邑夫) 등 5인이 토지 교환을 감독하였다. 〈오사위정(五祀衛鼎)〉에서는 기내(畿內) 제후인 여(厲)가 백성의 수고로움에 관심을 가지라는 공왕의 명령을 집행하기 위하여 소왕 태실의 동쪽과 북쪽

---

14) 『詩經・小雅・六月』: "玁狁孔熾, 我是用急.……玁狁匪茹, 整居焦穫, 侵鎬及方, 至于涇陽."

15) 『詩經・小雅・出車』: "王命南仲, 往城於方. 出車彭彭, 旂旐央央. 天子命我, 城彼朔方. 赫赫南仲, 玁狁于襄."

에서 두 줄기 강을 다스려 토지 5전으로 구위와 교환하였음을 서술하고 있다. 토지 교역은 형백(邢伯) 등 집정대신이 감독하고 사마(司馬)·사도(司徒)·사공(司空)의 삼유사(三有司)와 내사료(內史寮) 좌엄인 추(佐閹人 芻) 등이 실사하여 사방의 경계를 정하였다. 명문에서 경작지 교역의 일을 '취(取)'·'사(舍)'·'저(貯)'라고 하였다. 여기에서 '저'는 '취'와 '사' 두 가지를 포괄하고, 음은 장사꾼이라는 고(賈)라 읽으며, 뜻은 교역 또는 매매라는 의미이다. 〈구년위정(九年衛鼎)〉에서는 구위가 하나의 장식과 부대시설을 갖춘 좋은 수레에다 비단 12필을 더해 구백의 임의리(林舀里) 지역과 교환하였다. 동시에 말·가죽옷·수레장식 등의 물건으로 안진(顏陳)의 작은 숲과 교환하였음을 기록하고 있다. 〈홀정(曶鼎)〉에서는 광계(匡季)가 흉년에 사람을 보내 홀(曶)의 벼 2,000병(秉)을 훔치자 홀은 광계를 동궁에 고발하였음을 기록하고 있다. 동궁은 원래 판결에서 광계에게 토지 5전, 1중(衆), 3신(臣)으로 홀의 벼 2,000병을 배상하라고 하였다. 홀이 만족하지 않고 다시 동궁에 고발하였다. 동궁은 다시 판결에서 광계에게 벼 4,000병을 배상하되 만일 내년까지 배상하지 않으면 다시 벌을 가하여 벼 8,000병을 배상하도록 하였다. 결과적으로 홀과 광계는 개인적으로 협의하여 원래 판결에 기초해서 광계가 다시 토지 2전과 1부(夫)를 더하여 모두 토지 7전과 5부, 그리고 벼 6,000병을 주기로 하였으며, 별도로 홀에게 벼 2,000병을 상환하기로 하였다. 이러한 금문에 기록된 것을 보면, 토지 교역은 때로는 토지를 토지로 바꾸고, 토지를 배상물로 삼았음을 알 수 있다. 이러한 내용은 서주 중기 이후 토지가 귀족의 손에서 이미 교환의 상품이 되었음을 설명하고 있다. 서주시기는 토지와 토지를 서로 교환하였고, 토지는 또한 거마·모피·비단·의물·옥·식량 등 기타 물품과 대응하는 가치를 가지고 있어 토지로 기타 물품을 바꿀 수 있었다. 서주시기의 상업경제·화폐·매매의 상황을 근거하면, 토지 교역은 당시 보편적으로 존재하였던 물물교환과 같다고 할 수 있다. 이는 실질적으로 토지를 매매하는 것으로 서주시기에 토지의 사유제도가 존재하였다는 사실을 객관적으로 증명하고 있다.

어떤 명문에는 서주시기의 책명(冊命)제도를 기록하고 있다. 강왕 때의 〈의후측궤(宜侯夨簋)〉에서는 왕이 다시 우후(虞侯)였던 측을 의(宜) 땅으로 옮기고 책명하여 토지를 주었는데, 하류 300줄기와 읍 35개이고, 노예로 강등된 은나라의 귀족 17성(姓), 노예 1,050명, 평민 600여명을 내렸으며, 이외에 상으로 창주(鬯酒)·상찬(商瓚)·동궁(彤弓)·동시(彤矢)·여궁(旅(盧)弓)·여시(旅(盧)矢)를 내렸음을 기록하고 있다. 우의 부친 우공(虞公)은 오국(吳國)에 처음 봉해진 임금인 주장(周章)이다. 동시에 강왕 때 기물 〈대우정(大盂鼎)〉에서는 왕이 우(盂)를 책명하고, 그의 조부인 남공(南公)의 직무, 군사업무 주관, 소송처리, 그리고 왕을 보좌하여 국가를 다스리는 일을 기록하고 있다. 왕이 우에게 하사한 물품으로는 창주(鬯酒)·면의(冕衣)·불(市)·석(舄)·거(車)·마(馬), 조정의 관리 4명, 인격(人鬲) 659명, 이족의 왕신 13명, 인격 1,050명이다. 책명을 하기 전에 왕은 우에게 다음과 같이 한 차례 가르침을 주었다. 즉, 너는 은나라 말 귀족이 술을 탐닉하여 민심을 잃고 나라를 망한 교훈을 받아들여 요직을 맡았다고 스스로 방종하지 말고 인품과 수양에 주의해야 하며 하늘을 경외하고 직무에 충성하라는 것이다. 이는 『상서·주고(尚書·酒誥)』와 필적할 만한 내용이다. 서주 중기 이후 책명의 격식은 더욱 완벽해졌다. 예를 들면, 목왕 때의 〈기정(趞鼎)〉에서는 어느 해 3월 왕이 종주(宗周)에 있었고, 무인 날에 왕이 태묘에 이르자 밀숙(密叔)이 기(趞)를 인도하여 자리에 나아가게 하고 내사(內史)가 왕의 명령서와 상을 하사하는 것을 읽었음을 기록하고 있다. 〈송호(頌壺)〉에서는 또한 책명 이후를 기록하여 "송이 절하고 머리를 조아려 책명을 받고 노리개를 차고 나왔다가 돌아와 홀을 잡고 알현하였다."16)라고 하였다. 『좌전 · 희공이십팔년』에서는 주 천자가 진후(晉侯)인 중이(重耳)를 책명한 것을 다음과 같이 기록하고 있다.

> 정백이 왕을 도와 평왕의 예를 사용하였다. 기유일(12)에 왕이 단술을 대접하고 진후에게 대작하라 명하였다. 왕이 윤씨, 왕자 호, 내사 숙흥부에게 명하여 진후에게 책명을 내려 후백으로 삼았다. 대로의 의복과 융로의 의복, 동궁 하나, 동시 100개, 노궁시 1,000개, 거창 한 통, 천자의 호위병사 300명을 하사하고 이르길 "왕은 숙부에게 이르노니 왕명을 공손히 복종하여 사방의 나라를 편안케 하고, 왕에게 악한 무리들을 응징하고 다스리시오."라고 하였다. 진후가 세 차례 사양하고 명을 받아 이르길 "중이는 감히 재배하고 머리를 조아려 천자의 크고 뛰어나며 아름다운 명을 받들고 찬양하겠습니다."라고 하였다. 책서를 받아 나왔다가 나아가고 들어감을 세 차례 하면서 알현하였다.17)

이는 금문과 더불어 부절을 합한 것과 같다.

서주시기 금문에는 또한 소송이 반영된 것이 있다. 〈홀정(曶鼎)〉의 제2단락에서는 홀이 한(限)에게 5명의 노예를 접수하고, 그의 가신 준(𩰫)을 통하여 집정대신에게 효부(效父)의 대리인 한을 기소한 것을 기

---

16) 〈頌壺〉 : "頌拜稽首, 受命冊佩以出, 反(返)入(納)堇(覲)章(璋)."
17) 『左傳 · 僖公二十八年』 : "鄭伯傅王, 用平禮也. 己酉, 王享醴, 命晉侯宥. 王命尹氏及王子虎, 內史叔興父, 策命晉侯爲侯伯, 賜之大輅之服, 戎輅之服, 彤弓一, 彤矢百, 玈弓矢千, 秬鬯一卣, 虎賁三百人, 曰, 王謂叔父, 敬服王命, 以綏四國, 糾逖王慝. 晉侯三辭, 從命, 曰, 重耳敢再拜稽首, 奉揚天子之丕顯休命. 受策以出, 出入三覲."

록하고 있다. 내용은 다음과 같다. 홀이 효부로부터 말 한 필과 한 타래의 실로 5명의 노예를 살 것을 쌍방이 계약하였으나 한이 이행하지 않았다. 쌍방은 왕국 밖에서 또 다른 협의의 약정을 하였다. 즉, 화폐로 교환할 때 이 5명의 노예를 사는데 100열(鋝)전을 지불하고, 만일 이 5명의 노예를 넘기지 않으면 위에 고발하기로 하였다. 형숙(邢叔)은 소송을 취한 것을 들은 후에 다음과 같이 판결을 내렸다. 왕정에서 돈으로 사람을 바꾸는 것은 합법적이니, 5명의 노예를 홀에게 주어라. 쌍방은 판결을 집행하고, 아울러 양・실・술・화살 등을 주어라. 〈홀정〉의 명문으로 알 수 있는 것은 심리는 소송을 기다려야 하고, 소송은 대리인이 제출하여야 하며, 소송이 끝난 뒤에 패소자는 승소자에게 화살 5묶음을 주어야 한다는 사실이다. 〈잉이(𠑇匜)〉에는 또 다른 소송 판례가 있다. 명문에서는 목우(牧牛)가 재산을 위하여 그의 우무머리가 맹서의 말을 위배한 것을 소송하였다. 백양보(伯揚父)는 다음과 같이 판결하였다. 목우는 대담하게 우두머리와 재산을 다투었으니, 먼저 성실함을 맹서하고 다시 5명의 증인이 법정에 나와 증인을 서야 한다. 본래는 마땅히 채찍 1,000번을 맞아야 하나 가볍게 처벌하여 500번을 맞고 벌금으로 300열(鋝)전을 지불하라고 하였다. 백양보는 다시 목우에게 두 번째 맹서를 하게 한 이후 다시는 크고 작은 소란을 일으키지 않도록 하였다. 백양보는 또한 옥의 관리에게 이번 소송과 맹서한 것을 기록하라고 하였다. 이를 보면, 서주시기의 소송 절차는 이미 비교적 완비되었음을 알 수 있다.

주나라 사람이 덕을 숭상한 관념은 금문에도 자주 보인다. 〈반궤(班簋)〉에서는 "진실하게 나타나는 도다! 오직 덕을 공경하여 어기는 바가 없게 하라."18)라고 하여 공경하고 덕을 닦음을 강조하였다. 〈사극정(師𩰫鼎)〉에서는 '아름다운 덕[孔德]', '심원한 덕[㝬(胡, 遠也)德]', '아름다운 덕[烈德]', '훌륭한 덕[懿德]', '큰 덕[介德]'을 들어 덕이 지극함에 대하여 찬미하고 있다. 〈번생궤(番生簋)〉에서는 "크고 밝은 조상은 아름다워 그 덕을 맹서하였다.……번생은 감히 조상의 크고 큰 덕을 모범삼아 따르지 않음이 없었다. 천명을 이어 왕위를 물리치고, 밤낮으로 정직하고 위대한 덕을 공경하며, 사방으로 간하여 부드럽고 심원함을 가까이 할 수 있었다."[19]라고 하였다. 주나라 통치자는 단지 덕을 공경하고 수행하여야만 비로소 위아래가 화목하고, 국가가 편안하며, 왕위가 공고하여 사방의 오랑캐가 감화할 수 있다고 여겼다. 덕으로 나라를 다스리는 것은 중화문명의 중요한 구성요소로 그 원류가 심원하고 길며 오랫동안 쇠하지 않았다.

효도 역시 주나라 사람의 중요한 윤리 관념이었다. 『시경·주송·민여소자』에서는 "아, 아버님께서는 오랫동안 효도를 다하시다."[20]라고 하였으며, 『시경·주송·대견』에서는 "다함께 무왕 묘에 알현하고, 효로써 제사 받들어 오래오래 장수토록 기원한다."[21]라고 하였다. 『시경·대아·하무』에서는 "오랫동안 효도하시어, 그 효도는 옛 임금을 본받으셨다."[22]라고 하였으며, 『시경·대아·기취』에서는 "위의가 심히 때에 맞거늘 군자가 효자를 두었도다. 효자가 끊어지지 아니하니 길이 너에게 선함을 주리로다."[23]라고 하였다. 『상서·주고』에서는

18) 〈班簋〉: "允才(哉)顯, 隹(唯)苟(敬)德, 亡逌(攸)違."
19) 〈番生簋〉: "丕顯皇祖考穆穆克誓(愼)厥德.……番生不敢弗帥型皇祖考丕丕元德, 用䌳(申)䋣(紹)大(天)命, 甹(屛)王位, 虔夙夜溥求丕肆(正直偉大)德, 用諫四方, 柔遠能邇."
20) 『詩經·周頌·閔予小子』: "於乎皇考, 永世克孝."
21) 『詩經·周頌·戴見』: "率見昭考, 以孝以享, 以介眉壽."
22) 『詩經·大雅·下武』: "永言孝思, 孝思維則."

"매땅 사람들이여, 그대들 대신들의 뜻을 이어받아 오로지 곡식을 가꾸기에 힘쓰고, 그대들 아버지나 그대들 윗사람들을 부지런히 섬기며, 힘써 수레와 소를 끌고 멀리 가서 장사하여 그대들 부모님을 효도로서 봉양하라."[24]라고 하였다. 이러한 것은 금문에서도 나타난다. 〈종궤(𢦚簋)〉에서는 "문의 모친 일경을 위하여 제사지낼 보배스러운 궤를 만들어 이에 자식인 동에게 만년토록 밤낮으로 제사지내 그 문의 모친에게 효도하다."[25]라고 하였다. 〈송궤(頌簋)〉에서는 "나의 부친은 아재비에게 공손하고 모친은 동서에게 공손히 하여 진귀한 것으로 제사지내는 궤를 만들어 효를 따랐다."[26]라고 하였다. 〈사장반(史墻盤)〉에서는 "오직 효도와 우애를 법으로 삼다."[27]라고 하였으니, 이는 농사를 짓고 씨를 뿌려 수확함에 효도와 우애를 행위의 법도로 삼는다는 의미이다. 〈두백수(杜伯盨)〉에서는 "황신과 조부, 그리고 좋은 벗들에게 효성스럽게 제사지낸다."[28]라고 하였다.

천명을 숭상하는 구절은 금문에서 얼마든지 찾을 수 있다. 〈대우정(大盂鼎)〉에서는 "크고 밝은 문왕이 하늘에게 대명을 받았다."[29]라고 하였으며, 당시 왕은 우(盂)에게 "하늘의 위엄을 두려워하라."라고 하였다. 〈모공정(毛公鼎)〉에서는 "크고 밝은 문무왕이여, 하늘은 그 덕이

---

23) 『詩經・大雅・旣醉』: "威儀孔時, 君子有孝子. 孝子不匱, 永錫爾類."

24) 『尙書・酒誥』』: "妹土, 嗣爾股肱, 純其藝黍稷, 奔走事厥考厥長. 肇牽車牛遠服賈, 用孝養厥父母."

25) 〈𢦚簋〉: "用作文母日庚寶尊䵼, 俾乃子𢦚萬年, 用夙夜尊享孝于厥文母."

26) 〈頌簋〉: "用作朕皇考龔叔, 皇母龔姒寶尊簋, 用追孝."

27) 〈史墻盤〉: "隹(唯)辟孝友."

28) 〈杜伯盨〉: "用享孝于皇申(神), 祖考于(與)好朋友."

29) 〈大盂鼎〉: "丕顯文王受天有大命.……畏天畏(威)."

가득 찬 것을 끌어 나에게 짝하여 주나라가 있게 하였으니 가슴으로 대명을 받았다.……오직 하늘이 그 명을 모으고, 또한 오직 바른 것을 먼저 하여 그 허물 다스림을 도왔으며, 대명을 부지런히 힘썼다. 드디어 하늘이 싫어함이 없고, 임하여 나에게 주나라가 있게 보답하였으며, 크게 선왕의 명에 짝하겠다."[30]라고 하였다. 명문에서는 하늘이 덕이 있는 사람을 돌아보고 덕이 있는 사람은 반드시 하늘과 짝하며, 덕이 없는 사람은 하늘의 보우를 얻지 못한다고 하였다. 주왕은 덕을 닦고 행동을 삼가며, 부지런하고 성실하며 감히 게으름을 피우지 못하였으니, 아마도 천명을 실추할까 그랬던 것 같다. 명문에서는 또한 "하늘이 질병의 위세를 떨치니 내가 자리를 이어 덕행이 선왕에 미치지 못하니 나라가 어찌해야 좋아지려나? ……나는 어리석거나 또한 어둡지 않으니 너는 감히 망령되게 편안해하지 말고 아침저녁으로 공경하여 나 한 사람을 은혜롭게 하라.……우러러 하늘을 밝게 하여 대명을 이어 사방의 나라를 편하게 할 수 있으니, 나는 선왕이 근심하지 않도록 하겠다."[31]라고 하였다. 이 정은 선왕 때의 기물이다. 당시 주나라는 기울어지기 시작하였고, 선왕이 비록 노력하여 중흥하려고 하였으나 천명은 이미 다하였다. 『시경 · 대아 · 문왕』에서 "천명이 일정하지 않다. ……상제가 하시는 일은 소리가 없고 냄새가 없다. 문왕을 본받으면 만방이 믿고 따른다."[32]라고 한 대의와 또한 같다.

30) 〈毛公鼎〉: "丕顯文武, 皇天引厭厥德, 配我有周, 膺受大命.……唯天將集厥命, 亦唯先正襄乂厥辟, 勞勤大命, 肆皇天亡(無)斁, 臨報我有周, 丕鞏先王配命."

31) 〈毛公鼎〉: "敃(旻)天疾畏(威), 司余小子弗及(急), 邦將害(曷)吉.……余非庸又昏, 汝毋敢妄(荒)寧, 虔夙夕惠我一人.……用仰昭皇天, [illegible](申)圝(紹)大命, 康能四國, 俗(欲)我弗作先王憂."

32) 『詩經 · 大雅 · 文王』: "天命靡常.…… 上天之載, 無聲無臭. 儀刑文王, 萬邦

서주시기 금문 글자체는 초기에 상나라의 남은 풍격을 계승하여 파책이 많으니, 〈이궤(利簋)〉·〈작책령방이(作冊令方彝)〉가 곧 전형적 대표이다. 풍격은 크고 웅대하며, 필획은 굵고 무겁다. 서주시기 중기 이후 금문 필획의 굵고 가늚은 한결 같고, 배열이 정제되었으며, 포국이 합리적이다. 글자의 크기는 뜻에 따랐고, 풍격은 점차로 다원화를 달렸다. 〈사장반(史墻盤)〉의 수려하고 아름다움, 〈호정(曶鼎)〉의 무겁게 응축됨, 〈호궤(㝬簋)〉의 방종함, 〈산씨반(散氏盤)〉의 혼후함, 〈모공정(毛公鼎)〉의 장중함은 모두 각기 특징을 나타내고 있다. 이러한 것들은 모두 아름답고 훌륭한 서예작품으로 근·현대 사람이 임모의 범본으로 삼고 있다. 진진렴(陳振濂)은 「논금문서법적풍격구성여역사발전(論金文書法的風格構成與歷史發展)」에서 이에 대하여 많은 분석을 하였다.

서주시기 금문에서 많은 문장들은 짐작을 하여야 하지만, 어떤 것은 합리적이고 문학적 색채가 매우 농후하다. 〈사장반〉은 주 선왕을 4자구로 칭송하고 있다. 문왕은 "힘써 위아래가 있게 하여 만방을 받아들였다."라 하였고, 무왕은 "사방을 정벌하고 은나라를 매질하고 백성을 바르게 하였다."라고 하였으며, 소왕은 "초와 형을 넓혔고 남행이 빛났다."[33]라고 하였으니, 후세의 대구와 가깝다. 그리고 미씨(微氏) 선조를 찬미하며, 고조는 '정유(靜幽)', 을조는 '통혜(通惠)', 문고는 '서지(舒遲)'라고 하였으니, 이미 실제와 부합하고 또한 중복을 피하였다. 280여 글자로 주왕 7대와 미씨 가족 6대의 공덕과 업적을 서술하였는데,

---

作孚."

33) 〈史墻盤〉: "匍有上下, 迨受萬邦.……遹征四方, 撻殷畯民.……廣能楚荊, 唯煥南行."

문자의 사용이 세련되고 독특한 예술적 구성을 갖추었다.

장편의 금문은 대부분 압운을 하였다. 〈대우정〉에서 '우(盂)'는 '어(魚)'부이고, '왕 · 방(王 · 方)'은 '양(陽)'부이고, '방(邦)'은 '동(東)'부에 속하고, '특(慝)'은 '직(職)'부이고, '사 · 사 · 자(事 · 祀 · 子)'는 '지(之)'부로 '어 · 양(魚 · 陽)'은 음양대전(陰陽對轉)이며, 또한 '동(東)'부와 합운이고, '지 · 직(之 · 職)'은 음입대전(陰入對轉)으로 압운을 이룬다. 〈괵계자백반〉에서 '공(工)'은 '동(東)'부이고, '방 · 양 · 행 · 왕 · 향 · 광 · 앙 · 강(方 · 陽 · 行 · 王 · 鄕 · 光 · 央 · 疆)'은 '양(陽)'부이며, '동 · 양(東 · 陽)'은 합운이다. 서주 말기 금문에서 사용한 운은 이미 『시경』과 접근하고 있다. 운의 글자와 해성(諧聲) 편방은 상고음을 연구하는 데에 중요한 자료이다. 왕국유(王國維)는 『양주금석문운독(兩周金石文韻讀)』에서 금문과 석고문의 운자를 취하여 근세 고운학(古韻學)의 정밀함을 증명하였는데, 뚜렷한 성과가 있었다. 이후 곽말약(郭沫若) · 진세휘(陳世輝)가 이어서 보충한 것이 있다.

춘추시기에 주 왕실은 점차로 몰락하여 형세가 제후와 같았으나, 진 · 제 · 진 · 초(晉 · 齊 · 秦 · 楚) 등의 제후국은 날로 강대해졌다. 그 당시 중요한 동기는 대부분 제후국에서 제작하였다. 춘추시기의 금문은 처음에 서주 말기의 풍격을 계승하였으나, 이후에는 점차 각자의 특징을 형성하였다.

진(秦)나라 사람은 종주의 옛 땅에 살았기 때문에 주나라 문화의 영향을 깊게 받았다. 진 무공이 만든 〈진공급왕희단(秦公及王姬鎛)〉의 글자체는 길어서 〈괵계자백반〉과 일맥상통하고 있다. 명문에서는 "나의 선조가 천명을 받고 나라를 받아 열렬한 소문공 · 정공 · 헌공들이 하늘을 실추시키지 않아 밝게 하늘에 답하였다."[34]라고 하였다. 제후국이면서 천명을 받았다고 자처한 것은 참월의 혐의를 벗을 수 없다.

명문에서는 또한 “등지고 화목하였던 선비들이 모두 좌우에 모여서 평화롭게 의로움을 동의하고 도와서 밝은 덕을 받아 편안하게 제사지내고 나의 나라에 합하였다.”[35]라고 하였다. 이는 세경(世卿)을 중용하고, 인재를 망라하여 동방 제후와 쟁패를 도모하는 원대한 뜻을 품은 것이다.

진문공은 ‘성복(城濮)’의 전쟁에서 초나라 군사를 크게 물리치고, 또한 제후들과 ‘천토(踐土)’의 회맹을 하여 왕을 높이고 오랑캐를 물리친다[尊王攘夷]는 것을 맹약하여 일대 패주가 되었다. 이에 주 양왕은 상을 후하게 내렸는데, 〈자범편종(子犯編鐘〉에 그 일을 상세하게 기록하였다. 여계(郘黛)는 즉 진나라 경대부인 여상(呂相)으로 진문공을 잘 섬기고 전쟁에서 무용을 떨쳐 큰 종 8사(肆)를 하사받았다. 〈여계종(郘黛鐘)〉은 종의 빈 곳에 용이 굳세게 발돋움하는 모습을 그렸는데, 매우 생동감이 있다. 진나라 시조 당숙(唐叔)은 주 무왕의 아들로 주·정·괵·위(周·鄭·虢·衛)나라와 매우 가까웠기 때문에 문자의 풍격이 서로 접근하고 있다.

제나라는 춘추시기 오패의 하나로 국력이 비교적 강하였다. 제경공 때 대신 국차(國差[佐])가 만든 항아리[𦉜]는 장인의 우두머리[工師] 기(佸)가 주조하였다. 기물에 장인의 이름을 주조한 것은 이 항아리[𦉜]를 시작으로 풍토가 열렸으니, 이를 통하여 제나라의 공관(工官) 제도가 완비되었음을 알 수 있다. 명문에서는 제후가 허물과 피로함이 없고,

34) 〈秦公及王姬鎛〉: “我先祖受天命商(賞)宅受(授)國, 烈烈昭文公, 靜公, 憲公不墜于上, 昭答皇天.”

35) 〈秦公及王姬鎛〉: “盭(戾)龢(和)胤士, 咸畜左右, 藹藹允義, 翼受明德, 以康奠協朕國.”

제나라가 조용하고 편안하기를 기도하였다. 이는 〈진공궤(秦公簋)〉·〈진공대묘경(秦公大墓磬)〉의 명문과 서로 유사하다. 국차(國差[佐])는 제영공 9년(기원전 573)에 죽었는데, 이 해가 바로 〈진공대묘경〉의 제작연도이다(秦景公 4년). 제나라 금문으로는 약간 뒤 시기의 유명한 〈숙이박(叔夷鎛)〉이 있다.

초나라는 남방의 대국으로 주위의 진·채·강·황(陳·蔡·江·黃)나라와 더불어 문자가 같은 계열에 속한다. 하남성 석천(淅川)에서 출토한 〈왕자오정(王子午鼎)〉에서는 정치의 가르침을 기록하였다. 왕자오(王子午)는 초장왕의 아들로 영윤인 자경(子庚)이다. 그는 명문에서 "두려워하지 않고 어긋나지 않았으며, 정사의 덕에 은혜를 베풀었고, 위엄과 거동에 맑았으며, 즐거워하고 공경하다.……오직 백성이 사랑하는 바이다."[36]라고 하였다. 이 기물의 문자는 수려하고 아름다워 자못 장식적인 의미가 많은 것으로 조충서(鳥蟲書)의 남상이 되고 있다.

안휘성 수현(壽縣)에서 출토한 〈채후신반(蔡侯申盤)〉의 문자 풍격은 〈왕자오정〉과 서로 가깝다. 신(申)은 채소후(蔡昭侯)로 "[천명을 공경하여 비로소 천자를 도왔다[虔敬大(天)命, 肇佐天子]."라고 하였으니, 스스로 대국이라 여겼던 것이 분명하다. 명문에는 많은 첩음사(疊音詞)를 사용하였는데, 예를 들면 '목목석석(穆穆䨮䨮)'·'유유(遊遊)'와 같은 것으로 문사가 전아하고 절주가 금옥소리와 같아 매우 아름답다.

오와 월나라는 동남쪽에 웅거하여 호시탐탐 중원을 엿보았다. 〈오왕광감(吳王光鑒)〉은 채나라 묘에서 나왔고, 오나라 왕인 합려(闔閭)를

36) 〈王子午鼎〉: "不畏不差, 惠于政德, 淑于威儀, 闌闌龢龢.……緊民之所亟."

위해 만들었다. 합려와 광(光)은 하나는 이름이고, 다른 하나는 자이다. 오왕인 광의 딸이 숙희(叔姬)가 된 것으로 보아 오나라가 주나라의 후예임을 증명할 수 있다. 명문에서 '기생패(旣生霸)'를 '기자백기(旣字白期)', 숙희의 남편[蔡侯]을 '내후(乃后)'라 일컬은 것 또한 오나라 문화에 주나라 문화의 색채가 농후하였음을 설명해주는 것이다.

상・주 금문에 대한 연구의 역사는 매우 오래되었다. 『좌전・양공십구년(左傳・襄公十九年)』에는 노나라 대신 장무중(臧武仲)이 정권을 잡은 계무자(季武子)를 반대하고 제나라를 쳐서 얻은 병기로 주조한 〈임종(林鐘)〉을 보고 다음과 같이 말하였다.

> 예가 아니오. 대저 종에 새기는 명이란 천자는 그 아름다운 덕을 새기고, 제후는 제 때에 행한 사업이나 공적을 새기며, 대부는 전쟁에서 세운 공로를 새기는 것입니다. 그런데 지금 제나라와의 싸움에서 공로를 세운 것은 진나라의 지배하에 이루어진 하등의 것이고, 공적을 따져 보아도 진나라의 힘을 빌려 이루어진 것이며, 시기로 말해도 백성에게 해로움이 많았는데 어찌 명을 새길 수 있겠습니까? 뿐만 아니라 대국이 소국을 쳐서 그 얻은 무기로 이기(彝器)를 만들어 그 공적을 새겨 자손에게 보이는 것은 밝은 덕을 밝혀 무례한 소국을 징계하기 위함입니다. 그런데 지금 남의 힘을 빌려 겨우 죽음을 면한 격인데 이와 같은 것을 어찌 새기겠습니까? 소국이 다행히 대국을 이겨 획득한 바를 밝혀 대국을 노하게 하는 것은 망하는 길입니다.[37]

37) 『左傳・襄公十九年』: "非禮也. 夫銘, 天子令德, 諸侯言時計功, 大夫稱伐. 今稱伐, 則下等也, 計功, 則借人也, 言時, 則妨民多矣, 何以爲銘. 且夫大伐小, 取其所得以作彝器, 銘其功烈, 以示子孫, 昭明德而懲無禮也. 今將借人之力, 以救其死, 若之何銘之. 小國幸於大國, 而昭所獲焉以怒之, 亡之道也."

춘추시기에 제나라는 대국이고 노나라는 소국이었는데, 소국이 대국과 전쟁하여 요행히 승리를 얻어 그 공을 기록하려고 하니, 이는 망국의 화를 초래할 뿐이라는 것이다. 이를 보면, 춘추시기에 금문의 취지에 대한 인식이 매우 깊었음을 알 수 있다.

전국시기의 금문은 이미 점차 쇠미해져서 당시 기물에 장인의 이름만 새기는[物勒工名] 형식의 짧은 명문만 유행하였다. 명문은 단지 기물을 만들 때 감독한 사람, 장인의 이름, 용량, 중량 등만 새겼을 뿐이다. 이러한 풍토에서 〈중산왕착정(中山王譽鼎)〉(469자)·〈첩차원호(𧊒盗圓壺)〉 등의 긴 명문은 매우 귀한 것으로 온화하고 전아하며, 자사·맹자의 문장과 서로 어깨를 겨룰만하다. 『묵자·겸애 하(墨子·兼愛下)』에 다음과 같은 기록이 보인다.

> 지금 겸하여 서로 사랑하고 서로 이로움을 주고받음과 같은 것은 이전 성인과 6왕으로부터 행해진 것이다. 무엇으로 이전 성인과 6왕이 친히 행한 것을 알겠는가? 묵자가 말하길 "나는 이들과 더불어 같은 시대에 살면서 친히 그 소리를 듣고 그 형색을 본 것이 아니라 죽백에 쓰인 것, 금석에 새긴 것, 소반과 바리에 쪼아져 후세 자손에게 전해 남긴 것으로 알 수 있다."라고 하였다.[38)]

38) 『墨子·兼愛下』: "今若夫兼相愛, 交相利, 此自先聖六王者親行之也. 何知先聖六王之親行之也. 子墨子曰, 吾非與之幷世同時, 親聞其聲, 見其色也, 以其所書於竹帛, 鏤於金石, 琢於盤盂, 傳遺後世子孫者知之."

이를 보면, 전국시기 사람은 기물에 새겨진 명문을 포함한 금문을 연구하고 읽어서 옛사람의 사상과 문화를 이해하였음을 알 수 있다.

한나라에 이르러 금문은 상황이 갈수록 쇠락하였고, 여기에 전국시기 후기부터 예서가 유행하기 시작함에 따라 한나라 일반 독서인들은 은·주 금문에 대하여 이미 통독할 수 없는 것들이 많아졌다. 이 당시에도 여전히 적지 않은 사람들이 금문을 연구하여 상당한 성과를 얻었다.

『한서·교사지(漢書·郊祀志)』에 의하면, 서한 선제(기원전 73-49) 때 "미양에서 정을 얻었다."[39]라고 하였는데, 당시 경조윤(京兆尹)이었던 장창(張敞)이 그 명문을 다음과 같이 해석하였다.

> 왕이 오랑캐 신하에게 명하여 이 순읍을 벼슬로 주며, 너에게 기란(旂鸞)·보불(黼黻)·조무(琱戈)를 주노라 하시었다. 오랑캐 신하는 손으로 절하고 머리를 조아려 말하길 "감히 천자의 크고 뛰어나며 아름다운 명에 대응하여 찬양합니다."라고 하였다.[40]

한나라 때 미양현성(美陽縣城)은 오늘날 섬서성 부풍현의 법문사(法門寺)이다. 이곳은 주나라 초기 도성인 기주(岐周)가 있던 곳으로 후세에 주원(周原)이라 불렀고, 역대로 서주시기의 중요한 청동기가 자주 출토되었던 곳이다. 장창이 해독한 것은 서주시기의 정명(鼎銘)이었다. 지금의 관점에서 보면, '시(尸)'는 곧 '이(夷)'자이고, '순읍(栒邑)'은 즉 섬서성 순읍현(旬邑縣)이다. 주 여왕 때 기물인 〈다우정(多友鼎)〉

39) 『漢書·郊祀志』: "美陽得鼎."
40) 上同書: "王命尸臣, 官此栒邑. 賜爾旂鸞黼黻琱戈. 尸臣拜手稽首曰, 敢對揚天子丕顯休命."

명문을 보면, '보불(黼黻)'은 즉 금문에서 흔히 보이는 슬갑이고, '조과(琱戈)'·'배수계수(拜手稽首)'·'대양비현(對揚丕顯)'은 모두 금문에서 흔히 보이는 말투이다. 이를 보면, 장창의 해독 수준이 매우 높았음을 알 수 있다.

양한시대 허신은 『설문해자·서』에서 "고을과 나라에서 또한 산천에서 때때로 정(鼎)과 이(彝)를 얻었는데, 그 명문은 즉 이전 시대의 고문이다."[41]라고 하였다. 허신은 동한시대의 유명한 경학가이면서 문자학자이다. 그는 정이(鼎彝)문자, 즉 금문에 대하여 깊은 연구를 하였다. 『설문해자』에서는 소전과 다른 225개의 주문을 수록하였는데, 이 중에서 223개는 금문과 서로 합한다. 이른바 주문이란 『사주편(史籀篇)』의 문자이다. 『사주편』에 대하여 반고는 『한서·예문지』에서 "주 선왕의 태사가 만들었다."[42]라고 하였으며, 『설문해자·서』에서도 "선왕의 태사인 사주가 지은 『대전』 15편에 이르러 고문과 혹 달랐다."[43]라고 하였다. 현재 많은 학자들이 모두 반고와 허신의 설에 동의하고 있다. 왕국유(王國維)는 「사주편서록(史籀篇叙錄)」·「전국시진용주문육국용고문설(戰國時秦用籀文六國用古文說)」에서 "『사주편』이란 책은 대개 주나라를 종주로 하고 문화가 뛰어난 이후에 나와 춘추와 전국시기 사이에 진나라 사람이 지어서 학동을 가르쳤다."[44]라고 하였다. 당란(唐蘭)도 일찍이 왕국유의 설에 동의하였다. 『사주편』은 대략

41) 許慎, 『說文解字·序』: "郡國亦往往於山川得鼎彝, 其銘卽前代之古文."
42) 班固, 『漢書·藝文志』: "周宣王大史作."
43) 許慎, 『說文解字·序』: "及宣王太史籀著大篆十五篇, 與古文或異."
44) 王國維, 「史籀篇叙錄」·「戰國時秦用籀文六國用古文說」: "史籀一書, 殆出宗周文勝之後, 春秋戰國之間秦人作之, 以教學童."

춘추와 전국시기 사이에 지어졌지만, 주문에는 확실히 상·주·춘추의 문자를 적지 않게 베낀 것이 남아 있어 금문 연구의 중요한 자료가 되고 있다.

위·진에서 오대에 이르는 대략 760 년간에 금문의 연구는 비교적 침체되었다. 삼국시대에서 수나라가 통일하기 이전의 사회는 어지럽고 민족은 분쟁을 일삼았으며, 현학과 불학이 성행하여 유학이 쇠락하였다. 수·당나라가 통일하고 경학을 밝혔으나 과거에서 선비를 취함에 공리에 급급하여 선비들은 다만 경문의 의소(義疏)만 중시하고 금석고고학은 실용에 절실하지 않다고 여겨 경시하였다. 이러한 시기에 문자학은 주로 『설문해자』를 연구하는 것이니, 대표적 인물로는 이양빙(李陽冰)·서개(徐鍇) 등이 있었다.

금문 연구가 진정 하나의 학문으로 되었던 것은 북송 때부터이다. 북송을 개국한 조광윤(趙匡胤)은 "진교의 정변으로 권력을 장악하여[陳橋兵變, 黃袍加身]" 후주(後周)의 정권을 탈취하였다. 당나라 말기와 오대의 군벌이 할거한 국면을 개변하기 위하여 송나라는 한편으로 집권제도를 강화하고, 다른 한편으로는 '무를 쓰러뜨리고 문을 닦는[偃武修文]' 정책을 폈다. 이에 위로는 황제에서 아래로는 일반 사대부에 이르기까지 모두 옛날 기물 수집하는 것을 좋아하고, 이를 감상하면서 고문을 연구하고 해석하는 풍토가 형성되었다. 예를 들면, 왕국유는 『송대금문저록표(宋代金文著錄表)』에서 다음과 같이 말하였다.

> 송나라 이후 옛날 기물이 더욱 많이 나와 비각과 태상에 이미 많은 기물을 수장하였고, 사대부인 유창(劉敞)과 구양수(歐陽脩) 또한 다시 옛날 기물을 수집하면서 묵본을 구하였으며, 다시 양남중(楊南仲) 무리들의 고증과 해석을 얻어 고문의 학풍이 갑작스럽게 중흥하였다. 여대

> 림(呂大臨)이 다시 도모하여 이를 해석하였다. 정화(政和, 1111 - 1118) 선화(宣和, 1119 - 1125) 연간에 이러한 풍토는 더욱 활발해져 『주사(籒史)』 저록에 실려 있는 금문의 저서는 30여 명에 달하였고, 남쪽으로 천도한 이후 여러 사람들의 저서는 오히려 다할 수 없을 정도이었으니 가히 성행하였다고 하겠다.[45)]

송나라 사람의 금문 연구는 주로 다음과 같은 3가지 방면에서 뛰어난 성과를 이루었다.

첫째, 기물의 형태와 명문을 모사하여 기록한 것이다. 가우(嘉祐, 1056 - 1063) 연간에 유창(劉敞)이 영흥(永興, 지금의 西安)태수가 되어 옛날 기물을 많이 얻어 장인에게 그 글을 임모하고 그 형상을 그리라고 하여 돌에 새겨 『선진고기기(先秦古器記)』를 펴냈다. 원우 임신(1092)년에 여대림(呂大臨)이 『고고도(考古圖)』를 지어 동기 224건을 수록하였고, 석문과 간단한 고증을 첨부하였다. 대관원년(大觀元年, 1107)에 왕보(王黼)가 송 휘종의 명을 받들어 『선화박고도록(宣和博古圖錄)』을 지어 옛날 기물 839건을 수록하고 이를 20종류로 나누었으며, 각 기물마다 그림 · 석문 · 고증에 대한 것을 기록하였다. 또한 각 기물의 크기와 용량에 대한 설명도 가하였다.

둘째, 명문을 모사하고 고증하여 해석하였다. 소흥 14년(1144)에 설상공(薛尙功)이 『역대종정이기관지법첩(歷代鐘鼎彝器款識法帖)』을 간행하여 수록한 동기의 명문을 모사하고 석문을 첨부하였으며, 아울

---

45) 王國維, 『宋代金文著錄表』: "趙宋以後, 古器愈出, 秘閣太常旣多藏器, 士大夫如劉原父, 歐陽永叔, 亦復蒐羅古器, 徵求墨本, 復得楊南仲輩爲之考釋, 古文之學, 勃焉中興. 伯時, 與叔復圖而釋之. 政宣之間, 流風益煽, 籒史所載著錄金文之書至三十餘家, 而南渡後諸家之書尙不盡與焉, 可謂盛矣."

러 역사서적을 통하여 간단한 고증과 해석을 하였다. 조금 이후 왕후지(王厚之)의 『종정관지(鐘鼎款識)』와 왕구(王俅)의 『소당집고록(嘯堂集古錄)』 또한 같은 유형의 책이다.

셋째, 전문적 고증과 해석이다. 이러한 유형의 책으로는 구양수의 『집고록발미(集古錄跋尾)』와 조명성(趙明誠)의 『금석록(金石錄)』이 있는데, "그 큰 요점을 취해 별도로 목록을 만들었다. 왜냐하면, 역사에서 전하는 바름과 빠지고 잘못된 것을 기재하여 후학에게 전하기 위함이다[撮其大要, 別爲錄目, 因幷載其可與史傳正其闕謬者, 以傳後學]." 라고 하였다.

송나라 사람이 청동기를 분류하여 정한 기물의 이름들은 비록 개별적으로 정확하지 않지만, 대다수 지금까지 사용하고 있다. 송나라 사람이 수집하고 임모하며 기록하여 금문을 고증한 것은 후세 진일보 연구하는 데에 탄실한 기초가 되었으니, 금석학을 창건한 공로는 분명한 사실이다. 물론 송나라 사람이 연구한 것도 부족한 면이 있다. 예를 들면, 저록에 진짜와 가짜의 기물을 섞어 수록하였고, 글자를 모사한 것에도 혹 잘못이 있었으며, 고증과 해석이 매우 정확하지 않는 등의 문제가 있지만, 이는 초기 연구단계에서 완전하기가 어려운 것이다. 왕국유는 이러한 점에 대하여 충분히 긍정하면서 다음과 같이 말하였다.

> 생각하기에 『고고(考古)』와 『박고(博古)』 두 그림에서 만든 형태를 모사하고 명물을 고증하며 힘씀이 자못 커서 얻은 바가 또한 많다고 하겠다. 이에 출토한 지역과 기물을 수장한 사람에 이르기까지 진실로 아는 바가 있으면 모두 기록하지 않음이 없어 후세 저록가들이 마땅히 받들어 법으로 삼았다. 송나라 사람 또한 빈 것을 살핀 공이 있어 청나라의 완원(阮元)과 오영광(吳榮光) 같은 사람들도 그 범위를 벗어날 수 없다. 만약 그 잘못을 캐려고 하면 진실로 기롱을 가하려는 사람이

있는 것과 같으니, 또한 청나라 학자들이 면할 수 없는 바이다.[46]

원과 명나라는 남송 이래 이학의 영향이 있었기 때문에 학자들은 "책을 묶어 보지 않고, 말이 떠서 근거가 없다[束書不觀, 游談無根]."라는 태도로 말미암아 금문 연구가 점차 쇠락하였다.

청나라 건륭(乾隆, 1736 - 1795) 이후 국가의 정치가 공전의 통일을 이루었고, 최고 통치자는 한나라 문화를 숭상하여 대진(戴震)을 우두머리로 한 학자들이 박학(樸學)을 크게 제창하였다. 언어문자의 학문이 고도로 중시를 받은 문화배경에서 금문 연구는 점차 부흥하였다.

건륭 14년(1749)에 양시정(梁詩正) 등이 칙명을 받들어 『서청고감(西淸古鑑)』을 편찬하여 청나라 내부에 수장한 상·주에서 당나라 동기 1,529점을 수록하였다. 건륭 58년(1793)에는 왕걸(王傑) 등이 또한 칙명을 받들어 『서청속감(西淸續鑑)』갑편을 편찬하여 동기 944점을 수록하였다. 이러한 상황에서 청나라 사람의 금문저록이 310여종에 달하여 송나라 사람을 훨씬 능가하였다. 이 중에서 완원(阮元)의 『적고재종정이기관지(積古齋鐘鼎彝器款識)』, 오영광(吳榮光)의 『균청관금문(筠淸館金文)』, 서동백(徐同柏)의 『종고당관지학(從古堂款識學)』, 오식분(吳式芬)의 『군고록금문(攈古錄金文)』, 오대징(吳大澂)의 『각재집고록(愙齋集古錄)』, 단방(端方)의 『도재길금록(陶齋吉金錄)』 등은 모두 비교적 영향이 컸다.

46) 上同書 : "竊謂考古博古二圖, 摹寫形製, 考訂名物, 用力頗鉅, 所得亦多. 乃至出土之地, 藏器之家, 苟有所知, 無不畢記, 後世著錄家當奉爲準則. 至於考釋文字, 宋人亦有鑿空之功, 國朝阮吳諸家, 不能出其範圍. 若其鑿紕繆, 誠若有加譏者, 要亦國朝諸老之所不能免也."

청나라 학자의 금문에 대한 고증과 해석 수준은 송나라를 능가하고 있다. 서동백(徐同柏)과 허한(許瀚)의 금문에 대한 고증과 해석은 이미 자형 결구의 내부관계에 주의하고 있다. 예를 들면, 서동백이 '脊'를 '제(臍)'로 해석하고, 허한이 '[illegible]'를 '茍(敬의 本字)'로 해석한 것은 모두 탁월한 견식이다. 동치(同治, 1862 - 1874)와 광서(光緖, 1875 - 1908) 연간 이후 방준익(方濬益) · 오대징(吳大澂) · 손이양(孫詒讓) · 유심원(劉心源) 제가들이 더욱 이 방면에서 많은 성취를 얻었다. 방준익은 30여 년에 걸쳐 『철유재이기관지고석(綴遺齋彝器款識考釋)』을 지어 각 기물마다 모본 · 석문 · 고증을 가하였으니, 그 성취는 완원의 『적고재종정이기관지』를 훨씬 능가한다. 오대징은 『설문고주보(說文古籀補)』를 지어 금문을 위주로 한 글자를 수록하였고, 아울러 석고(石鼓) · 고도(古陶) · 화폐 등의 문자를 수록하여 『설문해자』의 잘못을 교정하였다. 이는 비교적 이른 고문자의 공구서라 하겠다. 손이양은 청나라 말 박학의 대가로 음운과 훈고학에 정통하였다. 그는 갑골문과 금문에 대해 정밀한 연구가 있어 『고주습유(古籀拾遺)』 · 『고주여론(古籀餘論)』 · 『명원(名原)』 등의 대표작을 펴내었다. 손이양은 문자를 고증하고 해석함에 서로를 헤아리고 상고하여 편방을 분석하였으며, 자형의 변천 규율을 검토하여 얻은 바가 이전 사람을 훨씬 뛰어넘는다. 양수달(楊樹達)은 "청나라 말 손이양이 나와 깊이 옛사람의 성운에 통하여 저서가 집에 가득 찼다. 그가 말한 옛날 주문의 통독은 대부분 소리와 뜻이 밀접하게 합하였으니, 말함을 구차하게 베푼 것이 아니다[淸末孫仲容出, 深通古人聲韻, 著書滿家, 其說古籀通讀, 大都聲義密合, 辭非苟設]."라고 하였으나, 이는 결코 지나친 칭찬이 아니다. 유심원의 『기고실길금문술(奇觚室吉金文述)』은 문자 형체 분석에 대해서 또한 자못 많은 발명이 있었다.

1898년 은허에서 갑골문이 발견된 이후 연구가 최고조의 상태를 형성하였다. 청나라 말에서 민국시기에 이르는 학자, 예를 들면 나진옥(羅振玉)·왕국유(王國維)·당란(唐蘭)·우성오(于省吾)·용경(容庚)·상승조(商承祚) 등은 대부분 갑골문과 금문을 모두 연구다. 그들은 심후한 박학을 근저로 삼고, 또한 서구의 학술사상 영향을 받았기 때문에 금문 연구에서 휘황찬란한 성취를 얻을 수 있어 금문 연구를 새로운 단계로 진입하도록 하였다.

나진옥의 저서로는 『은문존(殷文存)』·『정송당집고유문(貞松堂集古遺文)』이 있으며, 만년에 다시 『삼대길금문존(三代吉金文存)』을 편찬하여 4,800여 건의 동기 명문을 수록하였으니, 당시 빛나는 거작이다. 문자를 고증하고 해석한 것에서 나진옥도 적지 않은 독특한 견해가 있었다.

왕국유는 『관당고금문고석(觀堂古金文考釋)』·『사주편소증(史籒篇疏證)』의 저서와 금문을 고증하고 해석한 서발(序跋)이 많다. 그의 견해는 대부분 깊고 정미하며, 이전 사람이 아직 말하지 않은 것들이다. 그는 고문자를 옛사람 생활의 시대배경에서 분석하는 것을 주장하고, 천착하여 견강부회하는 것을 힘써 경계하였다. 예를 들면, 그는 「모공정고석」에서 다음과 같이 말하였다.

> 문장은 고금이 없고, 문장은 글자를 따르지 않음이 아직 있지 아니하다. 오늘날 통행하는 문자는 사람마다 읽을 수 있고 이해할 수 있다. 『시경』·『상서』·이기의 명문 또한 옛날 통행문자이나 오늘날 읽기 어려운 바는 우리들이 고대를 아는 것이 현대를 아는 것의 깊음만 같지 못하기 때문이다. 진실로 역사의 일과 제도문물을 고찰하여 그 시대의 정황을 아는 것이다. 『시경』·『상서』을 근본으로 하여 그 문장의 옳은 법식을 구하고 고음을 상고하여 그 옳은 가차를 통하고, 이기

를 참고하여 그 문자의 변화를 증험한다. 이로 말미암아 저것에 이르니, 즉 갑으로 을을 헤아리면 문자를 알지 못하는 것과 옳음에 통할 수 없는 것들이 반드시 사이에서 얻음이 있다. 그런 연후에 알지 못하는 것을 제외하여 이후의 군자를 기다리면 거의 가까울 것이다.[47]

왕국유는 금문으로 옛날 역사와 예악제도를 고증함에 자못 많은 발명을 하였다. 그는 또한 사학연구의 새로운 방법론을 제시하였으니, 즉 '이중실증법(二重實證法)'이다. 왕국유의 학술 성취는 다방면에서 이루어졌으며 근대 학술사에서 새로운 시대를 연 학자의 한 사람이었다.

나진옥과 왕국유 이후 곽말약(郭沫若)은 금문 연구에서 또한 걸출한 성취를 얻었다. 그는 문학가이면서 유물주의의 사학자이다. 그의 주요 저작은 『양주금문사대계도록고석(兩周金文辭大系圖錄考釋)』(1935년 초판)이다. 이 책은 표준 기물로 시대를 결정하는 법을 창립하였다. 즉, 명확한 동기를 표준 기물로 삼아 인물(人物)·문례(文例)·문양(紋樣)으로 아직 알지 못하는 기물과 서로 비교하여 시대를 결정하였다. 『양주금문사대계도록고석』은 왕의 계열인 서주시기 금문 162점, 동주열국의 기물 161점을 정리하여 산란한 금문을 믿을 수 있는 역사로 만들었다. 이외에 곽말약의 저록으로는 『은주청동기명문연구(殷周青銅器銘文研究)』·『금문총고(金文叢考)』·『고대명각회고(古代銘刻

47) 王國維, 『觀堂古金文考釋·毛公鼎考釋』: "文無古今, 未有不文從字順者. 今日通行文字, 人人能讀之, 能解之. 詩書彝銘亦古之通行文字, 今日所以難讀者, 由我輩之知古代不如知現代之深故也. 苟考之史事與制度文物, 以知其時代之情狀. 本之詩書, 以求其文之誼例, 考之古音, 以通其誼之假借, 參之彝器, 以驗其字之變化, 由此以至彼, 卽甲以推乙, 則於文字之不可識, 誼之不可通者, 必間有獲焉. 然後闕其不可知者. 以俟後之君子, 則庶乎其近之矣."

匯考)』 등이 있다.

당란(唐蘭)이 1934년에 출판한 『고문자학도론(古文字學導論)』은 고문자에 관한 이론서로 이 중 대부분은 금문의 고증과 해석 방법을 다루었다. 우성오(于省吾)는 금문 저록으로 『쌍검치길금문선(雙劍誃吉金文選)』이 있는데, 여기에는 은·주시대 금문 469편을 수록하여 "유형을 비유하여 말을 걸러서 그윽하고 작은 것에 통한다[比類梳辭, 通其幽眇]."라고 하였다. 이외에 또한 『쌍검치길금도록(雙劍誃吉金圖錄)』과 『쌍검치고기물도록(雙劍誃古器物圖錄)』 등이 있다. 용경(容庚)이 1925년에 출판한 『금문편(金文編)』 초판본은 모사하고 해석한 것이 정확하며, 문자를 전면에 수록하여 고증하고 해석이 근엄한 것이 오대징(吳大澂)의 『설문고주보(說文古籒補)』와 정불언(丁佛言)의 『설문고주보보(說文古籒補補)』보다 크게 진보하였다. 용경은 또한 『송재길금도록(頌齋吉金圖錄)』·『해외길금도록(海外吉金圖錄)』 등의 금문 저록과 『상주이기통고(商周彝器通考)』가 있는데, 이러한 연구는 청동기의 빛나는 거작이다.

1949년 이래 50년 동안 금문 연구는 우여곡절의 길을 걸었다. 한편으로 이 시기는 농지건설과 고고 발굴의 전면적 전개 때문에 각지에서 대량의 청동기가 출토되고 발견되었는데, 사료의 대부분은 중요한 명문이었다. 초기에는 당과 정부가 백가쟁명을 제창하여 학술 분위기가 대체로 민주적이고 자유로우며, 학술연구를 촉진시켜 금문을 포함한 연구에 진전이 있었다. 그러나 1957년 우익이 확대하는 것을 반대한 이후 백기를 뽑는 것을 강조하고, 이른바 자산계급의 반동적 권위를 비평하여 학자들은 늦가을의 매미와 같이 소리를 내지 않았다. '문화대혁명'의 10년간 연구 작업은 완전히 멈추었다. 개혁개방 이후 어지러움을 없애고 과학의 봄날을 맞이하자 금문 연구도 매우 휘황찬란한 성과를 얻었다.

1956년 우성오가 출판한 『상주금문록유(商周金文錄遺)』에는 기물 616점을 수록하였으니, 이는 『삼대길금문존(三代吉金文存)』에 대한 중요한 보충이다. 1963년 진몽가(陳夢家)는 『미제국주의겁략적은주동기집록(美帝國主義劫掠的殷周銅器集錄)』을 출판하였는데, 이것도 동기 845점과 명문 500여 건을 수록한 중요한 금문 저록이다.

1949년 이래 각 성에서 발견된 명문이 있는 청동기는 이미 1,000점에 달하였는데, 이 중에서 〈이궤(利簋)〉·〈하준(何尊)〉·〈의후측궤(宜侯夨簋)〉·〈사장반(史墻盤)〉·〈구위(裘衛)〉의 여러 기물, 〈사극정(師𩛥鼎)〉·〈잉이䵼(匜)〉·〈호궤(㝬簋)〉·〈진공급왕희단(秦公及王姬鎛)〉·〈진후소종(晉侯蘇鐘)〉 등은 모두 비교할 수 없는 보물들이다. 1984년 서중서(徐中舒)의 『은주금문집록(殷周金文集錄)』은 청동기 명문 973점을 모사하여 수록한 것으로 사용하기가 매우 편하다.

1983년 말 대만 예문인서관에서 엄일평(嚴一萍)의 『금문총집(金文總集)』을 출판하였는데, 이는 후세에 전해지는 것과 새로 출토한 금문 8,000점을 수록한 제1차 계통의 총결집이다. 1984 - 1994년에 걸쳐 중국사회과학원고고연구소에서는 『은주금문집성(殷周金文集成)』에서 편찬한 것을 중화서국에서 출판하였는데, 금문 11,983점을 수록하여 금문자료를 집대성한 거대한 저록이다. 각 성과 시에서 편찬한 금문 저록이 또한 많은 종류가 있다. 2001년과 2002년에 화동사범대학중국문자연구와 응용중심에서 『금문인득(金文引得)』(殷商西周卷·春秋戰國卷)을 편찬해서 출판하였고, 또한 『은주금문집성』 출판 이후 발견된 금문 석문을 여러 건 수록하였다.

1955년 9기에서 1956년 3기까지 『고고학보(考古學報)』에서 진몽가(陳夢家)의 『서주동기단대(西周銅器斷代)』를 발표하였다. 이 글들은 기물의 형태, 문양의 장식, 명문 등의 모든 요소를 결합하여 여러 청동기의 연대를 결정한 금문 연구의 명문장이다. 그러나 안타깝게도 여러 이유로 완성되지 못하였다.

양수달(楊樹達)은 1940년부터 금문을 연구하였다. 1959년 과학출판사에서 『적미거금문설(積微居金文說)』 증정본(增訂本)을 출판하였는데, 단편의 발문 381편과 금문을 고증하고 해석한 314편을 수록하였다. 그는 어법・훈고・문자・문헌에 대하여 모두 정밀하고 깊은 연구가 있었기 때문에 그의 금문에 대한 훈과 해석은 대부분 정확하여 이론의 여지가 없다.

용경(容庚)은 1949년 이후 옛날 저록 『금문편(金文編)』의 수정본을 두 차례 출판하였다. 1985년에 출판한 4판은 마국권(馬國權)・장진림(張振林)의 협조로 수정한 것으로, 단독자 2,420개와 이체자 19,357개를 수록한 현재 가장 권위가 있는 금문 형체 대사전이니, 금문을 연구하는 사람들이 반드시 구비하여야할 공구서이다. 물론 이 책은 결코 완전한 것이 아니어서 이미 몇 학자들이 시험적으로 교정하고 보충하였으며, 장진림 등에게 들은 바로는 아마도 다시 개정증보본을 출판할 것이라 한다. 이외에 진초생(陳初生)의 『금문상용자전(金文常用字典)』, 왕문요(王文耀)의 『간명금문사전(簡明金文辭典)』은 자형을 분석하고 항목마다 뜻을 해석하여 초학자가 사용하기에 매우 편리하다. 또한 고명(高明)의 『고문자유편(古文字類編)』, 서중서(徐中舒)의 『한어고문자자형표(漢語古文字字形表)』, 주법고(周法高)의 『금문고림(金文詁林)』, 대가상(戴家祥)의 『금문대자전(金文大字典)』과 같은 것도 금문 연구자가 필요한 참고서이다.

당란(唐蘭)은 1930년부터 금문 연구를 시작하여 자형의 분석과 역사의 고증을 중시하며, 이 계열에서 중요한 성과를 얻었다. 〈호종(㝬鐘)〉

은 옛날에 〈종주종(宗周鐘)〉이라 일컬었으나 당란은 기물의 형태·명문·서예·사적에 착안하여 이 기물은 여왕과 선왕 때의 것이라 비정하였다. 또한 '㝬'은 마땅히 '호(胡)'라 읽어야 하니, 즉 여왕의 본명이기 때문에 종의 이름을 '주왕호종(周王㝬鐘)'이라 개정한 것이 이미 정론이다. 〈영이(令彝)〉의 명문에 '경궁(京宮)'·'강궁(康宮)'이 있는데, 이전 사람은 대부분 '강(康)·경(京)'은 수식어라 말하였다. 그러나 당란은 '경궁'은 태왕·왕계·문왕·무왕·성왕의 사당이고, '강궁'은 강왕·소왕·목왕 이하의 사당이라는 견해를 제시하여 수많은 금문의 정확한 연대를 비정할 수 있게 되었다. 그는 만년에 『시론주소왕시대적청동기명각(試論周昭王時代的靑銅器銘刻)』과 『서주청동기명문분대사징(西周靑銅器銘文分代史徵)』을 지어 서주시기 금문에 대한 계통적 연구를 하였으나 아깝게도 후자를 완성하지 못한 것이 끝내 유감이다.

서중서(徐中舒)는 금문을 고증하고 해석한 것을 진나라 역사 연구와 긴밀하게 결합하여 탁월한 성과를 얻었다. 그의 『금문하사석례(金文嘏辭釋例)』는 60종류의 제사를 지낼 때 신이 제주에게 내리는 축복의 말[嘏辭]에 대하여 상세한 고증과 해석을 가해 은·주 사람의 신조관념(神祖觀念)과 귀생사상(貴生思想)을 연구 토론하였다. 아울러 시대의 풍격과 지방 범식으로 동기를 제작한 시대와 지역을 나눈 것은 금문 연구의 이정표적 작품이다. 「우정적연대급기상관문제(禹鼎的年代及其相關問題)」는 우(禹)의 가세(家世)와 연대, 서주시기 남방에 대한 전쟁, 악(噩)의 소재, 서육사(西六師)·은팔사(殷八師) 및 서주시기의 군사제도를 토론한 금문 연구의 전형적 작품이다.

이학근(李學勤)은 1960대부터 새로 출토하거나 새로 발표한 청동기 및 그 명문의 연구에 힘을 쏟았다. 『신출청동기연구(新出靑銅器研究)』에는 43편의 글을 수록하여 〈사장반(史墻盤)〉·〈사극정(師㝨鼎)〉·

〈다우정(多友鼎)〉·〈사혜정(史惠鼎)〉·〈구보수개(駒父盨蓋)〉 등 중요 명문에 대하여 새로운 해석을 제시하였다. 「서주중기청동기적중요표척(西周中期青銅器的重要標尺)」이란 글은 부풍장백(扶風莊白) 1호의 청동기 교장(窖藏)[48]에서 출토된 103점의 동기 및 강가촌교장(强家村窖藏)에서 출토한 7점의 동기 명문에서 반영된 미씨(微氏)·괵계가족세계(虢季家族世系)를 표로 배열하여 표척을 삼았다. 또한 〈중방정(中方鼎)〉 등 많은 동기에 대하여 시대를 비정한 것은 진몽가의 『서주동기단대』 이후 또 하나의 역작이다. 그가 최근에 출판한 『주출의고시대(走出疑古時代)』·『하상주연대학찰기(夏商周年代學札記)』라는 2권의 책도 금문을 연구한 글이다.

구석규(裘錫圭)의 금문 고증과 해석은 문자와 언어의 긴밀한 결합을 중시하고 자형을 분석함에 항상 갑골문과 전국시기 문자를 연관시켜 종횡으로 비교하였으니, 그의 설은 대부분 정확하여 부동의 자리를 차지하고 있다. 〈종궤(㦰簋)〉의 명문은 "동이 유사를 거느리고 사씨가 달

---

48) 역자 주 : 窖藏은 窖坑과 窖穴이 존재하는 구덩이를 말한다. 이를 성격적 측면에서 다음과 같이 3가지로 정의할 수 있다. 첫째는 社會變動說이고(1963년 郭沫若), 둘째는 財富積存說이며(1988년 羅西章), 셋째는 祭祀說이다. 지금까지 교장에서 출토된 청동기를 보면, 鼎·甗·簋·盨·簠·尊·卣·爵·斝·觶·觚·方彝·觥·罍·壺·盉·盤·匜·盂·勺·匕·鐘·食器·酒器·樂器 등 5종류 24종으로 나눌 수 있다. 교장에서 출토된 청동기는 일반적으로 車馬具·工具·陶器 등이 출토되지 않았으나, 옥기와 청동기가 동반된 것은 있었다. 청동기 교장에서 출토된 것은 일반적으로 누구 혹은 누구의 일가족 기물들이다. 일례로 섬서성 周原 일대에 분포한 청동기 교장으로는 岐山縣의 鳳雛·董家·賀家·禮村, 扶風縣의 齊家·强家·下務子·雲塘·齊鎭·召陳·莊白·任家·莊李·王康 등이 있다. 교장에 대한 보다 상세한 설명은 김혜진 2011, 『西周 청동기 窖藏을 통해 본 周原』(단국대학교 석사학위 논문), 8~21쪽을 참조하기 바란다.

려 추격하여 역림에서 융을 습격하여 융호를 붙잡았다[戜率有司, 師氏奔追䢅戎于棫林, 博戎䚶]."이다. '䢅'을 구석규는 처음에 중산왕조역도(中山王兆域圖)의 "왕명을 행하지 않는 자는 자손에게 재앙이 있다[不行王命者恙(殃)䢅子孫]."라는 것에 의거하여 연(聯)이라 해석하고 음을 난(攔)이라 하였다. 뒤에 다시 〈진후집수(晉侯𩰫盨)〉의 "원습에서 즐겼다[甚(湛)樂于原䢅(隰)]."라는 것을 근거하여 해석을 고치고 습(襲)이라 읽었으니, 옳은 말이다. 역림은 대부분 사람들이 주원(周原)지역이라 하였지만, 구석규는 『좌전·양공십육년(左傳·襄公十六年)』의 허(許) 땅인 역림(棫林)으로 지금의 하남성 엽현(葉縣)이라 말하였고, 호(䚶)는 즉 호(胡)로 언성현(郾城縣, 葉縣의 동쪽)이라 하였는데, 당시의 형세를 보면 구석규의 설이 합당하다.

이외에 황성장(黃盛璋)·마승원(馬承源)·주법고(周法高) 등도 금문 연구에서 현저한 성취를 얻었다.

금문에는 명사(名詞)·동사(動詞)·수사(數詞)·양사(量詞)·형용사(形容詞)·대사(代詞)·접속사[連詞]·개사(介詞)·어기사(語氣詞)·의성어[象聲詞] 등이 있는데, 대체적으로 현재 있는 품사들이 금문에도 전부 있었다. 용경이 1929년에 『주금문중소견대명사석례(周金文中所見代名詞釋例)』를 지어 중점적으로 인칭대명사와 지시대명사를 분석하였으니, 이는 금문 어휘를 연구한 최초의 저작이다. 마국권의 「서주동기명문수사량사초탐(西周銅器銘文數詞量詞初探)」은 아직 발간되지 않은 『양주금문사사법초탐(兩周金文辭詞法初探)』의 부분 편목이다. 여기에서 그는 양(兩)은 초기에 양(輛)의 가차인 양사였고, 조금 뒤에는 수사가 되었으나 대부분 자연스럽게 쌍을 이루는 물건을 가리켰으며, 다시 뒤에는 이(二)와 같았다고 하였으니, 가히 분석이 정미함에 들어갔다고 하겠다. 장진림(張振林)의 「선진고문자재료중적어기사(先

秦古文字材料中的語氣詞)」, 진영정(陳永正)의 「서주춘추동기명문중적연결사(西周春秋銅器銘文中的聯結詞)」, 당옥명(唐鈺明)의 「기궐고변(其厥考辨)」 또한 많은 발견이 있다.

금문의 어법은 이미 상당히 완전하였고, 후세의 어법 현상은 서주시기와 춘추시기에 이미 대부분 나타나고 있다. 관섭초(管燮初)의 『서주금문어법연구(西周金文語法研究)』는 서주시기 금문의 품사와 조어법 및 주어(主語)·술어[謂語]·목적어[賓語]·겸어(兼語)·수식어(修飾語)·보어(補語) 등의 문장 성분에 대해 전면적이고 계통적인 분석과 귀납을 하였으니, 이는 이 영역에서 확실한 저작이다. 그러나 이 책은 구문과 복문을 다루지 않아 이후 연구에 많은 과제를 남기고 있다. 이근(李瑾)의 『한어은주어법문제검토(漢語殷周語法問題檢討)』, 양오명(楊五銘)의 『서주금문피동구식간론(西周金文被動句式簡論)』은 피동구가 서주시기에 이미 나타났고, 늦어도 춘추시기 이후는 될 수 없음을 제시한 것으로 자못 탁월한 견해이다.

해외 학자의 금문 연구는 일본의 시라카와 시즈카[白川靜] 성과가 가장 두드러진다. 그의 저서 『금문통석(金文通釋)』은 1,000여 건의 금문에 대한 여러 설을 모아 공평하게 절충하였고, 또한 스스로 새로운 해석을 내었으니, 이것도 금문 연구자가 참고할 필요가 있다. 이 책은 권질이 많고 일본어여서 일찍이 어떤 학자가 일부 번역한 것이 있으나 전체 번역본이 있길 바란다. 시라카와 시즈카의 또 다른 저서로는 『금문적세계(金文的世界)』·『서주사(西周史)』가 있는데, 금문을 주요 자료로 삼아 서주시기의 역사·문화를 연구하여 내용이 깊고 오묘하지만, 단어 선택은 간결하고 알기 쉬어 읽을수록 재미가 있다. 이외에 일본의 아카츠카 키요시[赤塚忠]·마츠마루 미치오[松丸道雄]·하야시 미나오[林巳奈夫]와 미국의 쇼네시[夏含夷, Edward L. Shaughnessy] 등도 부분적으로 은·주의 금문에 대하여 연구한 바가 있다.

근년에 이미 많은 중년의 고문자학자들이 금문 연구 영역에서 현저한 성과를 얻었고, 또한 많은 청년 학자들이 참신하게 두각을 나타내고 있다.

현재 많은 금문 연구자들은 이미 현대과학기술을 도입하기 시작하였다. 예를 들면, 컴퓨터 정보시스템 수단으로 각종 금문의 인덱스를 편찬하였고, 대륙 및 홍콩과 대만에서는 이미 몇 종류의 금문 데이터베이스를 구축하였다. 동시에 또한 많은 청년들이 금문의 학습과 연구에 열중하고 있다. 진부한 금문 연구가 막 왕성한 생명력을 환하게 발하고 있으니, 반드시 장차 더욱 큰 성과를 얻을 것이다.

청동기의 종류

1

四祀邲其卣

1930－1940년대에 하남성(河南省) 안양(安陽) 소둔(小屯)의 은허(殷墟)에서 출토되었다고 전해지며, 현재 북경(北京) 고궁박물원(故宮博物院)에서 수장하고 있다. 명문은 기물 바깥쪽 바닥에 8행 42자, 뚜껑과 기물 안쪽 바닥에 각각 4글자가 있다. 〈아맥유(亞貘卣)〉라고도 부른다.

저록(著錄)

『상주금문록유(商周金文錄遺)』275, 『업중편우초집(鄴中片羽初集)』三上32, 『은주금문집성(殷周金文集成)』10・5413

탁본(拓本)

모본(摹本)

① 기물 바깥쪽 바닥

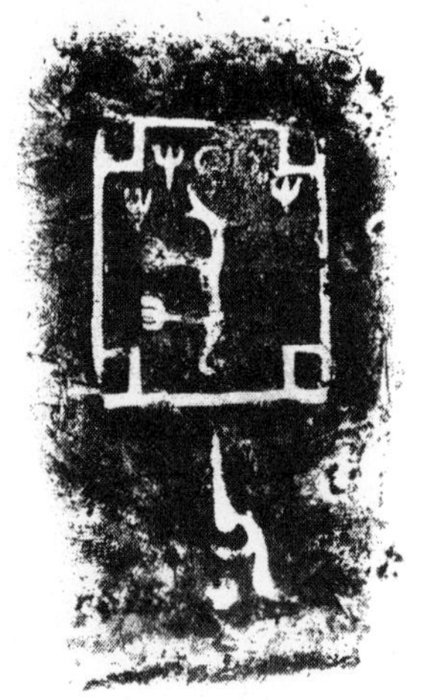

개명(蓋銘)

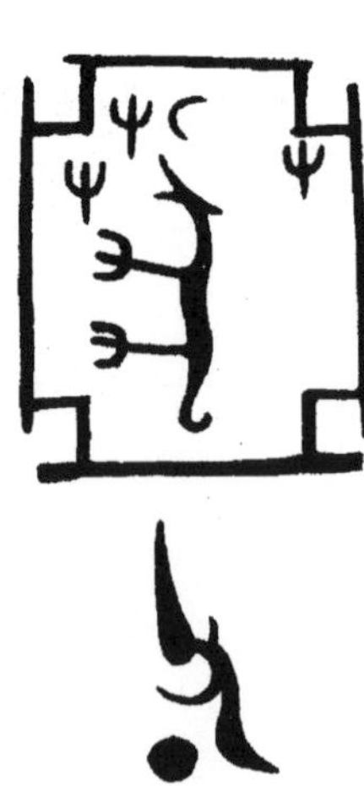

개명(蓋銘)

② 뚜껑

석문(釋文)

乙巳，王曰: “障(尊)文武帝乙宜[1]。” 才(在)召大庭(庭)[2]，溝((遘)乙羽(翼)日丙午[3]，魯[4]。丁未，煮(?)[5]。己酉，王才(在)梌(榆)，切其易(賜)貝[6]。才(在)四月，隹(唯)王四祀羽(翼)日[7]。(기물 바깥쪽 바닥)
亞貘父丁[8] (뚜껑과 기물 안쪽의 바닥)

번역(飜譯)

을사일에 왕께서 말씀하시었다.
“문무 제을(文武帝乙)에게 ‘의(宜)’라는 방식으로 희생을 사용하여 제사를 지내도록 하라.”
소태정(召太庭)에서 태을(大乙)에게 구(遘)제사를 지내고, 다음 날인 병오일에 사(魯)제사를 지냈다. 정미일에 자(煮)제사를 지냈다. 을유일에 왕께서 유(榆)에 계셨고, 필기(切其)는 〈왕에게〉 패화를 하사받았다. 왕 4년 4월의 다음날(병오일)이었다. (기물 바깥 바닥의 명문)
아맥(亞貘)인 부정(父丁) (뚜껑과 기물 안쪽 바닥의 명문)

주해(注解)

(1) ‘障’은 ‘전(奠)’으로 예정하기도 한다. ‘유(酉)’와 ‘공(廾)’을 구성요소로 하며, 두 손으로 제기[奠]를 받드는 형태를 상형하였다. 준(尊)과 같은 글자이다. ‘부(阜[阝])’로 구성되는 경우도 있는데, 이 경우 제단에 올라 봉헌한다는 의미가 더욱 명확히 표현된다. 이 명문에서는 제사의 명칭으로 쓰였다. 문무 제을(文武帝乙)은 상(商)의 제 30대 왕 제을(帝乙)로 제신(帝辛, 紂)의 아버지이다. 주원갑골(周原甲骨) H11:1의 “문무 제을의 종묘에서 의(彝)제사를

지냈다[彝文武帝乙宗]"에도 그의 이름이 보인다. '문무(文武)'는 왕의 이름 앞에 쓰는 미칭이다.

'제(帝)'는 본래 상제(上帝)를 가리키나, 은 말기에는 왕이 돌아가신 부친을 제(帝)라 호칭하기도 하였다. 『사기 · 은본기(史記 · 殷本紀)』에서 "제을이 즉위하자 은나라가 더욱 쇠하였다[帝乙立, 殷益衰]."라고 하였다.

'의(宜)'는 희생을 사용하는 방법이다. 은대의 갑골문 중 〈철(掇)〉1 · 550에서는 "신미일에 점쳐 물었다. 황하에 곡식으로 분제사지내고 삼재로 요제사지내고, 의(宜)라는 방식으로 희생을 사용해도 되겠습니까[辛未貞, 奉禾于河, 尞三宰, 宜牢]?"라고 하였다.

(2) '재(才)'는 '재(在)'로 읽는다. '소(召)'의 발음은 shào(소)로 지명이다. 은대의 갑골문 중 〈전(前)〉2 · 22.1에서 "을사일에 점쳐 물었다. 왕이 소에서 오신다고 하였다[乙巳卜貞, 王逊于召]."라고 하였다.

'廰'은 엄(广)으로 구성되었고, 청(耶 - 聽)은 발음을 나타낸다. '정(庭)'으로 읽는다. 소태정(召太庭)은 지명이다. 갑골문 〈후(後)〉上 12.1에 보인다.

(3) 고문자에서 편방 '彳'과 '辵'은 통용된다. '구(遘)'의 발음은 gòu(구)이며, 제사 이름이다. 은대의 갑골문 중 〈업(鄴)〉三 1 · 32에서 "정월에 비병(妣丙)에게 구(遘)제사를 지냈다[才(在)正月, 遘于妣丙]."라는 기록이 보인다. '구(遘)'를 '만나다'라는 뜻으로 보는 견해도 있다.

'을(乙)'은 은의 선왕 태을(太乙, 成湯)이다.

'우(羽)'는 갑골문에서 '익(翊)' · '습(習)'으로 쓰기도 한다. 『설문 · 일부(說文 · 日部)』에는 '욱(昱)'을 표제자로 하고 "다음 날이다[明日也]."라고 하였다. 전래문헌에는 통상 익(翼)으로 쓴다. '병오(丙

午)'는 을사일의 다음날이다. 『상서(尙書)·무성(武成)』에는 "다음날 계사일[越翼日癸巳]"이라 하였다. 이 명문에서는 제사 이름으로 쓰였다.

(4) '⿰'는 『설문·착부(說文·㲋部)』에서 "짐승의 이름이다. 착(㲋)으로 구성되며, 오(吾)는 발음을 나타낸다. 사(寫)와 같이 읽는다[獸名. 從㲋, 吾聲. 讀若寫]."라고 하였다. 『예기·곡례(禮記·曲禮)』에서 "씻을 수 있는 그릇에 담긴 음식은 옮겨 담지 않고, 그 이외의 것은 모두 다른 그릇에 옮긴다[器之漑者不寫, 其餘皆寫]."라고 하였는데, 정현(鄭玄)의 주에서는 "사(寫)는 자기의 그릇으로 옮겨 담아 먹는 것이다[寫者, 傳己器中乃食之也]."라고 하였다. 『상주고문자독본(商周古文字讀本)』에서는 "이는 제사를 지낼 때 음식을 한 그릇에서 다른 그릇으로 옮겨 놓는 일종의 의식이다."라고 하였다. 글자 아랫부분이 분명하지 않지만 〈견소자궤(遣小子簋)〉에서는 이 글자를 '⿰'로 썼으며 '⿰'로 예정하여야 한다. 문맥상 제사 이름으로 보아야 할 것 같다.

(5) '미(未)'자의 아래 글자는 단언할 수 없으나, '자(煮)'로 예정하는 학자도 있다. 『설문·력부(說文·鬲部)』에서 "자(鬻)는 孚이다. 자(煮)는 자(鬻)의 이체자로 화(火)로 구성되기도 한다[鬻. 孚也. 煮, 鬻或從火]."라고 하였다. 유수옥(紐樹玉)은 『설문해자교록(說文解字校錄)』에서 "송대 판본에는 '孚也'라 기재되었지만, 아마도 '형(亨)'을 잘못 쓴 것이라 생각된다. 『설문해자계전(說文解字繫傳)』과 『운회(韻會)』에 '향(亯)'을 '팽(烹)'으로 쓴 것은 속자이다[宋本作孚也, 蓋即亨譌, 繫傳韻會亯作烹, 俗]."라고 하였다. 〈경아정(庚兒鼎)〉에는 '⿰'라 썼는데, 자형이 유사하다. 『주례·천관·형인(周禮·天官·亨人)』에서 "〈팽인은〉 외옹(外饔)과 내옹(內

饔)이 주방에서 조리하는 일을 주관한다[職外內饔之爨亨煮]."라고 하였다. 이 명문에서는 제사 이름으로 쓰였다.

(6) '도(梌)'는 '유(楡)'로 읽으며 지명이다. 은대의 갑골문 중 〈수(粹)〉979에 "을유일에 점쳐 물었다. 왕이 장차 유에서 사냥하려고 하는데, 재앙이 없겠습니까[乙酉卜貞, 王其田楡, 亡𢦏(災)]?"라는 기록이 보인다.

'역(易[賜])'의 발음은 cì(사)이며, 오늘날에는 통상 '사(賜)'로 쓴다. 전래문헌에서는 대부분 '사(錫)'로 쓰였다. 『공양전·장공원년(公羊傳·莊公元年)』에서 "왕이 영숙을 사신으로 보내어 〈죽은〉 환공에게 〈추서의〉 명을 하사하셨다. 사(錫)란 무슨 뜻인가? 하사하는 것이다[王使榮叔來錫桓公命. 錫者何, 賜也]."라고 하였다.

'필기(𢦔其)'는 기물 주인이다. "필기사패(𢦔其易貝)"는 피동구문으로 필기는 재물[貝]을 하사받는 대상이며, 주어는 왕이지만 생략되었다.

'패(貝)'자는 조개껍데기를 상형한 글자이다. 춘추시기 이전에 조개는 화폐로 사용되었다. 『설문·패부(說文·貝部)』에서 "패는 바다의 갑각류이다.……옛날에는 패(貝)를 화폐로 쓰고 거북을 보물로 여겼다. 주대에는 천(泉)이 있었다. 진대에 이르러 패를 폐지하고 전(錢)을 유통시켰다[貝, 海介蟲也.……古者貨貝而寶龜, 周而有泉, 至秦廢貝而行錢]."라고 하였다.

(7) 은나라 사람은 '연(年)'을 '사(祀)'라 하였다. 『이아·석천(爾雅·釋天)』에서 "하나라는 세(歲), 상나라는 사(祀), 주나라는 년(年)이라 일컬었다[夏曰歲, 商曰祀, 周曰年]."라고 하였는데, 형병(邢昺)의 소에는 손염(孫炎)의 말을 인용하여 "사(祀)는 사계절의 제사가 한 번 끝난다는 것에서 뜻을 취했다[取四時祭祀一訖也]."라고

하였다. 그러나 서주시기에도 여전히 이러한 습관을 이어받은 경우가 있다. 그 예로 〈대우정(大禹鼎)〉의 "왕 23사[隹王廿又三祀]", 『상서·홍범(尙書·洪範)』에서의 "13사에 왕이 기자를 방문하였다[惟十有三祀, 王訪于箕子]."라는 기록을 들 수 있다.

(8) 아맥(亞貘)은 국족(國族)의 명칭이다. '부정(父丁)'은 '필기(弋卩其)'의 아버지로 제사의 대상이다. '정(丁)'은 날짜로 이름을 삼은 것으로 이 날에 제사를 지냄을 나타낸다. 날짜로 이름을 삼은 것도 상나라 사람의 풍속이다.

단대(斷代)

명문에서 "문무 제을(文武帝乙)"에 대한 제사를 언급되었으므로 당시의 왕은 그 아들 제신(帝辛)이며, 기물은 제신 4년 4월에 만들어졌다. 〈이사필기유(二祀弋卩其卣)〉, 〈육사필기유(六祀弋卩其卣)〉가 은허에서 함께 나왔다고 전해지며, 동일인이 비슷한 시기에 만든 기물일 것이다. 장정랑(張政烺)은 〈이사필기유〉와 〈사사필기유〉가 위작이라고 의심하였으나, 우성오(于省吾)는 위작이 아니라고 하였다. 지금은 우성오의 견해를 따른다. 1991년 섬서성 기산현(岐山縣) 북곽향(北郭鄉) 번촌(樊村)에서 〈아필기가(亞弋卩其斝)〉(『文物』1992年 6期)가 출토되어 상대에 확실히 필기(弋卩其)라는 이름의 인물이 있었음을 증명한다.

2

戍嗣子鼎

1959년 하남성 안양(安陽)의 후강(後岡) 은대(殷代) 원형 순장갱[圓葬坑]에서 출토되었다. 현재 중국 사회과학원 고고연구소(中國社會科學院考古研究所) 안양공작참(安陽工作站)에서 소장하고 있다. 명문은 3행 30자이이며, 그 중에 2자는 합문(合文)이다.

탁본(拓本)

모본(摹本)

저록(著錄)

『상주청동기명문선(商周青銅器銘文選)』一, 18, 『은주금문집성(殷周金文集成)』5・2708

석문(釋文)

丙午，王商(賞)戍嗣子貝廿(二十)朋[(1)]，才(在)𩰫(闌，管)宗[(2)]。用乍(作)父癸寶䵼(餗)[(3)]。隹(唯)王饗𩰫(管)大室[(4)]，才(在)九月。犬魚[(5)]

번역(飜譯)

병오일에 왕께서 수사자(戍嗣子)에게 패화 20붕을 하사하셨으니, 관 땅의 종묘에 계셨다. 이에 부계(父癸)를 위하여 보배로운 정을 만드노라. 왕께서 관의 태실에서 완(饗)제사지내시니 9월이었다. 견어(犬魚)

주해(注解)

(1) '상(商)'은 '상(賞)'으로 읽으며, 하사한다는 뜻이다.

'수(戍)'는 무관의 관직명으로 방어와 정벌을 주관한다.

'사자(嗣子)'는 왕 혹은 제후를 계승하는 자식이다.(대부분 적장자) 『사기・오제본기(史記・五帝本紀)』에 "요가 물었다. '누가 이 일을 계승할 수 있겠는가?' 방제가 대답하였다. '맏아들 단주가 지혜롭고 명석합니다.'라고 하였다[堯曰, "誰可順此事?" 放齊曰, "嗣子丹朱開明]."라는 기록이 보이는데, 적장자라는 의미로 인신(引申)되어 쓰였다.

'붕(朋)'은 당시 화폐였던 패(貝)의 단위이다. 『시경・소아・청청자아(詩經・小雅・菁菁者莪)』에서 "군자를 만났더니 나에게 100

붕을 주셨네[旣見君子, 錫我百朋].”라고 하였는데, 정현(鄭玄)의 전(箋)에서는 “예전에 화패는 5패를 붕이라 하였다(古者貨貝五貝爲朋).”라고 하였다. 왕국유(王國維)는 1관(串)이 5패(貝)이고, 1붕(朋)이 10패(貝)라 하였다.

(2) ‘[illegible]’은 지명으로 서주 초기의 기물 〈이궤(利簋)〉에는 ‘[illegible]’로 쓴 자형을 찾을 수 있다. 『금문편(金文編)』에서는 이를 ‘란(闌)’의 번체자로 보았다. 우성오(于省吾)는 “간(柬), 간(間), 관(官)을 구성요소로 하는 글자는 성모가 모두 견뉴(見紐)에 속하며, 운모(韻母)도 동일하다[疊韻]. 그러므로 ‘[illegible]’은 ‘관(管)’으로 읽을 수 있다.”라고 하였다. ‘관(管)’은 지금의 하남성 정주(鄭州) 서북쪽에 있었다. 『일주서·대광해(逸周書·大匡解)』에서는 “13년에 왕이 관에 있었다. 관숙은 스스로 은의 감(監)이 되었다. 동쪽 모퉁이의 제후는 모두 왕에게 하사를 받았다[惟十有三祀, 王在管. 管叔自作殷之監, 東隅之侯咸受賜于王].”라고 하였으며, 『일주서·문정해(逸周書·文政解)』에도 “13년에 왕이 관에 있었다. 관숙(管叔)과 채숙(蔡叔)은 은의 종족을 이끌어 왕을 따르게 하였다[惟十有三祀, 王在管, 管蔡開宗循王].”라는 기록이 보인다.

‘종(宗)’은 『설문·면부(說文·宀部)』에서 “존귀한 조상의 사당이다. ‘면(宀)’과 ‘시(示)’로 구성되었다[尊祖廟也. 從宀從示]”라고 하였다. ‘종(宗)’의 자형이 통상적 자형과 차이가 있기 때문에 ‘宔’로 예정하고, ‘주(主)’로 읽는 견해도 있다.

(3) ‘부계(父癸)’는 수사자(戍嗣子)의 작고한 부친이다. 상나라 사람의 조상은 날짜의 간지[日干]로 호칭된다.

‘[illegible]’자는 ‘정(鼎)’과 ‘비(匕)’로 구성되었고, ‘속(束)’은 발음을 나타낸다. 아마도 ‘속(餗)’의 이체자로 생각된다. 『설문·력부(說文·鬲

部)』에서 "속(鬻)은 솥의 내용물이다. 〈『시경·대아·한혁(詩經·大雅·韓奕)』에〉 '죽순과 미나리로다.'라고 하였다. 진류(陳留)는 건(鍵)을 속(鬻)이라고 하였다. 력(鬲)으로 구성되었고, 속(速)은 발음을 나타낸다. 속(餗)은 속(鬻)의 이체자로 식(食)으로 구성되었고, 속(束)은 발음을 나타낸다[鬻, 鼎實. "惟葦及蒲." 陳留謂鍵爲鬻. 從鬲速聲. 餗, 鬻或從食束聲]."라고 하였다. 여기에서 '정실(鼎實)'은 맛있는 음식이란 뜻으로 인신되었다. 『주역·정괘(周易·鼎卦)』의 구사효(九四爻)에서 "솥의 다리가 부러져 공의 음식을 엎었다[鼎折足, 覆公餗]."라고 하였는데, 공영달(孔穎達) 소(疏)에는 "餗은 나물죽으로 여덟 가지 진귀한 반찬으로 솥을 채운 것이다[餗, 糝也, 八珍之膳, 鼎之實也]."라고 하였다. 명문에서 정(鼎)의 이름을 사용할 때 그에 담긴 내용물로 정의 이름을 짓는 경우도 있다.

(4) '饔'의 발음은 yuē(완)이다. 『방언(方言)』에서 "완(皖)은 콩엿을 일컫는다[皖謂之餳]."라고 하였는데, 곽박(郭璞)의 주에서는 "완(皖)은 콩가루에 엿을 섞은 것이다[皖, 以豆屑雜餳也]."라고 하였다. 『옥편(玉篇)』에는 "완(皖)은 엿과 콩이며, '완(豋)'로도 쓴다[皖, 飴和豆也, 亦作豋]."라고 하였다. 왕균(王筠)은 『설문구독(說文句讀)』에서 "완(皖)과 완(饔)은 모두 완(豋)의 이체자이다. 즉 지금의 콩소이다[皖饔皆豋之別體, 卽今之豆沙也]."라고 하였다. 은나라 말에서 서주 초기의 기물 명문에서는 대부분 제사 이름으로 쓰였다. 관(祼)으로 읽는 견해도 있다.

'대실(大室)'은 태실(太室)이라 칭하기도 한다. 태묘(太廟) 중앙의 건물이며, 태묘를 지칭하기도 한다. 『상서·낙고(尙書·雒誥)』에 "왕이 태실에 들어가 강신제를 지냈다[王入太室祼]."라는 기록이 있다. 공씨전(孔氏傳)에서 "태실은 청묘이다[太室, 淸廟]."라고 하였으며, 공영달 소에는 "태실은 큰 건물이기에 청묘라 한다. 종묘에 다섯 건물이 있으며, 중앙에 있는 것이 태실이다[太室, 室之大者, 故爲淸廟. 廟有五室, 中央曰太室]."라고 하였다.

(5) 견어(犬魚) : 씨족의 명칭이다.

단대(斷代)

부계(父癸)라는 일명(日名)이 사용되었고, 씨족명문[족휘]이 있으므로 대략 상나라 말의 기물로 판정한다.

3

子黃尊

1965년 섬서성 장안현(長安縣) 풍서향(灃西鄉) 대원촌(大原村)에서 출토되었고, 현재 서안시(西安市) 문물보호고고연구소(文物保護考古硏究所)에서 소장하고 있다. 권족(圈足) 내벽에 명문 8행 37자가 있다. 〈을묘준(乙卯尊)〉이라고도 부른다.

저록(著錄)

『고문자연구(古文字硏究)』제13집에 실린 왕신행(王愼行)의 『을묘준명통석역론(乙卯尊銘通釋譯論)』의 부록, 『은주금문집성(殷周金文集成)』 11・6000

석문(釋文)

乙卯[1]，子見才(在)大(太)室[2]：白□一(?)，取(?)琅九[3]、生(牲)百[4]。用王商(賞)子黃鬲(瓚)一[5]、貝百朋。子光(貺)商(賞)姒丁貝[6]。用乍(作)己□[室?]□(齍?)[7]。𢍰[8]

탁본(拓本)

모본(摹本)

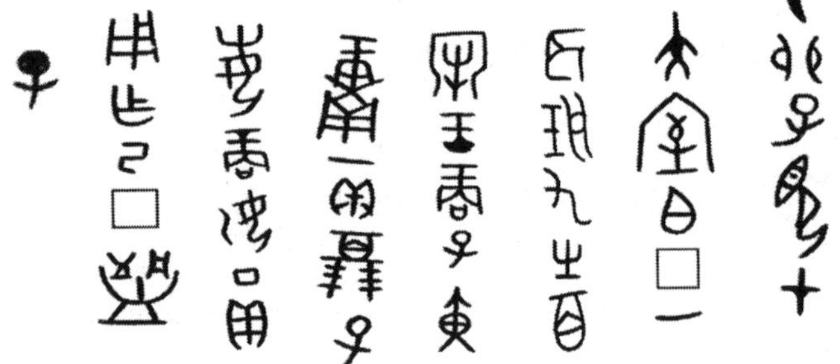

번역(飜譯)

을묘일에 자(子)가 태실에서 〈왕을〉 알현하였다. 백색 □ 1개와 푸른색 옥구슬 9개, 희생용 소 100마리를 올렸다. 이에 왕께서 자황(子黃)에게 찬(瓚) 1개와 패(貝) 100붕을 하사하시었다. 자(子)가 사정(姒丁)에게 패화를 하사하였다. 이것으로 □기(□己)를 위한 준(尊)을 만드노라. 𠁁

주해(注解)

(1) '을묘(乙卯)' 두 글자는 잘 보이지 않는다. 왕신행(王愼行)은 이를 '을묘(乙卯)'라 보았고, 장아초(張亞初)·이령박(李玲璞) 등은 이를 한 글자로 보고 '子(巳)'와 연독하여 '을사(乙巳)' 혹은 '□사(□巳)'로 읽었다. 여기에서는 왕신행의 설을 따른다.

(2) '자(子)'에 대하여 임운(林澐)은 『무정시기의 여러 자복사로 상대의 가족형태를 논함[從武丁時代的幾種子卜辭試論商代的家族形態]』에서 상왕(商王)과 혈연관계에 있는 부권가족 족장의 존칭이라 하였다. 왕신행은 옛날에 동성(同姓)·동종(同宗)·동족(同族)이 아니면 같은 종묘제사에 들어갈 수 없다는 점, 또한 명문 끝에 주조한 '㠱'자는 상나라 말기 기물 〈성유(省卣)〉·〈구굉(龜觥)〉·〈차중유(𢾊甗卣)〉와 마찬가지로 자(子)가 상나라에 바치는 공물이거나 혹은 신료들에게 하사한 옥패와 같은 보물을 나타낸다는 점을 지적하며, "'자(子)'의 신분은 당시 부권가족의 족장임에 틀림없다."라고 하였는데, 이 견해가 맞다.

'현(見)'을 왕신행은 '헌(獻)'으로 읽었으나, 문헌적 근거가 부족하다. 아마도 '현(見)'은 '근(覲)'으로 읽어야 할 것 같다. 『상서·순전(尙書·舜典)』에서의 "사악과 군목을 만나보다[覲四岳群牧]."라는 구절은 『사기·봉선서(史記·封禪書)』에서 '근(覲)'이 '현(見)'으로 바뀐 채 인용되었다. 근(覲)은 제사이다. 『문선·동도부(文選·東都賦)』에서는 "명당에서 제사지내고, 벽옹에 임하였다[覲明堂, 臨辟雍]."라고 하였는데, 이선(李善)의 주에는 "『동관한기(東觀漢記)』에 '영평 3년 정월에 황제가 명당에서 무황에게 제사를 지냈다'[『東觀漢記』曰 : '永平三年正月, 上宗祀武皇帝於明堂']."라고 하였다. 이령박은 '망(望)'으로 예정하였으나, 명백히 자형과 합치하지 않는다.

(3) '백□일(白□一)'에 대하여 왕신행은 백색의 어떤 물건이라 하였고, 이령박은 백(伯)으로 읽었다. 필자가 보기에 '백(白)'과 '일(一)'자 사이의 공간이 크지만 그 사이에 잔결된 필획이 있는지는 판단하기 어렵다.

'랑(琅)'의 오른쪽 편방 '량(良)'은 '[illegible]'로 썼는데, 이는 은허 갑골문에서 '량(良)'을 '[illegible]'(『乙』2510)으로 쓴 것과 같다. '랑(琅)'은 『설문해자』에서 "아름다운 보석으로 옥과 비슷한 것이다. '옥(玉)'으로 구성되었고, '량(良)'은 발음을 나타낸다[琅玕, 似玉者. 從玉, 良聲]."라고 하였다. '랑(琅)'자 앞의 글자를 왕신행은 '첩(耴)'으로 예정하였는데, 『설문해자』에서는 이 글자에 대하여 "귀에 늘어뜨린 것이다[耳垂也]."라고 하였다. 아울러 왕신행은 '첩랑(耴琅)'은 '랑첩(琅耴)'이 도치된 것으로 보고 "푸른색 보석으로 만든 귀장식을 가리킨다. 오늘날 속칭 '귀걸이'라 하는 장신구이다."라고 하였다. 그러나 제사에 왜 귀걸이를 바쳐야 하는지는 이해할 수 없다. 이 글자는 '취(取)'자로 보아야 할 것 같다. 오른쪽 편방 '을(乙)'은 '우(又)'로 글자 윗부분에 찌꺼기가 미쳐 제거되지 않았을 것이다. '취(取)'는 선택하여 취하는 것이다.

(4) '생(生)'에 대하여 왕신행은 '㞢'로 예정하고, 제사이름인 '유(侑)'로 읽었다. 이령박 등은 『금문인득(金文引得)』에서 '생(生)'으로 예정하였다고 하였다. 필자는 '생(生)'자로 보아야 한다고 생각한다. 〈壴鼎〉에서 '생(生)'자를 '[illegible]'으로 쓴 것이 그 근거이다. '생(生)'은 '생(牲)'으로 읽는다. 은작산(銀雀山) 죽간 중의 『안자 · 칠(晏子 · 七)』에서 "지금 내가 규벽과 희생을 갖추고 축종에게 위아래에 바칠 것을 명하고자 하니, 생각하건대 예법이 복을 받는데 합당하겠

소[今吾欲具圭璧犧生, 令祝宗薦之上下, 意者體可奸(干)福乎]?"라고 하였다. 이 글은 현행본 『안자춘추·내편·문상(晏子春秋·內篇·問上)』[1] 제10장에 보인다. 명대의 판본[明本]에서는 '생(生)'을 '생(牲)'으로 썼다. 명문은 앞에서는 '취랑(取琅)', 뒤에서는 '취생(取牲)'을 언급하였는데, 이는 '규벽과 희생[圭璧犧生(牲)]'이란 의미와 가깝다.

(5) '용(用)'은 그러므로[因而]라는 뜻으로 접속사이다. '鬲'자에 대하여 곽말약은 『양주금문사대계도록고석·어궤(兩周金文辭大系圖錄考釋·敔簋)』에서 다음과 같이 말하였다.

> '鬲'은 권(鬳)자의 고문(古文)으로 상형자이다. '圭鬲'은 연문(連文)으로 '규찬(圭瓚)'을 이른다. 〈모공정(毛公鼎)〉에서도 "강신제에 사용하는 보배로운 圭鬲이다[鄹圭鬲寶]."라는 말이 보인다. 圭鬲은 울창주를 따르는 데에 사용하기 때문에 鄹(祼)이라 하였고, 귀중한 물건이기에 寶라 하였다.

'찬(瓚)'은 고대에 강신의 예[祼禮]를 행할 때 사용하는 울창주를 따르는 용구로 황금으로 국자[勺], 규장(圭璋)으로 자루를 만든다. 『주례·춘관·전서(周禮·春官·典瑞)』에서 "강신제를 지낼 때에는 자루[圭]가 달린 국자[瓚]를 사용하여 선왕에게 사제사를 지내고, 빈객에 〈술을〉 내려 준다[祼圭有瓚, 以肆先王, 以祼賓客]."라고 하였는데, 정현의 주에서는 "한나라 예에 제기와 소반의 큰

---

1) 『晏子春秋·內篇·問上』: 景公問于晏子曰, "寡人意氣衰, 身病甚. 今吾欲具珪璋犧牲, 令祝宗薦之乎上帝宗廟, 意者禮可以干福乎?"

것은 다섯 되가 들어가는데 입구의 지름은 8촌이고, 아래 소반 입구가 있는데 지름이 1척이다[漢禮, 瓚槃大五升, 口徑八寸, 下有槃口, 徑一尺].”라고 하였다. 『시경・대아・강한(詩經・大雅・江漢)』에서도 “그대에게 규찬(圭瓚)과 검정 기장술 한 통을 하사한다[釐爾圭瓚, 秬鬯一卣].”라고 하였으며, 〈사순궤(師詢簋)〉에서는 “너에게 검정 기장술 한 통과 규찬(圭瓚)을 준다[賜女秬鬯一卣・圭𤪌].”라고 하였다. 금문과 전래문헌이 상호 검증하고 있기 때문에 ‘𤪌’을 ‘찬(瓚)’으로 읽는 견해는 믿을 만하다.

‘자황(子黃)’은 기물을 만든 사람의 이름이다. 왕신행은 ‘黃𤪌’을 연독(連讀)하고, 『시경・대아・한록(詩經・大雅・旱麓)』에서의 “깨끗한 저 옥찬(玉瓚) 안에 노랗게 내린 술이 가운데 있구나[瑟彼玉瓚, 黃流在中].”라는 글을 인용하여 말하였다. 그러나 전래문헌에는 ‘황(黃)’과 ‘찬(瓚)’을 함께 사용한 용례가 보이지 않으니, 이 말은 옳지 않다.

(6) ‘광(光)’은 황(貺)으로 읽는다. 『시경・소아・동궁(詩經・小雅・彤弓)』에서 “진심으로 주려 하노라[中心貺之].”라고 하였는데, 모전(毛傳)에서는 “황(貺)은 하사하는 것이다[貺, 賜也].”라고 하였다. ‘황(貺)’은 같은 뜻을 가지는 ‘상(賞)’과 함께 사용되었는데, 이러한 예는 상나라 기물 〈𦣻卣〉에서 “자가 𦣻에게 패화 2붕을 하사하였다[子光商𦣻貝二朋].”라고 한 데에서도 찾아볼 수 있다. 은총[光寵]을 내린다고 보는 견해도 있는데, 역시 통한다.

‘사(姒)’는 비(妃)로 예정하기도 한다. 『이아・석친(爾雅・釋親)』에서 “여자가 같이 시집가면 언니가 윗동서[姒]가 되고, 동생은 아랫동서[娣]가 된다[女子同出, 爲先生爲姒, 後生爲娣].”라고 하였는데, 곽박의 주에서는 “‘同出’은 함께 시집가서 하나의 지아비를 섬기는 것을 일컫는다[同出謂俱嫁事一夫].”라고 하였다.

‘사정(姒丁)’은 아마도 자황(子黃)의 아내일 것이다. 왕신행은 “‘사정(姒丁)’이 상을 받고 기물을 만들었으니, 기물 주인의 이름에 대하여 의심의 여지가 없다.”라고 하였지만, 상을 받은 자는 실제로 자황(子黃)이다. 자황이 상을 받은 뒤에 기뻐서 일부분의 돈을 그의 아내에게 주었다. 그의 아내는 단지 일부분의 패화를 받은 사람일 뿐 직접 왕으로부터 패화를 받은 사람이 아니다.

(7) 끝에 있는 글자는 아마도 ‘자(齍)’자일 것이다. ‘자(齍)’는 ‘정(鼎)’으로 구성되며 ‘제(齊)’는 발음을 나타내는 자형 ‘[illegible]’(〈여정(呂鼎)〉)로 쓰는 경우가 있고, ‘명(皿)’으로 구성되며, ‘처(妻)’는 발음을 나타내는 자형 ‘[illegible]’(〈사숙정(史弔(叔)鼎)〉로 쓰는 경우가 있다. 상나라 말기의 〈수용정(戍甬鼎)〉에서는 ‘[illegible]’로 써서 상단은 ‘齊’로 구성되고, 하단은 와변된 ‘火’가 구성되었다. 본 명문과 같이 ‘명(皿)’으로 구성되고 ‘제(齊)’가 발음을 나타내는 것이 정자체이다. 〈중[illegible]보력(仲[illegible]父鬲〉에서 ‘[illegible]’라 쓴 것 역시 와변(訛變)되어 ‘血’로 구성되었으니, 옛날 도기에 ‘[illegible]’(『항어고문자자형표(漢語古文字字形表)』 188쪽)라 쓴 것은 모두 이것의 변형이다. 『설문해자』에서 “자(齍)는 기장을 기물에 담아서 제사지내는 것이다[齍, 黍稷在器以祀者].”라고 하였는데, 단옥재는 주에서 “기장을 담는 제기이다. 이것으로 제사를 지낸다[黍稷器. 所以祀者].”라고 고치면서 다음과 같이 말하였다.

> 각 판본에 ‘黍稷在器以祀者’로 되어 있지만 ‘성(盛)’의 뜻과 구별되지 않으므로 지금은 『운회(韻會)』본을 따른다. 『주례』를 보면, ‘자성(齍盛)’을 함께 쓰기도 하고 ‘자(齍)’와 ‘성(盛)’을 단독으로 쓰

기도 하는데, 이는 모두 제사의 일을 말한 것으로 다른 일은 절대로 '자성(齍盛)'이라 하지 않았다. 그러므로 허신은 모두 "이로써 제사를 지낸다[以祀者]."라고 하였다. '자성(齍盛)'을 함께 쓴 곳은 『주례・전사(甸師)』・『주례・용인(舂人)』・『주례・사사(肆師)』・『주례・소축(小祝)』 등이고, '자(齍)'를 단독으로 쓴 곳은 『주례・대종백(大宗伯)』・『주례・소종백(小宗伯)』・『주례・대축(大祝)』 등이다.

단옥재가 대서본(大徐本)을 수정한 점은 비록 취할 수 없지만, 그가 '자성(齍盛)'을 나눌 수 있고, '자(齍)'에 '성(盛)'의 의미가 있다고 제시한 것은 오히려 취할 만하다. '성(盛)'자는 『설문해자』에서 "기장을 기물에 담아서 제사지내는 것이다[黍稷在器以祀者也]."라고 해석하였으니, 일반적으로 말하는 '담아 두다'・'받아들이다', 혹은 기물에 물건을 '보관하다'라는 뜻으로 인신하여 사용할 수 있다. 『시경・소남・채빈(詩經・召南・采蘋)』에서 "어디에 담을까요. 네모지고 둥근 광주리에 담지요[于以盛之, 維筐及筥]."라고 하였으며, 『한서・동방삭전(漢書・東方朔傳)』에서 "병이란 담는 것이다[壺者, 所以盛也]."라고 하였다. 준(尊)은 술을 담는 기물이기 때문에 또한 '자(齍)'라 할 수 있다.

(8) '䕭'은 종족 이름으로 상나라 말 기물에 많이 보인다.

단대(斷代)

왕신행은 형태와 문양, 명문의 용어, 글자체의 필법 3가지 방면을 통하여 이 기물을 상나라 말기 기물이라 판단하였다. 혹자는 상나라 말 혹은 주나라 초의 것이라 판단하기도 한다. 살펴보건대, '光(贶)商(賞)'을 함께 사용하는 사례가 〈螽卣〉에서 보이고, 이학근(李學勤)은 이 기물을 "제을(帝乙) 15년 혹은 그 전후에 주조한 기물이다."라고 고증하였다. 또한 '랑(琅)'자의 구성요소인 '량(良)'의 자형이 갑골문과 가깝고, 서주 · 춘추시기의 금문과는 차이가 있기 때문에 왕신행의 설이 믿을 만하다.

4

我方鼎

하남성 낙양에서 출토되었다고 전해진다. 현재 대만 고궁박물원에서 소장하고 있다. 뚜껑과 기물에 같은 명문 6행 43자가 있다. 〈아언(我甗)〉·〈어정(禦鼎)〉·〈어궤(禦簋)〉라고도 부른다.

저록(著錄)

『정송당집고유문속편(貞松堂集古遺文續編)』中47, 『은주금문집성(殷周金文集成)』5·2763

석문(釋文)

隹(唯)十月又一月丁亥[1]，我乍(作)禦宗且(祖)乙匕(妣)乙、且(祖)己匕(妣)癸[2]，祉(誕)礿叡二母[3]，咸。與遣祼□[4]、𣎵貝五朋，用乍(作)父己寶障彝[5]。亞若[6]

탁본(拓本)

모본(摹本)

번역(飜譯)

11월 정해일에 아(我)는 조을(祖乙)·비을(妣乙)·조기(祖己)·비계(妣癸)에게 어(禦)제사를 지내고, 두 모친에게 크게 여름제사와 섶나무를 태워 시(祡)를 지냈다. 제사를 다 마치자 함께 파견하여 강신제를 지내고 패 5붕을 하사하며, 부기(父己)를 위하여 보배롭고 존귀한 예기(禮器)를 만드노라. 아약(亞若)

주해(注解)

(1) "십월우일월(十月又一月)"은 즉 11월이다.

(2) '어(禦)'는 『설문해자』에서 "제사이다[祀也]."라고 하였는데, 단옥재는 『설문해자주(說文解字注)』에서 "후인은 이를 금지의 어(禦)

자로 사용하였다.……옛날에는 단지 어(御)자로만 사용하였다[後人用此爲禁禦字.……古只用御字].”라고 하였다.

‘䘓’자를 양수달(楊樹達)은 ‘제(祭)’로 해석하면서 “䘓은 ‘혈(血)’과 ‘시(示)’를 구성요소로 한다. 피를 신 앞에 바치는 것을 상형하였으니, 아마도 ‘제(祭)’자일 것이다[䘓從血從示, 象薦血於神前, 蓋祭字也].”라고 하였다. 장아초(張亞初)는 ‘휼(恤)’로 예정하였다. 『설문해자』에서 “휼은 걱정한다는 뜻이다[恤, 憂也].”라고 하였다. 조평안(趙平安)은 이를 ‘粤’로 예정하고, “피로 제사지내어 재앙을 물리치고 화를 없앤다[用血祭來攘災除禍].”라고 하였다.

‘조을(祖乙)’은 ‘아(我)’의 조부이고, ‘을(乙)’은 일명(日名)이다.

‘匕’는 ‘비(妣)’로 읽고, 선조의 배우자를 뜻한다. 본 명문에서 제사의 대상인 비을(妣乙)은 조을(祖乙)의 배우자이고, 비계(妣癸)는 조기(祖己)의 배우자로 모두 두 사람이다. 즉 아래 글에 나오는 ‘이모(二母)’이다. 어떤 학자는 제사의 대상이 조을(祖乙)·비을(妣乙)·조기(祖己)·비계(妣癸)로 총 4사람이라고도 하지만 옳지 않다.

(3) ‘征’는 ‘연(延)’과 같고 ‘탄(誕)’으로 읽는다. 『이아·석고상(爾雅·釋詁上)』에서 “큰 것이다[大也].”라고 하였다.

‘약(礿)’은 『설문해자』에서 “여름에 지내는 제사이다[夏祭也].”라고 하였다.

‘祡’는 나무를 묶어 제단[示] 앞에 받쳐 놓고 이를 불태워 천신에게 제사를 지내는 것을 상형하였다. 즉 ‘시(祡)’자이다. 『설문해자』에서 “시(祡)는 섶나무를 태우고 횃불을 밝혀 천신에게 제사지내는 것이다[祡, 燒柴樊燎以祭天神].”라고 하였다. ‘시(柴)’는 이체자이다.

(4) ‘함(咸)’은 ‘이미’라는 뜻이니, 제사 의식이 완결되어 끝났음을 가리

킨다.

'함(咸)'자 아래의 한 글자에 대하여 '여(與)'나 '舁'로 예정하는 견해가 있지만, 모두 자형과 부합하지 않는다. 여기에서는 잠시 곽말약(郭沫若)이 '여(與)'로 석문한 것을 따르기로 한다.

'견(遣)'은 『설문해자』에서 '종(縱)'이라 하였으니, 즉 '파견'을 뜻한다. '遣'자 아래의 글자를 당란(唐蘭)은 '관(祼)'으로 예정하고, 주인이 규찬으로 술을 따라 땅에 뿌리는 것, 즉 '강신제'라 하였다. 『상서・낙고(尙書・洛誥)』에서 "왕이 태실에 들어가 강신제를 지냈다[王入太室祼]."라고 하였다. 또 제사시낼 때 술을 따라 빈객을 공경하는 것을 가리키기도 한다. 『주례・춘관・전서(周禮・春官・典瑞)』에서 "선왕에게 사(肆)제사를 지내고 빈객에 〈술을〉 내려준다[以肆先王, 以祼賓客]."라고 하였는데, 가공언(賈公彦)의 소에서는 "살아 있는 사람에게 술을 마시게 하는 것 또한 '관(祼)'이라 하였기 때문에 『투호례』에서 '잔을 받들어 따라 주었다.'라고 하였다. 이는 살아 있는 사람에게 술을 술잔에 따라 마시게 하는 것도 '관(灌)'이라 한 것이다[至於生人飮酒亦曰祼, 故『投壺禮』云, "奉觴賜灌." 是生人飮酒爵行亦曰灌也]."라고 하였다. 본 명문에서는 제사를 마치고 제사 술을 빈객에게 주는 것을 일컫는다.

(5) '이(彝)'는 『설문해자』에서 "종묘에 항시 비치된 제기이다[宗廟常器也]."라고 하였다. 제기의 통칭이다.

(6) '아약(亞若)'은 종족 이름이다. 일설에 '아(亞)'는 무관, '약(若)'은 기물을 만든 사람의 개인 이름을 나타낸다고도 한다. 아(我)는 약(若)의 자칭(自稱)이다.

단대(斷代)

제사의 명칭과 조상의 일명(日名)으로 보면, 본 정(鼎)은 은상 말기 혹은 서주 초기의 기물임을 알 수 있다.

5

利簋

1976년 섬서성 임동현(臨潼縣) 영구향(零口鄕) 서단촌(西段村) 청동기 교장(窖藏)에서 출토되어 현재 국가박물관에서 소장하고 있다. 4행 32자이다.

저록(著錄)

『문물(文物)』 1977년 8기, 『은주금문집성(殷周金文集成)』8・4131

석문(釋文)

珷征商[(1)]，隹(唯)甲子朝[(2)]，歲鼎(貞)克聞，夙又(有)商[(3)]。辛未，王才(在)䲨自[(4)]，易又(右)事(史)利金[(5)]，用乍(作)旜公寶障彝[(6)]。

탁본(拓本)

모본(摹本)

번역(飜譯)

무왕께서 상나라를 정벌하는데, 갑자일 이른 새벽에 목성이 그 자리에 마땅하여 사관이 이길 수 있음을 알리니, 신속하게 상나라 땅을 점유하시었다. 신미일에 왕께서는 관(𨟭)의 주둔지에 계시면서 우사(右史) 이(利)에게 청동을 하사하시었다. 〈이는 이로써〉 단공(旜公)을 위해 보배롭고 존귀한 예기를 만드노라.

주해(注解)

(1) '무(珷)'자는 '왕(王)'으로 구성되고, '무(武)'는 발음을 나타낸다. 주나라 무왕을 위하여 만든 전용 이름글자이다.

(2) '추(隹)'는 '유(唯)'와 통하니, 전적에서는 '유(維)'와 '유(惟)'로도 쓴다. 글귀 앞에 붙는 어기조사이다.

'자(子)'를 '𢀈'로 썼는데, 〈전유(傳卣)〉에서는 '𢀈'라 썼다. 『설문해자』의 '자(子)'에 주문(籀文)으로 제시된 '𢀈'과 형태가 가깝다.

'갑자(甲子)'는 날짜를 나타내는 간지이다. 이 날은 무왕이 상주(商紂)를 정벌한 날로 여러 고서에 보인다. 『상서・목서(尙書・牧誓)』에서 "때는 갑자일 새벽이니, 왕이 아침에 상나라 교외인 목야에 이르러 맹서하였다[時甲子昧爽, 王朝至于商郊牧野, 乃誓]."라 하였고, 『상서・무성(尙書・武成)』에서 "3월 기사패, 5일 갑자일이니, 상왕 주를 죽였다[粤若來三月旣死霸, 粤五日甲子, 咸劉商王紂]."라고 하였으며[1], 『일주서・세부해(逸周書・世俘解)』에서 "2월 기사패, 5일 갑자일 아침에 이르러 상나라와 교전하고 상왕 주를 죽였다[越若來二月旣死魄, 越五日甲子朝, 至, 接于商, 則咸劉商王紂]."라고 하였다.

'조(朝)'의 음은 zhāo(조)이다. 『설문해자』에서 "아침이다[旦也]."라고 하였다. 즉 이른 새벽을 가리킨다.

(3) '세(歲)'는 '세성(歲星)'이니, 즉 목성을 가리킨다. 『국어・주어하(國語・周語下)』에서 "옛날 무왕이 은나라를 정벌할 때 세(歲)는

---

1) 역자주 : 이 문장은 위고문(僞古文)인 현행본 『상서・무성(尙書・武成)』에는 보이지 않는다. 이 문장은 『한서(漢書)』의 주석에 인용된 문장이다.

순화에 있었다[昔武王伐殷, 歲在鶉火].”라고 하였는데, 위소(韋昭)의 주에서는 “세는 세성(목성)이다. 순화는 별자리의 이름으로 주나라 영역에 속한다[歲, 歲星也. 鶉火, 次名, 周分野也].”라고 하였다.

‘정(鼎)’은 정(貞)으로 읽으며 ‘바르다’·‘마땅하다’라는 뜻이다. 『초사·이소(楚辭·離騷)』에서 “인년(寅年, 攝提)의 정월(孟陬) 경인(庚寅) 날에 나는 태어났네[攝提貞於孟陬兮, 惟庚寅吾以降].”라고 하였다.

‘세정(歲貞)’은 바로 세성(목성)이 올바른 자리에 있다는 것이다. 이는 일종의 길조이며 정벌하기에 유리한 날이라는 뜻이다. 『국어』에서 “세성이 있는 자리가 정벌하기에 유리하다[歲之所在, 利以伐之也].”라고 하였으며, 『회남자·병략훈(淮南子·兵略訓)』에서 “무왕이 주를 토벌하고 동쪽으로 보고 목성을 맞이하였다[武王伐紂, 東面而迎歲].”라고 하였다.

‘극(克)’은 할 수 있다는 뜻이다.

‘문(聞)’은 『설문해자』에서 “알아듣는 것이다[知聞也].”라고 하였다. 갑골문에서는 ‘[甲骨文]’로 썼는데, 이효정(李孝定)은 이에 대하여 “사람이 꿇어 앉아 손을 귀에 붙여서 자세히 듣는 모습을 상형하였다[象人跽而以手附耳諦聽之形].”라고 하였다. 금문의 자형에는 이미 잘못 변화된 부분이 있다. 이학근은 ‘문(聞)’에 대하여 보고하여 알린다는 뜻이라 하며, 사관이 “목성이 중천에 있는 것을 보고 주나라 무왕에게 보고하여 알린 것이다[見歲星中天而報聞於周武].”라고 하였다.

‘숙(夙)’은 『설문해자』에서 “아침부터 경건(敬虔)하는 것이다. ‘극(丮)’으로 구성되며, 지사자이다. 비록 저녁이 되더라도 쉬지 않는다는 것이 아침부터 경건하다는 것이다[早敬也. 從丮指事, 雖夕不休, 早敬者也].”라고 하였다. 본래 의미는 ‘이른 새벽’이나 인신하여 ‘신속하다’라는 뜻으로 사용하였다. 우성오는 “『설문해자주(說文解字注)』에서 ‘조(早)’는 무릇 먼저를 다투는 일을 지칭하는 것으로 인신된다.……따라서 ‘夙有商’은 무왕이 상나라를 정벌할 때 매우 빠른 시간에 상나라 땅을 점유하였음을 말한 것이다.”라고 하였다. 이 구절은 이해하기가 매우 어렵다. 이상의 해석 이외에도 여러 종류의 다른 해석이 있다. 대표적 예를 들어보면 다음과 같다.

첫째, 당란(唐蘭)은 ‘세(歲)’자를 ‘월(戉, 즉 鉞)’로 예정하고, ‘탈(奪)’로 읽어서, ‘탈정(奪鼎)’이라 하였다. 즉 정(鼎)을 옮기는 것으로 이 역시 왕조가 교체됨을 의미한다. 또 ‘극(克)’을 전쟁의 승리로 보고 〈하준(珂尊)〉에서 “무왕이 이미 대읍상을 이겼다[隹(惟)武王旣克大邑商].”라고 한 것을 인용하였다. 그리고 ‘문(聞)’을 ‘혼(昏)’으로 읽고 ‘우매하다’·‘미혹하다’라는 뜻으로 보고, 다음과 같이 말하였다.

> ‘극혼(克昏)’에서 ‘혼(昏)’은 상왕 주(紂)를 가리킨다. 『상서·입정(尙書·立政)』에서 “수의 덕이 혼미하다[其在受德暋].”라고 하였으니, 수덕(受德)은 주를 가리키고, 민(暋)은 혼미하다는 뜻이다. 『상서·목서(尙書·牧誓)』에서 “지금 상왕 수(受)는 오직 부녀자의 말을 듣고, 혼미해져 제사도 전혀 돌보지 않았으며, 혼미해져 왕부모의 아우들을 버려 돌보지 않았다[今商王受, 惟婦言是用, 昏棄厥肆祀弗答, 昏棄厥遺王父母弟不迪].”라고 하였다. 여기에서 말한 ‘혼(昏)’은 모두 주왕의 품성을 가리키는데, 이것이 전이되어 이러한 품성을 가진 사람의 대명사가 되어 후세에 ‘어리석은

군주[혼군(昏君)]'를 지칭하는데 자주 사용되었다. 그러므로 '극혼(克昏)'은 전쟁에서 상주(商紂)에게 승리를 거둔 것을 가리킨다.

둘째, '세(歲)'를 제사 이름으로 보는 견해로 은나라 갑골문에 자주 나타난다. '정(鼎)'을 '정(貞)'으로 읽으며, 거북점을 쳐 묻는다는 것이다. 『주례 · 춘관 · 천부(周禮 · 春官 · 天府)』에서 "늦겨울에 옥을 펼쳐서 오는 해의 좋고 나쁨을 점친다[季冬, 陳玉以貞來歲之媺惡]."라고 하였는데, 정현의 주에서는 "일이 올바른지 묻는 것을 '정(貞)'이라 한다. 한 해의 좋고 나쁨을 묻는 것을 거북이에게 묻는다고 일컫는다[問事之正曰貞. 問歲之美惡, 謂問於龜]."라고 하였다. 따라서 '歲鼎(貞)克'은 제사와 점을 통하여 적에게 승리할 수 있을까를 묻는 것이다.

셋째, 어떤 사람은 '克聞(昏)夙有商'으로 연결하여 읽고 "(무왕이) 저녁부터 다음날 이른 아침까지의 밤사이에 상나라를 점령하였다."라고 해석하기도 하였다. 『관자 · 우합(管子 · 宙合)』에서 "낮은 아침과 저녁이 있고, 밤은 저녁과 새벽이 있다[日有朝暮, 夜有昏晨]."라고 하였으니, '혼신(昏晨)'은 '혼숙(昏夙)'과 같다.

(4) '신미(辛未)'는 갑자(甲子) 이후 일곱 번째 날이다.

'재(才)'는 '재(在)'로 읽는다.

'𨜏'은 '관(管)'으로 읽는데, 이에 대하여서는 앞의 〈수사자정(戍嗣子鼎)〉 주(2)에 자세한 설명이 있다.

'사(𠂤)'의 발음은 shī(사)이니, 즉 '사(師)'자이다. 군대가 주둔하는 곳, 혹은 많은 사람들이 모여 있는 곳을 가리킨다. 『설문해자』에서 "사(𠂤)는 작은 언덕[𨸏]으로, 상형자이다[𠂤, 小𨸏也. 象形]."라고 하였는데, 단옥재는 『설문해자주(說文解字注)』에서 "그 글자는 속자로 '퇴(堆)'라 쓰니, '퇴(堆)'자가 유행하자 '사(𠂤)'자는 없어졌다[其字俗作堆, 堆行而𠂤廢矣].”라고 하였다. 그러나 갑골문과 금문의 '사(𠂤)'와 『설문해자』에서 풀이한 언덕[阜] 형태의 '퇴(𠂤)'는 본래 아무런 관계가 없는데, 소전(小篆) 단계에서 두 글자의 자형이 비슷해지기 시작하였다.

(5) '우사(又事)'에 대하여 유우(劉雨)・장아초(張亞初)는 사관(史官) 중 하나인 '우사(右史)'로 읽었다. 이학근은 출정한 사관을 태사(太史)라 하였다. 『주례・춘관・태사(周禮・春官・大史)』에서 “큰 군사일에는 하늘의 때를 품고 태사와 수레를 같이 탄다[大史, 抱天時與大師同車].”라고 하였는데, 정현의 주에서는 정사농(鄭司農)의 말을 인용하여 “크게 군대를 출정하면 태사는 식(式)을 품고서 하늘의 때를 알아 길흉에 처한다. 사관은 주로 천도를 안다[大出師則大史主抱式以知天時, 處吉凶. 史官主知天道].”라고 하였다. 어떤 학자는 '유사(有事)'를 '유사(有司)'로 보기도 한다. 『시경・소아・시월지교(詩經・小雅・十月之交)』에서 “세 명의 유사(有事)를 선택하였다[擇三有事].”라고 하였는데, 모전에서는 “세 명의 유사(有事)를 선택하였다는 것은 유사(有司)로 나라의 삼경이다[擇三有事, 有司, 國之三卿].”라고 하였다. 금문에서의 유사(有事, 有司)는 대체로 구체적 사무를 담당하는 직책으로 사도(司徒)・사마(司馬)・사공(司空)의 삼경을 지칭하지 않는다. 이(利)의 직무는 제사를 주관하고, 천문을 관찰하거나 점을 쳐서 무왕의 자문을 담당하였다. 무왕이 그의 의견을 채택하였기 때문에 무왕에게 상을 받은 것이다.

'금(金)'은 청동[銅]이다.

(6) '旜'을 '단(檀)'으로 읽는 견해도 있다. 『좌전・성공(左傳・成公)』

11년에서 선자(單子)가 말하기를 "옛날 주나라가 상나라를 이기고 제후를 봉하였는데, 소분생을 온의 사구로 삼아 단백달과 함께 하내에 봉하였다[昔周克商, 使諸侯撫封, 蘇忿生爲溫司寇, 與檀伯達封于河]."라고 하였다. 한편, 당란은 이(利)를 단백달(檀伯達)로 추정하였으니, 즉 단공(檀公)의 큰아들로 이(利)는 이름이고 백달(伯達)은 자(字)이다. '존이(尊彝)'는 제사에서 사용하는 예기의 통칭이다.

단대(斷代)

『서주청동기명문분대사징(西周青銅器銘文分代史徵)』에서는 주 무왕(武王) 시기의 것이라 정하였다. 『서주청동기분기단대연구(西周青銅器分期斷代硏究)』에서 "무왕 갑자 아침에 상나라를 이기고 일주일 뒤에 이(利)에게 청동을 사여하였으며, 이(利)는 이 청동으로 기물을 만들었으니, 이것은 현재 연대를 확인할 수 있는 최초의 서주 청동기이다."라고 하였다. 금문에 자주 나오는 문(文)·무(武)·성(成)·강(康)·소(昭)·목(穆)·공(共)과 같은 유형의 칭호가 생존 당시의 것인지 아니면 사후의 시호인지에 대하여 학술계에서는 여전히 이견이 있다. 만약 생존 당시의 호칭이라면, 명문에 무왕(武王)이라 하였기 때문에 무왕 당시에 만들어진 기물이 될 것이다. 그러나 만약 사후의 시호라면, 성왕 시대에 만든 것으로 이전 시대의 일을 회상하여 기술한 것이 된다. 필자는 시호라는 견해를 지지한다. 『사기·주본기(史記·周本紀)』에 문왕이 천명을 받은 뒤 "십년이 되어 죽었다[十年而崩]."(『史記正義』에서는 '十'은 '九'가 되어야 한다고 하였다. 어떤 판본에는 '十'을 '七'로 썼다.), "11년 12월(王國維의 『周開國年表』에서는 아마도 '十二月'의 '二'를 '一'로 잘못 본 것 같다.) 무오일에 군대가 마침내 맹진을 건넜다.……2월 갑자 새벽에 무왕은 아침에 상나라 교외 목야에 이르렀다[十一年十二月戊午, 師畢渡孟津.……二月甲子昧爽, 武王朝至於商郊牧野]."라고 하였으니, 상나라를 이긴 것은 무왕 11년이다(그의 부친과 함께 하였던 9년을 합산한 것으로 실제로는 무왕 2년이다). 이 '十一年'이 서력 몇 년인지에 대해서는 44종의 설이 있다. 근년에 이루어진 '하상주단대공정(夏商周斷代工程)'에서는 초보적으로 기원전 1046년이라 하였지만, 여전히 반대 의견이 있다. 현재 이 문제는 아직 근본적으로 해결되지 않고 있다.

6

天亡簋

4개의 귀 부분과 사각형 받침이 있는 궤[四耳方座簋]로 청나라 도광(1821~1850) 말년에 섬서성 기산현(岐山縣) 예촌(禮村)에서 출토되어 현재 국가박물관에서 소장하고 있다. 〈대풍궤(大豐簋)〉·〈짐궤(朕簋)〉라고도 한다. 기물 안쪽 바닥에 명문 8행 77자가 있다.

저록(著錄)

『종고당관지학(從古堂款識學)』15·8, 『군고록금문(攈古錄金文)』三之一, 72, 『은주금문집성(殷周金文集成)』8·4261

석문(釋文)

乙亥，王又(有)大豐(禮)(1)。王月(般，槃)三方(2)，王祀于天室(3)，降。天亡又(佑)王(4)，衣祀于不(丕)顯考文王(5)，事喜(饎)上帝(6)。文王監(?)才(在)上(7)，不(丕)顯王乍(則)省(8)，不(丕)䜌(肆)王乍(則)庸

(庚)[9]，不(丕)克乞(訖)衣(殷)王祀[10]，丁丑，王卿(饗)大宜[11]。王降亡勛(賀? 嘉?)爵退櫜[12]。隹(唯)朕又(有)蔑[13]，每(敏)揚王休于障皀(㲃)(14)。

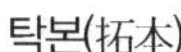
탁본(拓本)

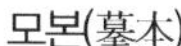
모본(摹本)

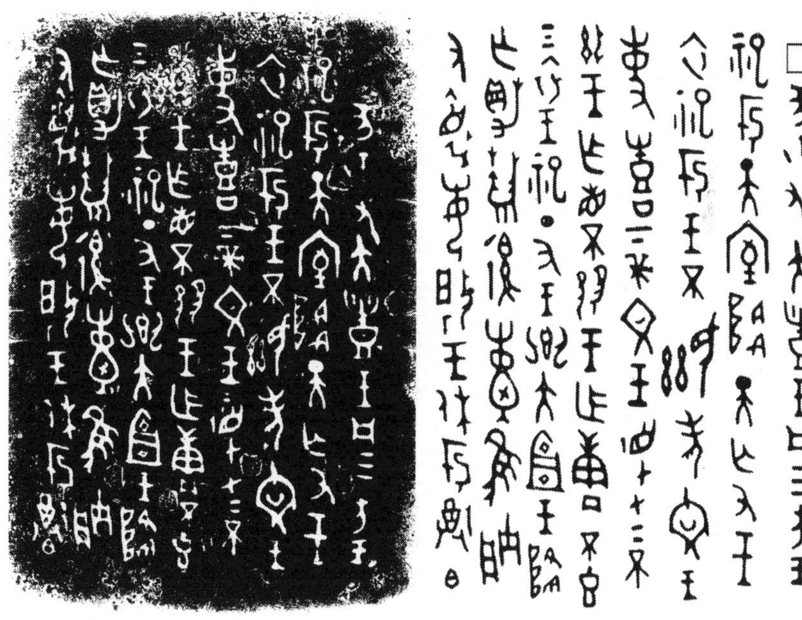

번역(飜譯)

을해일에 왕께서 큰 전례가 있으시었다. 왕께서 사방을 돌아보시고, 천실(天室)에서 제사지내시었다. 천망(天亡)이 왕을 보좌하여 크게 드러나신 아버지 문왕에게 성대한 제사를 지내시고, 상제에게 제사를 지내시었다. 문왕께서 위에서 보시니, 크게 드러나신 왕께서 성찰하시었다. 크게 힘쓰신 왕께서 문왕의 사업을 이으시니, 은나라의 천명 제사가 끝나게 되었다. 정축일에 왕께서 큰 제사에 향례를 하시었다. 왕께서 천망(天亡)에게 뿔잔에다 술을 따라 주시었다. 나는 왕에게 칭찬을 받음이 있어 민첩하게 존귀한 궤(簋)에 왕의 아름다움을 드높이노라.

주해(注解)

(1) '왕(王)'은 주나라 무왕(武王)이다. '풍(豊)'자는 '豐'으로 쓰니, 두(豆) 안에 사물을 담은 모습을 상형한 것이다. 『금문편(金文編)』에서는 '豐'으로 예정하고 "금문에서 '예(醴)'의 오른쪽 편방 자형과 동일하며, '풍(豊)'과 같은 글자이다. 두(豆)를 풍성하게 가득 채웠기 때문에 '풍(豊)'이라 한다. 한나라 예서에서는 '풍(豊)'·'풍(豐)'을 모두 '豐'으로 쓴다."라고 하였다. '豊'은 '예(禮)'로 읽으며, '대례(大禮)'는 큰 의식이다.

(2) '凡'은 반(般)자의 초문(初文)으로 갑골문에서는 '반경(般庚, 혹은 盤庚)'의 '반(般)'자를 '凡'으로 썼다. 『갑골문자전(甲骨文字典)』에서 '凡'은 높은 권족(圈足)의 쟁반[槃]을 본뜬 것이라고 하면서 "위는 그 쟁반을 상형하였고, 아래는 그 권족을 상형하였다[上象其槃, 下象其圈足]."라고 하였다. 서주시기 금문에서 이미 '범(凡)'자를 '주(舟)'자로 오인하여 '범(凡)'과 같은 글자가 되었다. 『설문해자』는 이를 계승하였다. 이효동(李曉東)은 『천망궤여무왕동토도읍(天亡簋與武王東土度邑)』에서 '반(般)'을 '반(瞥)'으로 읽었는데, 『설문해자』에서는 이를 "눈을 돌려 보는 것이다[轉目視也]."라고 하였다. 『일주서·도읍(逸周書·度邑)』에서 "나(무왕)는 남쪽으로 바라보며 삼도를 지나고, 북쪽으로 바라보며 악비를 지나며, 돌아보며 유하를 지나고, 굽어보며 이락에 이르러도 천실에서 먼 곳이 없었다[我南望過于三涂, 我北望過于嶽鄙, 顧瞻過于有河,

宛瞻延于伊雒, 無遠天室].”라고 하였다.

‘삼방(三方)’은 서쪽·남쪽·북쪽을 가리킨다. 우성오는 ‘삼(三)’은 ‘사(亖: 四)’에서 하나의 획이 빠진 것이며, 사방은 사방산천을 가리킨다고 하였다.

(3) ‘천실(天室)’은 즉 태실(太室)이니, 고문자에서 ‘천(天)’·‘태(太)’·‘대(大)’는 모두 같은 글자이다. 본 명문에서 천실(天室)은 숭산(嵩山)을 가리킨다. 『좌전·소공(左傳·召公)』4년에서 “사악(泰山·華山·衡山·恒山)·삼도(大行·轘轅·崤澠)·양성·태실·형산·중남은 천하의 험한 곳으로 하나의 성씨가 소유해온 것이 아니다[四嶽, 三塗, 陽城, 大室, 荊山, 中南, 九州之險也, 是不一姓].”라고 하였는데, 육덕명(陸德明)은 『경전석문(經典釋文)』에서 “태실은 중악인 숭고산이다[大室卽中岳崇高山也].”라고 하였으며, 『일주서·도읍(逸周書·度邑)』에서는 “왕이 말하였다. 단(주공)이여, 너는 하늘의 밝은 명을 이르게 하고, 하늘의 보우함을 안정시키며, 천실을 의지할 수 있다[王曰: 旦, 予克致天之明命, 定天保, 依天室].”라고 하였다. 천실(天室)은 즉 하늘에 제사지내는 건물이다.

(4) ‘천망(天亡)’은 기물의 주인으로 우성오는 태공망(太公望)이라 추측하였다.

‘우(又)’는 ‘우(佑)’로 읽으며, ‘보조하다’·‘인도하다’는 뜻이다.

(5) ‘의(衣)’는 제사 이름으로 ‘은(殷)’자와 통용한다. 『예기·중용(禮記·中庸)』에서 “한 번 갑옷을 입고 천하를 소유하였다[壹戎衣而有天下].”라고 하였는데, 정현의 주에서는 “의(衣)를 은(殷)과 같이 읽는 것은 발음 때문에 빚어진 오류이다. 제나라 사람의 말에서 ‘은(殷)’의 발음은 ‘의(衣)’와 같다[衣讀如殷, 聲之誤也, 齊人言殷

聲如衣].”라고 하였다. 『공양전 · 문공(公羊傳 · 文公)』2년에서 “5년에 다시 성대한 제사를 지냈다[五年而再殷祭].”라고 하였는데, 하휴(何休)의 주에서는 “은(殷)은 성대한 것이다[殷, 盛也].”라고 하였다.

‘불(不)’은 ‘비(丕)’로 읽고, 크다는 뜻이다. ‘비현(丕顯)’은 즉 ‘크게 빛나다[顯赫]’, ‘영명(英明)하다’라는 뜻이다.

‘고(考)’는 부친으로 『예기 · 곡례(禮記 · 曲禮)』에서 “생존했을 때에는 ‘문(文)’이라 한다.……돌아가시면 ‘고(考)’라 한다[生曰文. ……死曰考].”라고 하였다.

(6) ‘희(喜)’는 ‘희(饎)’로 읽는다. 『설문해자』에서 “술과 음식이다. ‘식(食)’으로 구성되며, ‘희(喜)’는 발음을 나타낸다. 『시경』에 ‘술과 음식을 대접할 수 있다.’라는 구절이 있다[酒食也, 從食, 喜聲. 『詩』曰, 可以饋饎].”라고 하였다. 이체자로 ‘糦’ · ‘치(糦)’라 쓰기도 하며, 술과 음식으로 신을 섬기는 것, 즉 제사이다. 『시경 · 상송 · 현조(詩經 · 商頌 · 玄鳥)』에서 “큰 제사를 받드노라[大糦是承].”라고 하였으며, 『경전석문(經典釋文)』에서는 『한시(韓詩)』를 인용하여 “대희(大饎)는 큰 제사이다[大饎, 大祭也].”라고 하였다.

‘상제(上帝)’는 천제로 『시경 · 대아 · 문왕(詩經 · 大雅 · 文王)』에서 “문왕께서 위에 계시노라. 아, 하늘에서 밝으시도다.…… 문왕께서 오르내리시며 상제의 곁에 계시노라[文王在上, 於昭于天. ……文王陟降, 在帝左右].”라고 하였다. 양수달(楊樹達)은 문왕과 상제는 항상 함께 제사의 대상이 되기에 같이 언급된 것이라 하였다.

(7) ‘감(監)’자에는 손상된 부분이 있으나 곽말약은 ‘감(監)’으로 예정하였다. 자형이 이에 비교적 가깝다. 『설문해자』에서 “감(監)은 아래에 임하는 것이다[監, 臨下也].”라고 하였다. ‘감시’ 또는 ‘감찰’

이란 뜻이다. 『시경・대아・황의(詩經・大雅・皇矣)』에서 "사방을 내려다보시며 백성을 안정시킬만한 자를 찾으시노라[監觀四方, 求民之瘼]."라고 하였다.

(8) '사(乍)'는 '즉(則)'으로 읽는다. 은허 갑골문 『전(前)』7・38・1에서 "내가 빈을 제사지내면 상제가 내려오겠는가. 내가 빈을 제사지내지 않으면 상제가 내려오지 않겠는가[我其祀賓, 乍帝降若. 我勿祀賓, 乍帝降不若]."라고 하였다. 『여씨춘추・맹동기(呂氏春秋・孟冬紀)』에서 "초겨울에 봄의 정령(政令)을 행하면 얼어붙은 것이 굳지 못하며……여름의 정령을 행하면 나라에 폭풍이 많다.……가을 정령을 행하면 서리와 눈이 때 없이 내린다[孟冬行春令則凍閉不密.……行夏令則國多暴風.……行秋令則霜雪不時]."라고 하였는데, 앞은 '즉(則)'으로 쓰고 뒤는 '작(作)'으로 썼으며, 『예기・월령(禮記・月令)』에서는 3구절 모두 '즉(則)'으로 썼다. '省'은 『이아・석고(爾雅・釋詁)』에서 "살피는 것이다[省察也]."라고 하였으니, '시찰하다' 또는 '관찰하다'라는 뜻이다.

(9) '𨽸'는 '사(肆)'와 통한다. 『상서・요전(尚書・堯典)』에서 "드디어 상제에게 유제사를 지낸다[肆類于上帝]."라고 하였는데, 『설문해자』에서는 이를 인용하면서 '사(肆)'를 '𨽸'로 썼다. 『이아・석언(爾雅・釋言)』에서 "사(肆)는 힘이다[肆, 力也]."라고 하였다. '비사(丕肆)'는 〈소준(召尊)〉에서도 보이는데, "크게 힘쓰신 백무보이다[不(丕)𨽸(肆)白(伯)懋父]."라고 하였다.

'庚'은 '경(庚)'으로 읽는다. 『시경・소아・대동(詩經・小雅・大東)』에서 "서쪽에 장경성이 있다[西有長庚]."라고 하였는데, 모전(毛傳)에서는 "경(庚)은 잇는 것이다[庚, 續也]."라고 하였다. 이 구절은 근면한 무왕이 문왕의 사업을 계승한다는 뜻이다. 『예기・

중용(禮記 · 中庸)』에서 “무왕이 태왕 · 왕계 · 문왕의 왕업을 이었다[武王纘太王王季文王之緖也].”라고 하였다.

(10) ‘걸(乞)’자를 ‘[illegible]’로 썼는데, 우성오는 『갑골문자석림 · 석기(骨文字釋林 · 釋气)』에서 ‘기(气, 乞은 속체자)’에 대하여 황하의 물이 마른[汽] 형태이고, ‘乞’은 ‘흘(訖)’로 읽으며, 끝이라는 뜻이라 설명하였다.

‘비극흘의(은)왕사(丕克訖衣(殷)王祀)’는 은왕이 천명을 받는 제사가 끝났다. 즉 은나라가 멸망하였다는 의미이다. 『상서 · 다사(尙書 · 多士)』에서 “은나라의 천명은 하늘에 계신 상제에 의하여 끝났다[殷命終于帝].”라고 하였다.

(11) ‘정축(丁丑)’은 을해일의 이틀 뒤이다.

‘경(卿)’은 갑골문과 〈재수궤(宰峀簋)〉에서 ‘[illegible]’으로 써서 두 사람이 마주 앉아 음식을 먹는 모습을 상형하였다. ‘향(饗)’의 초문(初文)이다. ‘공경(公卿)’의 ‘경(卿)’은 가차자이다.

‘의(宜)’는 제사 이름이다.

(12) ‘강(降)’은 ‘내려준다’라는 뜻이다. 『시경 · 소아 · 절남산(詩經 · 小雅 · 節南山)』에서 “하늘이 자애롭지 않아 이토록 큰 어그러짐을 내리셨도다[昊天不惠, 降此大戾].”라고 하였다.

‘망(亡)’은 천망(天亡)이다.

‘가작(貺爵)’은 뜻이 분명하지 않다. ‘貺’에 대하여 학자들은 대부분 ‘하(賀)’ 또는 ‘가(嘉)’가 생략된 자형이라 추정한다. 필자의 견해로는 ‘가작(嘉爵)’으로 읽어야 하니, 제사지낼 때 잔에 술을 따르는 것이다. 『의례 · 사관례(儀禮 · 士冠禮)』에서 “다시 초례하여 말하기를, ‘맛좋은 술은 이미 맑고, 좋은 안주로 육포가 있다. 이에 거듭하여 관을 더하니, 의례에는 순서가 있다. 이 아름다운 술

잔으로 제사를 지내고, 하늘의 복을 잇는다.'라고 하였다[再醮曰, 旨酒旣湑, 嘉薦伊脯. 乃申爾服, 禮儀有序. 祭此嘉爵, 承天之祜]." 라고 하였다.

'탁(橐)' 위의 글자는 '퇴(退)'로 예정할 수 있으니, 〈중산왕착호(中山王譽壺)〉의 '𢓊'와 자형이 유사하다. 장아초(張亞初)는 이를 '퇴(腿)'로 읽었다. '퇴탁(腿橐, 橐을 囊으로 해석하는 견해도 있다)'의 뜻은 분명하지 않다. 곽말약은 짊어지는 주머니의 전대[囊]으로 해석하고, '굉(觵)'이라 하였다.

(13) '짐(朕)'은 일인칭 대명사로 지금의 '나'·'우리들'이라는 말과 같다. '멸(蔑)'은 '멸력(蔑歷)'을 생략한 것으로 금문에 자주 보인다. 학자들은 대부분 '멸(蔑)'과 '벌(伐)'이 통한다고 본다. 『소이아·광고(小爾雅·廣詁)』에서 "벌(伐)은 찬미하는 것이다[伐, 美也]."라고 하였으니, 즉 칭찬해 준다는 뜻[誇美]이다. 천망이 왕을 보좌하여 대례를 행하였기 때문에 왕의 칭찬을 받은 것이다.

(14) '매(每)'는 민(敏)으로 읽으니, 매우 빠르다는 뜻이다. '계(啓)'는 '보고하다', '진술하다'이다. 『상군서·개색(商君書·開塞)』에서 "오늘 원컨대 그 효과를 보고하려 합니다[今日願啓之以效]."라고 하였다. '휴(休)'는 『이아·석고(爾雅·釋詁)』에서 "아름다운 것이다[美也]."라고 하였다. '㲃'는 '궤(毁, 簋)'로 글자의 일부가 잔결되었다.

단대(斷代)

『일주서·도읍(逸周書·度邑)』에서 무왕이 이긴 뒤에 동토(洛邑: 成周)에 이르러 "단(주공)아! 너는 하늘의 밝은 명을 잘 살펴서 하늘의 보우를 안정시키고 천실에 의지하라[旦, 予克致天之明命, 定天保, 依天

室].”라고 하였으며, “오호라, 단아! 나는 이 은나라를 평정할 것을 도모하면서 오직 하늘에 의지하였다[嗚呼, 旦! 我圖夷茲殷, 其惟依天室][1].”라는 내용을 기록하였다. 임운(林澐)·이효동(李曉東)의 연구에 의하면, 〈천망궤〉의 사건과 이상의 기록은 서로 관련이 있다. 따라서 본 기물은 무왕 때 제작되었을 것이다.

---

1) 역자주 : 왕휘는 “旦, 我圖夷茲啓, 其惟依天室”로 인용하였는데 원문과 다름. 확인판본은 황회신, 『일주서휘교집주』.

7

沬司徒迭簋

1931년 하남성 급현(汲縣) 혹은 휘현(輝縣)에서 출토되었다고 전해지며, 현재는 런던 대영박물관(British Museum)에서 소장하고 있다.
명문은 4행 24자이며, 〈강후궤(康侯簋)〉라고도 한다.

저록(著錄)

『상주이기통고(商周彝器通考)』337 · 62, 圖259, 『서주동기단대(西周銅器斷代)』(一)161쪽, 『은주금문집성(殷周金文集成)』7 · 4059

탁본(拓本)

모본(摹本)

석문(釋文)

王朿(刺)伐商邑[(1)]，祉(誕)令(命)康侯啚(鄙)于衛[(2)]。涾(沬)䚄(司)土(徒)遥(疑)眔啚(鄙)[(3)]，乍(作)氒(厥)考障彝。昍[(4)]

번역(飜譯)

왕께서 상읍(商邑)을 치시고, 강후(康侯)에게 크게 명하여 위(衛)에 나라를 세우도록 하셨다. 매(沬)의 사도 의(遥)가 그 나라에 이르러 그의 부친을 위하여 존귀한 예기를 만드노라. 구(昍)

주해(注解)

(1) '왕(王)'은 주나라 성왕(成王)이다.

'상읍(商邑)'은 은상 말기의 별도(別都)인 조가(朝歌)로 지금의 하남성 기현(淇縣)에 있었다. 『사기 · 주본기(史記 · 周本紀)』에서 "무왕이 구주의 장관을 소집하여 빈의 언덕에 올라 상읍을 바라보았다[武王徵九牧之君, 登豳之阜, 以望商邑]."라고 하였으며, 『상서 · 서(尙書 · 序)』에서 "무왕이 죽자 삼감과 회이가 반란을 일으켰으나 주공이 성왕을 도와 은나라의 잔여세력을 몰아내고, 『대고』를 지었다[武王崩, 三監及淮夷叛, 周公相成王, 將黜殷, 作大誥]."라고 하였다.

'자벌(朿伐)'은 공격하여 치는 것이다. '자(朿)'를 '래(來)'로 해석하는 견해도 있다.

(2) '강후(康侯)'는 강숙(康叔)으로 무왕의 동생이다.

'비(啚)'는 본래 수도에서 인접한 교외[郊野]를 가리키나, 이러한 지역을 지킨다는 뜻으로 인신하여 쓰이기도 한다. 즉 실질적으로 분봉(分封)을 뜻한다. '비(啚)'를 혹 '도(圖)'로 읽고 호적과 지도[版圖]로 보는 견해도 있다. 본 명문에서는 동사로 사용되어 호적과 지도[版圖]를 준다는 의미이다.

(3) '渣'는 즉 '매(沬)'자이다. 당란(唐蘭)은 갑골문에서 '금미(今未)'의 '미(未)'자를 항상 '沯'로 쓴 것으로 증명할 수 있다고 하였다. '매(沬)'는 주(紂) 임금의 도읍으로 '매(妹)'라고도 쓴다. 『상서 · 주고(尙書 · 酒誥)』에서 "매방에 큰 명을 밝히노라[明大命于妹邦]."라고 하였는데, 정현의 주에서는 "주임금의 도읍이 있던 곳이다[紂之都所處也]."라고 하였다. 『시경 · 용풍 · 상중(詩經 · 鄘風 · 桑中)』에서 "매의 고을에서 하도다[沬之鄉矣]."라고 하였는데, 모전

(毛傳)에서는 "위나라의 읍이다[衛邑]."라고 하였다.

'사도(司徒)'는 관직명으로 토지와 백성을 관장하고, 토지 문서와 노역의 징발을 관리한다.

'逘'자는 자서에 보이지 않는데, '疑'는 아마도 '의(疑)'의 본자(本字)인 것 같다. 팽유상(彭裕商)은 '逘'를 은나라 유민으로 보았다.

'답(眔)'은 '체(逮)'로 읽으니 '도달하다'라는 뜻이다.

(4) '구(瞿)'는 국족(國族)의 이름이다. '逘'가 만든 정(鼎)·반(盤)·화(盉)·준(尊) 등의 기물에는 모두 '瞿'가 쓰여 있다. 이 지역은 현재의 하남성 북부이며, 은상(殷商)의 유족(遺族)이다.

단대(斷代)

당란(唐蘭)은 본 기물을 주공 때 것이라 판단하였지만, 어떤 학자는 성왕 때 기물이라 판정하기도 한다. 『사기·주본기(史記·周本紀)』에서 "〈무왕이 돌아가셨을 때는〉 성왕은 어리고 주나라가 막 천하를 평정하였을 때이기에 주공은 제후들이 반란을 일으킬까 두려워하였다. 주공은 이에 섭정을 하여 나라를 맡았다.……주공이 정치를 행한 지 7년에 성왕이 장성하였다. 주공은 성왕에게 정권을 돌려주고 북쪽을 바라보는 신하들의 자리로 나아갔다[〈武王崩〉成王少, 周初定天下, 周公恐諸侯畔. 周公乃攝行政當國.……周公行政七年, 成王長. 周公反政成王, 北面就群臣之位]."라고 하였다. 주공을 왕이라 일컬었는지의 여부는 학자들마다 의견이 다르기 때문에 이 기물을 성왕시기(주공의 섭정 7년간을 포함하여)의 것으로 보는 것이 옳을 듯하다. 무왕이 죽은 뒤 옛 은나라 지역에 그대로 분봉해 주었던 주(紂)의 아들 무경(武庚)이 반란을 일으켰고, 무경을 감독하였던 관숙(管叔)·채숙(蔡叔)이 그 반란을 도왔다. 『사기·주본기(史記·周本紀)』에서 "주공이 성왕의 명을 받들어 무경과 관숙을 죽이고, 채숙을 귀양 보냈다.…… 은나라의 남은 백성을 모두 거두어 무왕의 막내 동생을 위나라 강숙으로 삼았다[周公奉成王命, 伐誅武庚管叔, 放蔡叔.……頗收殷餘民, 以武王少弟封爲衛康叔].”라고 하였는데, 본 명문은 이시기의 역사적 사건을 증명하고 있다.

8

𠃗尊

1963년 섬서성 보계시(寶鷄市) 가촌(賈村)에서 출토되어 현재 보계청동기박물관(寶鷄青銅器博物館)에서 소장하고 있다. 배 바닥[腹底]에 명문 12행 122자가 있다.

저록(著錄)

『문물(文物)』1976년 1기, 『은주금문집성(殷周金文集成)』11・6014

석문(釋文)

隹(唯)王初𨛭(遷)宅于成周[(1)]，復亩(稟)珷(武)王豊，祼自天[(2)]。才(在)三(四)月丙戌，王𢍰(誥)宗小子于京室[(3)]，曰: “昔才(在)爾考公氏，克逨(仇)玟王[(4)]。肄(肆)玟王受茲[大令(命)][(5)]。隹(唯)珷王既克大邑商，則廷告于天[(6)]，曰: ‘余其宅茲中或(國)[(7)]，自之辥(乂)民[(8)]。’ 烏虖[(9)]! 爾有唯(雖)小子[(10)]，亡戠(識)[(11)]，𫌨(視)于公氏[(12)]，又(有)爵(勞)于天，𢽾(徹)令(命)，苟(敬)享𢦏(哉)[(13)]!” 叀王龔(恭)德谷(裕)天[(14)]，順(訓)我不每(敏)[(15)]。王咸𢍰(誥)，𠃗易貝卅朋，用乍(作)圅(庚)公寶障彝[(16)]。隹(唯)王五祀。

탁본(拓本)

모본(摹本)

번역(飜譯)

왕께서 처음 성주(成周)로 도읍을 옮기시고, 무왕의 전례를 이어받아 천실(天室)에서 강신제를 지내시었다. 4월 병술일에 왕께서 경실(京室)에서 종소자(宗小字)에게 훈계하시었다.

"옛날 너의 조상께서는 문왕을 잘 보필하였다. 이에 문왕이 천명을 받으셨도다. 무왕께서 이미 대읍상(大邑商)을 이기고서 곧 하늘에 고하여 말씀하셨다. '내가 장차 이 중국에 도읍을 정하고, 이곳에서 백성들을 다스리고자 한다.'라고 하시었다. 오호라! 너는 비록 소자여서 견식이 없지만, 너의 부친을 본받아 하늘에 공로가 있을 것이니, 명을 잘 받들어 공경히 누릴지어다."

오직 왕께서 덕을 공경하시어 하늘에 제사지내시며, 나의 민첩하지 못함을 훈도하시었다. 왕이 훈계를 마치시고 하([illegible])에게 패화 30붕을 하사하시어 유공(庾公)을 위하여 보배롭고 존귀한 예기를 만드노라. 왕 5년이다.

주해(注解)

(1) '[illegible]'은 대부분 학자들이 '천(遷)'과 통한다고 보았다. 이 글자는 '읍(邑)'으로 구성되며, '䙴'는 발음을 나타낸다. '읍(邑)'은 자형이 후대에 와변되고 생략되어 '阝'로 쓰이게 되었다. 『설문해자』의 '천(遷)'자는 발음을 나타내는 '䙴'이 '[illegible]'으로 쓰였다.

'택(宅)'은 궁실(宮室)이니, '천택(遷宅)'은 즉 천도를 뜻한다.

'성주(成周)'는 즉 낙읍(洛邑)으로 지금의 낙양이다. 『상서 · 낙고 · 서(尚書 · 洛誥 · 序)』[1]에서 "소공이 이미 〈성주를 건설할〉 자리를 살펴보았으니, 주공이 가서 성주를 건설하였다[召公既相宅, 周

公往營成周].”라고 하였으며, 『사기・주본기(史記・周本紀)』에서 “성왕이 풍에 계시면서 소공에게 다시 낙읍을 건설하여 무왕의 뜻과 같이 하려 하시었다. 주공이 다시 거북점을 치고 거듭 살펴 마침내 〈낙읍을〉 축성하고 구정을 안치하면서 ‘이곳은 천하의 중심으로 사방에서 공물을 바치러 오는 거리가 모두 같다.’라고 하였다. 『소고』와 『낙고』를 지었다[成王在豐, 使召公復營洛邑, 如武王之意. 周王復卜, 申視, 卒營築, 居九鼎焉. 曰, ‘此天下之中, 四方入貢, 道里均.’ 作『召誥』・『洛誥』].”라고 하였다. 성왕이 비록 도읍을 성주로 옮겼지만 선왕들의 종묘는 여전히 풍(豐)・호(鎬)에 있었다.

(2) ‘름(亩)’에서 ‘품(禀)’으로 파생되어 ‘이어받는다’라는 뜻이다. 『상서・열명상(尙書・說命上)』에서 “신하가 명을 받을 데가 없을 것입니다[臣下罔攸稟令].”라고 하였는데, 공씨의 전에서는 “품(稟)은 받는다[受]는 뜻이다.”라고 하였다. 따라서 ‘復禀武王禮’는 무왕의 전례(典禮)를 그대로 이어받아 사용한다는 뜻이다.

‘관자천(祼自天)’은 관례(灌禮)가 천실(天室)에서 시작된다는 뜻이다. ‘천(天)’은 천실(天室)이다.

(3) ‘사월병술(四月丙戌)’은 성왕 5년 4월 병술일이다.

『설문해자』에서 ‘고(誥)’의 고문(古文)으로서 ‘[illegible]’가 수록되어 있으며, 『한간(汗簡)』은 이를 인용하여 ‘[illegible]’로 썼다. ‘월(月)’・‘주(舟)’의 편방은 모두 ‘[illegible]’가 와변된 것이라는 견해도 있다. 『옥편(玉篇)』에는 ‘[illegible]’자가 수록되었는데, ‘[illegible]’자를 잘못 쓴 것이다. 『상서・주

1) 역자주 : 왕휘는 『상서・낙고』라고 하였지만, 사실 그 『書序』의 문장이다.

고(尙書・酒誥)』에서 "문왕이 소자에게 고하여 가르치셨다[文王誥教小子]."라고 하였는데, 본 명문의 '王寡(誥)宗小子'라는 구절과 문법이 같다. '고(誥)'는 윗사람이 아랫사람에게 알려주는 것이다. '종(宗)'은 같은 조상을 일컫는다.

'소자(小子)'는 성년이 되지 않은 사람을 가리킨다.

'경실(京室)은 경궁(京宮)의 태실(大室)로 이미 문왕 때에도 있었다. 『시경・대아・사제(詩經・大雅・思齊)』에서 "주강에게 사랑을 받아 경실의 며느리가 되었다[思媚周姜, 京室之婦]."라고 하였는데, 정현의 전에서는 "경은 주나라의 지명이다[京, 周地名]."라고 하였다. 지금 기산현(岐山縣) 주원(周原)에 경당향(京當鄉)이 있다. 또한 성왕 때 경궁(京宮)을 지었으니, 『시경・대아・하무(詩經・大雅・下武)』에서 "세 분 선왕께서 하늘에 계시니, 왕은 경에서 배향하노라[三后在天, 王配于京]."라고 하였다. 성왕 때 〈□경방정(□卿方鼎)〉에서 '경종(京宗)'이란 말이 보이는데, '경종'은 즉 '경실(京室)'이며 성주에 있었다.

(4) '逨'는 '래(來)'로 해석하기도 하는데, 장정랑(張政烺)은 '逨'로 예정하고 '필(弼)'로 읽었다. 진검(陳劍)은 「곽점간을 근거로 서주 금문의 한 용례를 석독함[據郭店簡釋讀西周金文一例]」에서 '구(仇)'로 읽고, '필(匹)'이란 뜻으로 보았으며, 구석규(裘錫圭)의 말을 인용하여 "옛사람은 신하가 군주를 대하는 관계에서도 '구(仇)'・'필(匹)'・'비(妃)'・'배(配)'・'우(耦, 즉 偶)' 등의 말을 썼다."라고 하였다.

(5) '肆'는 옛 전적에서 통상 사(肆, si)로 썼으며, 접속사로 문장의 이어짐을 표시한다. 『상서・무일(尙書・無逸)』에서 "그렇게 하여서 중종이 왕위를 누린 기간이 75년이었다[肆中宗之享國, 七十有五

年].”라고 하였다.

‘대명(大命)’은 즉 천명으로 하늘이 내려준 사명이다.

(6) ‘정(廷)’에 대하여 당란은 ‘정(筳)’으로 읽어야 한다고 하였다. 『초사 · 이소(楚辭 · 離騷)』에서 “경모초와 가는 대나무로 점대를 만들이여[索瓊茅以筳篿兮].”라고 하였다.

‘정전(筳篿)’은 대나무를 잘라 점을 치는 것을 말한다. 이 구절은 무왕이 천하를 향하여 점을 치고 포고함을 뜻한다.

(7) 『설문해자』에서 “혹(或)은 나라이다. ‘구(口)’와 ‘과(戈)’로 구성되었으며, 이로써 ‘일(一)’을 지킨다. ‘일(一)’은 땅이다. ‘역(域)’은 이체자로 ‘토(土)’가 구성되기도 한다[或, 邦也. 從口, 從戈以守一. 一, 地也. 域, 或又從土].”라고 하였다. 따라서 ‘중역(中或)’은 즉 중국(中國)으로 주나라 왕조의 중심구역, 즉 성주(成周)를 가리킨다. 성주가 천하의 중심에 위치하였기 때문에 이렇게 호칭하였다.

(8) ‘辪’은 ‘설(辥)’로 쓰기도 한다. 이에 대하여 『금문편(金文編)』에서는 다음과 같이 말하였다.

> 『설문해자』에서 “‘예(嬖)’는 다스린다는 뜻이다.…… 『상서 · 우서(尙書 · 虞書)』에서 ‘할 수 있는 자가 있으면 그에게 다스리게 하리라.’라고 하였다[嬖, 治也.……『虞書』曰, ‘有能俾嬖’].”라는 내용이 수록되어 있다. 이를 통하여 벽중서(壁中書)의 고문은 ‘예(乂)’를 ‘예(嬖)’로 썼음을 알 수 있다. ‘嬖’와 ‘辪’는 자형이 유사하여 잘못 변한 것이다. 『상서 · 군석(尙書 · 君奭)』에서의 “이로써 그 군주를 다스리게 하였다[用乂厥辟].”라는 것은 〈모공정(毛公鼎)〉의 ‘□辥氒辟’라는 구절과 같고, 『상서 · 강왕지고(尙書 · 康王之誥)』에서의 “왕가를 보호하고 다스린다[保乂王家].”라는 것은 〈극정(克鼎)〉의 “주방을 보호하고 다스린다[保辥周邦].”라는 구절과 같다.

이 글자는 전래문헌에서는 통상 '예(乂)'로 썼으며, 『이아・석고하(爾雅・釋詁下)』에서 "다스린다는 뜻이다[治也]."라고 하였다.

(9) '오호(烏虖)'는 감탄사로 전래문헌에서는 '오호(嗚呼)'・'어호(於乎)'・'명호(鳴虖)'로 쓰기도 한다.

(10) '이(爾)'는 '너'라는 뜻이다.

'유(有)'는 '어떤[或]'이라는 뜻이니, 『경전석사(經傳釋詞)』에 보인다.

(11) '무식(亡識)'은 '무식(無識)'으로 지식이 결핍된 것을 말한다.

(12) '시(視)'는 『설문해자』에 고문으로서 '眡'가 수록되어 있는데, '목(目)'으로 구성되며, '시(示)'는 발음을 나타낸다. '覝'는 '견(見)'으로 구성되고, '씨(氏)'는 발음을 나타내며, '시(視)'의 이체자이다. 『이아・석고삼(爾雅・釋詁三)』에서 "시(視)는 본받는 것이다[視, 效也]."라고 하였으니, '視于公氏'는 공씨에게 본받는다는 것이다.

『상서・태갑중(尙書・太甲中)』에서 "왕은 당신의 덕을 힘쓰고, 당신의 열조를 본받는다[王懋乃德, 視乃厥祖]."라고 하였는데, 공씨의 전에서는 "마땅히 당신의 덕을 힘써 닦고, 그 열조를 본받아서 행하라는 말이다[言當勉修女德, 法視其祖而行之]."라고 하였다.

(13) '爵'은 자서(字書)에 보이지 않는다. 당란은 이 글자가 '멱(冖)'과 '작(爵)'으로 구성되었으며, '멱(冖)'은 물건을 덮은 모양을 상형한 것으로 보았다. 〈모공정(毛公鼎)〉에서 "천명을 수고롭고 부지런히 하셨다[爵勤大命]."라고 하였는데, 당란은 "'작(爵)'은 마땅히 '노(勞)'로 읽어야 한다. '노(勞)'와 '작(爵)'의 발음이 가깝다."라고 하였다. 상고음(上古音)에 의하면, '노(勞)'는 소부래뉴(宵部來紐)이고, '작(爵)'은 옥부정뉴(沃部精紐)이며, '소(宵)'와 '옥(沃)'은 음입대전(陰入對轉)이다. '작(爵)'은 '초(焦)'를 소리요소로 하는 글자와 통가된다. 『장자・소요유(莊子・逍遙遊)』에서 "횃불을 꺼뜨리지

않는다[而爝火不息].”라고 하였는데, 이에 대하여 『경전석문(經典釋文)』에서 다음과 같이 말하였다.

> ‘작(爝)’을 ‘초(燋)’로 쓴 판본도 있다. ‘초(焦)’는 ‘초(肖)’를 소리요소로 하는 글자와 통한다. 『사기 · 경포열전(史記 · 黥布列傳)』에서 “여러 사신을 보내어 책망하며 영포(英布, 즉 黥布)를 불렀다[數使使者誚讓召布].”라고 하였는데, 『한서 · 영포전(漢書 · 英布傳)』에서는 ‘초(誚)’를 ‘초(譙)’로 썼다. ‘초(肖)’를 소리요소로 하는 글자는 ‘노(勞)’와 통가되는데, 『좌전 · 소공17년』에서 “백조씨[2]는 夏至 · 冬至를 관장한다[伯趙氏, 司至者也].”라고 하였는데, 『이아 · 석조(爾雅 · 釋鳥)』에서는 ‘백조(伯趙)’를 ‘백로(伯勞)’로 썼다.

이로써 당란의 견해가 옳음을 알 수 있다. 아마도 본 명문에서도 ‘노(勞)’로 읽어야 할 것이다.

‘철(徹)’에 대하여 『설문해자』에서 “徹은 통한다는 뜻이다.……徹은 徹의 고문이다[徹, 通也.……徹, 古文徹].”라고 하였는데, 나진옥(羅振玉)은 『증정은허서계고석(增訂殷墟書契考釋)』에서 다음과 같이 말하였다.

> 이 글자는 ‘력(鬲)’ · ‘우(又)’를 구성요소로 하고, 손으로 제기[鬲]를 잡은 모습을 상형하였으니, 아마도 식사를 마치고 치우는 것이리라. 허신의 『설문해자』에서 ‘철(徹)’은 ‘복(攴)’으로 구성되었으나, 아마도 구성요소 ‘우(又)’가 잘못 변화된 자형일 것이다. 식사를 마치고 치운다는 것이 본래의 뜻이다. ‘통(通)’으로 훈고한 것은

2) 역자주 : 백로(伯勞)라는 새로 때까치로 하지에 울고 동지에 그친다고 한다.

가차된 뜻이다.

'철명(徹命)'의 '철(徹)'은 '통달하다[達]'과 통하니, 이 구절은 명령을 잘 이해했음을 뜻한다. 『좌전・소공3년(左傳・召公三年)』에서 "일을 주관하는 자에게 명령이 통하다[徹命于執事]."라고 하였는데, 두예의 주에서 철'(徹)'은 '달(達)'이라 하였다.

'극(茍)'자는 갑골문에서는 '𠂤'로 썼다. 곽말약은 개가 웅크리고 경계하는 모습을 상형한 것이며, '경(敬)'으로 인신된다고 하였다.

(14) '전(叀)'은 어기사(語氣辭)로 '유(唯)'와 통한다.

'공(龏)'은 '공(恭)'과 통하며, 공경이라는 뜻이다.

'谷'은 '유(裕)'로 읽는다. 『편해(篇海)』에서 "裕는 제사라는 뜻이다[裕, 祭也]."라고 하였다.

(15) '순(順)'은 '훈(訓)'으로 읽으며, 가르쳐 이끈다는 뜻이다. '순(順)'은 '훈(訓)'과 통가된다. 『시경・주송・열문(詩經・周頌・烈文)』에서 "사방이 그에게 순종한다[四方其訓之]."라고 하였는데, 『좌전・애공』26년에서는 '훈(訓)'을 '순(順)'으로 썼다.

'每'는 '민(敏)'이라 읽으니, 총명하고 민첩하다는 뜻이다.

(16) '유공(庾公)'은 아마도 '하(𩡧)'의 부친이나 조부일 것이다.

단대(斷代)

본 명문에서는 문왕・무왕을 언급하고 있으며, "성주(成周)로 도읍을 옮긴[遷宅于成周]" 왕은 바로 성왕이다. 이 일은 『상서・소고(尚書・召誥)』와 『상서・낙고(尚書・洛誥)』 등의 전적에서도 많이 실려 있다.

9

叔夨方鼎

2001년 산서성 곡옥현(曲沃縣) 천마(天馬)-곡촌(曲村)유적지의 진후(晉侯) 묘지 M114호 묘에서 출토되었다. 명문은 기물 복부의 내벽[腹內壁]에 8행 48자가 있다.

저록(著錄)

『문물(文物)』2001년 8기

탁본(拓本)

모본(摹本)

석문(釋文)

隹(唯)十又四月[(1)]，王彡大禘奉才(在)成周[(2)]。咸奉，王乎殷氒(厥)士[(3)]，爵(勞)叔夨(虞)以巿(尙，常)[(4)]、衣、車、馬、貝卅朋。敢對王休，用乍(作)寶障彝，其萬年䚄(揚)王光(貺)氒(厥)士[(5)]。

번역(飜譯)

14월 왕께서 성주(成周)에서 융(彡)·대책(大禘)·불(奉)제사를 지내시었다. 奉제사를 마치고 왕께서 그 사(士)를 성대하게 하시면서 의상·수레·말·패화 30붕으로 숙우(叔虞)를 위로하시었다. 감히 왕의 아름다움을 칭송하여 보배롭고 존귀한 예기를 만드니, 장차 만년토록 왕께서 그 사(士)에게 하사하신 것을 드높이노라.

주해(注解)

(1) '우(又)'는 접속사로 단위와 나머지 수를 연결한다. '十又四月'은 즉 14월이다. 14월은 은허 갑골문 중의 『갑골문합집(甲骨文合集)』 21897·22847, 금문 중의 『삼대길금문존(三代吉金文存)』8·33·2 〈소자매궤(小子𦋈簋)〉에서 볼 수 있는데, 후자는 상나라 말 기물이다. 본 기물을 통하여 주대(周代)에 상나라 사람의 유풍이 남아 한 해의 끝에 윤달을 두는 것이 유행하였음을 알 수 있다. 이보다 늦은 시기의 예는 『은주금문집성(殷周金文集成)』3858의 〈등공궤(鄧公簋)〉, 2753의 〈약옹공함정(都雍公緘鼎)〉에서 볼 수 있다. 14월은 윤달이 중복된 것으로 당시 윤달을 두는 것이 불규칙하였음을 알 수 있다.

(2) '융(彡)·책(禘)·불(奉)'은 모두 제사 이름이다.

'융(肜)'에 대하여 당란은 '유(酉)'로 구성되고, 융(彡)은 발음을 나타내며, 융(彡)자의 번문(繁文)으로 전래문헌에서는 '융(肜)'으로 썼다고 하였다. 『이아・석천(爾雅・釋天)』에서 "역(繹)은 〈제사를 지내고〉 다음날 지내는 제사이다. 주나라에서는 '역(繹)'이라 하였고, 상나라에서는 '융(肜)'이라 하였다[繹, 又祭也. 周曰繹, 商曰肜]."라고 하였다. 『상서・고종융일・서(尙書・高宗肜日・序)』에서 "조기가 왕을 가르친 것이다. 이로써 「고종융일」을 지었다[祖己訓諸王, 作「高宗肜日」]."라고 하였는데, 공영달의 소에서는 "제사를 지내고 다음날에 모두 융제를 지낸다[祭之明日皆爲肜祭]."라고 하였다.

'책(𥙊)'은 은허 갑골문에서 보이니, 『후상(後上)』24・2에서 "丝에게 책제사를 지내고 악에 료제사를 지내며, 묘라는 방식으로 소 1마리를 사용하여도 되겠습니까[叀丝𥙊用, 尞岳卯一牛]?"라 하였고, 『철(掇)』1・38・6에서 "소을에게 책제사를 지내도 되겠습니까[叀小乙𥙊用]?"라고 하였으며, 『갑(甲)』814에서 "조정에게 책제사를 지내면서 5뢰를 사용해도 되겠습니까[祖丁𥙊五牢]?"라고 하였다. 이에 대하여 이백겸(李伯謙)은 다음과 같이 말하였다.

> '책(𥙊)'은 상나라 갑골문에 보이는데, 갑골문과 금문에서 흔히 보이는 '책(冊)'자인 것 같다. 갑골문에는 '책(冊)'으로 구성된 '曹'도 있는데, '曹'으로 해석하는 견해도 있다. 『설문해자』에서 "책(冊)은 〈왕이 제후를 분봉하며 내려주는〉 간책이라는 뜻이다[冊, 符命也]."라고 하였으며, "책(曹)은 고하는 것이다[曹, 告也]."라고 하였다. 나는 '책(冊)'에 편방 '시(示)'를 추가하여 간책으로 신에 고한다는 뜻을 나타내었다고 생각한다.

'불(奉)'자는 금문에서 자주 보이는데, 제사이름 혹은 '간구하다'라는 뜻으로 사용되었다. 옛날에는 대부분 불(祓)로 읽었다. 『설문해자』에서 "불(祓)은 악을 제거하는 제사이다[祓, 除惡祭也.]."라고 하였으며, 『옥편(玉篇)』에서는 "재앙을 제거하여 복을 구하는 것이다[除災求福也.]."라고 하였다. 최근 일부학자는 '도(禱)'로 읽기도 한다. 『설문해자』에서 "도(禱)는 일을 보고하여 복을 구하는 것이다[禱, 告事, 求福也.]."라고 하였으며, 〈백호궤(伯椃簋)〉에서 "오직 기도로 만년을 간구한다[唯用祈奉萬年.]."라고 하였다.

(3) '호(乎)'는 '호(呼)'로 읽고, '부르다'는 뜻이다. '은(殷)'은 『광아·석고일(廣雅·釋詁一)』에서 "바로잡는 것이다[正也.]"라고 하였다. 『상서·여형(尙書·呂刑)』에서 "삼후(백이·우·직)가 공을 이루니, 백성을 바로잡았다[三后成功, 惟殷于民.]."라고 하였는데, 손성연(孫星衍)의 주에서는 "삼후가 백성을 바르게 함으로서 공을 이룸을 말한 것이다[言三后正民以成功也.]."라고 하였다. 좌민안(左民安)은 '은(殷)'의 본 의미는 '다스리다[治理]'이며, '바로잡다[正定]'는 뜻으로 인신되었다고 보았다.

'궐(厥)'은 '그[其]'라는 뜻이다.

'사(士)'는 귀족의 계층 가운데 하나이다. 『예기·왕제(禮記·王制)』에서 "제후에게는 상대부경, 하대부, 상사, 중사, 하사의 5등급이 있다[諸侯之上大夫卿, 下大夫, 上士, 中士, 下士, 凡五等.]."라고 하였다. 또한 성년의 남자를 가리키기도 하니, 〈사원궤(師寰簋)〉에서 "장정·여인·양·소를 노획하였다[毆孚(俘)士女羊牛.]."라고 하였다.

(4) '䶒'에 대하여 이백겸은 '제(齊)'로 해석하였는데, '제(齊)'는 갑골문에서 '⺍'라 쓰여서 자형에 조금 차이가 있다. 자형으로 본다면, 이

글자는 ‘작(爵)’으로 해석하여야 한다. ‘작(爵)’은 갑골문에서 ‘’(『철(鐵)』241 · 3), ‘’(『후하(後下)』2 · 7), ‘’(『경진(京津)』2461)으로 썼다. ‘작(爵)’은 상형자로 위는 기둥, 중간은 복부, 아래는 다리의 상형이다. 현재 볼 수 있는 ‘작(爵)’자의 자형은 기둥이 없거나 기둥이 하나 혹은 두 개인 것이 있지만 기둥이 두 개인 자형이 대부분이다. 갑골문의 ‘작(爵)’은 기둥이 하나인데, 이는 기둥이 두 개인 자형에서 생략된 것이다. 본 명문의 ‘작(爵)’자에는 기둥이 세 개인데, 아마도 기둥 두 개인 자형이 잘못 변화한 것 같다. ‘작(爵)’은 ‘노(勞)’로 읽으니 ‘위로하다’는 뜻이다. 『의례 · 근례(儀禮 · 覲禮)』에서 “〈후씨가〉 북쪽을 향해 서자 왕이 위로하셨다. 〈후씨는〉 두 번 절하고 머리를 조아렸다[(侯氏)北面立, 王勞之, 再拜稽首].”라고 하였는데, 정현의 주에서 “위로했다는 것은 오는 길에서의 수고를 위로하는 것이다[勞之, 勞其道勞也].”라고 하였다. 『목천자전(穆天子傳)』에서는 “하종의 백요는 천자를 연연의 산에서 맞이하고, 비단 묶음과 벽옥으로 위로하였다[河宗伯夭逆天子燕然之山, 勞用束帛加璧].”라고 하였다. 위로하면 반드시 상을 내리기 때문에 물건을 하사하다는 뜻으로 인신되었다. 오진무(吳振武)는 ‘작(爵)’을 제후로 봉함[封爵]이라고 보았다.

‘측(夨)’은 ‘’으로 썼으며, 사람의 머리가 한쪽으로 치우친 모습을 상형하였다. 고문자에서 ‘측(夨)’과 ‘요(夭)’는 같은 글자이다. ‘요(夭)’는 ‘우(虞)’로 읽는다. ‘숙우(叔虞)’는 진(晉)나라에 군주로 처음 봉해진 당숙 우(唐叔虞)이다.

‘’자는 자서(字書)에 보이지 않는다. 금문에서 ‘상(尙)’자를 ‘’으로 쓰기에 ‘상(尙)’자의 본자(本字)로 추정된다.

‘상의(尙衣)’는 이어진 문장으로, ‘상(尙)’은 ‘상(裳)’으로 읽어야 할 것 같다. 『시경·패풍·녹의(詩經·邶風·綠衣)』에서 "푸름이여 옷이여, 푸른 옷과 누런 치마로다[綠兮衣兮, 綠衣黃裳]."라고 하였는데, 모전에서 "위를 의(衣)라 하고, 아래를 상(裳)이라 한다[上曰衣, 下曰裳]."라고 하였다.

(5) '광(光)'은 '황(貺)'과 통한다. 『이아·석고(爾雅·釋詁)』에서 "사여라는 뜻이다[賜也]."라고 하였다. 〈재수궤(宰峀簋)〉에서 "왕이 재수에게 패화 3붕을 하사하였다[王光宰峀貝三朋]."라고 하였으며, 〈숙이종(叔夷鐘)〉에서 "감히 재배하고 머리 숙여 가슴으로 군공(제후)의 하사하심을 받는다[敢再拜稽首, 雁受君公之易(賜)光]."라고 하였다.

단대(斷代)

본 기물은 114호 진후(晉侯) 묘에서 출토되었다. '측(夨)'을 '우(虞)'로 읽으면, 진나라의 시조가 되므로 이백겸(李伯謙)은 '측(夨)'을 당숙 우(唐叔虞)로 보고, 성왕 때 만들어진 기물이라 하였다. 『사기·진세가(史記·晉世家)』에 다음과 같은 기록이 있다.

> 진나라의 시조 당숙 우(唐叔虞)는 무왕의 아들이고, 성왕의 동생이다. 처음 무왕이 숙우의 모친과 만날 때 꿈에 천(天)이 무왕에게 "내가 너에게 우(虞)라는 이름의 자식을 낳게 할 것이다. 내가 그 아이에게 당(唐) 땅을 줄 것이다."라고 하였다. 아들을 낳자 그 손바닥에 우(虞)라는 글자가 있었다. 그러므로 꿈을 따라서 우(虞)라 이름을 지었다. 무왕이 죽고 성왕이 즉위하였는데, 당에서 난이 발생하자 주공(周公)이 당(唐)을 멸하였다. 성왕이 숙우(叔虞)와 놀던 시절, 오동나무 잎을 깎아 규를 만들어 숙우(叔虞)에게 주며 말하길 "이것으로 너를 봉한다."라고 하였다. 사일(史佚)

이 이로 인하여 날을 선택하여 숙우(叔虞)를 분봉하라 청하였다. 성왕은 "나는 그와 놀이를 했을 뿐이다."라고 말하자 사일(史佚)은 "천자에게 놀이로 하는 말이란 없습니다. 말씀하시면 사관이 이를 기록하고, 예로 이루며, 음악으로 노래합니다."라고 하였다. 이에 마침내 숙우(叔虞)를 당(唐)에 봉하였다. 당(唐)은 황하와 분해[河汾]의 동쪽에 있으며, 사방 백리에 이른다. 그러므로 당숙 우(唐叔虞)라 한다.

晉唐叔虞者, 周武王子而成王弟. 初, 武王與叔虞母會時, 夢天謂武王曰, "余命女生子名虞, 余與之唐." 及生子, 文在其手曰虞, 故遂因命之曰, 虞. 武王崩, 成王立, 唐有亂, 周公誅滅唐. 成王與叔虞戲, 削桐葉爲珪以與叔虞曰, "以此封若." 史佚因請擇日立叔虞. 成王曰, "吾與之戲耳." 史佚曰, "天子無戲言. 言則史書之, 禮成之, 樂歌之." 於是遂封叔虞於唐. 唐在河汾之東, 方百里, 故曰唐叔虞.

본 명문에서 숙우의 신분은 아직 '사(士)'이고, 그의 이름 앞에 '당(唐)'자가 붙지 않은 점을 통하여 숙우가 아직 분봉을 받지 못한 때임을 알 수 있다. 명문에서는 또한 우를 '숙(叔)'이라 칭하고 '자(子)'라 칭하지 않았으니, 기물도 무왕 때 만들어진 것은 아닐 것이다.

10

克罍

1986년 북경 방산구(房山區) 유리하(琉璃河) 1193호 묘에서 출토되었다. 동일한 명문이 있는 화(盉)가 함께 출토되었다. 명문은 6행 42자이며, 〈대보뢰(大保罍)〉라고도 한다.

저록(著錄)

『고고(考古)』1990년 1기.

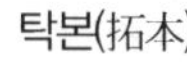

모본(摹本)

석문(釋文)

王曰: “大(太)保[1], 隹(唯)乃明乃心, 享于乃辟[2]。余大對乃享[3]。令(命)克侯于匽(燕)[4]。旋羌兎戲雩馭微[5]。” 克宅匽[6], 入土眔𠂤(厥)𤔲(司)[7]。用乍(作)寶障彝。

번역(飜譯)

왕께서 말씀하시었다.

"태보(太保)여, 너는 너의 마음을 밝혀 너의 임금에게 제사지내어라. 나는 너의 제사지냄을 크게 칭송하노라. 극(克)에게 명하여 연(燕)에 제후로 삼노라. 강(羌)·토(兎)·차(𠭯)·우(雩)·어(馭)·휘(徽)의 6 부족을 주노라."

극(克)이 연(燕)에 거주하고 봉토와 유사(有司)를 받으니, 이로써 보배롭고 존귀한 예기를 만드노라.

주해(注解)

(1) '태보(太保)'는 관직명으로 소공 석(召公奭)을 가리킨다. 『사기·주본기(史記·周本紀)』에서 "〈무왕이〉 소공 석을 연에 봉하였다[〈武王〉封召公奭於燕]."라고 하였으며, 『사기·연세가(史記·燕世家)』에서 "소공 석은 주나라와 동성으로 성은 희씨이다. 주 무왕이 주(紂)를 멸하고 소공을 북연에 봉하였다. 성왕이 재위할 때 소공은 삼공에 임명되었다[召公奭與周同姓, 姓姬氏. 周武王之滅紂, 封召公於北燕. 其在成王時, 召公爲三公]."라고 하였는데, 『사기집해(史記集解)』에서는 "초주가 '주나라의 지족(支族)으로 소(召)에서 식읍하였기 때문에 소공이라 일컬었다.'라고 말하였다[譙周曰, 周之支族, 食邑於召, 謂之召公]."라고 하였다. 『사기색은(史記索隱)』에서는 "소(召)는 왕기 안의 채지이다[召者, 畿內采地]."라고 하였다. 일본의 다키가와 스게노부(瀧川資言)는 『사기회주고증(史記會注考證)』에서 "『상서·군석·서(尙書·君奭·序)』에 '소공은 보가 되고, 주공은 사가 되어 성왕을 돕는 좌우가 되었

다.'라는 말이 있다『書 · 君奭 · 序』云, '召公爲保, 周公爲師. 相成王爲左右'].''라고 하였다. 또한 〈한정(䵼鼎)〉의 명문에서 "연후(燕侯)가 䵼에게 명하여 종주에서 태보를 대접하도록 하였다[匽侯令(命)䵼饘(飴)大保于宗周]."라고 하였다.

(2) '내(乃)'는 『이아 · 석고(爾雅 · 釋詁)』에서 "너라는 뜻이다[汝也]." 라고 하였다. 첫 번째 '乃'는 주어이고, 두 번째 '乃'는 한정어[定語]로 '너의[你的]'에 해당하는 말이다.

'明乃心'은 〈사순궤(師詢簋)〉에서 "너의 마음을 삼가 밝혀라[敬明乃心]."라는 구문으로 보인다. 또 〈흥종(㾜鐘)〉에서도 "그 마음을 밝힐 수 있다[克明厥心]."라고 하였으니, 즉 그 마음을 드러내는 것이다.

'심(心)'을 '창(鬯)'으로 해석하는 견해도 있으나 정확하지 않다.

'향(享)'은 『설문해자』에서 "바치는 것이다.……『효경』에서 제사를 지내면 귀신이 흠향한다[獻也.……『孝經』曰, '祭則鬼享之']."라고 하였다.

'벽(辟)'은 『이아 · 석고(爾雅 · 釋詁)』에서 "군주이다[君也]."라고 하였다. 『시경 · 대아 · 탕(詩經 · 大雅 · 蕩)』에서 "넓고도 큰 상제여, 아래 백성의 군주로다[蕩蕩上帝, 下民之辟]."라고 하였다. 따라서 "내벽(乃辟)"은 주나라 문왕과 무왕 등의 선왕을 가리킨다.

(3) '여(余)'는 1인칭대명사로 여기에서는 왕을 가리킨다.

'대(對)'는 '보답' · '칭송'이란 뜻이다.

(4) '령(令)'은 '명(命)'으로 읽는다.

'극(克)'은 인명으로 소공석의 큰아들이다. '극(克)'을 조동사로서 '할 수 있다[能]'로 보는 견해도 있다.

'후(侯)'는 본래 제후나 작위를 가리키지만, 본 명문에서는 동사로 쓰여 '제후라 일컫는다.'라는 뜻으로 사용되었다.

'언(匽)'은 전국시기 〈중산왕착정(中山王䁯鼎)〉에서는 편방 '읍(邑)'을 추가하여 '언(郾)'으로 썼다. 전래문헌에서는 보통 '연(燕)'으로 쓴다.

(5) '旋'는 '사(使)'로 읽으며, 임명하다는 뜻이다.

'羌兎䰗雩馭微'의 6글자는 비교적 이해하기 어려운데, 강(羌)・토(兎)・차(䰗)・우(雩)・어(馭)・휘(徽)의 6부족을 왕이 연후 극에게 준 것이라는 견해도 있다. 『좌전・정공4년(左傳・定公四年)』에서 "무왕이 상나라를 이기고, 성왕이 안정시켰으며, 밝은 덕을 지닌 사람을 선발하여 주나라를 둘러싸는 병풍으로 삼았다[武王克商, 成王定之, 選建明德, 以藩屛周]."라고 하였다. 이 때 노공(魯公)을 분봉하면서 은나라 유민 6개 부족[殷民六族], 강숙(康叔)을 분봉하면서 "은나라 유민 7개 부족[殷民七族]", 당숙(唐叔)을 분봉하면서 "회(즉, 괴)성에 속하는 9개 종족과 사무를 관장하는 관리 5정[懷(媿)姓九宗, 職官五正]"을 각각 나누어 주었다. 어떤 사람은 '우(雩)'를 접속사로 보기도 한다. 즉 '강토치(羌兎䰗[置])'・'어(馭)'・'미(微)'를 각각 다른 사람으로 보는 것이다. '미(微)'를 '징(徵)'으로 해석하는 견해도 있다.

(6) '택(宅)'자는 명문에 '[illegible]'라 썼는데, 방술흠(方述鑫)은 '면(宀)'과 '지(止)'로 구성되고, '[illegible]'는 발음을 나타내는 회의 겸 형성자로 '택(宅)'으로 읽으며, 거주한다는 뜻이라 하였다.

(7) '입(入)'은 『玉篇』에서 "받아들이는 것이다[納也]."라고 하였다. 『좌전・선공(左傳・宣公)』2년에서 "간하여도 받아들이지 않으면, 계속 간할 사람이 없다[諫而不入, 則莫之繼也]."라고 하였다.

'土'는 영토 또는 봉지이다. 『일주서・작낙(逸周書・作雒)』에서

"제후가 주나라에서 분봉을 받으면 나라 가운데에 대사(大社)를 만든다. 동쪽 담은 푸른 흙, 남쪽 담은 붉은 흙……장차 제후를 세울 때 그 한 방향의 흙을 파내어 황토로 싸고 흰 띠풀을 깔고서 흙 봉분을 만든다. 그러므로 '주나라 왕실에서 땅을 나누어 받는다.'라고 하였다[諸侯受命于周, 乃建大社于國中. 其壝, 東靑土, 南赤土,……將建諸侯, 鑿取其方一面之土, 苞以黃土, 苴以白茅, 以爲土封, 故曰受列土于周室]."라고 하였다.

'답(眔)'은 『설문해자』에서 "답(眔)은 눈이 서로 미치는 것이다[眔, 目相及也]."라고 하였다. 접속사로 '급(及)'에 상당한다. 위(魏)나라 〈삼체석경(三體石經)〉에 새겨진 『상서·고요모(尙書·皐陶謨)』에 남겨진 글씨 가운데 '기(暨[益奏庶鮮食])'이란 구절이 있는데, '暨'자의 고문(古文)으로 '臮'라 쓰여 있다. '臮'는 '답(眔)'이 잘못 변한 것이다.

'궐(氒)'자는 같은 명문이 있는 〈극화(克盉)〉에 '우(又)'로 쓰였다. 금문에서는 '궐(氒)'자는 '⺄', '우(又)'자는 '㇋'로 쓰여서 형태가 비슷하여 혼동하기가 쉽다.

'사(嗣)'는 '사(司)'자의 자형이 복잡해진 것이다. '궐사(厥司)'는 즉 '유사(有司)'로 일을 주관하는 관원을 가리킨다. 『맹자·양혜왕(孟子·梁惠王)』에서 "흉년과 기근이 든 해에……유사가 보고하지 않았으니. 윗사람이 게을러 아랫사람을 잔혹하게 하는 것이다[凶年饑歲,……有司莫告, 是上慢而殘下也]."라고 하였다.

이 구절은 왕이 극을 연(燕)의 제후로 명하였으며, 아울러 극이 연의 봉토와 봉토에서 일할 관원을 받았다는 뜻이다. 연은 주나라의 봉국(封國)이기 때문에 그 토지와 관원은 자연히 주나라에 속한다.

단대(斷代)

이 기물이 무왕 시기에 속한다는 견해도 있고, 성왕 시기에 속한다는 견해도 있는데, 기물 주인에 대한 이해가 다르기 때문에 빚어진 결과이다. 기물 주인이 태보(太保)라 주장하는 학자는 극(克)을 "할 수 있다."라는 뜻이라 주장하며, 무왕이 소공을 연(燕)에 봉하였을 때 제작한 기물이라 한다. 기물 주인을 극(克)이라 주장하는 학자는 명문에 있는 2개의 극(克)자가 문장에서 인명으로 보는데 가장 합당한 위치에 있으며, 1193호 묘 역시 극(克)의 묘로서 소공의 묘는 주원(周原) 풍호(豐鎬) 일대에 있음을 근거로 든다. 『항헌소견소장길금록(恒軒所見所藏吉金錄)』1·16 〈연후정(燕侯鼎)〉 명문에서 "연후 지(旨)가 부신을 위한 예기를 만든다[匽(燕)侯旨作父辛障]."라고 하였으며, 또한 『상주금문록유(商周金文錄遺)』94에 실린 양산칠기(梁山七器) 중 하나인 〈헌정(憲鼎)〉 명문에서 "〈헌〉은 후의 은덕을 칭송하며 소백 부신을 위한 보배롭고 존귀한 예기를 만든다[〈憲〉揚侯休, 用作召伯父辛寶障彝]."라고 하였다. 이학근은 '召伯父辛'을 두 사람으로 보면서 소백(召伯)은 소공이고, 부신(父辛)은 극(克)으로 지(旨)의 아버지 항렬이라 하였다. 태보인 소공 석(召公奭)은 비록 연(燕)을 분봉 받았으나 아직 나아가지 않았고, 봉작에 나아간 것은 그의 큰아들이었다. 『상서대전(尙書大傳)』에서 "무왕이 죽고, 성왕은 어렸다. 주공은 성왕을 성하게 기르고, 소공 석으로 하여금 스승이 되게 하였다[武王死, 成王幼. 周公盛養成王, 使召公奭爲傅]."(『太平御覽』647에서 인용)라고 하였다, 『사기·연세가(史記·燕世家)』에서 "성왕이 재위할 때 소공은 삼공에 임명되었다. 섬(陝)[1]의 서쪽은 소공이 주관하고, 섬의 동쪽은 주공이 주관하였다[其在成王時, 召公爲三公. 自陝以西, 召公主之, 自陝以東, 周公主之]."라고 하였다. 극(克)은 제1대 연후이니, 본 기물은 마땅히 성왕시기에 만들어진 것이다. 또한 M1193 덧널나무[椁木]의 보존이 양호하고, 탄소-14에 의한 연대측정은 기원전 1015~기원전 985년으로 강왕시기에 상당한다. 그러나 기물은 묘주의 하장연대보다 이른 시기에 만들어졌을 것이다.

1) 역자주 : 지금의 하남성(河南省) 섬현(陝縣)에 해당된다.

11

保卣

1948년 하남성 낙양에서 출토되었다고 전해지고, 현재 상해박물관에서 소장하고 있다. 기물과 뚜껑에 같은 명문 7행 46자가 있다. 〈빈유(賓卣)〉라고도 일컫는다.

저록(著錄)

『고고학보(考古學報)』1955년 9책 157쪽, 『은주금문집성(殷周金文集成)』10・5415

석문(釋文)

乙卯，王令保及殷東或(國)五侯[(1)]，祉(誕)兄(貺)六品[(2)]，蔑曆(歷)于保[(3)]，易賓[(4)]。用乍(作)文父癸宗寶障彝[(5)]。遘(遘)于四方迨(會)王大祀[(6)]，祓(祐)于周[(7)]。才(在)二月既望[(8)]。

탁본(拓本) 모본(摹本)

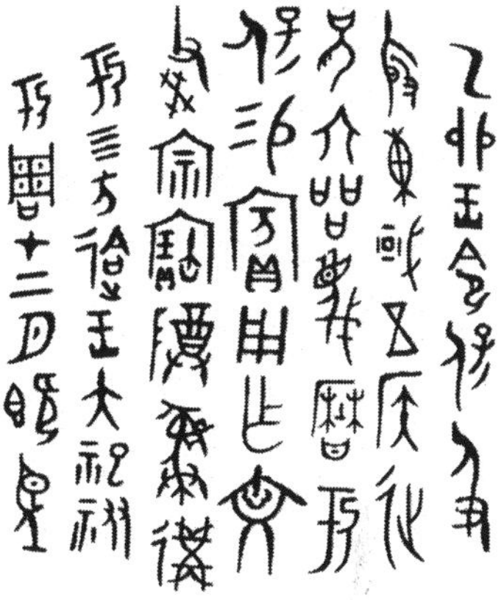

번역(翻譯)

을묘일에 왕께서 보(保)와 은(殷) 동국(東國)의 다섯 제후에게 명하시고 6가지 품목을 크게 하사하시며, 보(保)를 칭찬하시고 빈(賓)에게 선물로 답례하시었다. 이로써 문채가 나는 부계(父癸)를 위하여 종묘에 쓰이는 보배롭고 존귀한 예기를 만드노라. 사방에서 왕의 큰 제사에 참여하고, 성주(成周)에서 제사를 도왔다. 2월 기망이었다.

주해(注解)

(1) '보(保)'는 즉 태보(太保) 소공 석(召公奭)을 가리킨다. 『사기 · 주본기(史記 · 周本紀)』에서 "성왕은 은나라 유민을 그곳으로 이주시키고……소공은 태보가 되고, 주공은 태사가 되어 동쪽으로 회이를 치고 엄을 멸한 뒤에 그 군주를 박고(蒲姑)로 이주시켰다[成王既遷殷遺民……召公爲保, 周公爲師, 東伐淮夷, 殘奄, 遷其君蒲姑]."라고 하였다.

'급(及)'은 연결사로 '~와'라는 뜻이다. 『좌전 · 장공(左傳 · 隱公)』원년에서 "장공과 공숙 단을 낳았다[生莊公及共叔段]."라고 하였다. '은동국오후(殷東國五侯)'는 원래 은나라의 영토에 속한 5명의 동방 제후이다. 당란은 이를 위(衛) · 송(宋) · 제(齊) · 노(魯) · 풍(豐)의 제후라 하면서 다음과 같이 말하였다.

> 『일주서 · 작락해(逸周書 · 作雒解)』에 의하면, 주공이 동쪽 정벌에서 관숙(管叔)과 채숙(蔡叔)의 반란을 평정한 후에 "강숙을 은, 중모보를 동에 자리하게 하셨다[俾康叔宇于殷, 俾中旄父宇于東]."라고 하였다. 중모보는 바로 미중(微仲)이며, 동(東)은 상토(相土)의 동쪽 도읍[1]으로 당시 아직 위(衛) · 송(宋) 두 나라는 건국되지 않았고, 단지 두 사람만 파견하여 지켰을 뿐이다. 동쪽 정벌 당시 아마 태공망은 여전히 중요한 장군이었기 때문에 엄국(奄國)을 정벌할 때는 주공의 아들 백금(伯禽), 박고(蒲姑)를 정벌할 때는 태공망의 아들 여급(呂伋), 풍국(豐國)을 정벌할 때 문왕의 서자 풍후(豐侯)를 각각 그 땅에 주둔하며 지키도록 하였다. …… 성왕이 제후를 봉할 때에 이르러 이렇게 이미 이루어진 사실로부터 출발하여 강숙을 은에 봉하고 위(衛)나라로 개칭하였으니, 사실상 강백모(康伯髦)가 초대 위후(衛侯)가 된다. 중모보를 동에

---

1) 역자주 : 동쪽 도읍[東都]의 위치에 대하여 양백준(楊伯峻)의 『춘추좌전주 · 정공(春秋左傳注 · 定公)』4년에는 다음과 같이 정리하였다. "상토는 은상(殷商)의 조상이다. ……『태평어람』권82는 『죽서기년』을 인용하여 '후상(后相)이 즉위하고 상구에 거처하였다.'[后相卽位, 居商丘]."라고 하였다. 상토의 동쪽 도읍은 오늘날 하남성(河南省) 상구현(商丘縣)이다. 그러나 『통감 · 지리통석(通監 · 地理通釋)』권4에 '상구는 제구로 고쳐야 한다[商丘當作帝丘].'라는 언급에 의하면 오늘날 하남성 복양현(濮陽縣)이 된다. 주우증(朱右曾)의 『汲冢紀年存眞』도 제구(帝丘)로 고쳐야 한다고 하였다.

봉하고 송(宋)나라로 개칭하였으니, 바로 미중(微仲)이다. 주공을 엄(奄)에 봉하고 노(魯)나라로 개칭하였으나, 사실상 백금(伯禽)이 초대 노후(魯侯)이다. 태공망을 박고(蒲姑)에 봉하고 제(齊)나라로 개칭하였으나, 사실상 여급(呂伋)이 초대 제후(齊侯)이다. 풍후(豐侯)의 봉지만이 그대로 풍(豐)에 있었기 때문에 원래의 나라 이름을 사용하였을 뿐이다. 이들은 모두 새로 얻은 땅에 세워진 제후들이기 때문에 은동국오후(殷東國五侯)라 일컫는다.

『상주청동기명문선(商周青銅器銘文選)』은 다섯 제후가 박고씨(蒲姑氏) 등을 가리키는 것으로 본다.

(2) '형(兄)'은 황(贶)으로 읽는다. 『이아·석고(爾雅·釋詁)』에서 "하사하는 것이다[賜也]."라고 하였다. '품(品)'은 사람이나 사물의 종류를 가리킨다. 〈형후궤(井(邢)侯簋)〉에서 "세 부류의 신속(臣屬), 즉 주인·중인·용인을 하사한다[易(賜)臣三品, 州人, 重人, 𩫖人]."라고 하였으며, 〈목공정(穆公鼎)〉에서 "5종류의 옥을 하사한다[易(賜)玉五品]."라고 하였다.

'육품(六品)'에 대하여 당란(唐蘭)은 "6가지 예물"이라고 하였지만 『상주청동기명문선』에서는 "여섯 나라(다섯 제후들과 은 유민)의 종족 노예"라고 하였다. 두 설은 모두 통하지만, 지금 정확하게 알 수 없다. 다만 당란의 설이 비교적 타당한 것 같다.

(3) '멸력(蔑歷)'은 금문에 자주 보이는 말로 각각 분리하여도 사용할 수 있다.

'멸(蔑)'은 '벌(伐)'과 통하며 자랑한다는 뜻이다. 『좌전·양공』13년에서 "소인은 그가 가진 재주를 자랑하며 군자를 업신여긴다[小人伐其技以馮君子]."라고 하였는데, 두예의 주에서는 "스스로 자신의 능력을 칭찬하는 것을 벌(伐)이라 한다[自稱其能爲伐]."라고 하였다.

'역(歷)'은 '겪다', '경험하다'는 뜻이며, 공적(功績)이란 뜻으로 인신된다.

'멸력(蔑歷)'은 즉 공적 혹은 가세(家世)를 자랑하는 것으로 군주에게 칭찬받은 것일 수도 있고, 스스로를 자랑한 것일 수도 있다. 본 명문의 '蔑歷于保'는 왕이 보(保)가 동국을 정벌하며 세운 공을 칭찬해 준 것이다.

(4) '빈(賓)'에 대하여 『설문해자』에서 "공경 받는다는 뜻이다[所敬也]."라고 하였다. 갑골문에서 '빈(賓)'은 '[illegible]'로 쓰이며(『후하(後下)』30 · 14), 금문에서는 '패(貝)'가 추가된다. 왕국유는 『관당집림(觀堂集林)』에서 "〈빈(賓)의〉 상부는 '집[屋]'으로 구성되고, 하부는 '인(人)' · '지(止)'로 구성되며, 사람이 집 아래 있는 모습을 상형하였다. 빈객이라는 뜻이다. 고대에 빈객이 오면 반드시 물건으로 선물하였다.……때문에 '패(貝)'가 구성된다."라고 하였다. 여기에서 하급자가 상급자의 사신에게 주는 답례품이란 뜻으로 인신된다. 〈경유(睘卣)〉에서 "왕강이 작책 경에게 이백(夷伯)에게 문안하라 명하셨고, 이백(夷伯)은 경에게 패화와 옷감으로 답례하였다[王姜令(命)乍(作)冊睘安尸(夷)白(伯), 尸白賓睘貝布]."라고 하였다.

『의례 · 근례(儀禮 · 覲禮)』에서 "후씨는 비단을 묶고 말에 태워 사신을 대접하였다[侯氏用束帛乘馬儐使者]."라고 하였는데, 가공언(賈公彥)의 소에서는 "사신을 대접한다는 것은 천자의 사신을 존경하는 것이기 때문이다[儐使者, 是致尊敬天子之使故也]."라고 하였다. 당란은 '빈(賓)'을 사람 이름이라 하였으나 잘못되었다.

(5) '문부(文父)'는 문덕(文德)이 있는 부친이다. 여기서 '부(父)'는 돌아가신 부친, 즉 '고(考)'이다. '고(考)'라 일컫는 것은 주나라 사람

의 습관이다.

(6) '구(遘)'는 만난다는 뜻이며, 회견이란 뜻으로 인신되었다.
'사방(四方)'은 본래 동서남북의 사방을 가리키나, 전국을 지칭하는 것으로 인신되어 가리키는 뜻으로 사용하였다.
'합(迨)'에 대하여 용경(容庚)은 『설문해자』에 실린 '회(會)'의 고문(古文) '회(佮)'이며, '회왕대사(會王大祀)'는 사방의 제후가 주나라 왕의 큰 제사에 참여하였다는 뜻이라 하였다. 『설문해자』에 "합(迨)은 뒤섞인다는 뜻이다[迨, 遝也]."라는 말도 수록되어 있으나, 금문에서의 본래 뜻은 아닌 것 같다.

(7) '우(祐)'에 대하여 『설문해자』에서 "돕는 것이다[助也]."라고 하였다. 따라서 '우우주(祐于周)'는 성주(成周)에서 제사를 도왔다는 뜻이다.

(8) '기망(既望)'은 달의 모양[月相]을 표현하는 말이다. 『설문해자』에는 이체자인 '朢'으로 수록하고 "망(朢)은 달이 차면 해와 서로 마주보니, 이로써 군주에게 조회한다는 뜻이다[朢, 月滿與日相望, 以朝君也]."라고 하였으며, 『석명(釋名)』에서는 "망(望)은 달이 찬 이름이다. 달은 16일 동안 커지고, 15일 동안 작아진다. 해는 동쪽에 있고, 달은 서쪽에 있으니 맞이하여 서로 바라본다[望, 月滿之名也. 月大十六日, 小十五日. 日在東, 月在西, 遙相望也]."라고 하였다. '기(既)'는 『광아・석고(廣雅・釋詁)』에서 "이미라는 뜻이다[已]."라고 하였다. '기망(既望)'에 대하여 사분일월설(四分一月說)을 주장하는 학자는 15・15일에서 22・23일에 이르는 기간이라고 주장하지만, 점단설(點段說)을 주장하는 학자는 16일을 가리킨다고 주장하기도 한다. 당란(唐蘭)은 15일이나 16일 후의 약 10일간을 가리킨다고 주장하였다. 이 문제에 대해서는 현재 아직

정론이 없다.

단대(斷代)

본 명문은 태보 소공 석(召公奭)과 은나라 동국 5제후가 성주(成周)에서 제사를 돕고, 이어 왕의 책명을 받았다는 기록이 있으니, 이 일은 주공·소공이 동방을 정벌하여 회이(淮夷)를 치고 엄(奄)을 멸망시킨 후 얼마 되지 않은 시점임이 분명하다. 따라서 성왕시기의 기물로 보는 것이 타당하다.

12

作册大鼎

1929년 하남성 낙양 마파(馬坡)에서 총 4개의 기물이 출토되었다. 〈측령방이(夨令方彝)〉 등이 함께 출토되었다. 기물 내벽에 명문 8행 41자가 있다. 여기에서는 두 번째 기물의 명문을 선택하였다.

저록(著錄)

『정송당집고유문(貞松堂集古遺文)』3・25・2, 『삼대길금문존(三代吉金文存)』4・20・2, 『은주금문집성(殷周金文集成)』5・2760

석문(釋文)

公來鑄(鑄)武王、成王異(翼)鼎(1)。隹(唯)四月既生霸己丑(2)，公賞乍(作)册大白馬(3)。大揚皇天尹大保宣(4)，用乍(作)且(祖)丁寶障彝。雋册册(5)。

탁본(拓本)

모본(摹本)

번역(飜譯)

공이 오셔서 무왕과 성왕을 위하여 큰 정을 주조하셨다. 4월 기생패(旣生霸) 기축일에 공께서 작책 대(作冊大)에게 백마를 하사하시었다. 대는 위대하신 천윤(天尹) 태보(太保)의 은덕을 찬양하며, 조정(祖丁)을 위하여 보배롭고 존귀한 예기를 만드노라. 병책책(雋冊冊).

주해(注解)

(1) '공래(公來)'에 대하여 당란은 소공(召公)이 온 것이라 해석하였다. 곽말약은 '공자(公朿)'를 연결하여 인명으로 보았으며, 아울러 소공(召公) 석(奭)이라고 하였다.

'이(異)'를 곽말약은 '사(禩)'로 읽고 '사(祀)'자의 이체자라 하였다. 우성오 · 당란은 '익(翼)'으로 읽고, 부이(附耳)가 달린 방정(方鼎)이라 하였다. 우성오는 다음과 같이 말하였다.

> 『사기・초세가(史記・楚世家)』에서 "하(夏)・은(殷)・주(周) 삼대에 걸쳐 전해 내려오는 기물을 점유하고 구정을 삼키려 한다[居三代之傳器, 吞三翮六翼]."라는 기록이 있다.……은상과 서주시기 무늬가 있는 여러 종류의 예기는 종종 외부에 몇 가닥의 선으로 돌출된 능선이 있는데, 이것이 마치 새의 날개깃과 유사하기 때문에 전래문헌에서 '익(翼)'이라 하였다. 원정(圓鼎)의 외부에는 세 개 혹은 여섯 개의 날개가 있지만, 방정(方鼎)에는 대부분 여섯 개의 날개가 있다. 어떤 것은 네 개 혹은 여덟 개의 날개가 있는 경우도 있다.……종합하면, 〈작책대방정(作冊大方鼎)〉에서 '이정(異鼎)'이라 일컫는 것은 정(鼎)에 날개가 있기 때문이며, 갑골문에서 '신이정(新異鼎)'이란 말은 새로 날개가 있는 정을 주조한 것을 가리켜서 말한 것이다. 이는 실물을 얻어서 알 수 있게 된 것이다.

일설에 '이(異)'를 '익(匿)'으로 읽는 견해도 있는데, 『옥편』에서 "큰 정이다[大鼎]."라고 하였다.

(2) '사월(四月)'에서 '사(四)'는 두 번째 정(鼎)에 '삼(三)', 첫 번째・세 번째・네 번째 정에는 모두 '사(四)'로 쓰였다.

'기생패(旣生霸)'는 달의 모양을 표현하는 용어이다. '패(霸)'는 전래문헌에 '백(魄)'으로 썼으며, 달이 처음 빛을 발하는 것을 뜻한다. 『상서・고명(尙書・顧命)』에서 "4월 재생백에 왕은 편안하지 않았다[惟四月哉生魄, 王不懌]."라고 하였는데, 『설문해자』에서 "패(霸)는 달이 비로소 처음 달빛을 발하는 것이다. 이전 달이 큰 달(30일)이면 2일이 패이고, 이전 달이 작은 달(29일)이면 3일이 패이다. '월(月)'로 구성되고 '패(霸)'는 발음을 나타낸다[霸, 月始生霸然也, 承大月二日, 承小月三日. 從月, 霸聲]."라고 하였다. '기생패(旣生霸)'의 뜻은 현재까지 정설이 없다. 왕국유는 '사분월상설(四分月相說)'을 제창하여 8~9일에서 14~15일에 이르는 기간을 기생패라 하였다. 유흠(劉歆) 이래의 '정점설(定點說)'에는 기생패를 15일로 보는 견해, 초삼일(初三日)이나 초사일(初四日)로 보는 견해, 초파일(初八日)이나 초구일(初九日)로 보는 견해들이 있다. 최근 '점단설(點段說)'이나 '이분설(二分說)'을 제시하는 학자는 초하루에서 15일까지의 기간을 기생패라 한다. 필자는 기생패를 초삼일(初三日)에서 15일까지로 달이 처음 빛을 발하기 시작하여 보름에 이르는 기간을 지칭한다고 생각한다.

(3) '작책대(作冊大)'에 대하여 당란은 '대(大)'는 '정(丁)'의 손자 항렬로 〈측령방이(夨令方彝)〉의 '측령'은 '정(丁)'의 아들이자 '대(大)'의 숙부 항렬이라 하였다. 〈측령방이〉는 소왕시기 기물로 시대가 비교적 늦은데, 측령의 지위는 '대(大)'보다 높고 나이도 많다.

(4) '황(皇)'은 『설문해자』에서 "큰 것이다[大也]."라고 하였는데, 본 명문에서는 찬미하는 말로 쓰였다.

'천윤(天尹)'에 대하여 당란은 대군(大君), 즉 태보 소공석을 가리킨다고 하였다.

'宔'자는 확실하지 않지만, 서주시기 금문에서는 항상 '휴미(休美)'의 '휴(休)'자로 사용하였다.

(5) '병책책(雋冊冊)'에서 '병(雋)'은 종족을 나타낸다. '책책(冊冊)'은 '책(冊)'으로 〈측령방이(夨令方彝)〉에서는 '책(冊)' 한 글자만 썼다. 대(大)와 측령 일족은 대대로 작책(作冊)이 되었기 때문에 명문의 말미에 종족과 관직을 주조하였다.

단대(斷代)

본 명문에 "무왕과 성왕을 위한 큰 정[武王成王異鼎]"이라 언급하고 있기 때문에 반드시 강왕(康王) 시기의 기물이다. 소왕(昭王) 시기로 보는 학자도 있다.

13

宜侯夨簋

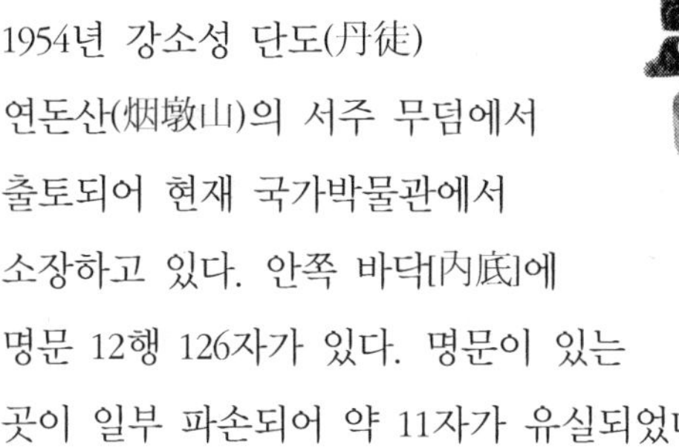

1954년 강소성 단도(丹徒) 연돈산(烟墩山)의 서주 무덤에서 출토되어 현재 국가박물관에서 소장하고 있다. 안쪽 바닥[內底]에 명문 12행 126자가 있다. 명문이 있는 곳이 일부 파손되어 약 11자가 유실되었다.

저록(著錄)

『문물참고자료(文物參考資料)』 1955년 5기, 『서주동기단대(西周銅器斷代)』(一)165쪽, 『은주금문집성(殷周金文集成)』8 · 4320

탁본(拓本) 모본(摹本)

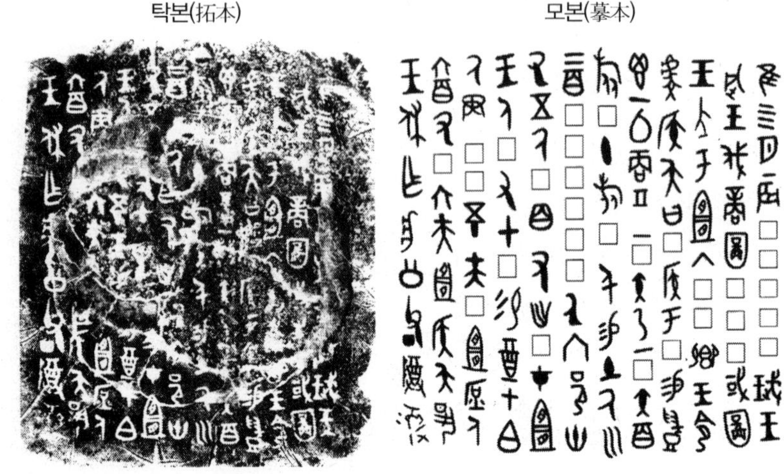

석문(釋文)

隹(唯)四月辰才(在)丁未[(1)]，□[王?]眚(省)珷(武)王、成王伐商圖[(2)]，𢓊(誕)眚(省)東或(國)圖[(3)]。王立(莅)于宜，入土(社)[(4)]，南鄉(嚮)，王令(命)虞侯夨曰[(5)]："𨛜(遷)侯于宜[(6)]。" 易(賜)𩰫鬯一卣[(7)]，商鬳(瓚)一□[(8)]，𢒉(彤)弓一，𢒉(彤)矢百[(9)]，旅弓十，旅矢千[(10)]，易(賜)土：氒(厥)川(甽)三百□[(11)]，氒(厥)□百又□，氒(厥)宅邑卅又五[(12)]，□[氒，厥]□百又卌(四十)。易(賜)才(在)宜王人□[十?]又七生(姓)[(13)]，易(賜)奠(鄭)七白(伯)[(14)]，氒(厥)𠕵(盧)□[千?]又五十夫[(15)]，易(賜)宜庶人六百又□[十?]六夫[(16)]。宜侯夨揚王休，乍(作)虞公父丁障彝[(17)]。

번역(飜譯)

4월에 일진(日辰)이 정미에 있을 때에 왕께서 무왕과 성왕이 상(商)나라를 정벌한 군사지도와 은(殷)나라 동부지역의 행정지도를 살펴보시었다. 왕께서 의(宜)에 임하시고 사(社)에 들어가시어 남쪽으로 향해 우후(虞侯)인 측(夨)에게 명하시었다.

"의(宜)로 후(侯)를 옮겨라!"

애(䰜)의 울창주 1통, 상나라 사람이 남긴 찬(瓚) 1개, 붉은 활 1개, 붉은 화살 100개, 검은색 활 10개, 검은색 화살 1,000개를 하사하시었다. 땅을 하사하시었는데, 그 비옥한 땅 300□, 그 □백□, 그 택읍 35좌, 그 □백40으로 하시었다. 의(宜)의 하층 평민과 농도 17성(姓)을 하시하시었고, 정(鄭)의 7백과 그 노예 1,050명을 하사하시었으며, 의(宜)의 서인 616명을 하사하시었다. 의후(宜侯)인 측(夨)은 왕의 아름다움을 찬양하며, 우공(虞公)과 부정(父丁)을 위하여 존귀한 예기를 만드노라.

주해(注解)

(1) 진(辰)'은 '일진(日辰)'을 가리킨다.

(2) '생(眚)' 앞의 한 글자가 파손되었는데, '왕(王)'자로 추정하기도 한다. '생(眚)'은 성(省, xǐng)으로 읽으며, '살펴보다'는 뜻이다.
'벌상도(伐商圖)'는 상나라를 정벌할 때의 군사지도이다. 이에 대하여 당란은 다음과 같이 말하였다.

> 최근 장사(長沙)의 마왕퇴(馬王堆) 대후소자묘(軑侯少子墓)에서 한(漢) 문제(文帝) 때 남월(南粵)을 방어하였던 군사지도가 발견되었는데, 본 명문을 통해서 주나라 초에 이미 이러한 지도가 있었음을 알 수 있다. 이로써 노예제 국가에서 전쟁을 할 때 일찍이 이러한 지도가 있었던 것은 마땅히 주나라 이전임을 알 수 있다.

(3) '䢅'자는 분명하게 보이지 않는데, 당란은 '䢅'으로 예정하고 '탄(誕)'자라 하였으며, 곽말약은 '수(遂)'로 해석하였다.
'혹(或)'은 '국(國)'자의 초문(初文)이다.

‘동국도(東國圖)’는 은나라 동부지역의 행정지도이다.

(4) ‘립(立)’은 ‘이(莅)’로 읽는다. 〈국차담(國差罎)〉에 “정사에 몸소 임한 해[立事歲]”라는 말이 보인다. 『광운(廣韻)』에서 “이(莅)는 임하는 것이다[莅, 臨也].”라고 하였다. 『맹자・양혜왕상(孟子・梁惠王上)』에서 “영토를 확장하고, 진과 초나라를 조회 오도록 하며, 중국에 임하여 사방의 오랑캐를 어루만지고자 하는 것이다[欲辟土地, 朝秦楚, 莅中國而撫四夷也].”라고 하였다.

‘의(宜)’자는 ‘조(俎)’로 해석하기도 한다. 『금문편(金文編)』에서 다음과 같이 말하였다.

> 『설문해자』에 수록된 고문(古文)은 ‘’이다. 금문의 자형은 ‘고기[肉]’를 ‘도마[且]’ 위에 올려둔 모양을 상형하였으니, 아마도 ‘조(俎)’자와 같은 글자일 것이다. 『의례(儀禮)・향음주례(鄕飮酒禮)』에서 “빈객이 귀한 안주를 사양하다[賓辭以俎].”라고 하였는데, 주에서는 “조(俎)라는 것은 안주 중에 귀한 것이다[俎者, 肴之貴者].”라고 하였다. 『시경・여왈계명(詩經・如曰鷄鳴)』에서 “그대에게 안주를 만들어 드리지요[與子宜之].”라고 하였는데, 모전(毛傳)에서는 “의(宜)는 안주이다[宜, 肴也].”라고 하였다. 또한 『이아・석언(爾雅・釋言)』의 이순(李巡)의 주에는 “의(宜)는 술을 마실 때의 안주이다[宜, 飮酒之肴也].”라고 하였다. 이로써 조(俎)와 의(宜)의 뜻 모두 안주[肴]라는 것을 증명할 수 있다. 고새(古璽) 〈의민화중(宜民和衆)〉에는 ‘’로 썼고, 한나라의 봉니(封泥) 〈의춘좌원(宜春左園)〉에는 ‘’로 써서 아직 ‘조(俎)’ 형태의 뜻이 남아 있기 때문에 허신의 말과 차이가 있다.[1)]

---

1) 역자주 : 『설문해자』에서는 ‘宜’에 대하여 “편안하게 여기는 것이다[所安也].”

우호량(于豪亮)·손치추(孫稚雛)는 금문에 별도로 '조(俎)'자를 '且'라 쓴 것이 있다고(〈瘨壺〉) 하면서 "조(俎)는 고기를 자르는 도구이며, 의(宜)는 고기를 도마 위에 진열한 모양을 상형하였다."라고 하였다. 후자의 견해가 옳다.

'의(宜)'는 지명이지만 위치는 분명하지 않다. 명문에서 '동국도(東國圖)'가 언급되는 점과 기물이 단도(丹徒)에서 출토되었다는 점을 통하여 보면, 의국(宜國)이 단도 일대에 있었을 것이다.

'토(土)'는 '社(사)'로 읽는다. 『공양전·희공(公羊傳·僖公)』31년에서 "제후는 土에서 제사지낸다[諸侯祭土]."라고 하였는데, 하휴(何休)의 주에서는 "土는 사(社)를 일컫는다[土謂社也]."라고 하였다.

(5) '령(令)'은 '명(命)'으로 읽고, 책명(冊命)이라는 뜻이다.

'우(虞)'자는 명문에 '虞'로 쓰여서 '호(虍)'와 '측(夨)'으로 구성되었다. '우(虞)'는 예전 나라 이름으로 순(舜)의 선조의 봉지로 전해지며, 그 옛 성은 지금의 산서성 평육현(平陸縣) 동북쪽에 있다. 『사기·오태백세가(史記·吳太伯世家)』에서 "무왕이 은나라를 이기고, 태백과 중옹의 후손을 찾다가 주장을 찾았다. 주장은 이미 오나라의 군주이었기 때문에 그대로 분봉해주었다. 주나라의 북쪽에 있는 하나라 옛터에 주장의 동생 우중을 분봉하였으니, 이에 우중은 제후의 반열에 들게 되었다[武王克殷, 求太伯仲雍之後, 得周章. 周章已君吳, 因而封之, 乃封周章第虞仲於周之北故夏墟, 是爲虞仲, 列爲諸侯]."라고 하였다. 후세에 '서우(西虞)'라 칭하기도 한다. '우(虞)'는 '오(吳)'로 읽는 견해도 있다.

라고 하였다.

(6) '후(侯)' 앞의 글자는 분명하게 보이지 않으나 곽말약은 '요(繇)'자이고 어기조사라 하였다. 금본(今本) 『상서・대고(尙書・大誥)』에서 "아, 너희 여러 방군들과 너희 관리들에게 크게 고하노라[猷, 大誥爾多邦, 越爾御事]."라고 하였는데, 마융(馬融)의 본에는 '유(猷)'를 '요(繇)'로 썼으니, 바로 '요(繇)'이다. 〈녹백종궤(彔伯㦰簋)〉에서 "왕께서 다음과 같이 말씀하시었다. '녹백 동(㦰)이여, 아! 너의 조부와 부친은 또한 주나라에 □하였다[王若曰, 彔伯㦰, 繇, 自乃且(祖)考又□于周邦]."라고 하였다. 당란은 '鄸'으로 읽고 '천(遷)'이라 하였다.

'측(夨)'은 원래 '우후(虞侯)'에 봉해졌는데, 지금 다시 '의(宜)'에 봉해졌다. 따라서 '천(遷)'으로 예정하여도 통할 수 있다.

(7) '䜌'자에 대해서는 정확히 알 수 없다. 당란은 『설문해자』에 나오는 '애(䜌)'자로 지명이라고 해석하며, '䜌鬯'는 䜌 지역의 울창주를 가리킨다고 하였다.

(8) '鬳'에 대하여 곽말약은 '언(甗)'으로 해석하고 '찬(瓚)'으로 읽었다. '찬(瓚)'은 고대에 강신 예를 행할 때 울창주를 뜨는데 사용되었던 옥으로 만든 기구였다. 『시경・대아・강한(詩經・大雅・江漢)』에서 "너에게 규찬과 검은 기장술 한 동이를 준다[釐爾圭瓚, 秬鬯一卣]"라고 하였으며, 『예기・왕제(禮記・王制)』에서 "제후는 규찬을 하사받은 후에야 울창주를 만들 수 있다. 아직 규찬을 하사받지 못했다면 천자에게 울창주를 요청한다[諸侯賜圭瓚, 然後爲鬯, 未賜圭瓚, 則資鬯於天子]."라고 하였다.

'상찬(商瓚)'은 상나라 사람이 남긴 찬(瓚)을 가리킨다.

(9) '㣞'과 '彤'은 '동(彤)'의 전용 글자로 붉은활과 붉은 화살을 가리킨다. 『설문해자』에서 "동(彤)은 붉은 장식이다. '단(丹)'과 '삼(彡)'으

로 구성되며 '삼(彡)'은 그 장식이다[彤, 丹飾也. 從丹從彡, 彡其畫也].”라고 하였다.

(10) '노(玈)'는 '여(旅)'자로 검은색이라는 뜻의 '노(盧)'와 통한다. 여기에서 '노(黸)'가 형성자로 파생되었다. 『설문해자』에 “제나라에서는 검은색을 노(黸)라고 한다[齊謂黑爲黸].”라고 하였다. '玈'는 이체자로 『좌전・희공』28년에 보인다.

(11) '천(川)'은 '견(𤰝)'으로 읽는다. 『설문해자』에서 “견(𤰝)은 견(〈)의 고문(古文)이다. '전(田)'과 '천(川)'으로 구성되었다.…… '견(甽)'은 '견(〈)'의 전문(篆文)이다. '전(田)'으로 구성되며 '견(犬)'은 발음을 나타낸다[𤰝, 古文〈, 從田從川. 甽, 篆文〈, 從田, 犬聲].”라고 하였다. 『광아・석고(廣雅・釋詁)』에서 “견(甽)은 고랑이라는 뜻이다[甽, 谷也].”라고 하였으며, 『석명・석산(釋名・釋山)』에서 “산의 아래쪽에서 물이 흐르는 곳을 견(𤰝)이라 한다. 견(𤰝)은 '빨다'라는 뜻으로, 산의 비옥함을 빨아들이는 것이다[山下根之受霤處曰𤰝. 𤰝, 吮也, 吮得山之肥潤也].”라고 하였다. 본 명문에서는 산간의 비옥한 땅을 가리킨다. '천(川)'을 글자 그대로 읽고, 오나라 하천을 가리킨다고 보는 견해도 있다.

(12) '택읍(宅邑)'은 모여서 거주하는 읍이다. 택읍이 35개이니 적지 않은 지역임을 알 수 있다.

(13) '왕인(王人)'에 대하여 마승원(馬承源)은 다음과 같이 말하였다.

> 왕인(王人)은 지위가 낮은 관원이나, 여기에서는 주나라 왕실이 은나라를 정벌한 이후 노예로 강등시켰던 은나라 귀족을 가리킨다. 주나라가 은나라의 귀족과 일부 동맹국의 일족들을 노예로 삼아 나누어 하사하였던 종류 가운데 하나이다.

왕인(王人)을 또한 왕의 기내에서 노동하는 하층 평민과 농로를 가리킨다고 보는 견해도 있다. '생(生)'은 '성(姓)'으로 읽는다. 『좌전 · 정공4년』에서 자어(子魚)가 성왕이 강숙(康叔)에게 "은나라의 백성 가운데 7개의 족속[殷民七族]"을 사여해 주었고, 당숙(唐叔)에게는 "회성 9개 종족[懷姓九宗]."을 사여해 주었다고 하였다.

(14) '奠'에 대하여 당란은 "**奠**은 마땅히 정읍(鄭邑)이며, 훗날 목왕이 항상 머물렀던 정궁(鄭宮)이다. 지금의 섬서성 봉상현(鳳翔縣) 일대로 이곳은 주왕조의 고향 가운데 하나이다."라고 하였다. 노연성(盧連成)의 『주도역정고(周都淢鄭考)』에 의하면, 정(鄭)은 진나라 덕공(德公)이 거주하였던 대정궁(大鄭宮)이며, 왕휘(王輝)의 『서주기내지명소기(西周畿內地名小記)』에서도 보충 증거가 제시되었다.

(15) '[illegible]'에 대하여 당란은 음식을 담는 그릇인 '노(盧)'의 원시 상형자라 하였다. 그는 '로(盧)'를 '려(廬)'로 읽고 다음과 같이 말하였다.

> 『한서 · 식화지(漢書 · 食貨志)』에서 "들판에 있는 것을 여(廬)라 한다[在野曰廬]."라고 하였으니, '여(廬)'는 들판의 간단하고 누추한 오두막을 가리킨다. 『주역 · 박(剝)』의 상구(上九)에서 "소인은 집[廬]을 헐릴 것이다[小人剝廬]."라고 하였으며, 『좌전 · 양공』17년에서 "우리들 소인은 모두 오두막으로 건조하고 습함, 추위와 더위를 피한다[吾儕小人皆有闔廬以辟燥濕寒暑]."라고 하였으니, 오두막 안에 거주하는 사람은 소인임을 말해준다. 그러므로 여(廬)로 오두막 안에 거주하는 사람을 지칭한다. 『한서 · 포선전(漢書 · 鮑宣傳)』의 "머리를 파랗게 깎은 노예들도 모두 부자가 되었다[蒼頭廬兒, 皆用致富]."라는 구절을 통하여 한나라에 이르러서도 '여아(廬兒)'는 여전히 노예의 명칭이었음을 알 수 있다.

따라서 본 명문의 '盧囗千又五十夫'는 노예 1,050명이다.

(16) '서인(庶人)'은 보통 노동자를 말한다. 『좌전·양공』9년에서 "서민들이 농사에 힘쓴다[其庶人力于農穡]."라고 하였으며, 『관자·오보(管子·五輔)』에서 "서민들이 농사를 짓고 나무를 심는다[庶人耕農樹藝]."라고 하였다.

(17) '우공부정(虞公父丁)'에 대하여 이학근은 우공과 부정 두 사람이라 하였다. 우공은 오나라에 처음 봉해진 군주인 주장(周章)이고, 부정은 그의 아들 웅수(熊遂)이다. 기물을 만든 사람은 웅수의 아들인 가상(柯相)이다.

단대(斷代)

진방회(陳邦懷)·당란(唐蘭)·진몽가(陳夢家)는 본 기물을 강왕시기라 하였고, 곽말약(郭沫若)은 성왕시기라 하였다. 본 명문에서 무왕과 성왕이 모두 시호로 언급되었기 때문에 강왕시기에 만들어졌다고 보는 것이 타당하다. 이학근(李學勤)은 기물을 만든 사람은 가상(柯相)이고, 주장(周章)은 무왕, 웅수(熊遂)는 성왕 때의 인물이며, 가상은 대략 강왕 때 인물이라 하였다. 그의 견해가 맞는 것 같다.

14

井侯簋

진몽가(陳夢家)는 『서주동기단대(西周銅器斷代)』에서 20년 전, 즉 1936년(혹은 몇 년 전)에 출토되었다고 하였다. 현재 영국 대영박물관에서 소장하고 있다. 명문은 8행에 68자가 있다. 〈주공궤(周公簋)〉·〈영궤(燮簋)〉·〈영작주공궤(燮作周公簋)〉라고도 한다.

저록(著錄)

『정송당집고유문(貞松堂集古遺文)』4·48, 『양주금문사대계도록고석(兩周金文辭大系圖錄考釋)』圖61錄20考39, 『서주동기단대(西周銅器斷代)』(三)73쪽 도판參下, 『은주금문집성(殷周金文集成)』8·4241

탁본(拓本)

모본(摹本)

석문(釋文)

隹(唯)三月，王令燮(榮)眔內史[1]，曰：“蒦(匃)井(邢)侯服[2]。易(賜)臣三品[3]：州人[4]、重(重)人[5]、亭(鄘)人[6]。”拜(拜)頟(稽)首[7]，魯天子受(受)氒(厥)瀕(頻)福[8]，克奔徒(走)上下帝[9]，無冬(終)令(命)於有周[10]，追考(孝)對[11]，不敢豕(墜)[12]。卲(昭)朕福盟(盟)[13]。朕臣天子，用典(典)王令(命)[14]，乍周公彝[15]。

번역(飜譯)

3월에 왕께서 영(榮)과 내사(內史)에게 명하여 말씀하시었다.

“형후(邢侯)의 직책을 내려주며, 주인(州人)·중인(重人)·용인(鄘人) 등 신하 3등급을 하사하라.”

절하고 머리를 조아려 천자께 그 두터운 복을 받음을 찬미하고, 상제(上帝)와 하제(下帝)를 분주하게 섬길 수 있고, 주나라에 천명이 끝이 없을 것이며, 효도를 좇아 보답하고 감히 직책의 명을 실추하지 않을 것이다. 나의 복과 맹세를 밝힐 것이다. 나는 천자에게 신하가 되어 왕명을 기록하고 부친 주공을 위하여 예기를 만드노라.

주해(注解)

(1) '영(榮)'은 왕실의 대신이다. 『국어 · 진어(國語 · 晉語)』에서 "〈문왕은〉 다시금 주공 · 소공 · 필공 · 영공과 의논하였다[重之以周邵畢榮]."라고 하였는데, 위소의 주에서는 "영은 영공이다[榮, 榮公」."라고 하였다. 당란은 주공(周公) · 소공(邵公) · 필공(畢公)과 나란히 열거된 것은 문왕 때 국정에 참여한 대신이기 때문이라고 하였다. 『상서 · 서(尙書 · 序)』에서 "숙신이 와서 하례하자 왕은 영백에게 『회숙신지명』을 짓도록 하였다[肅愼來賀, 王俾榮伯, 作賄肅愼之命]."라고 하였는데, 여기에서 영백은 성왕 때 작책(作冊)의 직책을 맡고 있으며, 영공의 아들이다. 본 명문에서는 "왕이 영과 내사에게 명하였다[王令燮(榮)眔內史]."라고 언급되고 있는데, 내사는 작책에 예속되는 직책이기에 '영(榮)'은 마땅히 영백이다. 작책의 우두머리가 되니, 성왕 때 영백일 가능성이 높다.

'답(眔)'은 전래문헌에 대체로 '기(臮)'로 쓰였다. 『설문해자』에서 "기(臮)는 '와'라는 말이다[與詞也]."라고 하였으니, 즉 '급(及)'자의 의미와 같다.

'내사(內史)'는 왕의 책명을 읽고 선포하는 직무를 담당한다. 『주례 · 춘관 · 내사(周禮 · 春官 · 內史)』에서 "내사는 왕의 8가지 법을 관장하며, 이에 대한 다스림을 왕에게 보고한다[內史掌王之八

枋之法, 以詔王治].”라고 하였으며, 또한 “무릇 제후 및 고경・대부에게 명할 때에는 곧 책으로 명한다. 무릇 사방의 사서는 내사가 〈왕에게〉 읽어준다. 왕이 봉록을 제정할 때에는 이를 도와 글을 만든다[凡命諸侯及孤卿大夫, 則策命之. 凡四方之事書, 內史讀之. 王製祿, 則贊爲之].”라고 하였다.

(2) ‘䒜’는 ‘할(萛)’자로 야생 겨자[野蘇]이다. 『방언(方言)』 권3에서 “소(蘇)는 겨자풀이다. 원수(沅水)와 상수(湘水)의 남쪽에서는 할(萛)이라고도 한다[蘇, 芥草也, 沅湘之南或謂之萛].” ‘할(萛)’은 ‘개(匃)’로 읽는다. 『광아・석고(廣雅・釋詁)』에서 “준다는 뜻이다[予也].”라고 하였다. ‘할(割)’로 읽고 나눈다는 뜻으로 보는 견해도 있다. 『관자・규도(管子・揆度)』에서 “나라를 위해 힘쓰고 백성을 안정시키기를 꾀하는 신하는 땅을 분할하여 봉해준다[臣之能謀厲國定名者, 割壤而封].”라고 하였으며, 『사기・항우본기・찬(史記・項羽本紀・贊)』에서 “천하를 나누어 왕후를 봉해분다[分裂天下而封王侯].”라고 하였으니, ‘할(割)’은 ‘나눈다[分裂]’라는 뜻이다. ‘정(井)’은 전래문헌에서는 ‘형(邢)’으로 쓴다. 『설문해자』에서 “형(邢)은 주공의 자손이 봉해진 곳으로 하내의 회에서 가까운 지역(지금 하남성 武陟의 서쪽)과 가깝다[邢, 周公子所封, 地近河內懷].”라고 하였으며, 『좌전・희공24년』에서 “범・장・형・모・작・제는 주공의 후손들이다[凡蔣邢茅胙祭, 周公胤也].”라고 하였다. 본 명문 끝의 “주공을 위한 제기를 만든다[乍(作)周公彝].”라는 구절은 형후가 주공의 자손임을 증명하는 것이다. 서주 초기 형나라는 지금의 하남성 온현(溫縣)의 동쪽에 있었다가 이후 하북성 형대(邢臺)로 옮겼다.

‘복(服)’은 직위이다. 〈이궤(趩簋)〉에서 “왕께서 내사를 부르시어

이(趩)에게 다시 그의 조부와 부친의 직위를 이으라고 명하시었다[王乎(呼)內史令(命)趩更氒(厥)且(祖)考服]."라고 하였다. 『상서·주고(尙書·酒誥)』에서 "외복에 있는 후·전·남·위의 방백들과 내복에 있는 백료·서윤·유아·유복·종공, 백성과 이군에 이르기까지 감히 술에 빠지지 말라[越在外服, 侯甸男衛邦伯, 越在內服, 百僚庶尹惟亞惟服宗工, 越百姓里居, 罔敢湎於酒]."라고 하였다. 양수달(楊樹達)은 『적미거소학술림·석복(積微居小學述林·釋服)』에서 "외복은 외부의 직책이고 내복은 내부의 직책이다. 후세에 외관·경관이란 말과 같다[外服內服, 卽外職·內職, 猶後世言外官京官也]."라고 하였다. 본 명문의 문장은 형후(邢侯)라는 관직을 주었음을 뜻한다.

(3) '신(臣)'은 『설문해자』에서 "끌어당기는 것이고, 군주를 섬기는 것이다. 꿇어 복종하는 모습을 상형하였다[牽也, 事君也, 象屈服之形]."라고 하였다. 곽말약은 "사람이 머리를 숙여서 눈이 세로가 되었기에 꿇어 복종하는 모습을 상형한 것이다[人首俯則目竪, 所以象屈服之形]."라고 하였다. 이후 사람의 신분으로 인신되었으며, 본 명문에서는 남자 노예를 가리킨다.

'품(品)'은 『광운(廣韻)』에서 "종류이다[類也]."라고 하였으며, 『상서·우공(尙書·禹貢)』에서 "그 공물은 세 종류의 금속이다[厥貢唯金三品]."라고 하였는데, 공씨의 전에서는 "금·은·동이다[金銀銅也]."라고 하였다. 이하 언급되는 주인(州人) 등도 사여 받은 3종류의 종족 노예이다.

(4) '주인(州人)'에 대하여 당란은 '주씨(州氏)'라 하면서 "금문에서 자주 보이는 '어떤 人'이란 표현은 '어떤 氏'를 뜻하는 것이다."라고 하였다. 『한서·지리지(漢書·地理志)』를 보면, 하내군(河內郡)에

주현(州縣)이 있는데, 지금의 하남성 심양현(沁陽縣) 동남쪽이다.

(5) '𩁹'에 대하여 당란은 '중(重)'자라 하며, "주(州)와 용(𩫖)으로 미루어 보건데, 형국(邢國) 부근에 있었을 것이다. 『수경・청수주(水經・淸水注)』에 중문성(重門城)이 있는데, 이는 지금의 하남성 휘현(輝縣) 일대로 아마 본래 중(重)의 지역이었을 것이다."라고 하였다.

(6) 『설문해자』에서 "용(墉)은 성의 담이다. '토(土)'로 구성되며 '용(庸)'은 발음을 나타낸다. '𩫖'은 '용(墉)'의 고문이다[墉, 城垣也. 從土, 庸聲. 𩫖, 古文墉]."라고 하였다. 즉 '𩫖'은 '용(墉)'자이다. 정현은 『시보(詩譜)』에서 "주성으로부터 북쪽을 패(邶)라 일컫고, 남쪽을 용(鄘)이라 일컫는다[自紂城而北謂之邶, 南謂之鄘]."라고 하였는데, 지금의 하남성 신향(新鄕)시 서남쪽이다.

(7) 『설문해자』에서 "배(𢷎, 拜)는 머리가 땅에 이르는 것이다[𢷎(拜), 首至地也]."라고 하였다. '배(拜)'는 꿇어앉은 뒤에 두 손을 가슴 앞에 모으고, 머리를 손까지 숙이는 것이다.

'䭫'의 발음은 qǐ(계)이다. 『설문해자』에서 "머리를 낮추는 것이다[下首]"[1]라 하였으며, 전래문헌에서는 '계(稽)'로 썼다. 따라서 '계수(䭫首)'는 두 손을 모은 채 머리를 손앞으로 숙여 잠시 멈추는 것으로 가장 공경스럽게 절하는 방법이다.

(8) '노(魯)'는 찬미하는 것이다. 우성오는 이에 대하여 다음과 같이 말하였다.

1) 역자주 : 『설문해자』의 자형은 '䭫'이다.

'노(魯)'와 '여(旅)' · '가(嘉)'는 옛날에 통용되었다. 『설문해자』에서 "𣄼는 여(旅)의 고문이다. 고문에서 노나라 · 위나라의 노(魯)로 쓰였다[𣄼, 古文旅, 古文以爲魯衛之魯]."라고 하였으며, 『사기 · 주본기(史記 · 周本紀)』의 "천자의 명을 찬미하였다[魯天子之命]."라는 문장은 『상서 · 서(尙書 · 序)』의 '旅天子之命'이고, 『사기 · 노주공세가(史記 · 魯周公世家)』에는 '嘉天子命'으로 쓰였다. '노(魯)' · '여(旅)' · '가(嘉)'는 바꾸어 쓸 수 있는데, 어부(魚部)와 가부(歌部)를 운모(韻母)로 하는 글자는 통가되기 때문이다.

'천자(天子)'는 즉 하늘의 아들이란 뜻으로 옛날 제왕은 스스로 하늘의 뜻을 이어 받아 백성을 다스린다고 여겼기 때문에 이렇게 부르는 것이다. 청동기 명문에서 천자는 일반적으로 당시 재위하고 있는 왕을 가리킨다.

'寏'는 자서(字書)에 보이지 않는데, 『상주청동기명문선(商周青銅器銘文選)』에서는 '수(受)'로 읽었고, 당란은 『설문해자』의 '匊'이며, 주위를 두르다[周匝]라는 뜻으로 풀이하였으나, 모두 확정된 견해는 아니다.

'瀕'은 '빈(頻)'과 같으며, 『광운』에서 "많다는 뜻이다[數也]."라고 하였다. 따라서 '빈복(濱福)'은 많은 복[多福], 두터운 복[厚福]이란 뜻이다.

(9) '극(克)'은 할 수 있다는 뜻이다. '분주(奔走)'는 바쁘게 뛰어다니다 또는 애써 일한다는 뜻이다.

'상하제(上下帝)'는 상제(上帝)와 하제(下帝)를 뜻한다. 상제는 천제를 가리키고, 하제는 할아버지보다 하나 높은 항렬의 선조를 가리킨다. 하제는 상제 이외의 기타 신을 가리킨다고 보는 견해도 있다.

(10) '무종명(無終命)'은 끝이 없는 명이니, 즉 영원한 명이다. 명은 천명이다.

'유주(有周)'는 '주(周)'이다. '유(有)'는 어조사로 뜻은 없다. 이에 대하여 왕인지(王引之)는 『경전석사(經傳釋詞)』에서 "유(有)는 어조사이다. 한 글자로는 어휘가 이루어지지 않기에 유(有)자를 더해 주었다. 우·하·은·주는 모두 나라 이름이지만, 유우·유하·유은·유주라 부르는 것이 이러한 예이다[有, 語助也. 一字不成詞, 則加有字以配之, 若虞夏殷周皆國名, 而曰有虞有夏有殷有周是也]."라고 하였다.

(11) '추(追)'는 뒤를 쫓는다는 뜻이다. '추효(追孝)'는 돌아가신 부모나 조상을 효성으로서 추모한다는 뜻이다. 『상서·문후지명(尙書·文侯之命)』에서 "앞서 공을 이루신 조상을 효성으로 추모하라[追孝於前文人]."라고 하였는데, 공영달의 소에서는 "앞서 문덕을 이룬 사람을 효성으로 추모한다는 뜻이다[追孝於前文德之人]."라고 하였다.

'대(對)'는 보답·칭송이라는 뜻으로, 흔히 '양(揚)'과 함께 사용된다. 『시경·대아·강한(詩經·大雅·江漢)』에서 "왕의 아름다운 은덕에 보답하며 찬양한다[對揚王休]."라고 하였는데, 정현의 주에서는 "대(對)는 보답이라는 뜻이다. 휴(休)는 아름다움이라는 뜻이다[對, 答. 休, 美].[2)]"라고 하였다.

---

2) 역자주 : 왕휘는 "對答休美作爲也."라는 원문을 제시하였으나, 표점이 타당치 못할 뿐 아니라 '作爲也'는 예문에 제시된 부분도 아니다. 따라서 수정한 형태로 제시하였다.

(12) '수(豸)'는 '체(彘)'로 해석하기도 한다. 돼지 몸통에 화살이 박힌 형상을 상형한 글자이다. 이에 대하여 진초생(陳初生)은 다음과 같이 말하였다.

> 돼지가 화살에 적중하면 땅에 쓰러지니, 높은 데에서 떨어진다는 뜻은 여기에서 생겨났다.……소전(小篆) '豸'의 윗부분에 있는 '八'은 '豸' 윗부분의 '∧'가 분리되면서 와변된 것이다. '수(豸)'는 '추(隊)'의 초문(初文)이다.

『국어·진어(國語·晉語)』에서 "공경스러우면 명령을 실추시키지 않는다[敬不隊命]."라고 하였는데, 위소의 주에서는 "추(隊)는 잃는 것이다[隊, 失也]."라고 하였다. 본 명문에서는 감히 그 직책으로 받은 명령을 실추하지 않겠다는 뜻이다.

(13) '소(卲)'는 '소(昭)'로 읽으며, '찬란하다'·'드높이다'라는 뜻이다. '盟'은 '맹(盟)'으로 읽으니, 『설문해자』에서 다음과 같이 말하였다.

> '盟'은 『주례』에서 "의혹이 있으면 회맹한다."라고 하였다. 제후가 두 번 조회하면 회(會)가 되고, 두 번 회(會)하면, 12년에 한 번 맹(盟)한다. 북쪽을 향하여 하늘의 사신·사명에게 고한다. 맹(盟)을 할 때에는 희생을 죽이고 삽혈하며, 붉은 반(盤)과 옥으로 만든 돈(敦)에 〈희생으로 삼는〉 소의 귀를 세운다. '경(囧)'과 '혈(血)'로 구성되었다.
>
> 盟, 『周禮』曰, "國有疑則盟." 諸侯再朝而會, 再會, 十二歲一盟. 北面詔天之司愼司命. 盟, 殺牲歃血, 朱盤玉敦, 以立牛耳. 從囧從血.

『설문해자』에는 '명(明)'으로 구성된 전문(篆文)이 수록되어 있다. 제사라는 뜻이다. 『석명·석언어(釋名·釋言語)』에서 "맹(盟)은 밝은 것이니, 귀신에게 그 일을 고하는 것이다[盟, 明也, 告其事於鬼神也]."라고 하였다.

(14) '전(典)'은 기록 또는 등록이다. 〈격백궤(格伯簋)〉에서 "보배로운 궤를 주조하여 격백의 토지를 기재한다[鑄保(寶)毁(簋), 用典格白(伯)田]."라고 하였다.

(15) '주공(周公)'은 주공 단(周公旦)이며, 형후(邢侯)의 부친이다. '이(彝)'는 『설문해자』에서 "종묘에 항상 진설되어 있는 기물이다[宗廟常器也]."라고 하였으니, 제기의 통칭이다. "주공을 위한 예기를 만드노라[作周公彝]."라는 것은 돌아가신 아버지 주공을 제사지내기 위하여 궤를 만들었다는 의미이다.

단대(斷代)

형후(邢侯)는 주공의 아들로 성왕과 같은 항렬이며, 장수하였기 때문에 강왕 초기에도 여전히 살아 있었다. 이에 대하여 당란은 다음과 같이 말하였다.

> 왕이 책명한 영백(榮伯)은 성왕 때 이미 영백의 직책을 맡고 있었지만, 〈이십삼사우정(二十三祀盂鼎, 大盂鼎)〉에서 '우(盂)'는 '영(榮)' 직책의 후계자로 등장하며, 본 명문의 "형후의 직책을 준다(䔰井侯服)"에서 이미 형후(井侯)라고 호칭하였으니, 처음 분봉해 준 것이 아니다. 그러므로 이 기물은 강왕(康王) 전기에 주조되었을 가능성이 높다.

15

大盂鼎

오대징(吳大澂)의 말에 의하면, 본 기물은 "도광(1821~1850) 초년에 미현(郿縣) 예촌(禮村) 구안(溝岸)에서 출토되었다"라고 하지만, 이곳에 인접한 기산현(岐山縣)에서 출토되었다는 설도 있다. 이후 여러 사람에 의하여 소장되었다. 현재는 국가박물관에서 소장하고 있다. 기물을 만든 사람[作器者]을 우(盂)로 하는 정(鼎) 2점이 함께 출토되었는데, 본 기물은 '이십삼사(二十三祀)'에 만들어졌으며, 비교적 크기 때문에 〈대우정(大盂鼎)〉 혹은 〈이십삼사우정(二十三祀盂鼎)〉이라고 칭한다. 다른 하나는 '이십오사(二十五祀)'에 만들어졌으며, 기물이 비교적 작기 때문에 〈소우정(小盂鼎)〉 혹은 〈이십오사우정(二十五祀盂鼎)〉이라고 칭한다. 두 기물은 모두 서주시기 역사 연구에 극히 중요한데, 〈소우정(小盂鼎)〉에 파손이 있어 본 기물처럼 크면서도 온전히 보관된 점에 비하여 아쉬움을 남기고 있다. 안쪽 벽[內壁]에 명문 19행 291자가 있다.

저록(著錄)

『종고당관지학(從古堂款識學)』16 · 31, 『각재집고록(愙齋集古錄)』4 · 12, 『삼대길금문존(三代吉金文存)』4 · 42 - 43, 『은주금문집성(殷周金文集成)』5 · 2837

탁본(拓本)

모본(摹本)

석문(釋文)

隹(唯)九月，王才(在)宗周,[1] 令(命)盂。王若曰[2]: “盂! 不(丕)顯玟(文)王受天有(佑)大令(命)[3]。在珷(武)王嗣玟(文)乍(作)邦[4]，闢氒(厥)匿(慝)[5]。匍(敷)有四方[6]，畯(畯)正氒(厥)民[7]。在雩(于)御事[8]，䖒酉(酒)無敢𨡨(酖?)[9]；有㽙(柴)蒸(烝)祀，無敢𩰪(擾)[10]。古天異(翼)臨子[11]，灋(廢)保先王[12]，□(匍?)有四方。我聞殷述(墜)令(命)[13]，隹(唯)殷邊侯、田(甸)，雩(與)殷正百辟[14]，率肄(肆)于酉(酒)，古(故)喪𠂤(師)已

(矣)[15]! 女(汝)妹(昧)辰又(有)大服[16], 余隹(唯)卽朕, 小學(敎)女(汝)[17]。勿飽(蔽)余乃辟一人[18]。今我隹(唯)卽井(型)禀(禀)于玟(文)王正德[19], 若玟(文)王令(命)二三正[20]。今余隹(唯)令(命)女(汝)盂䰜(詔)燮(榮), 苟(敬)雝(雍)德巠(經), 敏朝夕入讕(諫)[21], 享奔走, 畏天畏(威)[22]。" 王曰: "𠅏(而?)令(命)女(汝)盂井(型)乃嗣且(祖)南公[23]。" 王曰:"盂!迺(乃)䰜(詔)夾死(尸)𤔲(司)戎[24], 敏諫罰訟[25], 夙夕䰜(詔)我一人烝四方[26]。雩(粤)我其遹省先王受民受疆(疆)土[27]。易(賜)女(汝)鬯一卣, 冂(冕)衣、市(紱)、舄、車、馬[28]。易(賜)乃且(祖)南公旂, 用遷(狩)[29]。易(賜)女(汝)邦𤔲(司)四白(伯)[30], 人鬲自馭至于庶人六百又五十又九夫[31]。易(賜)尸(夷)𤔲(司)王臣十又三白(伯)[32], 人鬲千又五十夫。極(極)𡨦䢜(遷)自氒(厥)土[33]。" 王曰: "盂!若苟(敬)乃正, 勿灋(廢)朕令(命)[34]。"盂用對王休[35], 用乍(作)且(祖)南公寶鼎。隹(唯)王廿(二十)又三祀。

번역(飜譯)

9월 왕께서 종주(宗周)에 계시면서 우(盂)에게 명하시었다. 왕께서 이와 같이 말씀하시었다.

"우(盂)야! 위대하고 영명하신 문왕은 하늘이 보호해주시는 천명을 받으시었다. 무왕은 문왕을 계승하시어 나라를 세우시고, 은나라의 주임금과 그의 간악한 신하를 처벌하시었다. 천하를 소유하시어 그 백성들을 크게 다스리시었다. 일을 처리할 때에는 감히 술을 탐닉하지 못하고, 시(祡)제사와 증(烝)제사를 지낼 때에는 감히 술에 취하지 못하였다. 그러므로 하늘이 자애롭게 도와주시고, 선왕을 크게 보호하시어 천하를 얻으시었다. 내가 듣기에 은나라가 천명을 상실한 것은 오직 은나라 변방의 제후와 장관 및 백관이 모두 술을 탐닉하여 제사와 군대를 상실하였기 때문이다. 너는 어려서 중대한 직책을 계승하였고, 오직 나는 너를 소학에 와서 학습하도록 하였다. 나를 속일 필요가 없다. 지금 나는 오직 문왕의 정령과 덕행을 본받고 계승할 것이니, 문왕이 두세 사람의 집정대신에게 명하신 것과 같다. 지금 나는 너 우(盂)에게 명하노니, 밝음을 이어 덕성과 기강을 공경하여 민첩하게 조석으로 직언의 권고를 들이고, 부지런히 제사지내며, 하늘의 위엄을 경외하여라."

왕께서 말씀하시었다.

"이에 너 우(盂)에게 명하노니, 조부인 남공(南公)을 본받고 계승하여라."

왕께서 말씀하시었다.

"우(盂)야! 너는 내가 주관하는 군대를 보좌하고, 민첩하게 소송 안건을 처리하며, 새벽부터 저녁까지 내가 천하를 다스리는 것을 도와야 한다. 나는 장차 선왕에게 받은 백성과 강토를 순시할 것이다. 너에게 울창주 1통, 두건, 폐슬, 나막신, 수레, 말을 하사하노라. 조부인 남공(南公)의 기치를 하사하니, 수렵에 사용하여라. 너에게 나라의 관리 4명, 전쟁의 포로 노예 수레를 모는 사람으로부터 도역에 이르기까지 659명을 하사하겠다. 귀환한 이족 관원인 왕의 신하 13명과 전쟁의 포로 노예 1,050명을 하사하겠다. 먼 변경 극(𨤍)으로 옮기도록 하여라."

왕께서 말씀하시었다.

"우(盂)야! 너는 공경하고 일을 다스려서 나의 명을 배반하여 버리지 말지어다."

우(盂)는 이로써 왕의 아름다움을 찬양하고, 조부인 남공(南公)을 위하여 보배로운 정을 만드노라. 왕 23년이다.

주해(注解)

(1) ‘왕(王)’은 강왕(康王)을 가리킨다. 같이 출토된 〈소우정(小盂鼎)〉과 본 기물은 2년이라는 시간차가 있는데, 그 명문의 “주왕・□왕・성왕에게 체제사를 지낸다[啻(禘)周王□王成王].”라는 언급을 통하여 강왕시기의 기물임을 자연히 알 수 있다. ‘종주(宗周)’는 서주의 수도 호경(鎬京)으로 오늘날 서안시 장안현(長安縣) 풍하(灃河)의 동쪽 연안의 두문진(斗門鎭) 일대이다. 『상서・다방(尙書・多方)』에서 “왕께서 엄으로부터 오셔서 종주에 이르셨다[王來自奄, 至于宗周].”라고 하였다.

‘명(命)’은 책명이다.

(2) ‘약(若)’은 대명사로 ‘이와 같다’・‘이러한’이라는 뜻이다. 갑골문과 금문에서 사관이 왕의 발언을 서술하면서 종종 ‘왕약왈(王若曰)’이라 하는데, 권세가 있는 어떤 대신의 발언을 서술하면서도 ‘모약왈(某若曰)’이라 하였다. 우성오는 ‘왕약왈(王若曰)’을 “왕이 이와 같이 말씀하였다.”라는 뜻이라 하였다.

(3) ‘유(有)’는 ‘우(佑)’로 읽으며, ‘돕는다’는 뜻이다.

‘대명(大命)’은 중대한 사명이다. 문왕이 천명을 받았다는 것은 전래문헌에 많이 보인다. 『상서・주고(尙書・酒誥)』에서 “공경스러우신 문왕께서 서쪽 땅에서 나라를 세우시고, 여러 나라와 여러 관리, 각종 실무자들[少正・御事]에게 고하고 경계하시며 아침저녁으로 말씀하셨다. ‘제사에만 이 술을 쓰라. 하늘이 명을 내리시어 우리 백성들에게 술을 만들게 한 것은 오직 큰 제사를 지내기 위해서이다.’[乃穆考文王, 肇國在西土, 厥誥毖庶邦庶士越少正・御事, 朝夕曰, ‘祀茲酒. 惟天降命, 肇我民, 惟元祀’].”[1]라고 하였으며, 『사기・주본기(史記・周本紀)』에서 “제후들은 이 일을 듣고 '서백(문왕)은 아마 천명을 받은 군주인가보다.'라고 하였다[諸侯聞之曰, 西伯蓋受命之君也]."라는 기록이 있다.

(4) 본 명문에는 '재(在)'자가 두 번 나온다. 이에 대하여 당란은 다음과 같이 말하였다.

> "왕이 종주에 있다[王才宗周]."의 '재(才)'와 다른 글자로 '재(才)'가 후대에 '재(在)'로 읽히는 반면, 명문의 '재(在)'는 '재(載)'로 읽어야 하며, '즉(則)'이라는 뜻이다. 『시경·빈풍·칠월(詩經·豳風·七月)』에서 "봄날이 되어 햇볕이 따듯해지네[春日載陽]."라고 하였는데, 정현의 전(箋)에서는 "'재(載)'는 '즉(則)'이라는 뜻이다[載之言則也]."라고 하였다. '사(嗣)'는 계승한다는 뜻이다. '방(邦)'은 나라라는 뜻이다. '작방(作邦)'은 주왕국을 건립하였다는 말이다. 『시경·대아·황의(詩經·大雅·皇矣)』에서 "상제가 나라를 만들고 담당할 자를 정하셨다[帝作邦作對]."라고 하였는데, 정현의 전(箋)에서는 "작(作)은 만든다는 것이다. 천이 나라를 만들었다는 것은 주나라를 일으켰다는 뜻이다[作, 爲也. 天爲邦, 謂興周國也]."라고 하였다.

(5) 『설문해자』에 '벽(闢)'자의 이체자로 '闢'이 수록되어 있는데, 두 손으로 밖을 향하여 문을 여는 모습을 상형한 회의자이다. '벽(闢)'은 '문(門)'으로 구성되며, 벽(辟)은 발음을 나타내니, 후에 만들어진 형성자이다. '벽(闢)'은 '벽(辟)'으로 읽으며, 『설문해자』에서

---

1) 역자주 : 문왕의 말에 대한 해석에 대해서는 이설이 많다. 여기에서는 일단 전통적 관점에 의거하여 번역을 제시하였다. 이설들에 대해서는 劉起釪, 『尙書校釋譯論』제3책, p.1385(中華書局, 2005) ; 池田末利, 全釋漢文大系『尙書』, p.316(集英社, 1976)를 참고하기 바란다.

"법이다[法也]."라고 하였으며, 『이아 · 석고(爾雅 · 釋詁)』에서는 "법을 어기다[辠也]."라고 하였으니, 즉 처벌하다는 뜻이다.

'궐(氒)'은 전래문헌에 통상 '厥(궐)'로 쓰이며, 그것[其]이라는 뜻이다.

'익(匿)'은 '특(慝, tè)'으로 읽는다. 『광아 · 석고(廣雅 · 釋詁)』에서 "악하다는 뜻이다[惡也]."라고 하였다. 은나라의 주임금과 그의 간악한 신하를 가리킨다.

(6) '포(匍)'는 전래문헌에서 '부(敷)'로 쓰기도 하였다. 『상서 · 금등(尙書 · 金縢)』에서 "사방을 널리 도우시다[敷佑四方]."라고 하였다. '부(敷)'는 '尃'로 쓰기도 하니, 『옥편』에서 "尃는 펴는 것이다. 敷로 쓰기도 한다[尃, 布也, 亦作敷]."라고 하였다. 『시경 · 주송 · 뢰(詩經 · 周頌 · 賚)』에서 "이 찾아 생각함을 펴서, 나는 가서 안정시킬 것을 구하노라[敷時繹思, 我徂維求定]."라고 하였는데, 정현의 전(箋)에서는 "부(敷)는 두루 미침과 같다[敷, 猶徧也]."라고 하였으며, 공영달의 소는 "부(敷)는 편다는 뜻으로 널리 미친다는 의미이기 때문에 〈정현의 전에〉 두루 미침과 같다[敷訓爲布, 是廣及之意, 故云猶徧也]."라고 하였다. 또한 이를 '부(溥)'로 쓰기도 하니, 『시경 · 소아 · 북산(詩經 · 小雅 · 北山)』에서 "너른 하늘 아래[溥天之下]."라고 하였다. 따라서 '부유천하(匍(敷)有四方)'는 즉 널리 천하를 소유하였다는 뜻이니, 보편적으로 천하를 소유하였다는 것이다.

(7) '윤(畯)'은 즉 '준(畯)'이며, '준(駿)'으로 읽는다. 『이아 · 석고(爾雅 · 釋詁)』에서 "큰 것이다[大也]」."라고 하였다.

(8) '우(雩)'는 전래문헌에 통상 '우(于)'로 쓰니, '재우(在于)'는 어조사 두 글자가 연용된 것이다.

'어사(御事)'는 일을 다스린다는 뜻이다. 『국어 · 주어(國語 · 周語)』

에서 “여러 관리들이 일을 다스렸다[百官御事].”라고 하였는데, 위소의 주에서는 “어는 다스리는 것이다[御, 治也].”라고 하였다.

(9) ‘䖒’를 당란은 ‘차(且)’로 읽었다. 양수달은 ‘䖒’를 감탄사로 보고, 발음은 zhā(차)라 하였다.

‘醰’자에 대해서 정확히 알 수 없으나, 왕국유는 ‘심(醓)’의 이체자로 ‘짐(酖, dān)’으로 읽으며 ‘빠지다[沈溺]’, ‘미련(迷戀)을 두다’라는 뜻이며, 전래문헌에는 ‘담(湛)’으로 쓰기도 한다고 말하였다.

『시경·소아·상체(詩經·小雅·常棣)』에서 “형제가 이미 화합하니, 화락하고도 즐겁다[兄弟旣翕, 和樂且湛].”라고 하였는데, 『경전석문(經典釋文)』에서는 “탐(耽)으로 쓴 판본도 있다. 『한시(韓詩)』에서 ‘심히 즐겁다는 뜻이다.’라고 하였다[又作耽, 『韓詩』云, ‘樂之甚也’].”라는 기록이 보인다. 장아초는 이 글자를 ‘첨(舔)’으로 읽었고, 당란은 ‘감(酣)’으로 읽었으니, 또한 고려해 볼만한 견해이다.

(10) ‘𤇾’는 발음이 chái(차)이며, ‘시(祡)’로 읽는다. 『설문해자』에서 “섶을 태우고 화톳불을 불살라 하늘의 신에게 제사지낸다[燒柴焚燎以祭天神].”라고 하였다.

‘𢍜’자는 두 손으로 제기를 잡았는데, 제기 안에는 쌀이 있는 형태를 상형하였으며, 발음은 zhēn(전)으로, ‘증(烝)’으로 읽는다. 『예기·제통(禮記·祭統)』에서 “무릇 사계절마다 제사가 있으니, 봄 제사는 약(礿), 여름 제사는 체(禘), 가을 제사는 상(嘗), 겨울 제사는 증(烝)이라고 한다[凡祭有四時, 春祭曰礿, 夏祭曰禘, 秋祭曰嘗, 冬祭曰烝].”라고 하였다. ‘시(祡)’와 ‘증(烝)’은 모두 제사 이름이다.

‘醆’자는 자서(字書)에 보이지 않으나 곽말약·당란은 모두 이 글자를 '유(酉)'로 구성되고, '노(夒)'는 발음을 나타내며, '요(擾)'와 통한다고 하면서 "이 글자는 술에 취하여 어지러운 상태를 나타내는 전용 글자이다."라고 하였다. 고홍진(高鴻縉)은 '취(醉)'와 같다고 하면서 『상서・주고(尙書・酒誥)』에서 "문왕께서 소자(小子)・유정(有正)・유사(有事)에게 고하여 가르치시길 '술을 항상 마셔서는 안 된다. 여러 나라들도 오직 제사를 지낼 때만 덕으로써 받들어 취하지 말라.'[文王誥教小子有正有事, 無彝酒. 越庶國, 飮惟祀, 德將無醉]."라고 한 말을 인용하였는데, 또한 통한다.

(11) '고(古)'는 '고(故)'로 읽으니 연결사이다.

'이(異)'는 전래문헌에서 통상 '익(翼)'으로 썼다. 『좌전・소공』9년에서 "천자를 보좌하여 추대하였다[翼戴天子]."라고 하였는데, 두예의 주에서는 "익(翼)은 보좌하는 것이다[翼, 佑也]."라고 하였다. '임(臨)'은 『설문해자』에서 "감독하는 것이다[監也]."라고 하였으니, 즉 하늘 위에서 살펴보고 감독하며 보호하는 것이다.

'자(子)'를 우성오는 '자(慈)'로 읽고, 『묵자・겸애(墨子・兼愛)』에서 "하늘이 문왕의 자애로움을 돌아보았다[天屑臨文王慈]."라고 한 말을 인용하여 본 명문과 같은 유형의 글귀라 하였다. 『예기・악기(禮記・樂記)』에서 "음악으로 마음을 다스림에 이르면 편하고 곧으며 자애롭고 착한 마음이 구름이 일듯이 생겨난다[致樂以治心, 則易直子諒之心, 油然生矣]."라고 하였으며, 『한시외전(韓詩外傳)』에서 '자량(子諒)'을 '자량(慈諒)'이라 하였으니, 우성오의 말이 옳다.

(12) '법(灋)'은 '법(法)'자이며, '폐(廢)'로 읽는다. 『이아・석고(爾雅・釋詁)』에서 "큰 것이다[大也]."라고 하였다.

(13) '문(聞)'자는 한 사람이 몸을 구부리고 앞으로 향하여 귀를 내민

모양을 상형한 글자로 듣는다는 뜻이다.

'술(逑)'은 '추(墜)'로 읽으며, 상실이라는 뜻이고, '명(命)'은 천명이다. 『상서 · 군석(尙書 · 君奭)』에서 "은나라가 이미 그 천명을 상실하였다[殷旣墜厥命]."라고 하였는데, 곽말약은 "은나라가 망하는 것을 성왕이 눈으로 보았고, 강왕은 전해 들었다."라고 하였다. 이것이 본 기물을 강왕시기로 보는 이유의 하나이다.

(14) '우(雩)'는 '여(與)'로 읽으며, '~과'라는 뜻이다.

'정(正)'은 장관을 뜻한다. 『상서 · 열명(尙書 · 說命)』에서 "지난날 재상 보형[伊尹]은 우리 선왕을 일어나게 하였다[昔先正保衡, 作我先王]."라고 하였는데, 『이아 · 석고(爾雅 · 釋詁)』의 곽박 주에서는 "正 · 伯은 모두 장관을 뜻한다[正伯, 皆官長]."라고 하였다.

'벽(辟)' 또한 장관을 가리킨다. 『시경 · 대아 · 증민(詩經 · 大雅 · 蒸民)』에서 "여러 장관들의 법도가 되어라[式是百辟]."라고 하였다. 진몽가는 '백벽(百辟)'을 여러 관리들[百官]이라 보았다.

(15) '솔(率)'은 모두 혹은 전부라는 뜻이다. '肄'는 『설문해자』에서 "익히는 것이다[習也]."라고 하였으며, 전래문헌에서는 통상 '사(肆)'로 쓴다. 여기에서는 탐닉하는 것을 가리킨다.

'사(師)'는 『설문해자』에서 "2,500명이 사(師)가 된다. '잡(帀)'과 '사(𠂤)'로 구성된다. 작은 언덕[𠂤]을 사방으로 둘러싼 것으로, 무리라는 뜻이다[二千五百人爲師, 從帀從𠂤, 𠂤四帀, 衆意也]."라고 하였으니, 본 명문에서는 많은 사람을 가리킨다. 『시경 · 대아 · 문왕(詩經 · 大雅 · 文王)』에서 "은나라가 아직 백성을 잃지 않았을 때는 상제에 짝할 수 있었다[殷之未喪師, 克配上帝]."라고 하였는데, 여기서 상사(喪師)란 인심을 잃었다는 뜻이다. '사(師)'는 군대를 가리키며, 군대와 제사를 상실하였다는 뜻으로 보는 견해도 있다.

(16) '여(女)'는 전래문헌에서 통상 '여(汝)'로 쓴다. 2인칭대명사이다.

'매신(昧辰)'에 대하여 곽말약은 "'매(妹)'와 '매(昧)'는 통한다. '매신(昧辰)'은 어린아이의 지식이 아직 열리지 않은 때이다."라고 하였다. 아마도 우(盂)의 부친이 일찍 죽었기에 우(盂)는 어려서 부친의 직책을 계승한 듯하다. 혹 '매신(昧晨)'을 매상(昧爽), 즉 동틀 무렵으로 보는 견해도 있다.

'대복(大服)'은 중대하고 중요한 직무를 뜻한다. 『시경・대아・탕(詩經・大雅・蕩)』에서 "일찍이 이 벼슬자리에 있으며, 일찍이 이에 복무하고 있었다[曾是在位, 曾是在服]."라고 하였는데, 모전(毛傳)에서는 "복(服)은 조정의 일에 복무하는 것이다[服, 服政事也]."라고 하였다.

(17) '여(余)'는 '여(餘)'로 읽으며, 나머지라는 뜻이다. 짐(朕)은 1인칭대명사이다.

'학(學)'자는 옛날에 '斆'이라 썼으며, '교(敎)'자와 통한다. 『이아・석고(爾雅・釋詁)』에서 "학(學)은 가르치는 것이다[學, 敎也]."라고 하였다. 소학(小學)은 주나라 때 귀족 자제를 가르치던 학교라는 설도 있다. 『대대예기・보부(大戴禮記・保傅)』에서 "태자가 조금 성장하여 여색을 아는 나이가 되면 소학에 들어간다[及太子少長, 知好色, 則入于小學]."라고 하였는데, 노변(爐邊)의 주에서는 "옛날에 태자가 8세가 되면 소학에 들어가고, 15세가 되면 대학에 들어간다[古者太子八歲入小學, 十五入大學也]."라고 하였다.

(18) '물(勿)'은 '~하지 말라'는 뜻이다. 뒤의 글자는 정확히 알 수 없으나, 문장을 뜻으로 보면 마땅히 폄하하는 말일 것이다. 고명(高明)은 이를 '비(比)'라 읽었고, 장아초(張亞初)는 '폐(蔽)'라 읽었는데, 모두 고려해 볼 만한 견해이다.

'여(余)'·'내벽(乃辟)'·'일인(一人)' 3개의 어휘는 모두 동격을 나타내는 말로 강왕의 자칭이다. '벽(辟)'은 군주라는 뜻이며, '내벽(乃辟)'은 너의 군주라는 뜻이다. 상주(商周)시기에 왕은 '일인(一人)' 혹은 '아일인(我一人)'·'여일인(余一人)'으로 항상 자칭하였다. 〈모공정(毛公鼎)〉에서 "나 한 사람이 자리에 있다[余一人在位]."라고 하였으며, 『예기대전(禮記大傳)』에서 "한 사람이 나라를 안정시켰다[一人定國]."라고 하였는데, 정현의 주에서 '일인(一人)'은 임금[人君]을 말한다고 하였다.

(19) '亩'은 '품(禀)'으로 읽고, 계승한다는 뜻이다.
'정(正)'은 '정(政)'으로 읽는다.

(20) '이삼정(二三正)'은 두세 명의 집정대신을 가리킨다.

(21) '䚕'는 '조(詔)'로 읽는데, '소(紹)'·'소(昭)'라는 뜻도 있다. 『이아·석고(爾雅·釋詁)』에서 "조(詔)·량(亮)·좌우(左右)·상(相)은 인도하는 것이다[詔亮左右相, 導也]."라고 하였다.
'𤇾'자는 '𤇾'으로 썼는데, 이는 횃불 두 개가 교차하는 모양을 상형한 것으로, '영(榮)'자의 고문이다. '영(榮)'은 사람 이름으로, '영백(榮伯)'이라는 견해도 있다. 〈형후궤(井侯簋)〉에서 "3월에 왕께서 영(榮)과 내사(內史)에게 명하시었다[隹(唯)三月, 王令𤇾(榮)眔內史]."라고 하였다. 밝음이 모였다는 뜻으로 보는 견해도 있다.
'난(讕)'자는 '언(言)'으로 구성되었으며, '난(闌)'은 발음을 나타낸다. 즉 '간(諫)'자로 직언으로 권고하는 것이다. 〈번생궤(番生簋)〉에서 "밤낮으로 삼가하여 위대한 덕을 널리 구하고 사방에 간하여 부드럽고 심원함을 가까이 할 수 있었다[虔夙夕尃(溥)求不朁德, 用諫四方, 柔遠能䢋(邇)]."라고 하였다.
'덕(德)'은 인품과 덕성[品德]이다.

'경(巠)'은 '경(經)'으로 읽고, 기강(紀綱)이라는 뜻이다.

(22) '분주(奔走)'는 뛰어다닌다는 뜻이며, '바쁘다'·'진력하다'·'섬기다'라는 뜻이다. 『시경·주송·청묘(詩經·周頌·淸廟)』에서 "묘당 안을 분주히 오고간다[駿奔走在廟]."라고 하였으며, 『상서·주고(尙書·酒誥)』에서 "부지런히 돌아가신 아버지와 어른을 섬기라[奔走事厥考厥長]."라고 하였다.

'외천외(畏天畏)'는 '외천위(畏天威)'로 읽는다. 『시경·주송·아장(詩經·周頌·我將)』에서 "나는 밤낮으로 하늘의 위엄을 경외하여 이에 천명을 보전하리라[我其夙夜, 畏天之威, 于時保之]."라고 하였다.

(23) '𠂢'자는 정확히 알 수 없다. 당란은 "이 글자는 뺨에 수염이 있는 모습을 상형하였으며, '이(而)'자라 한다. 『예기·단궁(禮記·檀弓)』에서 '이에 〈부인이〉 말하기를 그러하다[而曰, 然].'라고 하였는데, 주에서는 '내(乃)와 같다[猶乃也].'라고 하였다. 본 명문에서 왕은 먼저 우(盂)에게 영백(榮伯)을 도우라고 명하였고, 여기에 '조부인 남공(南公)을 본받고 계승하여라[刑乃嗣祖南公].'라고 다시 명하였다. 따라서 '이명(而命)'은 '내명(乃命)'과 대등한 말이다."라고 하였으니, 고려해 볼 만한 견해이다. 그러나 '이(而)'를 '차(此)'로 해석할 수 있는데, 청나라 관창형(關昌瑩)은 『경사연석(經詞衍釋)』에서 "이(而)는 '차(此)'와 같다[而, 猶此也]."라고 하였다. 『전국책·조책일(戰國策·趙策一)』에서 "예양은 검을 뽑아 세 번 뛰며 하늘을 부르며 〈양자의 옷을〉 검으로 치며 말하기를 '이로서 지백의 원수를 갚았다.'[豫讓拔劍三躍, 呼天擊之曰, 而可以報智伯矣]."라 하였고, 『한시외전(韓詩外傳)』권4에서 "그러나 주나라 군사가 이르러 명령이 좌우에서 행해지지 않았으니, 이는

어찌 엄한 명령과 번거로운 형벌이 없기 때문이겠는가[然周師至, 令不行乎左右, 而豈其無嚴令繁刑也哉]!"라고 하였으며, 『순자·의병(荀子·議兵)』에서 "이것이 어찌 명령이 엄하지 않고, 형벌이 번거롭지 않아서이겠는가[是豈令不嚴, 刑不繁也哉]!"라고 하였다. '정(井)'은 '형(型)'으로 본받는다는 뜻이다.

'사(嗣)'는 『설문해자』에서 "제후가 나라를 잇는 것이다[諸侯嗣國也]."라고 하였다. 따라서 '사조(嗣祖)'는 적자가 계승한 조부이니, '남공(南公)'이 우(盂)가 계승한 조부가 된다. 당란은 남공(南公)을 담계재(聃季載)로 보았는데, 무왕의 어머니가 같은 형제로 나이가 가장 어렸다고 하였다. 이 일은 『사기·관채세가(史記·管蔡世家)』에서 보인다. '남(南)'과 '담(聃)'은 통한다고 생각된다.[2)]

(24) '내(迺)'는 연결사로 『이아·석고(爾雅·釋詁)』에서 '내(乃)'라 하였고, 『경전석사(經傳釋詞)』에서는 '차(且)'라 하였으며, 전적에서는 대부분 '내(乃)'로 썼다.

---

2) 역자주 : 저자는 본래 "『좌전』에서 '천왕이 담공을 〈노나라로 보내어〉 빙문하게 하셨다[天王使聃季來聘].'라는 구절이 있는데, 『공양전』·『곡량전』에는 '담(聃)'자가 '남(南)'으로 쓰였다."라고 하였으나, 이 부분은 저자의 원문 착오이다. 『춘추』(즉, 춘추의 경문)·『공양전』·『곡량전』 모두 "天王使聃季來聘"로 쓰였으며, 『춘추』의 경우 '天王'이 '天子'로 쓰인 판본이 있을 뿐이다. 따라서 저자의 이 문장은 명백한 오류이기 때문에 본문에서 삭제한다. 당란은 『좌전·정공사년(左傳·定公四年)』의 "무왕은 어머니가 같은 동생 8명 가운데 주공은 태재에, 강숙은 사구에, 담계는 사공이 되었고, 5숙은 벼슬이 없었다[武王之母弟八人, 周公爲大宰, 康叔爲司寇, 聃季爲司空, 五叔無官]."에 언급되는 담계와 『白虎通義』에 언급되는 남계재(南季載)가 동일인이라고 전제하였다. 이에 대해서는 唐蘭, 『西周靑銅器銘文分代史徵』, p.176을 참고하기 바란다.

'협(夾)'은 『설문해자』에서 '지(持)'라 하였으니 보좌라는 뜻이다. '사(死)'는 '시(尸)'로 읽으니 '주(主)'이고, '사(司)'는 주관하는 것이다. 『시경 · 정풍 · 고구(詩經 · 鄭風 · 羔裘)』에서 "저 그 임이시여, 나라의 사직이로다[彼其之子, 邦之司直]."라고 하였는데, 모전에서 '사(司)'는 '주(主)'라 하였다. '사(死)'와 '사(司)'는 뜻이 같아 연용하였다.

'융(戎)'은 『설문해자』에서 '병(兵)'이라 하였는데, 인신하여 정벌 · 전쟁 · 군대를 가리키게 되었다.

(25) '속(諫)'은 '속(速)'과 통하며, 신속하다는 뜻이다. 『설문해자』에서는 속(諫)에 대하여 "재촉한다는 뜻이다[餔旋促也].[3]"라고 하였으며, 『광아 · 석언(廣雅 · 釋言)』에서도 "재촉하는 것이다[促也]."라고 하였다.

'벌송(罰訟)'은 소송에 대한 안건을 말한다.

(26) '증(烝)'은 '군(君)'과 같다. 『시경 · 대아 · 문왕유성(詩經 · 大雅 · 文王有聲)』에서 "문왕은 군주다우시도다[文王烝哉]."라고 하였다. 본 명문에서는 동사로 쓰였으며, 다스린다는 뜻이다.

(27) '우(雩)'는 '월(粵)'과 통하며 발어사이다.

'휼(遹)'은 『이아 · 석고(爾雅 · 釋詁)』에서 "돌아보는 것이다(遹, 循也)."라고 하였다.

'성(省)'은 『설문해자』에서 "보는 것이다[視也]."라고 하였다. 따라

3) 왕균의 『說文句讀』은 '포(餔)'를 음식으로, '선(旋)'을 때[時]로 보았으나, 段玉裁의 『說文解字注』는 '餔旋'을 오자로 보았다. 본 역주에서는 후자의 견해를 따른다.

서 '휼성(遹省)'은 같은 뜻을 가진 글자를 연용한 것이다.

'수(受)'는 하늘로부터 받은 것을 뜻한다. 『상서・낙고(尙書・洛誥)』에서 "문왕과 무왕께서 받은 백성들을 크게 보호하여 다스리셨다[誕保文武受民]."라고 하였다.

(28) '유(卣)'는 술을 담는 기물로 오로지 거창주(秬鬯酒)만 담는 데에 사용한다. 명문에서는 양사(量詞)로 사용하였으며, '거창일유(秬鬯一卣)'는 거창주 한 동이라는 뜻이다.

'冖'의 발음은 mì(멱)이고, '면(冕)'으로 읽으며 모자라는 뜻이다. 〈맥준(麥尊)〉에서 "멱의(冖衣)・불(市)・석(舃)이다[冖衣市舃]."라고 하였다. 당란은 "여기에서는 머리 위에 쓰는 두건으로 쓰였으며, 여기에서 '冃'・'冃'자로 변화되었는데, '冃'이 바로 '모(冒, 帽)'자이다. 또 발음이 변화되어 '면(冕)'자가 되기도 하였는데, 이 경우 '면(免)'을 구성요소로 하는 동시에 발음을 나타낸다."라고 하였다.

'의(衣)'는 『설문해자』에서 "의지하는 것이다. 윗옷을 의(衣)라 하고 아래옷을 상(裳)이라 한다. 두 개의 인(人)을 덮은 모습을 상형하였다[依也. 上曰衣, 下曰裳, 象覆二人之形]."라고 하였다. '멱(冖)'과 '의(衣)'를 하나의 물건, 즉 두건으로 보는 견해도 있고, 두 개의 물건, 즉 두건과 윗옷으로 보는 견해도 있다.

'市(fú, 불)'은 『설문해자』에서 "불(市)은 앞가리개이다. 상고시대에는 옷으로 앞을 가렸으며, 불(市)로 이를 상형한 것이다. 천자는 주불(朱市)이고, 제후는 적불(赤市)이며, 대부는 총형(葱衡)이다. '건(巾)'으로 구성되며, 이어서 허리띠로 맨 모습을 상형하였다[韠也. 上古衣蔽前而已, 市以象之. 天子朱市, 諸侯赤市, 大夫葱衡. 從巾, 象連帶之形]."라고 하였다. 전래문헌에서는 '불(韍)'로 쓰기도 하며, 제사복 위에 입는 무릎 가리개이다.

'작(舃)'자에 대하여 『설문해자』에서는 "작(舃)은 까치[誰]이다. 상형자이다. 작(誰)은 '작(舄)'의 전서체로 '추(隹)'와 '석(昔)'으로 구성되었다[舃,誰也. 象形, 誰, 篆文舄從隹從昔]."라고 하였다. 따라서 이 글자는 '석(昔)'으로도 읽을 수 있다. 『주례·지관·초인(周禮·地官·草人)』에서 "염분이 많은 땅에는 오소리의 골즙을 쓴다[鹹舃用貆]."라고 하였는데, 『경전석문(經典釋文)』에서는 이에 대하여 "석(舃)의 발음은 석(昔)인데, 작(鵲)이라 발음하기도 한다[舃音昔, 一音鵲]."라고 하였다. 이 글자는 '사(屣)'와 통하니, 바닥이 목재로 된 신발이다.

(29) '기(旂)'는 깃발[旗幟]을 뜻한다.

'遷'는 '수(狩)'로 읽으며, 수렵이라는 뜻이다.

(30) '방(邦)'은 나라[國]이다.

'사(司)'는 유사(有司)이니, 즉 관원(官員)이다.

'白'은 '백(伯)'으로 읽으며, 본 명문에서는 관원을 세는 수량사로 사용되었다.

(31) '인역(人鬲)'은 전쟁의 포로 노예이다. 문일다(聞一多)는 『고전신의(古典新義)』에서 다음과 같이 말하였다.

> '역(鬲)'과 '역(厤)'의 옛날 글자는 통한다. 『일주서·세부해(逸周書·世俘解)』에서 "무왕이 드디어 사방을 정벌하였는데, 무릇 원망하는 나라가 99국이고, 포로의 귀를 벤 것이 1억 10만 7,779개, 포로가 3억 1만 230명이었다[武王遂征四方, 凡憝國九十有九國, 馘厤億有十萬七千七百七十有九, 俘人三億萬有二百三十]."라고 하였다. 손이양은 '역(厤)'을 포로이며, 금문의 '역(鬲)'은 이를 가리킨다고 하였다. 우성오는 『상서·자재(尙書·梓材)』에서의 '역

인(厤人)'도 '인력(人鬲)'으로 역시 포로를 가리킨다고 하였다. 우성오는 또 고대에 '역(鬲)'과 '역(厤)'이 통하였을 것이라 하였다. 『국어·노어(國語·魯語)』에서 "그대가 할 일이다[子之隸也]."라고 하였는데, 주에서는 "예(隸)는 일이다[隸, 役也]."라고 하였다. 『주례·금폭씨(周禮·禁暴氏)』에서 "무릇 여자 노예와 남자 노예가 모여 출입하며 〈노역에 종사하는 것을〉 감시한다[凡奚隸聚, 而出入者, 則司牧之]."라고 하였는데, 주에서 '해예(奚隸)'는 여자 노예와 남자 노예라 하였다. 이러한 말에 의하면, 노예임이 분명하다.

'어(馭)'는 말을 채찍질하여 수레를 모는 사람이다. 『설문해자』에서 "어(御)는 말을 부린다는 뜻이다.……어(馭)는 어(御)의 고문이다[御, 使馬也.……馭, 古文御]."라고 하였다.

'서(庶)'에 대하여 『설문해자』에서 "서(庶)는 지붕 아래 여러 사람이 있다는 뜻이다[庶, 屋下衆也]."라고 하였으니, '서인(庶人)'은 여러 병사·부역인을 뜻한다.

(32) '시(尸)'는 전래문헌에 이(夷)로 쓴다. 『금문편(金文編)』에서 "'?'는 무릎을 꿇은 모습을 상형하였으며, 동방의 사람을 뜻하니, 그 상황이 이와 같다. 이후 '이(夷)'를 가차하여 '시(尸)'로 썼으며, '회(晦)'라는 뜻한다."라고 하였다. 따라서 '이사(夷司)'는 "다른 나라의 관원으로 주왕조의 관할로 귀순한 사람이다."

(33) '𢓊'은 '척(彳)'으로 구성되었고 '극(亟)'은 발음을 나타내며, '극(極)'과 통용된다. 『이아·석고(爾雅·釋詁)』에서 "극(極)은 이르는 것이다[極, 至也]."라고 하였으며, 『광아·석고(廣雅·釋詁)』에서는 "극(極)은 먼 것이다[極, 遠也]."라고 하였다. 당란은 "𢓊자는 '척(彳)'으로 구성되는데, 아마 매우 멀다는 뜻의 전용 글자이다."

라고 하였다.

'𩞁'자는 정확히 알 수 없는데, 지명이라는 견해도 있다. 또 '역(域)'으로도 읽을 수 있는데, 이 경우 '극역(極域)'은 멀리 떨어진 변경을 가리킨다. 다음 글자는 잔결되었으나 남은 필획으로 보면, '천(䙴, 遷)'자인 것 같다. 시라카와 시즈카[白川靜]는 '𢓊'을 '극(亟)'으로 읽고 다음과 같이 말하였다.

> 이 문장은 위의 내용을 이어받아 이미 사여 받았던 방사(邦司)・이사(夷司)・왕신(王臣)과 인역(人鬲)을 각각 신속하게 우(盂)의 영지로 옮긴다는 뜻이다. 『시경・대아・숭고(詩經・大雅・崧高)』에서 "왕이 가신에게 명하여 그 사속(私屬)들을 옮기셨다[王命傅御, 遷其私人]."라고 한 것이 바로 이와 같은 경우이다.

(34) '약(若)'은 제2인칭 대명사이다.

'정(正)'은 '정(政)'으로 읽으니 '정사(政事)'라는 뜻이다.

'법(灋)'은 '폐(廢)'로 읽으니 파기하다는 뜻이다.

(35) '용(用)'은 연결사로 그러므로[因而]와 같다.

'휴(休)'는 '아름다움[美]'이란 뜻으로, 여기에서는 왕이 아름다운 상을 하사함을 가리킨다.

단대(斷代)

〈대우정(大盂鼎)〉이 강왕시기의 기물이라는 것은 이미 근거를 제시하였다. 당란은 우(盂)가 담계(聃季)의 손자로 남공(南公)을 계승하였다고 하였는데, 이 경우 역시 시대는 대략 강왕시기에 해당한다.

16

庚嬴鼎

원래 기물은 이미 없어졌고, 『서청고감(西淸古鑑)』에 모본이 있다. 명문은 6행 37자이다.

저록(著錄)

『서청고감(西淸古鑑)』3.39, 『양주금문사대계도록고석(兩周金文辭大系圖錄考釋)』圖6錄22考43, 『은주금문집성(殷周金文集成)』5・2748

탁본(拓本)

모본(摹本)

석문(釋文)

隹(唯)卄又二年四月旣望己酉(1), 王䢔(客, 格)琱(周)宮(2), 衣事(3)。丁巳, 王蔑庚嬴曆(歷)(4), 易(賜)裸𩰫(貢?)貝十朋(5)。對王休, 用乍(作)寶貞(鼎)(6)。

번역(飜譯)

22년 4월 기망 기유일에 왕께서 주나라 종묘에 이르시어 일을 끝마치시었다. 정사일에 왕께서 경영(庚嬴)을 격려하고 칭찬하시며 관장(裸璋)과 패화 10붕을 하사하시었다. 왕의 아름다움을 찬양하여 보배스러운 정을 만드노라.

주해(注解)

(1) '기망(旣朢)'은 월상(月相)을 가리키는 말이다. 『설문해자』에서 "망은 달이 찬 것의 이름이다. 큰 달은 16일이고 작은 달은 15일이다. 해는 동쪽에 있고, 달은 서쪽에 있어 멀리 서로 바라본다[朢, 月滿之名也. 月大十六日, 小十五日. 日在東, 月在西, 遙相朢也]."[1]라고 하였다. '기(旣)'에 대하여 『광아 · 석고(廣雅 · 釋詁)』에서 "이미이다[已也]."라고 하였다. 『상서 · 요전(尙書 · 堯典)』에서 "큰 덕을 밝힐 수 있어서 구족을 친하게 하시니, 구족이 이미 화목하고, 백성들은 밝아졌다[克明俊德, 以親九族, 九族旣睦, 平章百姓]."라고 하였는데, 공전(孔傳)에서는 "기(旣)는 이미이다[旣, 已

---

1) 역자주 : 왕휘는 朢으로 예정하고 『설문해자』의 문장을 제시하였으니, 명문과 『설문해자』의 자형은 朢이어야 한다. 그러나 『설문해자』 인용의 출전을 알 수 없다. 『설문해자』에는 "朢, 月滿與日相朢, 以朝君也. 從月從臣從壬. 壬, 朝廷也, 𦣠, 古文朢省."이라 하였다.

也].”라고 하였다. ‘기망(旣望)’에 담겨진 의미에 대하여 학자들의 견해는 완전히 일치하지 않지만, 일반적으로 만월 이후 달빛이 아직 현저히 이지러지지 않은 것을 가리킨다고 본다. 사분일월설(四分一月說)을 주장하는 학자는 15・16일에서 22・23일까지라 하고, 정점설(定點說)을 주장하는 학자는 16・17・18일이라 하며, 점단설(點段說)을 주장하는 학자는 16일이라 한다. 『하상주단대공정간보(夏商周斷代工程簡報)』표8 ‘서주금문역보(西周金文曆譜)’에서는 본 명문의 ‘기망(旣望)’을 강왕 23년(기원전 998년) 4월 18일로 확정하였다.

(2) ‘𡧍’자는 ‘면(宀)’과 ‘절(卩)’로 구성되었으며, ‘각(各)’은 발음을 나타낸다. 〈중의부정(仲義父鼎)〉과 자형이 같다. ‘객(客)’은 ‘격(格)’과 통하며, 이르다[至]라는 뜻이다. 〈이정(利鼎)〉에서 “왕께서 반궁에 이르시었다[王客于般宮].”라고 하였다.

‘조(琱)’는 주(周)와 통한다. 〈함황문반(函皇文盤)〉에서 “함황문이 주운을 위해 존귀한 기물 반과 화를 만드노라[函皇文乍(作)琱娟盤盉障器].”라고 하였는데, 〈주운함황문이(琱娟函皇文匜)〉에는 ‘주운(周娟)’으로 쓰여 있다. 따라서 ‘주궁(琱宮)’은 〈소우정(小盂鼎)〉에서 “왕께서 주묘에 이르시었다[王各周廟].”라고 언급된 ‘주묘(周廟)’, 즉 주왕조의 종묘를 가리킨다.

(3) ‘의(衣)’에 대하여 곽말약은 ‘은(殷)’으로 읽고, ‘은사(殷事)’는 은나라 제사에 관한 일이라 하였다. 금문에서 ‘졸(卒)’자는 ‘𧘝’(〈외졸탁(外卒鐸)〉)로 쓰는데, 아마도 ‘의(衣)’는 ‘졸(卒)’을 잘못 모사한 것 같다. ‘졸(卒)’은 ‘종(終)’이다. 『시경・빈풍・칠월(詩經・豳風・七月)』에서 “옷이 없고 털옷이 없으면, 어찌 한 해를 보내리오[無衣無褐, 何以卒歲].”라고 하였다. 따라서 ‘졸사(卒事)’는 일을 마쳤다는 뜻이다.

(4) ‘멸(蔑)’은 ‘벌(伐)’과 통하며, 자랑한다는 뜻이다. 『소이아・광고

(小爾雅·廣詁)』에서 "벌(伐)은 찬미하는 것이다[伐, 美也]."라고 하였다.

'曆'은 '역(歷)'으로 '경력(經歷)'·'열력(閱歷)'이라는 뜻이다. 따라서 '멸력(蔑歷)'은 대부분 윗사람이 아랫사람이 이룬 공적에 대하여 격려의 의식으로 표창해주는 것을 뜻하며, 스스로를 격려한다는 뜻으로도 쓰인다. 이 두 글자는 연용할 수 있으니, 〈장불화(長甶盉)〉에서 "장불은 〈스스로의 공적을〉 격려하다[長甶蔑曆]."라고 하였으며, 〈어궤(敔簋)〉에서도 "왕께서 어를 격려하시었다[王蔑敔曆]."라고 하였다. 또한 단독으로도 사용할 수 있으니, 〈면반(免盤)〉에서 "면(免)은 정(靜)을 격려하고 왕의 아름다움을 칭송한다[免穠靜女王休]."라고 하였다.

'경영(庚贏)'은 사람 이름이다. 모본이 '영(贏)'을 모사한 것에 잘못된 점이 많다.

(5) '䵼'자는 예전에는 대부분 '장(璋)'으로 읽었으나, 최근에는 '공(贛)'으로 예정하고 '공(貢)'으로 읽는 견해도 제시되었다.

(6) '정(貞)'은 '정(鼎)'으로 읽는다. 은허 갑골문에서 '정(貞)'자는 대부분 '정(鼎)'의 형태로 썼다.

단대(斷代)

본 명문은 연·월·월상·간지라는 기년(紀年)의 4가지 요소를 온전히 갖추고 있어 시대구분에 큰 의미를 가진다. 곽말약은 원래 강왕시기로 판정하였으나, 『단대연구(斷代硏究)』에서는 입구 아래에 꼬리가 나뉜 새 문양을 근거하여 '강왕시기 전후'로 판정하였다. 당란은 목왕시기로 판정하였으나 너무 늦은 감이 있다.

17

作册麥方尊

전해 내려오는 기물[傳世器]이다. 명문은 8행 166자이다.

저록(著錄)

『서청고감(西淸古鑑)』8.33, 『양주금문사대계도록고석(兩周金文辭大系圖錄考釋)』圖199錄20考40, 『은주금문집성(殷周金文集成)』11・6015

탁본(拓本)

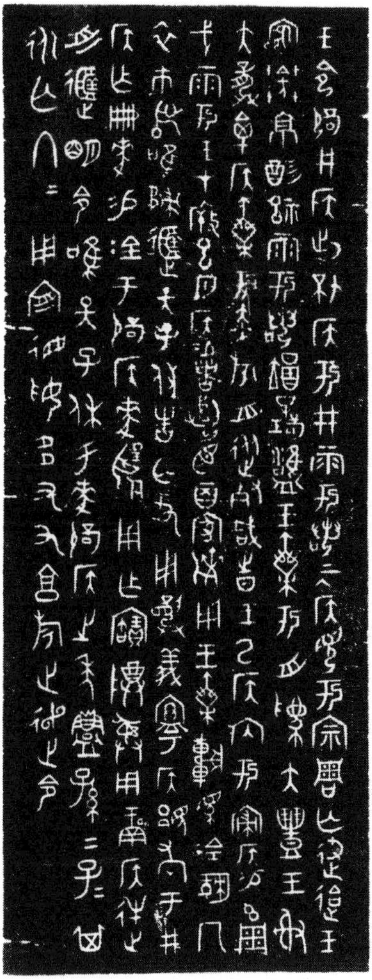

모본(摹本)

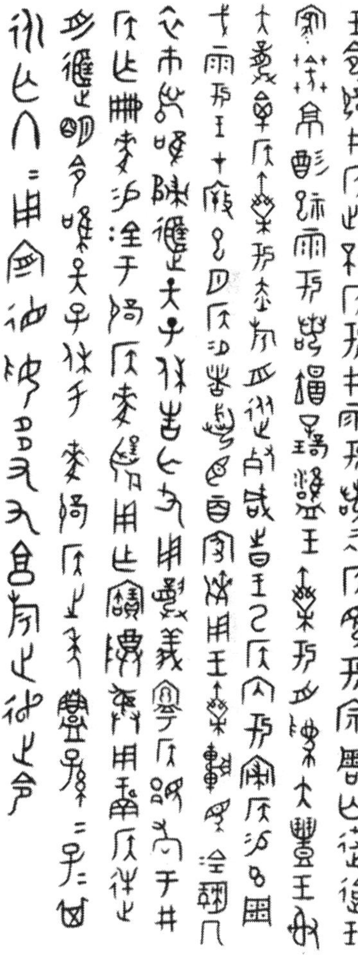

석문(釋文)

王令(命)辟井(邢)侯出𠂤(坏)[(1)]，侯于井(邢)[(2)]。雩若二月[(3)]，侯見於宗周，亡述(尤)[(4)]。迨(合)王饔莽京彭(肜)祀[(5)]。雩若𦡆(翌)日，才(在)璧(辟)雝(雍)[(6)]，王乘于舟爲大豊(禮)。王射大龏(供)禽[(7)]。侯乘于赤旂舟從[(8)]，死(尸)咸[(9)]。之日，王以侯內(入)於寢(寢)[(10)]，侯易(賜)玄周(琱)戈[(11)]。雩王在厈[(12)]，已夕，侯易(賜)者(諸)𢦚臣二百家[(13)]。劑(齎)用王乘車馬、金□、冖(冕)衣、市、舄[(14)]。唯歸[(15)]，遅天子休[(16)]，告亡述。用龏(恭)義寧侯[(17)]，顯孝于井(邢)侯[(18)]。乍(作)冊麥易(賜)金于辟侯[(19)]，麥揚，用乍(作)寶尊彝。用鬲侯逆造[(20)]，遅明令(命)。唯天子休于麥辟侯之年𨥛(鑄?)[(21)]，孫孫子子其永亡冬冬(終終)[(22)]，用遹(受)德，妥(綏)多友[(23)]，享旋(奔?)走令(命)[(24)]。

번역(飜譯)

왕께서 군주 형후(邢侯)에게 비(𠂤)를 떠나 형(邢)에서 제후가 되라 명하시었다. 2월에 이르러 형후(邢侯)가 종주(宗周)에서 알현하였는데 허물이 없었다. 왕과 회합하여 방경(莽京)에서 융(肜)제사를 지냈다. 다음날에 이르러 벽옹(辟雍)에서 왕께서 배를 타시고 대례를 거행하시었다. 왕께서 큰 제사에 사용하는 날짐승을 쏘셨다. 형후(邢侯)는 붉은색 기치를 건 배를 타고 따르면서 주재하였던 모든 일들을 완성하였다. 이날 왕께서 형후(邢侯)를 군왕의 궁실에 들이시고, 형후(邢侯)에게 자흑색의 청동합금으로 장식한 창을 하사하시었다. 왕께서 厈에서 저녁 제사를 지내시고 형후에게 신하로 항복한 200가(家)를 하사하시었다. 왕께서 타시는 거마, 청동□, 두건, 폐슬, 나막신을 하사하시었다. 봉지로 돌아와 천자의 미덕을 받들고 허물이 없음을 고하였다. 의

(義)를 공경하고 형후(邢侯)를 편안하게 하며, 형후(邢侯)에게 효심을 밝혔다. 작책(作冊) 맥(麥)은 군주인 형후(邢侯)에게 청동을 하사받으니, 맥(麥)은 찬양하여 보배스럽고 존귀한 예기를 만드노라. 형후(邢侯)가 왕래함에 이르러 명을 받들어 밝힌다. 천자의 아름다움을 맥(麥)의 군주 형후(邢侯)가 받은 해에 주조하였다. 자자손손 영원토록 끝없이 덕을 받아 편안하고 친구가 많으니, 분주한 노고를 바쳐서 명을 본받는다.

주해(注解)

(1) '벽(辟)'은 군주라는 뜻이다. 기물을 만든 맥(麥)은 형후의 신하이기 때문에 그의 군주 형후를 벽 형후(辟邢侯)라 지칭하였다.
'[illegible]'자는 〈악후어방정(噩侯馭方鼎)〉에 '[illegible]'의 자형으로 보이고, 〈경유(競卣)〉에서도 '[illegible]'의 자형으로 보인다. '[illegible]'는 '[illegible]'이 잘못 쓰인 것으로 보아야 한다. 왕국유는 〈악후어방정〉에서의 '[illegible]'를 대비산(大伾山)이라 하였다. 『수경주・하수(水經注・河水)』에서 "하수는 다시 동쪽으로 성고(成皐)의 대비산(大伾山) 아래를 지나간다.……성고의 옛 성은 대비산 위에 있다[河水又東逕成皐大伾山下.……成皐之故城在伾上]."라고 하였다. 지금의 하남성 형양현(滎陽縣) 서북쪽, 사수진(汜水鎮, 옛날 汜水縣)의 서쪽에 있으며 황하와 가깝다.

(2) '후우형(侯于邢)'은 형(邢)에서 후(侯)가 되었다. 즉 형에 분봉되었다는 뜻이다. 『후한서・군국지(後漢書・郡國志)』에서 "평고에 형구가 있다. 옛 형국의 땅으로 주공의 아들이 봉해진 곳이다[平皐有邢丘, 故邢國, 周公子所封]."라고 하였다. '형(邢)'은 지금의

하남성 온현(溫縣)의 동남쪽으로 대비산은 황하를 사이에 두고 마주 보고 있다. 1979년 온현의 동남쪽으로 10km 떨어진 북평고촌(北平皐村)에서 춘추시기의 성벽이 발견되었는데, '형공(邢公)'이 새겨진 도기(陶器)가 출토되었다. 소왕 말에서 목왕 초에 '형(邢)'은 하북성 형대(邢臺)로 옮겨갔다.

(3) '우(雩)'는 전래문헌에서 통상 '월(粤)'로 쓰이며, 글머리에 쓰이는 어조사이다. 『사기・주본기(史記・周本紀)』에서 "낙수와 이수를 살펴보니, 천실에서 멀지 않다[粤詹雒伊, 毋遠天室]."라고 하였다. '약(若)'에 대하여 『경전석사(經傳釋詞)』에서 "약(若)은 급(及)과 같다[若, 猶及也]."라고 하였다. 『상서・소고(尙書・召誥)』에서 "닷새 후 갑인일에 이르러 자리가 완성되었다. 다음날 을묘일에 주공이 아침에 낙읍에 이르시었다[越五日甲寅, 位成. 若翌日乙卯, 周公朝至于洛]."라고 하였다.

'우약(雩若)'은 두 개의 허사를 연용한 것으로 실제 뜻은 없다고 보는 견해도 있다.

(4) '현(見)'은 나아가 만나다, 알현하다는 뜻이다. 이 글귀는 형후가 종주(宗周, 즉 鎬京)에 이르러 주나라 왕을 알현하였다는 뜻이다. '訧'는 통상 '우(尤)'로 쓰며, 은나라 갑골문에 자주 보인다. 전래문헌에서는 '우(訧)'로 쓰기도 한다. 『시경・패풍・녹의(詩經・邶風・綠衣)』에서 "허물이 없도록 하리라[俾無訧兮]."라고 하였는데, 모전(毛傳)에서 "우(訧)는 허물이다[訧, 過也]."라고 하였다. 따라서 '무우(無尤)'는 허물이 없다는 뜻이다.

(5) '합(迨)'은 모인다는 뜻이다. 용경(容庚)은 "『설문해자』에서 고문자형이 회(佮)로 제시되어 있는데, '척(彳)'으로 구성된 것과 '착(辵)'으로 구성된 것은 의미가 동일하다."라고 하였다.

'분경(蒼京)'은 지명으로 '호경(鎬京)'이라는 견해, '풍경(豐京)'이라는 견해, 주원(周原)에 있었다는 견해가 있다. 왕휘(王輝)의 「금문의 분경은 곧 진의 아방이라는 설[金文蒼京卽秦之阿房說]」에서 '분(蒼)'에 대하여 〈고유(高卣)〉 명문의 "왕께서 방에서 처음으로 강신제를 지내셨다[王初祼旁]."의 방(旁)으로, 풍(豐)·호(鎬) 지역에서 가까우며, 아마도 진(秦)나라 때의 아방(阿房)일 것이라고 하였다. 왕옥철(王玉哲)의 「서주 분경지방의 재탐구[西周蒼京地望的再探討]」에도 유사한 견해가 보인다.

(6) '벽(璧)'은 『설문해자』에서 "상서로운 옥으로 둥근 것이다[瑞玉圜也]."라고 하였다. '벽(璧)'은 본래 둥근 형태의 옥기로 정중앙에 구멍이 있다.

'옹(雝)'자는 '명(皿)'으로 구성되고, '옹(雝)'은 발음을 나타낸다. 자서(字書)에는 보이지 않지만 〈옹유(雝卣)〉의 '옹(雝)'과 같은 글자이고, '옹(甕)'으로 예정할 수 있으며, '옹(罋, 甕)'의 이체자로 생각된다. '옹(甕)'은 와기(瓦器)로 역시 기물이기 때문에 의미를 나타내는 편방[意旁]을 바꾸어 쓸 수 있다. '옹(雝)'자는 금문에서 대부분 '옹(雝)'으로 썼다. 유심원(劉心源)은 '옹(雝)'을 '옹(邕)'의 번체자로 보고, 성읍의 사방을 둘러 성을 보호하는 해자라 하였다. 이는 아마도 인신된 뜻이고, 본래 의미는 막아 쌓인 물이다. '璧雝'은 전래문헌에서 대부분 '벽옹(辟雍)'이라 썼으며, 둥근 형태의 연못이다. 옛날 왕실의 대학(大學)에는 벽옹이 있었기 때문에 대학의 대명사로 인신하여 사용되었다. 『예기·왕제(禮記·王制)』에서 "천자가 가르칠 것을 명한 후에 학궁을 세운다. 소학은 공궁의 남쪽 왼편에 있고, 대학은 근교에 있다. 천자의 (대학은) 벽옹이라 하고, 제후의 (대학은) 반궁이라 한다[天子命之教, 然後爲學, 小

學在公宮南之左, 大學在郊, 天子曰辟雍, 諸侯曰頖宮]."라고 하였으며, 『삼보황도(三輔黃圖)』에서도 "문왕의 벽옹은 장안의 서북쪽 40리에 있었으며, 벽옹이라고도 한다. 마치 옥의 둥근 형태와 같이 물로 막는다[文王辟雍在長安西北四十里, 亦曰辟雍, 如璧之圓, 雍之以水]."라고 하였다. 금문에서는 '대지(大池)'라 호칭하기도 한다. 『시경 · 대아 · 문왕유성(詩經 · 大雅 · 文王有聲)』에서 "호경의 벽옹[鎬京辟雍]."이라고 하였다. 본 명문에서도 호경의 벽옹을 가리킨다.

(7) 곽말약은 '대공금(大龏禽)'을 연결하여 읽고 '대홍금(大鴻禽)'인 것 같다고 하였지만, 전적에서 아직 '공(龏)'과 '홍(鴻)'이 서로 통한다는 예를 찾아볼 수 없다. 당란은 석문(釋文)에서 '공(龏)'을 '공(供)'으로 읽었고, 주석에서는 '공(拱)'으로 읽어서 앞뒤가 일치하지 않는다. 『옥편』에서 "공(供)은 제사라는 뜻이다[供, 祭也]."라고 하였다. 따라서 '대공금(大供禽)'은 큰 제사에 사용하는 날짐승이다.

(8) '적기주(赤旂舟)'는 붉은색 기치를 건 배를 말한다.

(9) '사(死)'는 '시(尸)'로 읽으며, 주관하다[主]라는 뜻이다.
'함(咸)'은 모두[皆]라는 뜻이다.
따라서 '사개(死皆)'는 형후가 주관하던 모든 일들이 이미 완성하였음을 가리키는 말이다.

(10) '지(之)'는 지시대명사로 이것[此]이라는 뜻이다. 따라서 '지일(之日)'은 이 날이란 뜻이다.
'침(寢)'은 군왕의 궁실이다. 1994년 섬서성 부풍(扶風) 장백촌(莊白村)에서 출토된 〈왕우(王盂)〉의 명문에서 "왕이 분경 중침(中寢)의 궤우를 만들었다[王乍(作)葊京中寝(寢)歸(饋)盂]."라고 하였다.

(11) '현(玄)'은 검은색으로 자흑색의 청동합금을 가리킨다. 〈백공보보

(伯公父匿)〉의 명문에서 "이 금속이 매우 길하니, 검으면서도 노랗도다[其金孔吉, 亦玄亦黃]."라고 하였으며, 〈주공화종(邾公華鍾)〉의 명문에서는 "그 좋은 청동을 고르노니, 검고 붉은 금속이로다[睪(擇)氒(厥)吉金, 玄鏐赤鏞]."라고 하였다.

'조(琱)'는 『설문해자』에서 "옥을 다스리는 것이다[治玉也]."라고 하였으니, 조각을 뜻한다. 따라서 '조과(琱戈)'는 조각하고 장식한 창[戈]을 가리킨다. 이 구절은 피동구로 형후는 하사받은 대상이다.

(12) '㡿'는 지명이다. 〈이구준(盠駒尊)〉에서 "왕이 처음으로 㡿에서 망아지를 잡았다[王初執駒于㡿]."라고 하였는데, 이와 같은 지역이다. 당란은 지금의 섬서성 봉상현(鳳翔縣)이라 하였는데, 옳은 견해인 것 같다.

(13) '사(巳)'에 대하여 당란은 '사(祀)'로 예정하였다. '夕'에 대하여 당란은 '월(月)'로 예정하였다. '월(月)'과 '석(夕)'은 처음에는 본래 같은 글자이나 뒤에 두 글자로 분화되어 종종 혼용하였다.

'과(𢦏)'자는 갑골문과 금문에서 자주 보인다. 『설문해자』에서 "'과(𢦏)'는 복사뼈에 부딪친다는 뜻이다. '극(丮)'과 '과(戈)'로 구성된다. 과(踝)와 같이 읽는다[𢦏, 擊踝也. 從丮, 戈. 讀若踝]."라고 하였다. 그러나 이 뜻으로 갑골문과 금문을 해석하면, 모두 모순되어 통하지 않는다. 어떤 학자는 『설문해자』에서 말한 '과(踝)'자는 잘못 들어간 글자[衍文]로 치다[擊]라는 뜻으로 보아야 한다고 하였다. 곽말약은 '과(𢦏)'를 '과(踝)'로 읽었다. '자(者)'는 '자(赭)'로 읽으며, '과신(踝臣)'은 "죄수복을 입고 맨발을 드러낸 노예라는 뜻이다." 일설에 '과(𢦏)'는 사람이 꿇어앉아 항복하며 과(戈)를 바치는 모습을 상형한 글자로 '복사뼈에 부딪친다[擊踝].'라는 것은 뒤에 생겨난 뜻이라 하는 견해도 있다. 만일 이 설을 따른다면,

'者娸臣'은 '여러 항복한 신하[諸降臣]'로 이해할 수 있다.

(14) '제(劑)'는 '재(齎, jī)'로 읽는다. 『광아 · 석고(廣雅 · 釋詁)』에서 "보낸다는 뜻이다[送也]."라고 하였으니, 즉 하사하는 것이다. '승(乘)'은 앉다[坐] · 타다[駕]라는 뜻이다. 따라서 '왕승거마(王乘車馬)'는 왕이 타는 거마를 가리킨다.

(15) '귀(歸)'는 형후가 조회하고 하사 받은 뒤에 원래 봉지로 돌아간다는 뜻이다.

(16) '遅'자는 자서에 보이지 않으나 서중서는 '장(將)'으로 읽었다. 〈사송정(史頌鼎)〉에서 "날마다 천자의 빛나는 명을 찬양한다[日遅(將)天子覭令(命)]."라고 하였으며, 〈소극정(小克鼎)〉에서 "매일 이것으로 선조를 제사지내고 주왕의 후중한 미덕을 선양한다[日用鬻朕辟魯休]."라고 하였으니, '遅'와 '鬻'은 문장에서의 용례가 동일하다. 즉 『시경 · 주송 · 경지(詩經 · 周頌 · 敬之)』에서 "날로 성장하고 달로 발전한다[日就月將]."라고 하였는데, 모전(毛傳)에서는 "장(將)은 나아가는 것이다[將, 行也]."라고 하였다. 또한 『주례 · 춘관 · 소종백(周禮 · 春官 · 小宗伯)』에서 "때로써 찬과를 받든다[以時將瓚果]."라고 하였는데, 정현의 주에서는 "장(將)은 보내는 것으로, 봉(奉)과 같다[將, 送也, 猶奉也]."라고 하였다. 따라서 '遅天子休'는 천자의 아름다운 덕을 받든다는 뜻이다. 『포산초간(包山楚簡)』226호간에서 "초나라의 군대를 거느린다[迷楚邦之帀(師)徒]."라고 하였으며, 228호간에서는 '遅'로 썼는데, 모두 '장(將)'으로 읽고 거느린다는 뜻이다. 『예기 · 내칙(禮記 · 內則)』에서 "포는 돼지와 암양을 취한다[炮, 取豚若將]."라고 하였는데, 정현의 주에서는 "장(將)은 암양[牂]으로 읽는다[將讀爲牂]."라고 하였다.

(17) '공(龏)'은 '공(恭)'으로 읽으며 공경이란 뜻이다. 『주역 · 곤괘 · 문언전(周易 · 坤卦 · 文言傳)』에서 "공경과 의리가 확립되니, 덕이 있는 자는 외롭지 않다[敬義立而德不孤]."라고 하였다.

'영후(寧侯)'는 형후를 편안하게 한다는 뜻이다. 이 구절에서는 주어인 맥(麥)이 생략되었다.

(18) '覭'에 대하여 당란은 '윤(尹)'으로 구성되고, 현(見)은 발음을 나타낸다고 하였다. 〈심자야궤(沈子也簋)〉 명문에서 현(顯)을 '𩔲'으로 쓴 예와 동일하며, 의미 역시 '현(顯)'과 같다고 하였다.

(19) 이 구절은 피동구로 작책(作冊) 맥(麥)이 그의 군주인 형후에게 청동을 하사받았다는 뜻이다.

(20) '鬴'에 대하여 『설문해자』에서 "진나라의 흙 가마를 鬴라 한다. '격(鬲)'으로 구성되고 과(𠦝)는 발음을 나타내며, 과(過)와 발음이 동일하다[秦名土釜曰鬴. 從鬲, 𠦝聲, 讀若過]."라고 하였는데, 단옥재는 『설문해자주(說文解字注)』에서 "지금 세속에서 과(鍋)로 쓴다. 흙 가마는 질그릇에서 나왔다[今俗作鍋. 土釜者, 出於陶也]."라고 하였다. '과(鬴)'는 '과(過)'로 읽는다. 『여씨춘추 · 맹동기 · 이보(呂氏春秋 · 孟冬紀 · 異寶)』서 "오자서가 오나라에 이르렀다[伍員過于吳]."라고 하였는데, 고유(高誘)의 주에서는 "과(過)는 지(至)와 같다[過, 猶至也]"라고 하였다.

'용(用)'에 대하여 당란은 헌(獻)으로 읽어야 한다고 하였다.

'逆造'는 금문에 자주 보이나 내포된 의미에 대해서는 여러 학자들의 견해가 일치하지 않고 있다. '역조(逆造)'로 해석하거나 '역수(逆受)'로 해석하기도 하며, 출입 · 왕래라는 의미가 크다. 탕여혜(湯餘惠)는 『복자별의(造字別議)』에서 '逆造'를 '역복(逆復)'으로 읽고, 『주례 · 태복(周禮 · 太僕)』에서 "제후의 왕래를 맡았다[掌

諸侯之復逆].”의 ‘복역(復逆)’과 같다고 보았다. “그러나 『주례』에서는 동사로 쓰였고, 금문에서는 명사로 쓰여서 군주를 대면하여 일을 아뢰는 것을 가리킨다.”라고 하였다.

(21) ‘[illegible]’자에 대하여 곽말약은 모각에 잘못이 있다고 의심하였고, 당란은 ‘주(鑄)’자가 아닌가하고 의심하였다. 당란의 견해가 옳다. ‘주(鑄)’자는 〈순백수(筍伯盨)〉에서 ‘[illegible]’로 쓰여서 자형이 서로 유사하다. 이는 사건으로 연도를 기록한 것으로 기물을 주조한 해가 바로 맥의 군주인 형후가 천자에게 은덕을 받은 해임을 나타낸 것이다.

(22) ‘종종(終終)’에서 앞의 ‘종(終)’자는 동사이니, 마쳐야 할 시기에 마친다는 뜻이다.

(23) ‘[illegible]’는 ‘[illegible]’의 번체자이다.

‘타(妥)’는 ‘수(綏)’로 읽는다. 『시경 · 주남 · 규목(詩經 · 周南 · 樛木)』에서 “복록으로 편안히 하도다[福履綏之].”라고 하였는데, 모전(毛傳)에서는 “‘수(綏)’는 편안한 것이다[綏, 安也].”라고 하였다. 따라서 ‘수다우(綏多友)’는 편안하고 친구가 많다는 뜻이다.

(24) ‘향(亯)’에 대하여 『설문해자』에서 “향(亯)은 바친다는 뜻이다[亯, 獻也].”라고 하였으며, 전래문헌에는 통상 ‘향(享)’으로 쓴다. 『시경 · 상송 · 은무(詩經 · 商頌 · 殷武)』에서 “옛날 성탕이 계실 때에 저 저강으로부터 감히 와서 바치지 않는 이가 없었고, 감히 와서 왕으로 섬기지 않는 이가 없었다[昔有成湯, 自彼氐羌, 莫敢不來享, 莫敢不來王].”라고 하였다. 따라서 ‘향분주(享奔走)’는 “그 분주한 수고로움을 바침으로써 왕의 명령에 진력한다.”라는 뜻이다.

단대(斷代)

『양주금문사대계도록고석(兩周金文辭大系圖錄考釋)』에서 강왕시기의 것으로 판정하였고, 학자들 대부분 이를 따른다. 당란은 소왕시기 전기로 판정하고, 아마도 형후(邢侯)는 제2대일 것이라 하였다. 본 명문의 "出秥, 侯于井"라는 언급에 의하면, 형(邢)에 봉한 것이 분명하니, 당란의 견해는 근거가 부족하다.

18

作册令方彝

929년 하남성 낙양의 마파(馬坡)에서 출토되었다고 전해지며, 기물과 뚜껑에 같은 명문이 있다. 뚜껑에는 14행 185자가 있다. 일명 〈측령이(夨令彝)〉라고도 하며, 또한 같은 명문의 〈작책령방준(作冊令方尊)〉이 대북중앙박물원에 소장되어 있다. 본 기물은 현재 미국 워싱턴 프리어(Freer) 미술관에서 소장하고 있다.

저록(著錄)

『정송당집고유문(貞松堂集古遺文)』4 · 49, 『양주금문사대계도록고석(兩周金文辭大系圖錄考釋)』圖55錄3考5, 『은주금문집성(殷周金文集成)』16 · 9901

탁본(拓本)

모본(摹本)

석문(釋文)

隹(唯)八月辰在甲申，王令(命)周公子明保尹三事四方[(1)]，受卿事寮[(2)]。丁亥，令夨告于周公宮[(3)]，公令(命)徣8一(徣)同卿事寮[(4)]。隹(惟)十月月吉癸未[(5)]，明公朝至于成周，徣(徣)令(命)舍三事令(命)[(6)]，眔卿事寮，眔者(諸)尹[(7)]，眔里君[(8)]，眔百工[(9)]，眔者(諸)侯: 侯、田(甸)、男[(10)]，舍四方令(命)。既咸令(命)[(11)]，甲申，明公用牲于京宮[(12)]。乙酉，用牲于康宮[(13)]。咸既，用牲于王[(14)]。明公歸自王。明公易(賜)亢師鬯、金、小牛[(15)]，曰: "用祷(禱)[(16)]。" 易(賜)令鬯、金、小牛，曰: "用祷(禱)。" 迺令(命)曰: "今我唯令(命)女(汝)二人亢眔夨奭(奭)左(左)右于乃寮以乃友事[(17)]。" 乍(作)冊令敢揚(揚)明公尹氒(厥)宦[(18)]，用乍(作)父丁寶障彝[(19)]。敢追明公賞于父丁[(20)]，用光父丁[(21)]。雋冊[(22)]。(기물 본체의 명문에는 '冊雋冊'으로 쓰여 있다)

번역(飜譯)

8월 일진(日辰)이 갑신일에 있으니 왕께서 주공의 아들인 명보(明保)에게 삼사(三事)와 사방(四方)을 다스리라고 명하시며, 경사의 관료를 주시었다. 정해일에 측(夨)에게 주공의 종묘에 고하라 명하니, 공(公)이 출(徣)에게 경사의 관료를 회견하라 명하시었다.

10월 그 달의 길일인 계미일에 명공(明公)께서 아침에 성주(成周)에 이르시었다. 출(徣)이 삼사의 명을 내려서 시행하시고, 경사 관료, 여러 부관들, 이장, 각종 장인들, 제후인 후・전・남들에게 사방(四方)의 명령을 시행하시었다. 이미 모두 명령을 다하시고, 갑신일에 명공께서 경궁(京宮)에서 희생을 사용하시었다. 을유일에 강궁(康宮)에서 희생을 사용하시었다. 모두 이미 마치고, 왕성(王城)에서 희생을 사용하시었다. 명공께서 왕성에서 돌아오시었다. 명공께서 항사(亢師)에게 울창주, 청동, 작은 소를 하사하시면서 말씀하시었다.

“도(𧻚)제사에 사용하여라.”

령(令)에게 울창주, 청동, 작은 소를 하사하시면서 말씀하시었다.

“도(𧻚)제사에 사용하여라.”

이에 명령하시며 말씀하시었다.

“지금 나는 너희 두 사람에게 명하노니, 항(亢)과 측(夨)은 짝하여 너희 관료와 신료의 일을 보좌하여라.”

작책 령(令)은 감히 명공의 하사하심을 칭송하고 부정(父丁)을 위해 보배롭고 존귀한 예기를 만드노라. 감히 명공이 상으로 하사하심이 부정에게 이르게 하여 부정을 영예롭게 하는 데에 사용할 것이니라. 雋의 작책.

주해(注解)

(1) 주공(周公)과 명보(明保)에 대하여 곽말약은 『양주금문사대계도록고석(兩周金文辭大系圖錄考釋)』에서 “주공은 즉 주공(周公) 단(旦)이고, 명보는 노공인 백금(伯禽)이다.”라고 하였다. 당란은 『서주청동기명문분대사징(西周靑銅器銘文分代史徵)』에서 다음과 같이 말하였다.

> 주공 단이 죽을 때 불과 60여 세였고, 주공단의 장자 백금은 노나라에 봉해져 있었다. 군진(君陳)은 주공의 둘째 아들로 주공을 계승하였다. 명보는 분명히 주공 단의 아들이 아니다. 백금과 군진 등은 모두 성왕과 같은 항렬이나 백금과 여급(呂伋)·왕손모(王孫牟)·진후(晉侯) 섭(燮) 등은 모두 줄곧 강왕 때까지 아직 살아

있었고, 그들은 모두 이미 강왕의 부친 항렬이었다. 그렇다면, 군진의 아들 명보는 소왕의 부친 항렬이므로 소왕시기에 집정대신 중에서 가장 권세가 높았던 사람임을 알 수 있다.

주동(周同)은 『영이고석 중의 몇 가지 문제점[令彝考釋中的幾個問題]』에서 "주공의 이름은 단(旦)이고, 자는 명보(名保)이며, 보(保)는 존칭이다."라고 하였다. 이상 3가지 견해 가운데 당란의 설이 비교적 받아들일만하다.

'윤(尹)'에 대하여 『설문해자』에서 "다스리는 것이다. '우(又)'로 구성되며, 일을 장악한다는 것이다[治也. 從又, 握事者也]."라고 하였다.

'삼사(三事)'에 대하여 사유지(斯維至)는 사도(司徒)·사마(司馬)·사공(司空)의 3가지 직책을 가리킨다. '삼사(三事)'는 『좌전·성공』 2년에서의 '삼리(三吏)', 『시경·소아·우무정(詩經·小雅·雨無正)』에서의 '삼사대부(三事大夫)', 『일주서·대광해(逸周書·大匡解)』에서의 '삼리대부(三吏大夫)', 『시경·소아·시월지교(詩經·小雅·十月之交)』에서의 '삼유사(三有事)'를 가리킨다고 보는 견해도 있다. 후자의 견해가 옳다.

'사방(四方)'은 동서남북의 사방이며, 이를 빌려 온 세계, 전국을 가리킨다. 명보는 삼사대부와 사방 제후를 관리하였으니, 지위가 매우 높았음을 알 수 있다.

(2) '수(受)'는 '수(授)'로 읽는다.

'경사(卿事)'는 즉 '경사(卿士)'로 정치를 맡은 관료[執政官]이다.

'요(寮)'는 '요(僚)'로 읽는다. 『옥편(玉篇)』에서 "요(寮)는 관료이니, 요(僚)와 같다[寮, 官寮也. 與僚同]."라고 하였다. 따라서 '경사료(卿事寮)'는 정치를 맡은 기관이다. 이에 대하여 당란은 "대략 모든 경(卿)의 사무를 관리하는 전체기구로 후세의 내각과 같다." 라고 하였다.

(3) '측(夨)'은 기물 주인이다.
'관(宮)'은 『설문해자』에서 "집이다[室也]."라고 하였다. 당란은 '궁(宮)'은 종묘를 가리키며, 주공궁(周公宮)은 주공의 종묘라 하였다. "『서서(書序)』에서 '〈주공이 죽자〉 성왕이 필(畢)에 장사지내고 주공에게 고하였다[成王葬于畢, 告周公].''라고 언급한 것도 종묘에 고했다는 것이다."라고 하였다. 일설에 '궁(宮)'은 왕후(王侯)의 궁전으로 정사를 다스리는 장소라고도 한다.

(4) '𢓊'자에 대하여 곽말약은 '출(出)', 진몽가는 '조(造)', 당란은 '탄(誕)'으로 해석하였는데, 곽말약이 맞다.
'동(同)'은 『설문해자』에서 "회합이다[會合也]."라고 하였으니, 즉 회견이다.

(5) 『설문해자』에서 "길(吉)은 좋은 것이다[吉, 善也]."라고 하였다.
'월길(月吉)'은 즉 그 달의 길일이다. 길일(吉日)은 길하고 이로운 날이다. 금문에서 길일(吉日)은 자주 보이며, 혹 '초길(初吉)'이라 하기도 한다. 〈길일임오검(吉日壬午劍)〉에서 "길일인 임오일[吉日壬午]."이라 하였고, 〈의동우(宜桐盂)〉에서 "정월 초 길일인 기유일[隹(唯)正月初吉日己酉]."이라 하였다. 길일과 초길에 대한 구체적 의미에 대해서 학술계의 의견은 일치하지 않는다. 월상(月相)을 서술하는 말로 보는 견해가 있는데, 정점설(定點說)을 주장하는 학자들은 길일이 '삭(朔)', 즉 매월 초하루 혹은 초이틀・초삼일을 가리킨다고 하며, 사분월상설(四分月相說)을 주장하는 학자들은 초길이 매월 초하루에서 초칠일・초파일에 이르는 기간을 가리킨다고 한다. 길일·초길이 월상(月相)을 나타내는 말이 아니라고 하는 견해에서는 대략 상순에 있었으며, 드물게 중·하순에 있었다고 주장한다. 본인은 길일이 월상이 아니라 생각한다. 8월 갑신일에서부터 10월 월길(月吉) 계묘일까지는 60일의 간격이 있는데, 갑신·계묘는 아마도 모두 '삭일(朔日)'이었을 것이다.

(6) '명공(明公)'은 즉 '명보(明保)'이니, 명보는 왕이 그의 이름을 부른 것이다. '공(公)'은 명문을 쓰는 사관이 명보에 대하여 경칭을 사용한 것이다.

'사(舍)'는 '시발(施發)'이다. 〈모공정(毛公鼎)〉에서 "父厝은 명령을 시행하다[父厝舍命]."라고 하였다. 이에 대하여 우성오는 다음과 같이 말하였다.

> 오북강(吳北江)은 "사명(舍命)은 옛날 사람이 항상 사용하였던 말로 명령을 내려서 시행한다는 뜻이다."라고 하였다. 『시경·소아·거공(詩經·小雅·車攻)』에서 "달리는 법도를 어기지 않더니 화살을 쏘아 깨뜨리듯 맞히더라[不失其馳, 舍矢如破]."라고 하였다. 여기에서 사시(舍矢)는 발시(發矢)와 같다.……명령을 내려 시행하고 돌아보지 않는다는 뜻이 아니다. 『시경·당풍·고구(詩經·唐風·羔裘)』에서 "저 그 사람이여, 명에 처하여 변하지 않는다[彼其之子, 舍命不渝]."라고 하였으니, 명령을 내려서 시행하는데 달라지거나 실수하는 바가 없음을 말한다.

(7) '제윤(諸尹)'은 즉 '중윤(衆尹)'으로 『상서·주고(尚書·酒誥)』에서의 '서윤(庶尹)'과 『상서·고명(尚書·顧命)』에서의 '백윤(百尹)'에 해당한다. '윤(尹)'은 명사로 '관(官)'이다. 이에 대하여 당란은 다음과 같이 말하였다.

『상서·주고(尙書·酒誥)』에서 "나라 안의 모든 관리들과 여러 장관들과 관리들이다[越在內服, 百僚庶尹]."라고 하였는데, 백료(百僚)는 경사료(卿事寮)와 태사료(太史寮) 등이다. 『상서·고명(尙書·顧命)』에서 태보인 석(奭) 등 육경 밑에 사씨(師氏)·호신(虎臣)·백윤(百尹)·어사(御事) 등이 있으니, 이러한 사람들은 육경 밑에서 갖가지 구체적 사무를 담당하는 관리들이다.

(8) '이군(里君)'은 〈사송궤(史頌簋)〉에서도 보인다. 이에 대하여 사유지(斯維至)는 다음과 같이 말하였다.

『주례』에 '이군(里君)'이란 이름이 보이지 않는다. 『상서·주고(尙書·酒誥)』에서 "백성과 마을에 사는 자[越百姓里居]."라고 하였으며, 『일주서·상서(逸周書·商誓)』에서 "백관이 마을에 사는 자[百官里居]."라고 하였다. 이에 대하여 왕국유는 이거(里居)에서 거(居)는 군(君)자의 그릇된 것이라 하였으니, 확실히 바꿀 수 없음을 말한 것이다.

따라서 '이군(里君)'은 즉 '이장[里尹·里宰]'이다.

(9) '백공(百工)'은 각종 장인을 말한다. 삼사(三事)에서부터 백공(百工)은 모두 내복관(內服官)이다. 내복관은 내부의 사무를 처리한다.

(10) '제후(諸侯)'는 후(侯)·전(甸)·남(男)의 총칭이다.

'후(侯)'는 관직명이다. 『상서·주고(尙書·酒誥)』에서 "외복에 있는 후·전·남·위·방·백이다[越在外服, 侯甸南衛邦伯]."라고 하였으니, '후(侯)'는 왕성에서 가까운 기내에서 복무하였음을 알 수 있다.

'전(田)'은 '전(甸)'과 통하니, '전복(甸服)'은 '내제후(內諸侯)'의 약칭이다. 『설문해자』에서 "전(甸)'은 천자의 500리 땅이다[甸, 天子

五百里地].”라고 하였다. 이에 대하여 계복(桂馥)은 『설문해자의증(說文解字義證)』에서 다음과 같이 말하였다.

> “천자의 500리 땅이다[天子五百里地].”라는 구절이 서개본(徐鍇本)에서는 “천자의 500리 안의 토지이다[天子五百里內田].”라고 쓰여 있다. 『상서·우공(尙書·禹貢)』에서 “500리 땅이 전복이다[五百里甸服].”라고 하였는데, 전(傳)에서 “사방 1,000리 안을 전복이라 일컫는다. 천자가 복으로 다스리는 토지이니, 왕성에서 사면으로 500리 떨어져 있다[規方千里之內謂之甸服, 爲天子服治田, 去王城四面五百里].”라고 하였다.

‘남(男)’은 ‘남복제후(男服諸侯)’의 약칭이다. 『상서·강고(尙書·康誥)』에서 “후·전·남·방·채·위이다[侯甸南邦采衛].”라고 하였는데, 공영달의 소에서는 “남복은 왕성에서 2,000리 떨어졌다[男服去王城二千里].”라고 하였다. 『주례·하관·직방씨(周禮·夏官·職方氏)』에서 “이에 구복의 방국을 분별하니, 사방 1,000리를 왕기라 하고, 그 밖으로 사방 500리를 후복이라 하고, 또 그 밖으로 사방 500리를 전복이라 하고, 또 그 밖으로 사방 500리를 남복이라 한다[乃辨九服之邦國, 方千里曰王畿, 其外方五百里曰侯服, 又其外方五百里曰甸服, 又其外方五百里曰男服].”라고 하였다. 그러나 이 말은 이후 유가들에게서 나온 것으로 정제하고 이상화시킨 성분을 담고 있기 때문에 너무 천착할 필요가 없다. 이에 대하여 당란은 다음과 같이 말하였다.

> 후복의 국가는 비교적 크고, 후는 활을 쏠 수 있는 무사이지만 전복·남복은 모두 농업에 종사하였다. 남의 지위가 가장 낮고, 조

공과 부세도 가장 무거웠다. 이 세 나라 제후 국가는 노예주인 왕조의 주요 구성부분에 예속되어 있었다.

후(侯)·전(甸)·남(男)은 외복에 속하며, 외부의 사무를 관리하였다.

(11) '기함명(旣咸命)'은 이미 발포가 완료된 명령이다.
'명(命)'은 위에서 언급된 '舍三事命'과 '舍四方命'을 가리킨다.

(12) '생(牲)'에 대하여 『설문해자』에서 "생(牲)은 소가 온전한 것이다[牲, 牛完全]."라고 하였으니, 제사에 쓰는 가축을 말한다. 『주례·천관·포인(周禮·天官·庖人)』에서 "모두 여섯 가축(말·소·양·돼지·개·닭), 여섯 짐승(청룡·주작·구진·등사·백호·현무), 여섯 날짐승(기러기·메추리·종달새·꿩·산비둘기·집비둘기)을 맡았다[掌共六畜六獸六禽]."라고 하였는데, 정현의 주에서는 "이를 처음으로 기르는 것을 '축(畜)'이라 하고, 이를 사용하려는 것을 '생(牲)'이라 한다[始養之曰畜, 將用之曰牲]."라고 하였다.
'경궁(京宮)'은 경성(京城)의 종묘로 성주(成周), 즉 낙양에 있다. 이에 대하여 당란은 "경궁(京宮)은 태왕·왕계·문왕·무왕·성왕을 제사지내는 종묘이다."라고 하였다.

(13) '강궁(康宮)'은 서주의 종묘이다. 이에 대하여 곽말약은 『양주금문사대계도록고석(兩周金文辭大系圖錄考釋)』에서 "경·강·화·반·소·목·성·랄(京·康·華·般·邵·穆·成·剌) 등은 모두 뜻이 아름다운 글자로 궁실의 명칭으로 사용한다. 이는 후세 미앙궁(未央宮)·장양궁(長楊宮)·무영전(武英殿)·문화전(文華殿)의 경우와 같다. 궁실 이름은 왕의 명칭과 서로 같을 따

름이다."라고 하였다. 당란은 『서주 청동기단대 중의 강궁문제[西周銅器斷代中的康宮問題]』에서 강궁은 강왕의 종묘라 하면서 "강궁이라 소왕을 소(昭), 목왕을 목(穆)으로, 공왕을 소(昭), 의왕을 목(穆)으로, 효왕을 소(昭), 이왕을 목(穆)으로, 여왕을 소(昭), 선왕을 목(穆)으로 삼았던 까닭에 소왕과 목왕을 소목(昭穆)으로 일컬은 것이 그 증거이다."라고 하였다. 당란의 말에 의하면, 무릇 '강궁(康宮)'이 들어 있는 명문의 시대는 모두 강왕 이후이니, 본 기물은 소왕시기에 해당한다. 곽말약의 설에 의하면, 기물의 시대와 '강궁(康宮)'의 유무와는 관계가 없다고 하면서 본 기물을 성왕 시기의 것이라 정하였다. 지금 학자들은 대부분 당란의 설을 따르고 있다. 예를 들면, 고명(高明)은 "이미 경궁과 강궁에서 희생을 사용하였다고 언급하였는데, 경궁과 강궁은 모두 선왕의 종묘이다. 위에서 서술한 〈하준(𣄰尊)〉 명문에 기록된 바에 의하면, 성왕 5년에 성주에서 상택(相宅)을 하였으니, 짧은 시간 안에 이와 같이 많은 궁묘와 왕성을 건축한다는 것은 불가능한 일이다. 청동기 시대로 보면, 당란이 소왕시기로 정한 것이 비교적 믿을 만하다."라고 한 것과 같다. 강궁을 또한 '강묘(康廟)'라고도 하니, 〈남궁유정(南宮柳鼎)〉에서 보인다.

(14) 이것과 아래 구절의 왕(王)은 모두 성주의 왕성을 가리킨다. 『상서・낙고(尙書・洛誥)』에서 "내가 이에 간수 동쪽과 전수 서쪽을 점쳐보았으나 오직 낙 땅만이 길하였다[我乃卜澗水東, 瀍水西, 惟洛食]."라고 하였는데, '간(澗)'의 동쪽과 '전(瀍)'의 서쪽 땅은 한나라 때 하남현(河南縣)에 해당한다. 『한서・지리지(漢書・地理志)』의 하남현 아래 주에서 "옛날 겹욕 땅이다. 주 무왕은 구정을 옮겼고, 주공은 태평에 이르게 하여, 도읍을 경영하였으니, 이것이

왕성이다. 평왕까지 여기에 거하였다[故郟鄏地. 周武王遷九鼎, 周公致太平, 營以爲都, 是爲王城, 至平王居之].”라고 하였다.

(15) ‘항사(亢師)’는 사람 이름으로 경사료(卿事寮)의 하나이다.

‘창(鬯)’은 검은 기장[秬]으로 빚은 술로 제사에 사용하였다. 『설문해자』에서 “鬯은 기장을 울창풀과 섞어서 향기가 스며들게 한 것으로 신을 내리게 한다[鬯, 以秬釀郁草, 芬芳攸服, 以降神也].”라고 하였다. ‘거창(秬鬯)’이라고도 한다. 〈녹백궤(彔伯簋)〉에서 “내가 너에게 거창주 1통을 하사한다[余易(賜)女(汝)䵼(秬)鬯一卣].”라고 하였으며, 『상서・낙고(尙書・洛誥)』에서 “찰기장으로 빚은 울창주 2통을 주었다[予以秬鬯二卣].”라고 하였다.

‘금(金)’은 『설문해자』에서 “다섯 가지 색의 금속이다[五色金也].”라고 하였지만, 명문에서는 청동을 가리킨다. 〈공오왕부차감(攻吳王夫差鑑)〉에서 “오나라의 왕 부차는 길한 청동을 골라……[攻吳王夫差睪(擇)氒(厥)吉金……].”라고 하였다.

(16) ‘𥛱’자는 금문에 자주 보인다. 〈숙측방정(叔夨方鼎)〉에는 ‘𠦪’으로 쓰였다. 제사이름 혹은 간구하다는 뜻으로 사용되었다. 옛날에는 대부분 볼(祓)로 읽었다. 이를 『설문해자』에서 “불(祓)은 악을 제거하는 제사이다[祓, 除惡祭也].”라고 하였으며, 『옥편(玉篇)』에서는 “재앙을 제거하여 복하는 것이다[除災求福也.].”라고 하였다. 최근 학자들은 혹 ‘도(禱)’로 읽기도 한다. 『설문해자』에서 “도(禱)는 일을 보고하고 복을 구하는 것이다[禱, 告事, 求福也].”라고 하였으며, 〈백호궤(伯椃簋)〉에서 “오직 기도로 만년을 간구한다[唯用祈𠦪萬年].”라고 하였다.

(17) ‘[illegible]’자는 은허 갑골문 및 은주 금문에서 많이 보이고, 이체자가 매우 많으나 모두 한 사람이 두 사물을 겨드랑이 아래에서 끼고 있

는 형상을 하고 있다. 이 글자를 혹 석(奭)・협(夾)・무(夾)・상(爽)・혁(赫)이라 하나 결국 정론이 없다. 이 글자의 의미는 왕의 짝 혹은 근신을 가리킨다.(〈황석(黃奭)〉・〈윤석(尹奭)〉) 장정랑(張政烺)은 『석자설(奭字說)』에서 "이 글자는 대개 두 사물을 짝하여 취하였음으로 형체에 얽매이지 않았다."라고 하였다. 연 소공(燕召公)의 이름이 '석(奭)'이나 『사편(史篇)』에서는 '추(醜)'라 썼다. 장정랑은 "석(奭)자는 마땅히 구(仇)로 읽어야 하고, 짝이 된다는 뜻으로 해석하니, 즉 왕비 짝의 이름이다."라고 하였다. 이윤(伊尹)・황윤(黃尹)을 이석(伊奭)・황석(黃奭)이라 일컫는 것에 대하여 장정랑은 '윤(尹)'은 삼공의 관직으로 '석(奭)'도 이에 해당한다고 하면서 대개 나라의 중신과 왕의 짝이 되는 사람을 일컫는 것이라 하였다. 『시경・주남・토저(詩經・周南・兎罝)』에서 "용맹스러운 무사여, 공후의 좋은 짝이로다[赳赳武夫, 公侯好仇]."라 하였고, 『시경・대아・문왕(詩經・大雅・皇矣)』에서 "상제가 문왕에게 이르시되 네 짝의 나라에게 물어라[帝謂文王, 詢爾仇方]."라고 하였으며, 모전에서 "구(仇)는 공후의 좋은 짝이라는 것이고, 구(仇)는 짝이라 풀이하니 짝이 되고 군신이 되는 것이다[仇謂如公侯好仇之仇, 仇訓匹, 爲匹耦, 爲群臣也]."라고 하였다. 본 명문에 '석(奭)'은 항(亢)・측령(夨令)이 명공의 친근 부하관리가 되어 동료에게서 보좌를 얻었음을 가리킨다. 곽말약은 이 글자를 '민(敏)', 당란은 '접(接)', 양수달은 '상(尙)'으로 읽었으나 모두 맞지 않는다.

'우(友)'는 『설문해자』에서 "뜻을 같이 함을 '우(友)'라 한다. 두 개의 '우(又)'로 구성된다. 서로 교우하는 것이다[同志爲友. 從二又. 相交友也]."라고 하였는데, '우(友)'는 사실상 신료를 가리킨다.

(18) '작책(作冊)'은 관직명으로 왕조의 책봉(冊封)·조령(詔令)·도록(圖錄) 등의 사무를 맡았다.

'영(令)'은 작책의 사적 이름[私名]이다.

'감(敢)'은 스스로 외람되다고 말하는 것이다. 『의례·사우례(儀禮·士虞禮)』에서 "감히 정결한 돼지를 올리다[敢用絜牲剛鬣]."라고 하였는데, 정현의 주에서는 "감(敢)은 외람되다는 말이다[敢, 昧冒之辭]."라고 하였다.

'양(揚)'은 칭송·찬양이라는 말이다.

'명공윤(明公尹)'은 즉 명공의 관직의 명칭[官號]으로 "삼사와 전국을 다스린다[尹三事四方]."라는 말에서 나왔다. 여기에서의 '윤(尹)'은 '윤씨(尹氏)'로 장관을 뜻한다는 견해도 있다.

(19) '부정(父丁)'은 작책(作冊) 측령(夨令)의 부친이다.

(20) '추(追)'는 회고·추모라는 뜻이다. 『시경·대아·문왕(詩經·大雅·文王)』에서 "그 욕심을 급히 달성하려고 하는 것이 아니라 선대의 업적을 따라서 효도하는 이가 오게 하시다[匪棘其欲, 遹追來孝]."라고 하였는데, 정현의 주에서는 "이에 왕계의 근면하고 효도하는 행위를 기술하고 추념하여 그 업을 힘쓴다[乃述追王季勤孝之行, 進其業也]."라고 하였다. 『정자통(正字通)』에서 "추(追)는 선대에 제사지내고 영원히 생각하여 잊지 않는 것이다[追, 祭先而永思不忘也]."라고 하였다. 따라서 '追明公賞于父丁'이란 명공의 상으로 하사함을 위로 추대하여 부정(父丁)에게 이르게 하고, 또한 제사지낼 때 부정(父丁)의 뜻을 추념한다는 뜻이다.

(21) '광(光)'에 대하여 『광아·석언(廣雅·釋言)』에서 "영광스럽다는 뜻이다[寵也]."라고 하였으니, 빛나는 영예이다. 『시경·대아·한혁(詩經·大雅·韓奕)』에서 "그 영광이 크게 드러나도다[丕顯其

光].”라고 하였는데, 정현의 주에서는 “광(光)은 영(榮)과 같다[光, 猶榮也].”라고 하였다.

(22) ‘병책(雋冊)’은 〈작책대정(作冊大鼎)〉의 ‘병책책(雋冊冊)’이다.

단대(斷代)

곽말약은 성왕시기, 당란은 소왕시기로 판단한 것은 앞에서 이미 말하였다. 이(彝)는 본래 청동 예기의 보편적 명칭[共名]이고, 일반적으로 고유명칭[專名]으로 사용하지 않는다. 송나라 사람의 『박고도록(博古圖錄)』에서는 뚜껑이 있고, 기물 배의 측면과 횡단면이 모두 장방형이며, 네 모퉁이와 허리 사이에 비릉(扉棱)이 있으며, 방형의 권족이 있는 기물을 이(彝)라 일컬었다. 용경(容庚)은 『상주이기통고(商周彝器通考)』에서 이러한 종류의 이(彝)는 통상적인 기물 분류에 속하지 않기에 별도로 분류하여 방이(方彝)라고 명명하였다. 주봉한(朱鳳瀚)은 『고대중국청동기(古代中國青銅器)』에서 “방이(方彝)는 은나라 중기에서 서주초기에 유행하였다.”라고 하면서 본 기물을 Bb형, 서주초기의 늦은 편으로 판정하였다. 왕세민(王世民)은 『청동기분기(青銅器分期)』에서 Ⅱ형 호벽방이(弧壁方彝)로 정하고, 시대는 소왕시기에 속한다고 하였다.

19

旟鼎

1972년 섬서성 미현(郿縣)의 양가촌(楊家村)에서 출토되었고, 명문은 4행 28자이다. 현재 섬서역사박물관에서 소장하고 있다.

저록(著錄)

『문물(文物)』1972년 7기, 『은주금문집성(殷周金文集成)』5・2704

석문(釋文)

隹(唯)八月初吉，王姜易(賜)旟田三于待劚(1)，師櫨酤兄(貺)(2)。用對王休，子子孫其永寶。

탁본(拓本)

모본(摹本)

번역(飜譯)

8월 초길에 강왕의 황후인 왕강(王姜)께서 여(旟)에게 待劀에서 300무의 토지를 하사하시자 장관 노(櫨)가 고하고 주었다. 왕의 아름다움을 칭송하고 자자손손 영원히 보배롭게 여길지니라.

주해(注解)

(1) '여(旟)'는 즉 〈원유(員卣)〉와 〈사䜌정(史䜌鼎)〉에서의 '사여(史旟)'로 이때는 아직 사관이 되지 않았던 것 같다.

'전삼(田三)'은 300무의 토지로 『주례』에서는 고대의 1전(田)은 100무(畝)에 해당한다고 서술하고 있다.

'待劀'는 지명이나 소재지는 확실히 알 수 없다. '劀'자는 '[illegible]'로 예정하기도 하는데, 이는 장아초의 해석을 따른 것이다. 당란은 '𠆛'은 '囟'으로 '점(簟)'의 상형자라 하였다. '劕'은 '심(鐔)'으로 읽어야 할 것 같다. 도검(刀劍)의 날밑이기 때문에 '도(刀)'로 구성된다.

(2) '사(師)'는 장관이다. 『주례·천관·서관(周禮·天官·序官)』에서 "전사와 하사는 두 사람이다[甸師下士二人]."라고 하였는데, 정현의 주에서는 "사(師)는 장(長)과 같다[師, 猶長也]."라고 하였다. '노(櫨)'는 사람 이름이다.

'괄(䣛)'자는 정확하게 알 수 없다. 당란은 '혹(酷)'으로 예정하고 '고(告)'로 읽는다. 『상주청동기명문선(商周青銅器銘文選)』에서는 〈대우정(大盂鼎)〉 명문의 '醰'자와 같은 글자로 술을 즐기는 뜻이고, '침(忱)'이나 '우(訧)'로 가차되며, '성(誠)'·'신(信)'이라는 의미라 하였다. 장아초는 '첨(舔)'으로 읽었다. 그러나 이 3가지 설은 모두 정론으로 삼기가 어렵다.

단대(斷代)

기물의 형태와 문양이 강왕시기의 〈대우정(大盂鼎)〉에 가깝다. 당란은 여(旟)의 지위가 아직 낮기 때문에 소왕 초기의 기물로 판정하였으며, 다른 학자들의 견해도 대략 이와 같다.

20

召尊

하남성 낙양에서 출토되었다고 전해지고 있으며, 명문은 7행 46자이다. 같은 이름의 유(卣)도 있다. 현재 상해박물관에서 소장하고 있다.

저록(著錄)

『서주동기단대(西周銅器斷代)』(二) 79쪽, 『상주금문록유(商周金文錄遺)』205, 『은주금문집성(殷周金文集成)』11・6604[1)]

---

1) 역자주 : 왕휘는 11・6604이라 하였는데, 오타인 듯하다. 책의 탁본은 〈召卣〉(集成5416)를 수록하였다. 또한 예정은 6004를 기준으로 되어 있으나 명문의 배치에 차이가 있다.

탁본(拓本)

모본(摹本)

석문(釋文)

唯九月在炎(郯)𠂤[(1)]。甲午，白(伯)懋父睗(賜)𥃝(召)白馬[(2)]，[illegible]黃髮散(黴)[(3)]，用𣎵不(丕)𠙽(顯)[(4)]。𥃝(召)多用追于炎(郯)不(丕)𦘔(肄)白(伯)懋父舂(賄)[(5)]。𥃝(召)萬年永光[(6)]，用乍(作)團宮旅彝[(7)]。

번역(飜譯)

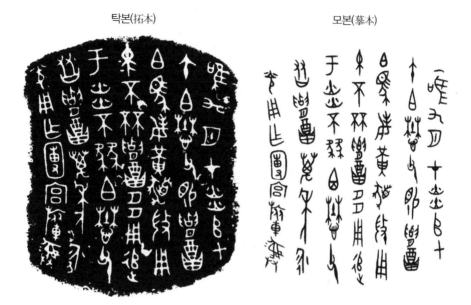

9월 담(郯)의 주둔지에 계시었다. 갑오일에 백무보(伯懋父)는 소(𥃝)에게 백마와 말갈기가 검은색 말을 하사하시어 영명하심을 밝히는 데에 사용하라 하시었다. 소(𥃝)는 담에서 영명하신 백무보(伯懋父)가 하사하심을 추념하는 데에 많이 사용하였다. 소(𥃝)는 만년토록 영원히 빛날 것이니, 단궁(團宮)을 위한 여이(旅彝)를 만드노라.

주해(注解)

(1) '염(炎)'은 〈작책측령궤(作冊夨令簋)〉에서도 보이고, 모두 "在九月"이라 명시되어 있으나, 같은 시기의 일을 기록한 것인지에 대하여서는 의견이 일치하지 않고 있다. '염(炎)'은 춘추시기의 담국(郯國)으로 지금의 산동성 담성현(郯城縣) 서남쪽의 옛 담성(郯城)이 있다. 『한서・지리지(漢書・地理志)』의 동해군(東海郡) 담현(郯縣) 밑에 반고(班固)가 "옛 나라로 소호씨의 후예이며 영(盈)은 성이다[故國, 少昊後, 盈姓]."라고 스스로 주석하였다.

'사(𠂤)'의 발음은 shī(사)로 '사(師)'와 통하며 군대의 주둔지이다.

(2) '백무보(伯懋父)'는 금문에서 자주 보인다. 〈소신래궤(小臣謎簋)〉에서 "백무보는 은팔사로 동이를 쳤다.……복귀하여 목사에 있었다[白(伯)懋父以殷八𠂤(師)征東夷.……氒(厥)復歸, 在牧𠂤(師)]."라고 하였다. 이러한 백무보에 대하여 곽말약은 다음과 같이 말하였다.

> 백무보는 틀림없이 주나라 초의 사람으로 봉지는 은(殷)에서 가까웠을 것이다. 『일주서・작락해(逸周書・作雒解)』에서 "강숙을 은에서 살도록 하고, 중모보를 동에서 살도록 하였다[俾康叔宇于殷, 俾中旄父宇于東]."라고 하였다. 이에 대하여 손이양(孫詒讓)은 중모보를 강숙의 아들 강백모(康伯髦)라 하였고, 『좌전・소공』 12년에서는 왕손모(王孫牟)가 나오는데, 나 역시 이를 백무보로 본다. 무(楙)・모(牟)・모(髦)・모(旄)는 모두 성모(聲母)가 같고, 운모도 유부(幽部)・소부(宵部)로 가깝다….

당란은 일찍이 곽말약의 설에 동의하면서 다음과 같이 말하였다.

> 강숙은 성왕의 숙부이나 숙부 중에서 가장 나이가 어렸기에 일찍이 성왕의 사구(司寇)를 지냈다.……『세본(世本)』에서 "강백의 이름은 모이다[康伯名髦]."라고 하였는데, 송충(宋衷)의 주에서는 "즉 왕손모(王孫牟)로 강왕시기에 대부를 지냈다[卽王孫牟也, 事周康王爲大父]."라고 하였다.……강백모는 마땅히 강왕에서 소왕시기의 사람이다.

그런데 당란은 이후 이러한 관점을 수정하였다. 그의 저서 『서주청동기명문분대사징·소신택궤(西周青銅器銘文分代史徵·小臣宅簋)』에서 "『목천자전(穆天子傳)』에 의하면, 목왕이 동쪽으로 정벌하는데 일찍이 '방(房)', 즉 '방자(房子)'에 이르렀다고 하였으니, 그렇다면 이 기물은 목왕 초기의 것일 수도 있다. 이에 의하면, 백무보의 활동은 소왕 말에서 목왕 초가 되니, 반드시 강백모라 할 수 없다. 백무보는 '제공모보(祭公某父)'로 생각되니, '모(謀)'와 '무(懋)'는 발음이 가깝다. 제공모부는 소왕에서 목왕 시기의 사람으로 시대가 정확히 맞는다."라고 하였다. 팽유상(彭裕商)은 『백무보고(伯懋父考)』에서 당란의 후기 학설을 발전시켜 다음과 같이 밝혔다.

> 『일주서·제공(逸周書·祭公)』에 의하면, 제공모보는 목왕 때 죽었으나 "저의 몸이 아직 여기에 있으나, 저의 혼은 하늘 소왕이 있는 곳에 있으니, 천명을 보존하는데 힘쓰겠습니다[朕身尙在茲, 朕魂在于天昭王之所, 勖宅天命]."라고 하니, 제공모보가 일찍이 소왕을 보좌하였음이 분명하다. 이는 금문에서 백무보가 소왕·목왕 때 사람인 점과 연대가 일치한다. 『좌전』 등의 문헌기록에

의하면, 제공모보는 주공의 후예라 하였고, 「祭公」에서는 목왕이 그를 '조(祖)'라 호칭하고 있으니, 주공의 손자이고 소왕과 같은 항렬임을 알 수 있다.

여기에서는 팽유상이 발전시킨 당란의 후기 학설의 설을 따르도록 하겠다.

(3) '𫝆'자에 대해서는 확실히 알 수 없다. 당란은 '봉(妦)'으로 예정하고, 위의 '백마(白馬)'와 연독하여 말의 이름으로 해석하며, 『방언(方言)』의 "진(秦)과 진(晉)나라 사이에서 무릇 좋고 가벼운 것을 아(娥)라 일컫는다. 관(關)으로부터 동쪽의 하와 제 사이에서 묘(媌)라 일컫고, 혹은 교(姣)라 일컫는다. 조·위·연·대나라에서는 주(姝) 혹은 봉(妦)이라 일컫는다[秦晉之間, 凡好而輕者謂之娥. 自關而東, 河濟之間謂之媌, 或謂之姣. 趙魏燕代之間曰姝, 或曰妦]."라는 말을 인용하였다. 『상주청동기명문선(商周青銅器銘文選)』에서는 이 글자를 '매(每)'로 예정하고, '매(脢)'로 읽었다 『설문해자』에서 "등의 살이다[背肉也]"라고 하였으니, '매황(脢黃)'은 말 등의 색깔이 누런 것을 가리킨다.
'발(髮)'은 말갈기[鬃]라는 뜻이다.
'미(散)'에 대하여 『상주청동기명문선(商周青銅器銘文選)』에서는 '미(黴)'로 읽고, "말갈기가 검은색임을 가리킨다."라고 하였다.

(4) '𫶧'자에 대해서는 자세히 알 수 없다.
'不
杯'는 '비현(丕顯)'의 의미와 가깝다. 〈사거궤(師遽簋)〉에서 "감히 천자의 不
杯한 은덕에 대하여 찬양한다[敢對揚天子不
杯休]."라고 하였으며, 〈녹백궤(彔伯簋)〉에서 "천자의 크게 드러난 은덕에 대하여 찬양한다[對揚天子丕顯休]."라고 하였으니, 두 명문의 용례와 같다.

(5) '𩖵'는 '사(肆)'로 읽는다. 『상서・순전(尙書・舜典)[2]』에서 "드디어 상제에게 유제사를 지내시었다[肆類于上帝]."라고 하였는데, 『설문해자』에서는 '肆'를 '䦺'로 썼다. 『소이아・광언(小爾雅・廣言)』에서 "肆는 지극한 것이다[肆, 極也]."라고 하였다.

'賄'는 '회(賄)'로 읽는다. 『의례・빙례(儀禮・聘禮)』의 주에서 "회(賄)는 다른 사람에게 주는 재물을 말한다[賄, 予人財之言也]."라고 하였으니, 즉 주는 것이다.

(6) '만년(萬年)'은 축원의 말로 오랜 시간을 과장한 것이다. 『시경・대아・기취(詩經・大雅・旣醉)』에서 "군자는 만년토록 영원히 후손을 내려주신다[君子萬年, 永錫祚胤]."라고 하였다.

'영(永)'은 길다는 뜻이고, '광(光)'은 더욱 발전할 것[發揚光大]이라는 뜻이다.

(7) '단궁(團宮)'은 소(召)의 종묘이다. 〈소유(召卣)〉에도 '𢾊宮'이 두 차례 나온다. 이 두 곳은 모두 소의 종묘이다.

단대(斷代)

백무보(伯懋父)는 이미 제공모부(祭公某父)가 되었으며, 소왕과 같은 항렬이므로 이 기물은 마땅히 소왕시기의 것이다.

---

2) 역자주 : 왕휘는 「순전」을 「요전」이라 잘못 인용하였기 때문에 바로 잡아 수정하였다.

21

作册睘卣

기물과 뚜껑에 동일한 명문 4행 35자가 있다. 이 기물은 현재 소재가 명확하지 않다.

탁본(拓本)　　　　모본(摹本)

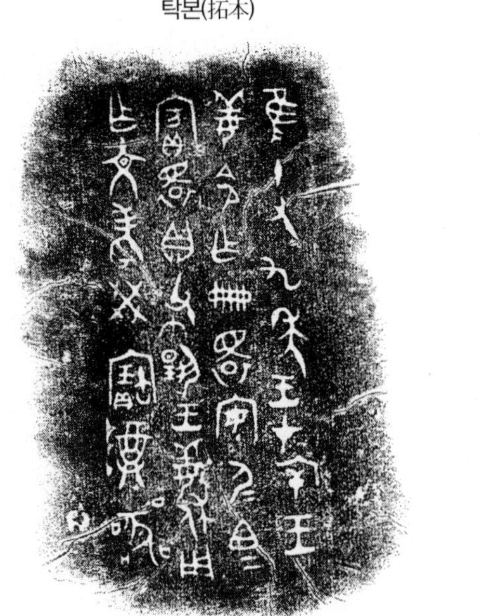

저록(著錄)

『균청관금문(筠淸館金文)』2・44, 『삼대길금문존(三代吉金文存)』13・40・2, 『양주금문사대계도록고석(兩周金文辭大系圖錄考釋)』錄5考14, 『은주금문집성(殷周金文集成)』10・5407

석문(釋文)

隹(唯)十又九年[(1)]，王在庍[(2)]，王姜令乍(作)冊睘安尸(夷)白(伯)[(3)]。尸(夷)白(伯)賓(儐)睘貝、布[(4)]，揚王姜休，用乍(作)文考癸寶障器[(5)]。

번역(飜譯)

19년에 왕께서 간(庍)에 계시고, 왕강(王姜)께서 작책 경(睘)에게 이백(夷伯)을 문안하라 명하시었다. 이백(夷伯)는 경(睘)에게 패화와 베로 공경하고, 왕강(王姜)의 아름다움을 찬양하여 문덕이 있는 부계(父癸)를 위하여 보배롭고 존귀한 기물을 만드노라.

주해(注解)

(1) 『상주청동기명문선(商周靑銅器銘文選)』에서 "19년은 마땅히 소왕 기년에 해당한다[十九年, 當是昭王紀年]."라고 하였다. 『사기・주본기(史記・周本紀)』에서 "소왕 때 왕도가 쇠락하였다. 소왕이 남쪽으로 순수하다가 돌아오지 못하고 장강에서 죽었다[昭王之時, 王道微缺, 昭王南巡狩不返, 卒於江上]."라고 하였다. 『초학기(初學記)권7 『지부하(地部下)』에서는 『기년(紀年)』을 인용하여 "주 소왕 16년 초형을 치러 장강을 건너다 큰 외뿔소를 만났다[周昭王十六年, 伐楚荊, 涉漢, 遇大兕]."라 하였고, 『개원점경(開元

占徑)』권101에서 『기년』을 인용하여 "주 소왕 19년 하늘이 크게 음산해지고 꿩과 토끼들이 모두 놀랐다[周昭王十九年, 天大曀, 雉兎皆震]."라고 하였으며, 『태평어람(太平御覽)』권87 『사구미부(四咎微部)』에서 『서기년(書紀年)』을 인용하여 "주 소왕 말년 밤에 오색 빛이 자미성(紫微星)을 관통하였다. 그 해 왕이 남쪽으로 순수하다가 돌아오지 못하였다[周昭王末年, 夜有五色光貫紫微. 其年, 王南巡不返]."라고 하였다. 『금본죽서기년(今本竹書紀年)』에서 "19년 봄에 혜성이 자미성 사이를 관통하였다. 하늘이 크게 음산해지고 꿩과 토끼들이 모두 놀랐다. 육사(六師, 왕의 군대)를 장강에서 잃었다[十九年春, 有星孛於紫微. 天大曀, 雉兎皆震, 喪六師於漢]."라고 하였다. 〈영궤(令簋)〉에서 "왕께서 초백을 치실 때, 담 지역에 계시었다. 9월 기사패 정축일에 작책인 측령이 왕강에게 제사지내었다[隹(唯)王于伐楚白, 在炎(郯). 隹(唯)九月既死霸丁丑, 乍(作)冊夨令尊宜于王姜]."라고 하였다. 역사 기록에 의하면, 소왕 16년과 19년 두 차례 초나라를 쳤다고 하는데, 〈영궤〉의 명문의 연대는 『사기・십이제후년표(史記・十二諸侯年表)』에서 소왕 16년이라고 한 것과 일치한다. 본 명문의 '十又九年'은 틀림없이 소왕 19년을 가리킨다.

(2) '序'은 지명으로 같은 명문이 있는 〈작책경준(作冊睘尊)〉과 전해 내려오는 기물인 〈견유(趞卣)〉에도 보인다. 당란은 처음에 호북성 효감(孝感)이라 하였으나 뒤에 호경(鎬京) 부근이라 하였다. 노연성(盧連成)은 『序지와 소왕19년의 남정[序地與昭王十九年南征]』에서 견수(汧水)와 위수(渭水)의 합류지점에 있다고 하면서, 미현(郿縣)에서 출토된 〈구준(駒尊)〉에서 "왕이 㡯에서 처음으로 망아지를 사로잡으셨다[王初執駒于㡯]."의 '㡯'라고 하였는데, 옳은 견해로 생각된다.

(3) ‘왕강(王姜)’은 주왕(周王)의 배우자로 강성(姜姓)이다. 『국어 · 주어(國語 · 周語)』에서 “소왕께서 방나라에서 취하였기 때문에 방후라 한다[昭王取于房, 曰房后].”라고 하였으며, 『역대기사년표(歷代紀事年表)』에서 ‘방(房)’은 기(祁)씨 성의 나라라 하였다. 『상주청동기명문선(商周青銅器銘文選)』에서는 소왕에게 두 왕후가 있었는데, 왕강은 문헌에 실려 있지 않다고 하였다. 당란은 『강궁(康宮)』이라는 글에서 강왕의 왕후라 추정하였고, 유계익(劉啓益)은 『서주 금문에 보이는 주왕후비[西周金文中所見的周王后妃]』에서도 자세히 밝혔으니, 그 견해가 옳다. 소왕 때 왕강은 이미 태후였다.

‘안(安)’은 ‘영(寧)’과 같고 문안을 뜻한다. 『시경 · 주남 · 갈담(詩經 · 周南 · 葛覃)』에서 “돌아가 부모에게 문안드릴 것이다[歸寧父母].”라고 하였는데, 모전(毛傳)에서는 “영(寧)은 문안이라는 뜻이다[寧, 安也].”라고 하였다.

‘이백(夷伯)’은 이(夷)나라 군주이다. 『좌전 · 환공』16년에서 “위나라 선공은 손위인 이강과 간통하였다[衛宣公烝于夷姜].”라고 하였는데, 여기서 ‘이(夷)’는 강(姜)씨 성이다. 또한 『좌전 · 은공』원년에서 “기나라 사람이 이나라를 쳤다[紀人伐夷].”라고 하였는데, 두예의 주에서는 “이나라는 성양의 장무현에 있다[夷國在城陽莊武縣].”라고 하였으니, 지금의 복양(濮陽)이다. 소(疏)에서는 『세본(世本)』을 인용하여 ‘이(夷)’는 운(妘)씨 성이라 하였다. 『좌전 · 장공16년』에서 “진 무공이 이를 쳐서 이궤제를 잡았다[晉武公伐夷, 執夷詭諸].”라고 하였는데, 두예의 주에서는 “이궤제는 주나라 대부이고, 이는 채지의 이름이다[夷詭諸, 周大夫. 夷, 采地名].”라고 하였다. 옛날에 ‘이(夷)’라 일컫는 것이 매우 많았으니, 예를 들면, 〈사유궤(師酉簋)〉에서 ‘서문이(西門夷)’ · ‘진이(秦夷)’ · ‘경이

(京夷)' 등이 그러하다. 왕휘(王輝)의 『서주기내지명소기(西周畿內地名小記)』에서 본 명문의 '이(夷)'도 아마 산동성에 있는 것이 아니라 기내(畿內)에 있었을 것이라고 하였다.

(4) '빈(賓)'은 '빈(儐)'으로 읽는다. 『광운(廣韻)』에서 "공경하는 것이다[敬也]."라고 하였으니, 공물을 바치다 혹은 공경하다는 뜻으로 인신되었다.

'패(貝)'는 화폐로 쓰는 조개[貨貝]이다.

'포(布)'는 『설문해자』에서 "모시풀로 짠 베이다[枲織也]."라고 하였는데, 단옥재는 『설문해자주(說文解字注)』에서 "옛날에는 지금의 무명천이 없었고, 단지 삼베와 갈포만 있었을 뿐이다[古者無今之木棉布, 但有麻布及葛布而已]."라고 하였다. '포(布)'가 금속화폐[錢幣]라는 견해도 있으니, 서주시기에 금속화폐가 있었는지 여부에 대해서는 아직 학술계의 정론이 없다.

(5) '문고(文考)'는 문덕(文德)이 있는 부친을 가리킨다. 『예기・곡례(禮記・曲禮)』에서 "살아계시면 부(父)라 하고, 돌아가시면 고(考)라 한다[生曰父, 死曰考]."라고 하였다.

단대(斷代)

본 기물을 곽말약은 성왕시기 것이라 판정하고, '十九年'은 문왕을 기년의 기준으로 한 것으로 성왕 6년이라 하였다. 또한 '庠'은 즉 '寒䛑(寒䛑)'이며 '한착(寒浞)'의 옛 땅으로 현재 산동성 유현(濰縣)에 있었다고 하였다. 그러나 위 글로 알 수 있듯이 '庠'은 마땅히 서주의 기내(畿內)에 있었으며, 성왕시기 동이를 정벌할 때의 일이 아니므로 곽말약의 설은 시대를 지나치게 이르게 잡은 것이다. 여러 학자들은 대부분 소왕시기로 판정하였는데, 이것이 옳다.

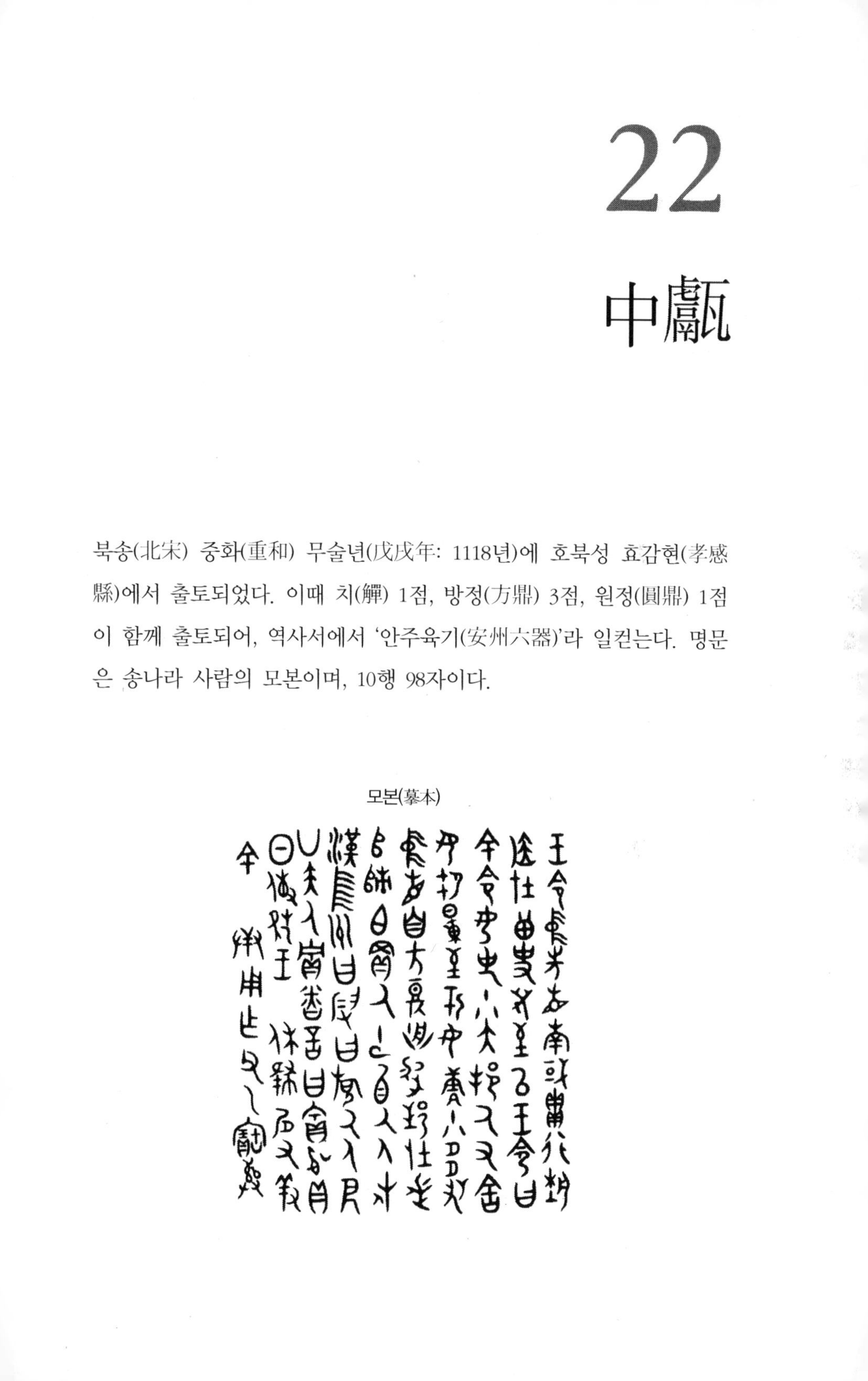

22

中甗

북송(北宋) 중화(重和) 무술년(戊戌年: 1118년)에 호북성 효감현(孝感縣)에서 출토되었다. 이때 치(觶) 1점, 방정(方鼎) 3점, 원정(圓鼎) 1점이 함께 출토되어, 역사서에서 '안주육기(安州六器)'라 일컫는다. 명문은 송나라 사람의 모본이며, 10행 98자이다.

모본(摹本)

저록(著錄)

『역대종정이기관지법첩(歷代鐘鼎彝器款識法帖)』16・2, 『양주금문사대계도록고석(兩周金文辭大系圖錄考釋)』錄8考19, 『은주금문집성(殷周金文集成)』3・949

석문(釋文)

王令(命)中先，省南或(國)貫(貫)行[1]，埶(藝，設)应(居)在曾(曾)[2]。史兒至[3]，以王令(命)曰:"令女(汝)史(使)小大邦[4]，氒(厥)又舍(捨)女(汝)邦(芻)量[5]，至于女(汝)庸(庸)[6]，小多□[7]。"中省自方，登(鄧)造(造)□邦[8]，在噩(鄂)自(師)餗(次)[9]。白(伯)買文迺以氒(厥)人戍漢中州[10]，曰叚，曰旋。氒(厥)人鬲(鬲?)廿(二十)夫[11]，氒(厥)貯讆言[12]，曰貯□貝。日傳□王□休，肄肩(肩?)又(有)羞，余□□䋣，用乍(作)父乙寶彝。

번역(飜譯)

왕께서 중(中)에게 선도하여 남방의 나라들을 시찰하고 도로를 관통하며, 증(曾)나라에 행궁을 설치하라 명하시었다. 사아(史兒)가 이르러 왕명을 말하였다.

"너는 크고 작은 나라에 사신을 보내어 그들 또 네가 꼴을 베고 마소를 놓아기르던 양(量) 땅을 버리고, 너의 용인(庸人)에 이르러 □을 작고 많게 하라고 명하였다."

중(中)이 방(方)과 등(鄧)에서부터 살펴보고 □나라에 도달하여, 악(鄂)에서 군대를 주둔하였다. 백매문(伯買文)은 이에 그 사람으로 한수 가운데 섬을 지켰으니, 가(叚)라 하고 형(旋)이라 한다. 그 전쟁의 포로 노예 22명, 그 讆言을 쌓으니, □패를 쌓아둔다고 하였다. 날로 □왕의 크게 아름다움을 전하고, …… 부을(父乙)을 위하여 보배스러운 예기를 만드노라.

주해(注解)

(1) '중(中)'은 사람 이름이고, '선(先)'은 앞장서서 이끄는 것이다. 『주례·하관·대사마(周禮·夏官·大司馬)』에서 "오른손으로 도끼를 잡고 앞장선다[右秉鉞以先]."라고 하였는데, 정현의 주에서는 "선(先)은 인도하는 것이다[先, 道(導)也]."라고 하였다.

'성(省)'은 살피다 혹은 시찰하다는 뜻이다.

'남국(南國)'은 남방의 여러 나라라는 뜻으로 본 명문에서는 한수 유역의 여러 나라들을 가리킨다. 따라서 '南或'은 즉 '남역(南域)'으로 일반적으로 주나라 남부의 강역(疆域)을 가리킨다고 보는 견해도 있다.

'毌'은 '관(貫)'으로 읽으니, 하나의 줄로 2개의 조개[貝]를 관통하는 모습을 형상하였으며, 관통이라는 뜻이다. 『초사·초혼(楚辭·招魂)』에서 "여강에 길을 관통함이여 기다랗게 이어진 산림을 외로 지나도다[路貫廬江兮左長薄]"라고 하였다.

'행(行)'은 『이아·석궁(爾雅·釋宮)』에서 "길이다[道也]."라고 하였다. 이 구절에 대하여 『상주청동기명문선(商周青銅器銘文選)』에서는 "남방의 여러 나라를 순수하면서 그 도로를 개통하였다."라고 하면서 "옛사람이 전쟁에서 전차를 사용하려면 반드시 도로를 개통해야만 비로소 그 기능을 발휘할 수 있었다. 그러므로 남쪽의 여러 나라를 정벌하려한다면 반드시 먼저 도로를 닦아야 한다."라고 하였다.

(2) '埶'자는 손으로 나무를 땅에 심는 모습을 상형하였으니, 바로 '예(藝)'자이다. 수립, 나무를 심는 것, 설립이라는 뜻으로 인신하여 사용하였다.

'应'은 혹 '거(居)'라 해석하기도 한다. 왕이 경성(京城) 이외의 행궁·별관 혹은 임시로 머무는 곳을 가리킨다. 『옥편·시부(玉篇·尸部)』에서 '거(居)'자를 고문(古文)으로 '거(屋)'가 수록되어 있다.

'𪔂'은 '증(曾)'자로 한수 유역의 제후국이다. 이 구절은 증(曾)나라에 왕을 위한 주둔지를 세웠다는 뜻이다. '𪔂'은 '증(曾, 甑)'의 본자(本字)로 '⊕'은 시루 밑에 까는 발을 상형하였으며, 위의 '八'는 밥을 찔 때 나오는 김을 상형한 것이다. 증(曾)은 여러 곳에 있었으나 남국(南國)은 한수 유역, 증(曾)은 한수의 북쪽에 있던 것을 가리킨다. 『국어·진어(國語·晉語)』에서 "신나라 사람과 증나라 사람이 서융을 불러 주나라를 쳤다[申人, 繒人召西戎以伐周]."라고 하였는데, 당란은 이에 대하여 다음과 같이 말하였다.

> 증(繒)나라는 마땅히 신(申)나라와 인근이었다. 신나라는 지금의 하남성 남양(南陽)시 일대에 있었고, 신야현(新野縣)은 그 남쪽인데, 수현(隨縣)·경산(京山) 두 지역에 이르기까지 모두 최근 증나라의 청동기가 출토되었다. 소왕 때의 증나라가 어디에 있었는지 알 수 없지만, 초나라를 칠 때 경유한 중요한 길임에는 의심의 여지가 없다.

(3) '시아(史兒)'는 사람 이름으로 소왕의 가까운 신하였다.

(4) '사(使)'는 사신으로 보낸다는 뜻이다.

'소대방(小大邦)'은 크고 작은 제후국을 말한다.

(5) '𦥑'자에 대해서는 확실히 알 수 없다. 당란은 '추(芻)'로 예정하고,

가축을 방목하여 기르는 땅을 가리킨다.

'양(量)'은 지명이다.

(6) '용(庸)'은 노예이다. 〈순궤(詢簋)〉에서 "호신을 선봉으로, 용인을 후군으로 삼으라[先虎臣后庸]."라고 하였다.

(7) '다(多)'자 다음의 글자에 대해서는 알 수 없으며, 이 구절의 뜻도 분명하지 않다.

(8) '방역(方或)'은 '방역(方域)'이라고도 한다. 〈악군계차절(鄂君啓車節)〉에서 "악으로부터 출발하여 양구로 가고, 방역으로 간다[自鄂往, 就易(陽)丘, 就邡域]."라고 하였으니, 지금의 하남성 섭현(葉縣)의 남쪽 방성현(方城縣)의 북쪽이다. 『좌전・희공4년』에서 "초나라는 방성을 성으로 삼았고, 한수를 해자로 삼았다[楚國方城以爲城, 漢水以爲池]."라고 하였다.

'등(登)'은 '등(鄧)'으로 지금의 하남성 등현(鄧縣) 일대이다.

'조(造)'는 『설문해자』에서 "나아가다[就也]."라고 하였으니, 도달하다는 뜻이다.

'방(邦)'의 앞 한 글자에 대해서는 잘 알 수 없다.

(9) '악(噩)'에 대하여 곽말약은 악(鄂)으로 해석한 바 있다. 『한서・지리지(漢書・地理志)』에 2곳의 '악(鄂)'이 나오는데, 강하군(江夏郡)의 악현(鄂縣)과 남양군(南陽郡)의 서악(西鄂)이다. 서악은 길성(姞姓)의 나라로 지금 하남성 남양시(南陽市)의 북쪽에 있었다. 〈우정(禹鼎)〉에서 "악후 어방을 정벌하다[踐伐鄂侯馭方]."라고 하였으며, 〈악후정(鄂侯鼎)〉에서 "악후 어방이 단술을 왕에게 바쳤다[鄂侯馭方內(納)豊(醴)于王]."라고 하였다.

'餗'는 즉 군대의 주둔지인 '사차(師次)'의 '차(次)'자이다. 『금문편(金文編)』에서 "'餗'는 『설문해자』에 수록되지 않았다. 군대가 머무는 곳이다. '사(𠂤)'로 구성되며, '자(朿)'는 발음을 나타낸다. 후대에는 가차자인 차(次)가 사용되었다. 나진옥의 설이다."라고 하였다. '차(次)'는 본래 군대의 주둔지, 머물러 지키는 곳을 가리킨다. 『좌전·희공』4년에서 "군대를 후퇴시키고 소릉에 주둔시켰다[師退, 次于召陵]."라고 하였다.

(10) '백매보(伯買父)'는 사람 이름이나 행적에 대해서는 자세히 알 수 없다. "白(伯)買父迺以氒(厥)人戍漢中州"에서 '내(迺)'자 이하의 모본은 본래 모습과 차이가 있어 읽어내기 어렵다. 여기에서는 장아초의 예정을 따른다.

'주(州)'에 대하여 당란은 한수(漢水) 안에 있는 작은 섬을 가리킨다고 하였다. 『수경주·면수주(水經注·沔水注)』의 무당현(武當縣)에서 "서북쪽으로 10리, 한수 속에 창랑주라는 이름의 섬이 있다[西北十里, 漢水中有洲名滄浪州]."라고 하였으며, 또한 "양양성 동쪽에 동백사가 있고, 백사의 북쪽에 삼주가 있다[襄陽城東有東白沙, 白沙北有三洲]."라고 하였다.

(11) '𠘧'자에 대해서는 확실히 알 수 없다. 장아초는 '역(鬲)'자가 잔결된 것이라고 추측하였다. '인력(人鬲)'은 〈대우정(大盂鼎)〉 명문에 보인다. 〈대우정〉을 참고하기 바란다.

(12) 이 구절 이하 문자는 잔결되어 뜻이 분명하지 않다.

단대(斷代)

본 명문은 중(中)이 왕명을 받들어 남양(南陽)과 한수(漢水) 유역의 제후들을 순시한 일과 상을 하사받은 일을 서술하고 있는데, 이는 소왕의 남방 정벌과 관계가 있다. 그러므로 소왕시기의 기물로 판정한다.

23

靜方鼎

네 다리가 있는 방정(方鼎)으로 안의 벽[內壁]에 명문 9행 78자가 있다. 현재 일본 이데미츠(出光)미술관에서 소장하고 있다.

저록(著錄)

『문물(文物)』1998년 5기, 『금문인득(金文引得)』 은상서주권(殷商西周卷)4003

탁본(拓本)

모본(摹本)

석문(釋文)

隹(唯)十月甲子[1], 王才(在)宗周, 令(命)師中眔靜省南或(國)相[2], 埶(蓺, 設)应(居)。八月初吉庚申至, 告于成周[3]。月既望丁丑[4], 王才(在)成周大室, 令(命)靜曰: "𤔲(司)女(汝)采[5], 𤔲(司)才(在)曾(曾)噩(鄂)𠂤(師)[6]"。王曰: "靜, 易(賜)女(汝)鬯、旂、巿、采𩃔[7]。" 曰: "用事[8]。" 靜揚天子休, 用乍(作)父丁寶𬯍彝。

번역(飜譯)

10월 갑자일에 왕께서 종주(宗周)에서 사중(師中)과 정(靜)에게 남방 제후국인 상(相)을 시찰하고 행궁을 설치하라고 명하시었다. 8월 초길 경신일에 이르러 성주(成周)에 고하였다. 이달 기망 정축일에 왕께서 성주(成周) 태실(太室)에서 정(靜)에게 명하시면서 말씀하시었다.

"너의 채지를 맡아 증(曾)에서 악(鄂)의 군대를 관장하여라."

왕께서 말씀하시었다.

"정(靜)아! 너에게 울창주, 날아오르는 용과 내려오는 용을 그린 붉은 기, 폐슬, 채지 매를 하사하노라."

말씀하시었다.

"이를 사용하여서 직책의 일을 이행하여라."

정(靜)은 천자의 아름다움을 찬양하며 부정(父丁)을 위하여 보배롭고 존귀한 예기를 만드노라.

주해(注解)

(1) 『하상주단대공정1996~2000년계단성과보고(夏商周斷代工程1996~2000年階段成果報告)』에서 다음과 같이 말하였다.

> 『고본죽서기년(古本竹書紀年)』에 의하면, 소왕은 16년에 남쪽으로 초형(楚荊)을 쳤고, 19년에 육사(六師)를 한수(漢水)에서 잃었으며, 한수(漢水)에서 죽었다고 하였다. 이 일과 관계가 있는 청동기의 명문 가운데 19년으로 명기된 것으로는 〈작책경유(作冊睘卣)〉·〈석준(析尊)〉 등이 있다. 이것들과 연계하여 순서에 따라 배열하면, 본 명문의 '시월갑자(十月甲子)'는 소왕 18년이며, '팔월초길경신(八月初吉庚申)'과 '월기망정축(月既望丁丑)'은 소왕 19년임을 알 수 있다. 목왕 원년이 기원전 976년임을 미루어 본다면, 소왕 18년은 기원전 978년으로 시월계해삭(十月癸亥朔), 갑자초이일(甲子初二日)이며, 소왕 19년은 기원전 977년으로, 팔월무오삭(八月戊午朔), 경신초삼일(庚申初三日)은 초길(初吉)과 부합하며, 정축이십일(丁丑二十日)은 기망(既望)과 부합한다.

공화(共和) 이전 주나라 왕의 재위연도가 아직 정설이 없으므로 이 설의 가부에 대해서는 더욱 연구가 필요하지만, 하나의 가설로

볼 수 있을 것이다.

(2) '상(相)'은 지명이나 정확하게 어디인지는 분명하지 않다. 이학근은 『정방정보석(靜方鼎補釋)』의 글 말미에 보충 기록을 하여 "상(相)은 상(湘)일 가능성이 있다. 상(相)나라는 상수(湘水) 유역에 봉해진 제후국일 것이나, 이에 대해서는 근거가 발견되기를 기다려야한다."라고 하였다.

(3) 이학근은 "정(靜)은 상(相)에 왕의 처소를 설치한 뒤에 성주에 돌아와서 사명을 완수하였음을 성주의 여러 신하들에게 보고하였다."라고 하였다.

(4) '월기망(月旣望)'은 『주역 · 소축(周易 · 小畜)』과 『주역 · 귀매(周易 · 歸妹)』에 나오는 "달이 가득 찼다[月幾望]."라는 것으로 '기(幾)'와 '기(旣)'는 서로 통한다.

(5) '䬳'는 '사(飼)'라 쓰기도 한다. 본 글자는 '사(司)'인데, '후(后)'자와 자형이 같기에 이를 구별하기 위하여 의부(義符)인 '𤔲'를 더하였다. 전적에서는 보통 '사(司)'로 썼다. 『설문해자』에서 "사(司)는 신하가 밖에서 일을 맡는 것이다[司, 臣司事於外者]."라고 하였다. 다스리는 것이 본래 의미이다. 본 명문에서는 '사(嗣)로 읽으며, 계승한다는 뜻이다.

'채(采)'는 천자가 제후나 경대부에게 하사한 봉읍이다. 『예기 · 예운(禮記 · 禮運)』에서 "대부는 채지가 있어 그의 자손을 거처하게 한다[大夫有采地, 以處其子孫]."라고 하였는데, 공영달의 소에서는 "대부는 채지의 녹으로 그 자손을 기르기 때문에 '그의 자손을 거처하게 한다.'라고 말한 것이다[大夫以采地之祿, 養其子孫, 故云'以處其子孫']."라고 하였다. 『풍속통 · 육국(風俗通 · 六國)』에서 "초나라에 웅역을 봉하고, 자남의 채지를 먹게 하였다[封熊繹

於楚, 食子南之采].”라고 하였다.

(6) 여기서의 ‘사(嗣)’는 관장한다는 뜻이다. 『시경 · 정풍 · 고구(詩經 · 鄭風 · 羔裘)』에서 “저 사람이시어, 올바름으로써 나라를 주관하시는구나[彼其之子, 邦之司直].”라고 하였는데, 모전(毛傳)에서는 “사(司)는 주관한다는 뜻이다[司, 主也].”라고 하였다.

(7) ‘불(市)’의 발음은 fú(불)이고, 제사복의 무릎가리개[蔽膝]이다. 『설문해자』에서 “불(市)은 폐슬이다. 상고시대에는 옷으로 앞을 가렸으며, ‘불(市)’로 이를 상형한 것이다. 천자는 주불(朱市), 제후는 적불(赤市), 대부는 총형(葱衡)을 쓴다. ‘건(巾)’으로 구성되며, 허리띠로 맨 형태를 상형하였다. ‘불(韍)’은 전서의 ‘불(市)’이다. ‘위(韋)’와 ‘발(犮)’로 구성된다.[市, 韠也. 上古衣蔽前而已, 市以象之. 天子朱市, 諸侯赤市, 大夫葱衡. 從巾, 象連帶之形. 韍, 篆文市. 從韋從犮].”라고 하였다.

‘𩂣’는 지명으로 ‘정(靜)’의 채지(采地)이다.

‘𩂣’는 지명으로 정(靜)의 채지이다.

(8) ‘용사(用事)’는 금문에서 자주 보이는 말로 맡은 일을 이행한다는 뜻으로 사용한다.

단대(斷代)

본 명문은 중(中) · 정(靜) 등에게 남국을 시찰하게 한 일을 기록하였으며, 안주육기(安州六器)인 〈중언(中甗)〉 · 〈중방정(中方鼎)〉 등과도 관련이 있다. 마땅히 소왕시기 기물로 보아야 한다.

24

靜簋

이산농(李山農)이 소장하였던 기물이다. 명문은 8행 90자이다. 현재 미국 뉴욕 새클러(Sackler) 예술박물관에서 소장하고 있다.

저록(著錄)

『서청고감(西淸古鑒)』27.14, 『양주금문사대계도록고석(兩周金文辭大系圖錄考釋)』圖63錄27考55, 『금문통석(金文通釋)』16・123, 『은주금문집성(殷周金文集成)』8・4273

석문(釋文)

隹(唯)六月初吉，王才(在)葊京。丁卯[(1)]，王令(命)靜嗣(司)射學宮[(2)]，小子眔服[(3)]、眔小臣[(4)]、眔尸(夷)僕學射[(5)]。雩(越)八月初吉庚寅[(6)]，王以吳𠦪、呂㓝(犅)𨙶(會)𤞷(豳)䀭𠂤(師)，邦君射于大池[(7)]。靜學(教)無罔(尤)[(8)]，王易(賜)靜鞞剢(璲)[(9)]。靜敢拜稽首，對揚天子不(丕)顯休，用乍(作)文母外姞𨺅𣪘(簋)[(10)]，子子孫孫其萬年用。

탁본(拓本)

모본(摹本)

번역(飜譯)

6월 초길에 왕께서 방경(葊京)에 계시었다. 정묘일에 왕께서 정(靜)에게 학궁(學宮)에서 활쏘기를 맡기고, 귀족의 자제들과 복(服), 하급관리, 이족 출신의 종에게 활쏘기를 배우라고 명하시었다. 8월 초길 경인일에 왕께서 오백(吳伯) 분(𠦪)과 여백(呂伯) 강(㓻)으로 빈(𨙶)의 내사(盩自)를 회동하게 하여 작은 나라의 군주가 대지(大池)에서 활쏘기를 하였다. 정(靜)은 활쏘기를 가르치는데 과실이 없어 왕께서 정(靜)에게 칼집을 연결하고 패옥을 띤 칼을 하사하시었다. 정(靜)은 감히 절하고 머리를 조아리며 천자의 영명하시고 하사하심에 칭송하고 찬양하며 문덕이 있는 외(外)의 길씨(吉氏)를 제사지낼 제기를 만든다. 자자손손 만년토록 사용할지니라.

주해(注解)

(1) '정묘(丁卯)'는 6월 초길 정묘이다. 〈반궤(班簋)〉에서의 "8월 초길일에 종주에 계시었다. 갑술일에……[隹(唯)八月初吉, 才(在)宗周. 甲戌……]."라는 문장 형식과 같다. 곽말약은 7월이라 하였다.

(2) '사사(司射)'는 주로 활쏘기를 가르치는 일을 주관하였다. '사(射)'는 고대인의 육예(六藝) 가운데 하나로 그 일을 전담하는 관직이 있었다. 『의례・대사(儀禮・大射)』에 사마(司馬)가 있는데, 정현의 주에서는 "사마는 군대의 일을 주관하는 관리로, 사례를 주관하였다[司馬政官, 主射禮]"라고 하였다. 또한 "사인은 공경대부의 활쏘기를 알려준다[射人戒公卿大夫射]."라고 하였는데, 정현의 주에는 "사인은 활 쏘는 법으로 활 쏘는 예의를 관장한다[射人掌以射法治射儀]."라고 하였다. 『주례・하관(周禮・夏官)』에도 '사인(射人)'이 있다.

'학궁(學宮)'은 즉 태학으로 벽옹(辟雍)에 설치하였다. 『시경・대아・영대(詩經・大雅・靈臺)』의 공영달의 소에서 "『한시』에 말하기를 '벽옹이라는 것은……천하를 가르쳐서 봄에는 활쏘고 가을에는 연회를 베풀게 하는 것이다[韓詩說辟雍者……所以敎天下春射秋饗]."라고 하였으며, 『백호통・벽옹(白虎通・辟雍)』에서 "소학이라는 것은 경서에 관한 학예를 가르치는 궁이고, 태학이라는 것은 벽옹에서 활쏘기 시합을 하며 예법을 가르치는 궁이다[小學者, 經藝之宮, 大學者, 辟雍鄕射之宮]."라고 하였다.

(3) '소자(小子)'는 귀족의 자제로 미성년자를 가리킨다. 『시경・대아・

사제(詩經·大雅·思齊)』에서 "어른들은 덕 있게 되고, 아이들은 이루는 것 있으리라[肆成人有德, 小子有造]."라고 하였는데, 정현의 주에서는 "성인은 대부와 사를 일컫고, 소자는 그들의 자제들을 일컫는다[成人謂大夫士也, 小子其弟子也]."라고 하였다.

'복(服)'은 정사(政事)에 복무하는 사람이다. 『시경·대아·탕(詩經·大雅·蕩)』에서 "일찍이 이 벼슬자리에 있으면서, 일찍이 여기에서 복무하였다[曾是在位, 曾是在服]."라고 하였다. '복(服)'은 본래 동사였으나, 이곳에서는 인신하여 정사에 종사하는 사람이라는 뜻으로 명사와 같은 용법으로 사용되었다.

(4) '소신(小臣)'은 하급관리이다. 이에 대하여 『주례·하관(周禮·夏官)』에서 "소신은 왕의 작은 명을 관장하고, 왕의 작은 법도와 거동을 고하여 돕는다[小臣掌王之小命, 詔相王之小法儀]."라고 하였는데, 당란은 "젊은 고급 노예이다."라고 하였다. 『의례·대사(儀禮·大射)』에 '소신정(小臣正)'과 '소신사(小臣師)'가 있는 것으로 보아 소신의 종류가 비교적 많았음을 알 수 있다. 그러나 관직명으로서의 소신은 이러한 노예들을 관리한다.

(5) '시(尸)'는 '이(夷)'로 읽는다, '이복(尸(夷)僕)'은 오랑캐 출신의 종이다. '복(僕)'은 또한 노예이나 신분은 '신(臣)'에 비해 낮다. 『상서·미자(尚書·微子)』에서 "상나라가 망함에 빠지더라도 나는 남의 신하와 종이 되지 않으리라[商其淪喪, 我罔爲臣僕]."라고 하였다. '시복(尸僕)'이 관명이라는 견해도 있다. 〈해궤(害簋)〉에서 "시복과 소사를 관장하라[官𤔲(司)尸僕小射]."라고 하였다. 직책은 『주례·하관·태복(周禮·夏官·太僕)』에서 "왕께서 활을 쏘시면 활과 화살을 드린다[王射, 則贊弓矢]."라고 한 것과 대략 같다.

(6) 정묘일에서 경인일 사이에 23일이 있는데, 만약 정묘일이 6월이라

면 중간에 다시 7월을 넣을 수 없다. 만약 정묘일이 7월이라면, 곽말약이 말한 것은 또한 금문의 통례와 부합하지 않는다. 만약 다시 60일을 더한다면, 정묘일에서 경인일까지는 83일이 되어 6월과 7월을 합친 것보다 훨씬 많다. 월상(月相)을 정점설(定點說)로 보는 견해에 의하면, 6월 초길 정묘일이 초하루가 되지만, 8월 경인일이 하순에 있게 되어 또한 서로 모순이 발생한다. 이러한 모순을 해결하기 위하여 학자들은 6월 이후 반드시 윤달이 있어야 한다는 견해, 윤6월이라는 견해, 윤7월일이라는 견해를 제기하기도 하였다. 이에 대하여 당란은 "만약 6월 초길 정묘일이 6월 초파일이라면, 8월 초길 경인일은 8월 초삼일이다."라고 하였다. 『상주청동기명문선(商周青銅器銘文選)』에서는 "8월 초길 경인일은 다음해 8월이고, 그해 연말에는 윤달이 있어 13월이 있다. 〈소신정유(小臣靜卣)〉(궤(簋)라고도 부른다)에서 '13월[隹十又三月]'이라 하였고, 왕은 분경(蒡京)에서 머무르고 있었으니, 아마도 그해의 13월일 것이다."라고 하였다. 그런데 다음해라고 명확히 제시하지 않은 점이 통례에 부합하지 않으며, 또한 〈소신정유〉에 대해서 어떤 학자는 위조된 기물이라 여기기도 한다. 여기에서는 잠정적으로 당란의 설을 취한다.

(7) '吳𡘋'은 〈반궤(班簋)〉에 보이는 오백(吳伯)으로 '분(𡘋)'은 그의 이름이다. 여강(呂犅)은 〈반궤〉에 보이는 여백(呂伯)이다.

'𨚕'에 대하여 『금문편(金文編)』에서 "『설문해자』에 없으며, '회(會)'라는 의미와 같다. 『설문해자』에 회(會)는 부합하다는 의미라고 하였다. 〈영정(令鼎)〉에서 '왕께서 활을 쏘았다. 유사와 사씨·소자가 함께 활을 쏘았다[王射, 有司眔師氏小子𨚕射].'라는 기록이 있다."라고 하였다.[1)]

'䀇自'는 사람 이름이다. 〈기정(趩鼎)〉에서 "너에게 빈에 있는 주둔지의 총사마를 명하노라[令(命)女(汝)乍(作)𡺚(豳)𠂤冢司馬]."라고 하였으며, 〈오호정(吳虎鼎)〉에서 "왕께서 선부인 풍생과 사공인 옹의에게 명하시어 왕명을 거듭 밝혀 吳䀇의 옛 토지를 취하여 오호에게 교부하라 하시었다[王令(命)善(膳)夫豐生, 𤔲(司)工雍毅, 𤕌(申)剌(厲)王令(命), 取吳(虞)䀇舊疆付吳(虞)虎……]."라고 하였다. 〈오호정〉은 선왕시기 기물이고, 〈정궤〉는 목왕시기 기물로 시대상 대략 100년의 차이가 있다. 䀇自의 가족은 반드시 서주의 큰 종족이었을 것이다. '𡺚'은 '𤇾'으로도 쓴다. 양수달은 선(燹)으로 해석하고 빈(豳)자라 추정하였다.(고대에 '山'·'火'는 와변(訛變)되기 쉬웠다.)

'방군(邦君)'은 작은 나라의 군주이다.

'대지(大池)'는 〈휼궤(遹簋)〉에서도 보인다. 호경(鎬京)의 벽옹을 둘러싼 해자라는 견해도 있고, 호경의 연못[鎬池]이라는 견해도 있다.

(8) '학(學)'은 교(教)이다. 『설문해자』에서 "효(斆)는 깨닫는다는 뜻이다. '교(教)'와 '멱(冖)'으로 구성된다. '멱(冖)'은 아직 몽매함을 뜻한다. '구(臼)'는 발음을 나타낸다. '학(學)'은 '효(斆)'의 전서체이다[斆, 覺悟也. 從教從冖. 冖, 尙矇也. 臼聲. 學, 篆文斆省]."라고 하였다.

'㓙'는 '우(尤)'로 읽으며, 과실이라는 뜻이다. 이 구절은 정(靜)이 활쏘기를 가르치는데 과실이 없음을 뜻한다. 일설에 '무(無)'자 다

---

1) 역자주 : 금문편 인용에서 오류가 있는 것을 바로잡았다.

음 글자를 '睪'로 읽어야 하며, '無睪'은 '무역(無斁)'·'무사(無射)'로 '싫증내지 않는다[無厭].'라는 뜻과 같다고도 한다.

(9) '병(鞞)'의 음은 bǐng(병)이다. 『설문해자』에서 "칼집이라는 뜻이다[刀室也]."라고 하였다. 『소이아·광기(小爾雅·廣器)』에서 "칼날의 칼집을 실(室)이라 일컫는다. 실(室)은 병(鞞)이라 일컫는다[刃之削謂之室, 室謂之鞞]."라고 하였으며, 『일주서·왕회해(逸周書·王會解)』에 인용된 『이윤조헌(伊尹朝獻)』에는 "청컨대 물고기 가죽으로 만든 칼집〈을 헌상하시오〉[請令以魚皮之鞞]."라고 하였다. 칼집은 가죽으로 만들기 때문에 '혁(革)'이 구성된다. 칼집이 있는 칼로 인신하여 쓰기도 한다.

'병수(鞞剢)'는 〈번생궤(番生簋)〉에서 '병수(鞞璲)'로 쓰였는데, '수(璲)'·'수(剢)'는 모두 칼을 장식하는 끈이다. 전래문헌에는 '수(繸)' 혹은 '수(璲)'로 썼다. 『이아·석기(爾雅·釋器)』에서 "수(繸)는 끈이다[繸, 綬也]."라고 하였는데, 곽박(郭璞)의 주에서는 "즉 패옥의 끈으로, 이것으로 서옥을 연결하여 묶는 것이다[卽佩玉之組, 所以連繫瑞玉者]."라고 하였으며, 형병(邢昺)의 소(疎)에서는 "패용한 옥을 수(璲)라 부르고, 옥을 묶은 끈을 수(綬)라 부른다. 그 패용하는 옥[璲玉]을 연결하여 묶었기 때문에 수(繸)라 한다[所佩之玉名璲, 繫玉之組名綬, 以其連繫璲玉, 因名其綬曰繸]."라고 하였다. 따라서 '병수(鞞剢)'는 칼집에 장식 끈이 묶인 칼을 가리킨다.

(10) '문모(文母)'는 문덕(文德)이 있는 돌아가신 모친[妣]을 가리킨다.

'외(外)'는 봉읍의 이름이란 견해도 있다. 〈외숙정(外叔鼎)〉에서 "외숙이 보배롭고 존귀한 궤를 만드노라[外叔作寶障彝]."라고 하였으며, 〈사원궤(師瘨簋〉에서 "나의 문덕이 있는 부친 외계를 위한 존귀한 궤를 만드노라[用乍(作)朕文考外季障簋]."라고 하였다. 외길(外姞)은 길(姞)씨 성의 여자이다.

단대(斷代)

〈정궤(靜簋)〉와 〈정방정(靜方鼎)〉에서의 정(靜)은 같은 사람이고, 〈정방정〉은 소왕 말기의 기물이다. 소왕은 재위 19년에 남쪽으로 정벌하러 갔다가 돌아오지 못하고 한수에서 죽었다. 본 명문에서 왕은 분경(葊京)에 있으면서 정(靜)에게 사학궁(射學宮)을 맡으라고 명하였고, 오분(吳𠦪)·여강(呂犅) 또한 〈반궤(班簋)〉에 보이므로 마땅히 목왕 초기의 기물로 보아야 한다.

25

班簋

청나라 황궁에서 소장하였지만, 이후의 행방을 알 수 없다. 1972년 북경시 문물국은 폐기물자회수처에서 옛 청동기를 회수하여 수리・복원하니 글자 수가 완전히 동일하였다. 그러나 이것은 황궁에서 소장하였던 옛날 기물이 아니며, 제작 당시 함께 만들어진 다른 기물이다. 명문은 20행 197자이다. 〈모백이(毛伯彝)〉・〈모보반이(毛父班彝)〉・〈모백반궤(毛伯班簋)〉라고도 한다.

저록(著錄)

『서청고감(西淸古鑑)』13.12, 『양주금문사대계도록고석(兩周金文辭大系圖錄考釋)』圖76錄9考20, 『문물(文物)』1972년 9기, 『은주금문집성(殷周金文集成)』8・4341

탁본(拓本)

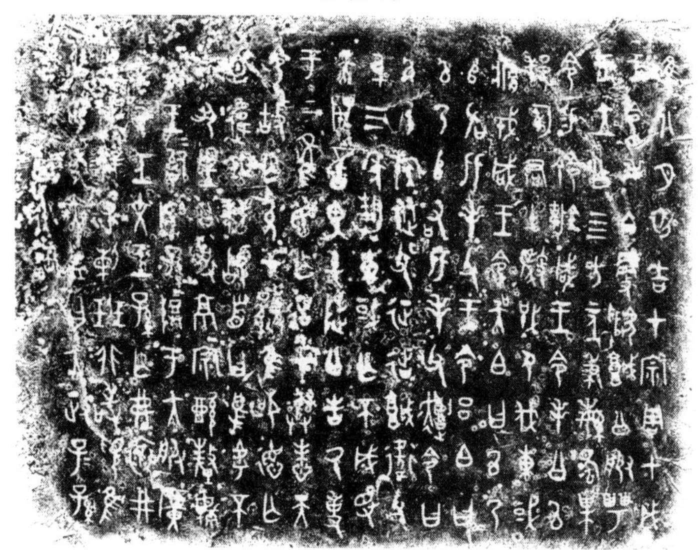

모본(摹本)

석문(釋文)

隹(唯)八月初吉，才(在)宗周[(1)]。甲戌，王令(命)毛白(伯)更虢𩁹(城)公服[(2)]，甹(屏)王立(位)[(3)]，乍(作)四方亟(極)[(4)]，秉緐(繁)、蜀、巢令(命)[(5)]。易(賜)鈴、鋚，咸[(6)]。王令(命)毛公以邦冢君[(7)]、土(徒)馭[(8)]、𢦚人伐東國𤞷(偃)戎[(9)]，咸。王令(命)吳白(伯)曰："以乃𠂤(師)左比毛父[(10)]。"王令呂白(伯)曰[(11)]："以乃𠂤(師)右比毛父。"遣令曰[(12)]："以乃族從父征[(13)]，䢅(出)𩁹(城)衛父身[(14)]。三年靜(靖)東或(國)[(15)]，亡不成眈(尤)[(16)]，天畏(威)，否(丕)畀屯(純)陟[(17)]。"公告氒(厥)事于上[(18)]："隹(唯)民亡䢅才(哉)[(19)]！彝忝(昧)天令(命)，故亡[(20)]，允才(哉)顯，隹(唯)苟(敬)德[(21)]；亡(無)逌(攸)違[(22)]。"班𢷎(拜)䭫(稽)首，曰："烏虖[(23)]！不(丕)𠃹(顯)丮皇公[(24)]，受京宗懿釐[(25)]，毓(育)文王姒聖孫[(26)]，䧹(登)于大服[(27)]，廣成氒(厥)工(功)[(28)]。文王孫亡(無)弗褱(懷)井(型)[(29)]，亡(無)克竟(競)氒(厥)剌(烈)[(30)]。"班非敢覓[(31)]，隹(唯)乍(作)卲(昭)考爽[(32)]，益(謚)曰大政[(33)]。子子孫多世其永寶[(34)]。

번역(飜譯)

8월 초길에 종주(宗周)에 계시었다. 갑술일에 왕께서 모백(毛伯)에게 명하시어 괵성공(虢城公)의 직무를 이어서 왕위를 보위하고, 사방의 본보기가 되어 번(繁)・촉(蜀)・소(巢)의 정령을 관장하도록 하시었다. 깃발에 다는 방울과 말 재갈을 하사하시고 마치시었다. 왕께서 모공(毛公)에게 방국의 제후, 보병, 거마부대, 𢦚사람을 이끌고 동방의 나라인 서융(徐戎)을 정벌하라고 명하시고 마치시었다.

왕께서 오백(吳伯)에게 명하시면서 말씀하셨다.

"너의 군대는 왼쪽에서 모보(毛父)를 도와주어라!"

왕께서 여백(呂伯)에게 명하시면서 말씀하셨다.
"너의 군대는 오른쪽에서 모보(毛父)를 도와주어라!"
명을 발하여 말씀하시었다.
"너의 종족은 모보(毛父)를 따라 정벌하고, 성을 나서면 모보(毛父)의 몸을 호위하여라. 3년 만에 동방의 나라들을 안정시키니, 전쟁에 패한 과실이나 허물이 없었으며, 상천의 위엄으로 크게 아름다움을 하사하여 승진시키노라."
모공(毛公)이 목왕(혹은 선조의 신령)에게 그 일을 보고하였다.
"백성들이 우둔하구나! 항상 하늘의 명령에 밝지 않으면 망한다는 것은 진실로 분명하구나! 덕을 공경하여야 어긋나는 바가 없어야 할 것이다."
반(班)이 절을 하고 머리를 조아리며 말하였다.
"오호라! 크게 빛나 찬양받는 황공(皇公)은 주나라 종실의 아름다운 복을 받으시어 문왕과 태사의 성스러운 손자를 양육하셨고, 중요한 임무를 맡아 고관으로 승진하셨으며, 그 공업을 크게 이루셨습니다. 문왕의 자손들이 모범으로 사모하지 않음이 없고, 그 빛나는 위엄을 견줄만한 자가 없습니다."
반(班)이 감히 구할 수 있는 바가 아니지만 오직 영명하신 부친 모공과 비를 위하여 예기를 만들고, 시호를 대정(大政)이라 하였다. 자자손손 여러 세대동안 영원히 보배롭게 여길지어다.

주해(注解)

(1) 초길(初吉)과 일진(日辰) 사이에 "왕이 종주에 계셨다[王在宗周]." 와 같은 말을 삽입하는 기일법(紀日法)은 목왕 전후에 상당히 유행하였다.

(2) '명(命)'은 책명이다.

'모백(毛伯)'이 어떤 사람인가에 대한 의견은 일치하지 않고 있다. 곽말약은 본 기물을 성왕시기의 것이라 판정하고, 모백(毛伯)을 『상서・고명(尙書・顧命)』에서 보이는 '모공(毛公)'이며 문왕의 아들인 '모숙정(毛叔鄭)'으로 보았다. 우성오・양수달 등은 본 기물을 목왕시기의 것이라 판정하고, 모공을 『목천자전(穆天子傳)』에서 보이는 '모반(毛班)'이라고 보았다. 당란은 본 기물을 처음에 강왕・소왕시기의 것이라고 판정하였다가 뒤에 다시 목왕시기라고 판정하면서 다음과 같이 말하였다.

> 모백은 아래 글에 나오는 모공의 큰아들이다.……본 명문을 보면, 모백반(毛伯班)은 모공을 '소고(昭考)'라 칭하였고, 왕은 모공을 '모보(毛父)'라 칭하니, 모공은 마땅히 모숙정(毛叔鄭)의 증손이며, 소왕과 같은 항렬임을 알 수 있다.……모백반은 실제로 목왕과 같은 항렬이고, 모숙정의 오대손이니, 즉 『이아』에서 말하는 현손(玄孫)이다.

그러나 대부분 학자들은 여전히 모백과 아래 문장의 모공(毛公)・모보(毛父)가 같은 사람이라 생각한다.

'경(更)'은 '경(庚)' 혹은 '갱(賡)'으로 읽는다. 『시경・소아・대동(詩經・小雅・大東)』에서 "서쪽에는 장경성이 있다[西有長庚]."라고 하였는데, 모전(毛傳)에서는 "경(庚)은 잇는다는 뜻이다[庚, 續也]."라고 하였다. 또한 『국어・진어4(國語・晉語四)』에서 "성의 이로움은 서로 이어준다[姓利相更]."라고 하였는데, 위소의 주에서는 "경(更)은 잇는다는 뜻이다[更, 續也]."라고 하였다.

'괵(虢)'은 나라 이름으로 선진시대 괵국은 3~4곳에 있었다. 섬서성 봉상(鳳翔, 즉 雍)에 있었던 것을 서괵(西虢), 하남성 형양(滎

陽)에 있었었던 것을 동괵(東虢), 산서성 대양(大陽, 지금의 平陸)에 있었던 것을 북괵(北虢), 하남성 섬현(陝縣. 지금의 三門陝市)에 있었던 것을 남괵(南虢) 혹은 서괵(西虢)이라 일컬었다. 일반적으로 이러한 괵국들은 모두 섬서성의 서괵에서 근원하였다고 생각된다. 본 명문의 '괵성공(虢城公)'은 서괵의 군주이다.

'𩏩'은 '성(城)'이며, '성(成)'으로 읽기도 한다. 괵공의 칭호이다.

'服'은 관직의 총칭이다. 『시경・대아・탕(詩經・大雅・蕩)』에서 "일찍이 이 벼슬자리에 있으면서 일찍이 여기에서 복무하였다[曾是在位, 曾是在服]."라고 하였는데, 모전(毛傳)에서는 "복(服)은 정사에 복무한다는 뜻이다[服, 服政事也]."라고 하였다.

(3) '병(甹)'은 병(甹)의 번체자이며, '병(屛)'으로 읽는다. '번병(藩屛)' 또는 '보위(保衛)'라는 뜻이다. 『좌전・희공(左傳・僖公)』24년에서 "옛날에 주공은 관숙・채숙의 두 형제가 불행하게 죽은 것을 근심하였던 까닭에 친척을 봉하여 주나라 왕실의 울타리로 삼았습니다[昔周公弔二叔之不咸, 故封建親戚以藩屛周]."라고 하였으며, 『좌전・애공(左傳・哀公)』16년에서도 "내가 군주의 자리에 거하는데 장애를 주시도다[俾屛余一人以在位]."라고 하였다.[1)]

---

1) 역자주 : 예문으로 『좌전・애공』16년의 문장을 제시한 것은 적절하지 못하다. 앞의 예문과 같이 '屛'이 서주 왕실의 울타리, 병풍이라는 맥락에서 쓰이는 예는 적지 않다. 다만, 『좌전・애공』16년에서는 가리다, 장애가 된다는 의미로 사용되었다. 해당 문장의 杜預注는 "병(屛)은 가린다는 뜻이다[屛, 蔽也]."라고 하였다. 『좌전・소공』18년에서 "섭은 초나라에 있어서 방성의 바깥에 장애물이 있는 것과 같습니다[葉在楚國, 方城外之蔽也]."라고 하였으며, 두예(杜預)의 주에서 "방성 바깥의 장애물이다[爲方城外之蔽障]."라고 한 말을 아울러 참고하기 바란다.

(4) '亟'는 극(極)자의 본 글자이다. 땅에 서 있는 사람의 키가 높이는 하늘에 달하는 것을 상형하였으며, 절정이라는 뜻이다. 준치 또는 모범이라는 뜻으로 인신된다. 진몽가는 다음과 같이 말하였다.

> '乍(作)四方亟(極)'은 〈모공정(毛公鼎)〉의 "너에게 명하노니 한 나라의 모범이 되어라[命女(汝)亟一方]."라고 한 것, 『상서 · 군석(尙書 · 君奭)』에서 "너를 백성의 모범으로 삼는다[作汝民極]."라고 한 것, 『시경 · 상송 · 은무(詩經 · 商頌 · 殷武)』에서 "상읍이 정연히 성대하니, 사방의 모범이로다[商邑翼翼, 四方之極]."라는 구절이 한시(韓詩) · 제시(齊詩)에서 "경읍이 정연히 성대하니 사방의 준칙이로다[京邑翼翼, 四方是則]."라고 쓰인 것과 같다. 그러므로 정현의 전(箋)은 극(極)의 의미를 '본보기로 삼다[則效]'라고 한 것이다.

이 구절은 사방의 모범이 되었다는 뜻이다.

(5) '병(秉)'은 『이아 · 석고(爾雅 · 釋詁)』에서 "잡는 것이다[執也]."라고 하였으며, 관장한다는 뜻이다.
'번(緐)' · '촉(蜀)' · '소(巢)'는 모두 지명이나, 그 위치가 어디인지는 지금 정확히 알 수 없다. 대략 모두 양자강과 회수 사이에 있었다. 〈증백래보(曾伯霥簠)〉에서 "오랑캐 회이를 이겨 물리치고 번탕을 안무하였다[克狄淮夷, 印(抑)燮緐(繁)湯]."라고 하였으며, 〈진강정(晉姜鼎)〉에서는 "번탕□을 정벌하였다[征緐湯□]."라고 하였다. 『좌전 · 양공』4년에서 "초나라 군대는 진나라가 배반한 일 때문에 그대로 번양에 주둔하여 있었다[楚師爲陳叛故, 猶在繁陽]."라고 하였는데, 두예의 주에서는 "번양은 초나라 땅으로 하남 양현의 남쪽에 있다[繁陽, 楚地, 在河南陽縣南]."라고 하였다. 어떤 학자는 '번(繁)'은 '번양(繁陽)'으로 그 땅은 오늘날 하남성 신채현(新蔡縣) 북쪽이라고도 한다.

'촉(蜀)'에 대하여 어떤 학자는 산동성에 있다고 한다. 『춘추・성공』2년에서 "성공이 초나라 공자 영제를 촉에서 회합하였다[公會楚公子嬰齊于蜀]."라고 하였으며, 『국어・초어(國語・楚語)』에서 "초나라 영왕이 태재인 계강을 사신으로 보내어 노후를 초청하면서 옛날 촉의 전투로 위협하였습니다[使大宰啓疆請于魯侯, 懼之以蜀之役]."라고 한 노나라 땅의 촉이다. 어떤 학자는 지금의 하남성 서부지역에 있다고도 한다. 즉 『죽서기년(竹書紀年)』에서 "이왕 2년에 촉인・여인이 와서 옥을 바쳤다[夷王二年, 蜀人呂人來獻瓊玉]."에서의 촉이다.

'소(巢)'는 지금의 안휘성 소현(巢縣)이다.

(6) '영(鈴)'은 깃발에 위에 다는 방울이다.

'늑(勒)'은 '늑(勒)'의 이체자이다. 『설문해자』에서 "늑(勒)은 말머리에 멍에를 묶은 것이다[勒, 馬頭絡銜也]."라고 하였다.

(7) '모공(毛公)'은 즉 '모반(毛班)'이다. 괵성공(虢城公) 직무를 이어받은 후 '공(公)'으로 개칭하였으며, 봉작이 상승하였다.

'이(以)'는 이끈다는 뜻이다.

'방(邦)'은 나라라는 뜻이다.

'총(冢)'에 대하여 『설문해자』에서 "총(冢)은 높은 무덤이라는 뜻이다[冢, 高墳也]."라고 하였으며, 지위가 높다는 뜻으로 인신되었다. 『이아・석고상(爾雅・釋詁上)』에서 "총(冢)은 크다는 뜻이다[冢, 大也]."라고 하였는데, 학의행(郝懿行)의 주에서는 "대개 총(冢)은 본래 봉토의 이름이니, 무릇 큰 것을 모두 총(冢)이라고도 일컬을 수 있다.……그러므로 대군(大君)을 총군(冢君)이라 할 수 있으며, 대재(大宰)를 총재(冢宰)라고 할 수 있다[蓋冢本封土爲名, 而凡大亦皆稱冢……然則大君謂之冢君, 大宰謂之冢宰].”라고 하였다. 따라서 ‘총군(冢君)’은 주나라가 봉한 오래된 부락의 우두머리이다. 『상서 · 목서(尙書 · 牧誓)』에서 “우리의 우방 총군이여[我友邦冢君].”라고 하였다.

(8) ‘토(土)’는 ‘도(徒)’로 읽으며, 보병을 뜻한다.
‘어(馭)’는 전차를 모는 사람으로 전차병[車兵]을 뜻한다.

(9) ‘𢦏’은 종족 이름으로 〈숙이종(叔夷鐘)〉에 “𢦏徒”가 보인다.
‘㾂’은 ‘염(厭)’자의 이체자라는 견해도 있다. ‘염(厭)’은 ‘언(偃)’으로 읽는다. 서(徐)나라는 언(偃)씨 성이니, ‘㾂戎’을 쳤다는 것은 곧 서융(徐戎)을 쳤다는 뜻이 된다. 『상서 · 비서(尙書 · 費誓)』에서 “회이와 서융이 함께 일어났다[淮夷西戎并興].”라고 하였다. 『사기 · 진본기(史記 · 秦本紀)』에서 “서언왕이 난을 일으키자 조보는 목왕을 위하여 말을 몰아 쉴 새 없이 주(周)로 돌아오니, 하루에 천리를 달려 난을 평정하였다[徐偃王作亂, 造父爲繆王御卿, 長驅歸周, 一日千里以救亂].”라고 하였으며, 『사기 · 조세가(史記 · 趙世家)』에서 “목왕은 조보에게 말을 몰게 하여 순수를 하였는데, 서왕모를 보고 즐거워 돌아감을 잊었다. 서언왕이 모반하자 목왕은 하루에 천리마를 달리게 하여 서언왕을 공격해 크게 격파하였다[繆王使造父御, 爲巡狩, 見西王母, 樂之忘歸. 而徐偃王反, 繆王日馳千里馬, 攻徐偃王, 大破之].”라고 하였다. 『후한서 · 동이열전(後漢書 · 東夷列傳)』의 기록은 다음과 같다.

> 뒤에 서이가 참람스럽게 〈왕이라〉 칭하고, 구이를 거느리고 종주를 치고자 서쪽으로 황하 상류에 이르기도 하였다. 목왕은 그 세

> 력이 강성한 것을 두려워하여 동방의 제후들을 나누고, 서언왕에게 이를 관장하게 명하였다. 서언왕은 황지의 동쪽에 거처하였는데, 땅은 사방 500리이고, 인의를 행하여 뭍길로 배알하러 온 것이 36나라였다.……언왕은 어질었으나 권도의 술수가 없어 그 사람됨이 차마 전투를 감당하지 못한 까닭에 패하고 말았다.
> 後徐夷僭號, 乃率九夷以伐宗周, 西至河上. 穆王畏其方熾, 乃分東方諸侯, 命徐偃王主之. 偃王處潢池東, 地方五百里, 行仁義, 陸地而朝者三十有六國…… 偃王仁而無權, 不忍鬥其人, 故致於敗.

고힐강(顧頡剛)은 『서와 회이의 천류[徐和淮夷的遷留]』에서 "서언왕(徐偃王)은 한 명의 구체적 인물이 아니며, 그들은 국족(國族)의 대표일 따름이다."라고 하였다. 공령원(孔令遠)은 박사학위 논문인 『서국의 고고발견과 연구[徐國的考古發現與硏究]』에서 "서언왕(徐偃王)이 서국의 대표적 인물 혹은 서국의 기치이자 상징이 되는 이유는 아마 서언왕(徐偃王)이 어떤 특정한 서나라 왕의 이름을 가리키는 것이 아니라 거위[鵝, 고대에는 舒雁라 하였다]를 토템으로 삼았던 서나라 사람의 왕을 가리키기 때문일 것이다. 그러므로 서안왕(徐雁王)으로 칭하였으며, 이가 바로 서언왕(徐偃王)이다. 이 견해는 아압성(鵝鴨城, 강소성 邳州市 鵝鴨城의 徐都 유적지를 가리킨다고 생각된다)과 서언왕(徐偃王)이 알에서 나왔다는 고사로 증명된다."라고 하였다.

(10) '오백(吳伯)'은 〈정궤(靜簋)〉에 보이는 '오분(吳𠦪)'이다.

'𠂤'는 사(師)로 군대이다. 『시경・진풍・무의(詩經・秦風・無衣)』에서 "왕께서 군대를 일으키신다면, 나는 과(戈)와 창을 수리하여, 그대와 함께 원수 갚으리[王于興師, 修我戈矛, 與子同仇]."라고 하였다.

'비(比)'에 대하여 『이아·석고(爾雅·釋詁)』에서 "비(比)는 돕는 것이다[比, 俌(輔)也]."라고 하였다. 『시경·당풍·체두(詩經·唐風·杕杜)』에서 "아, 무심히 길가는 사람이여 어찌 나를 돕지 않는가[嗟行之人, 胡不比焉]."라고 하였는데, 정현의 주에서 '비(比)'는 '보(輔)'라 하였다.

'모보(毛父)'은 모공(毛公)이니, 연배가 왕보다 높기 때문에 왕이 '보(父)'라 불렀다.

(11) '여백(呂伯)'은 〈정궤(靜簋)〉에 보이는 '여강(呂犅)'이다.

(12) '견(遣)'에 대하여 『설문해자』에서 "놓아주는 것이다[縱也]."라고 하였으며, 발하다[發]라는 뜻으로 인신된다. 『좌전·희공』23년에서 "강씨는 자범과 계책을 세우고, 〈重耳를〉 취하게 만들어 떠나보냈다[姜氏與子犯謀, 醉而遣之]."라고 하였다. 곽말약은 '견(遣)'을 사람 이름으로 보았으나 근거가 부족하다.

(13) '족(族)'은 본래 종족을 가리키나 군대를 지칭하는 것으로 인신되었다. 『상주청동기명문선(商周青銅器銘文選)』에서 "주나라 사람이 전쟁을 할 때 군대를 거느리는 우두머리의 종족 중에 전투력이 있는 성인을 작전에 참가시켜 군대의 골간으로 삼았다."라고 하였다.

(14) '보(父)'는 '모보(毛父)', 즉 모공(毛公)이다. 모보(毛父)는 군대의 사령관이기 때문에 왕은 오백(吳伯)과 여백(呂伯)을 군대의 좌우 양 날개로 삼아 성을 나가면 그를 보호하라 명령하였다.

(15) '삼년(三年)'은 동방 정벌이 3년이 되었다는 뜻이니, 주왕(周王)의 기년이 아니다.

'정(靜)'은 안정 또는 평정이라는 뜻이다.

(16) '망(亡)'은 '무(無)'이다.

'불성(不成)에 대하여 이학근은 "전쟁에서 공이 있는 것을 '유성

(有成)'이라 하고, 공이 없는 것을 '불성(不成)'이라 한다."라고 하였다.

'䜌'는 '우(尤)'로 읽으며, 허물이란 뜻이다. 따라서 '亡不成䜌(尤)'는 "전쟁에 패한 과실이 없다."라는 뜻이다.

(17) '외(畏)'는 '위(威)'로 읽는다. '천위(天威)'는 상천의 위엄이다.

'부(否)'는 '비(丕)'로 읽으며, 크다는 뜻이다.

'비(畀)'의 음은 bì(비)이이다. 『이아・석고(爾雅・釋詁)』에서 "비(畀)는 주다는 뜻이다[畀, 賜也]."라고 하였다. 둔('屯)'은 '순(純)'으로 읽으며, 아름답고 좋다[美善]는 뜻이다. 따라서 '비순(畀純)'은 주나라 때 성어로 『상서・다방(尙書・多方)』에서 "하나라를 형벌하여 끊으시고, 하늘은 아름다움을 크게 주시도다[刑殄有夏, 惟天不畀純]."라고 한 것과 같다.

'척(陟)'은 『설문해자』에서 "오르는 것이다[登也]."라고 하였으며, 승진하다는 뜻으로 인신되었다. 『상서・요전(尙書・堯典)』에서 "3년 만에 업적을 평가하고, 3평 평가함에 〈업적이〉 어두운 자와 드러난 자를 물리치고 승진시켰다[三載考績, 三考, 黜陟幽明]."라고 하였는데, 공안국의 전에서는 "〈공적이〉드러난 자를 승진시키는 것이다[升進其明者]."라고 하였다. 따라서 "비비순척(丕畀純陟)"은 크게 아름다움을 하사하고 승진시켰다는 뜻이다.

(18) '공(公)'은 모공이다. '궐사(厥事)'는 동쪽 나라를 정벌한 일이다. '상(上)'이 왕을 가리킨다는 견해도 있고, 조상의 신령을 가리킨다는 견해도 있다.

(19) '隹民亡𢓊'에서 '亡逌違'까지의 구절들은 해석하기 매우 어렵다. 이하의 해석은 대략 『상주청동기명문선(商周靑銅器銘文選)』과 『상주고문자독본(商周古文字讀本)』의 견해를 참고하였다.

'민(民)'은 '맹(氓)'으로 읽는다. 『전국책 · 진책(戰國策 · 秦策)』에서 "저것은 진실로 망국의 형세이나 그럼에도 불구하고 백성을 걱정하지 않는다[彼固亡國之形也, 而不憂民氓]."라고 하였는데, 요홍(姚弘)의 주에서는 "야민(野民)을 맹(氓)이라 한다[野民曰氓]."라고 하였다.

'㿝'에 대하여 양수달은 '䛐'로 해석하며, 우방(右旁)이 갑골문에서 '출(出)'의 이체자 '㞢'과 같다고 하였다. 본 명문에서 '䛐'은 '졸(拙)'로 읽는다. '졸(拙)'은 『설문해자』에서 "정교하지 못한 것이다[不巧也]."라고 하였으니, 즉 '준(蠢)'이다.

'才'는 '재(哉)'로 읽으며, 어기조사이다. 한나라 때 만들어진 〈희평석경(熹平石經)〉의 『상서 · 무일(尙書 · 無逸)』에서 "술의 악덕에 빠지지 마십시오[酗于酒德才]."라고 하였는데, 현행본에는 '재(才)'가 '재(哉)'로 되어있다.

(20) '이(彝)'는 '상(常)'이라는 뜻이다. 『시경 · 대아 · 증민(詩經 · 大雅 · 蒸民)』에서 "백성은 타고난 천성이 있으니, 아름다운 덕을 좋아하도다[民之秉彝, 好是懿德]."라고 하였는데, 모전(毛傳)에서 "이(彝)는 항상이다[彝, 常也]."라고 하였다.

'㒻'는 '매(昧)'와 통하며, 밝지 못하다는 뜻이다. 『상서 · 진서(尙書 · 秦誓)』에서 "곰곰이 내가 생각하다[昧昧我思之]."라고 하였는데, 공씨의 전에서는 "내가 곰곰이 생각하다고 한 것은 불명확하기 때문이다[以我昧昧思之不明故也]."라고 하였다.

(21) '윤(允)'은 부사로 확실이라는 뜻이다.

'현(顯)'은 분명히 드러난다는 뜻이다.

(22) '유(逌)'는 전래문헌에서의 '유(攸)'와 통한다. 『이아 · 석언(爾雅 · 釋言)』에서 "유(攸)는 소(所)의 뜻이다[攸, 所也]."라고 하였다.

'위(違)'는 위실(違失)로 잘못이란 뜻이다.

(23) '오호(烏虖)'는 감탄사로 전래문헌에서는 통상 '오호(嗚呼)'라 쓴다.

(24) '丮'의 음은 jǐ(극)이다. 『설문해자』에서 "잡는다는 뜻이다. 손에 잡고 의지하는 바가 있음을 상형하였다.…… 극(戟)과 같이 읽는다[持也. 象手有所丮據也……讀若戟]."라고 하였다. 곽말약은 이를 '짐(朕)'으로 읽고, "'극(丮)'과 '짐(朕)'은 발음이 유사하다[一聲之轉]"이라 하였다. 당란은 이를 '양(揚)'으로 해석하였다. 이학근은 '극(極)'으로 읽었다. 여기에서는 당란의 설을 취한다.

'황(皇)'은 크다는 뜻이고, '공(公)'은 반(班)의 부친이다. 따라서 '황공(皇公)'을 큰 공적이라는 뜻으로 보는 견해도 있다.

(25) '경(京)'에 대하여 『설문해자』에서 "사람이 만든 아주 높은 언덕이라는 뜻이다[人所爲絶高丘也]."라고 하였으며, 높고 크다는 뜻으로 인신된다. 따라서 '경종(京宗)'은 즉 '대종(大宗)'으로 가족들 가운데 적장자가 계승한 가계이다. 본 명문에서는 주왕조의 종실을 가리킨다.

'의(懿)'는 아름답다[美]라는 뜻이다.

'리(釐)'의 음은 xī(희)로 복(福)이라는 뜻이다. 『설문해자』에서 "리(釐)는 집안의 복이다[釐, 家福也]."라고 하였다. 주준성(朱駿聲)은 『설문통훈정성(說文通訓定聲)』에서 "허신은 이 글자가 '리(里)'를 구성요소로 하기 때문에 집안의 복이라 하였다. 나는 '복(福)'은 '희(禧)'자의 뜻[訓]이며, 옛날에 대부분 '희(禧)'의 가차자로 '리(釐)'를 사용하였다고 생각한다."라고 하였다.

(26) '육(毓)'은 『설문해자』에서 '육(育)'자의 이체자로 수록되어있다. 이 글자는 '每(母)'와 '𠫓', '巛'으로 구성되었다. '每'는 즉 '모(母)'자이고, '𠫓'는 '자(子)'자가 뒤집어진 형상이며, '巛'은 자궁의 양수로

이러한 요소들이 합쳐져 생육이라는 뜻의 회의자가 되었다. 왕국유는 『전수당소장갑골문자고석(戩壽堂所藏甲骨文字考釋)』에서 "'후(后)'자는 본래 사람의 형태를 상형한 것으로 '厂'은 '[illegible]'가 와변(訛變)된 것이며, '口'도 '子'가 뒤집어진 형태가 와변된 것이다."라고 하였다. 은나라 갑골문에서 육(毓)은 대부분 선공(先公)・선왕(先王)을 가리킨다. 『甲』2905에 "계해일에 고가 점쳐 물었다. 풍년으로 상갑부터 여러 선공에까지 이르겠습니까? 9월이다[癸亥卜, 古貞 : 𠦪年自上甲至于多毓? 九月]."라고 하였다. 전래문헌에서는 이를 대부분 '후(后)'로 쓴다. 『이아・석고(爾雅・釋詁)』에서 "후(后)는 군주이다[后, 君也]."라고 하였다. 『초사・이소(楚辭・離騷)』에서 "옛날 세 군주의 순수함이여, 진실로 많은 꽃이 있는 바이다[昔三后之純粹兮, 固衆芳之所在]."라고 하였는데, 왕일의 주에서는 "후(后)는 군주이니, 우・탕・문왕을 일컫는다[后, 君也, 謂禹湯文王也]."라고 하였다. 따라서 '후문황(后文王)'은 바로 문왕이다.

'王[illegible]'는 바로 '왕사(王姒)'이다. 『시경・대아・사제(詩經・大雅・思齊)』에서 "태사께서 아름다운 명성을 이어받으셨다[太姒嗣徽音]."라고 하였는데, 모전(毛傳)에서는 "태사는 문왕의 비이다[太姒, 文王妃也]."라고 하였다.

'성(聖)'에 대하여 『설문해자』에서 "성(聖)은 통한다는 뜻이다[聖, 通也].)"라고 하였다. 앞에서 이미 언급한 바와 같이 모반(毛班)은 문왕의 아들 모숙정(毛叔鄭)의 오대손이며, 그의 부친 황공(皇公)은 문왕・왕사의 증손이다.

'육(育)'을 동사로 보고, 낳다[生育]라는 뜻으로 보는 견해도 있다.

(27) '[illegible]'은 '등(登)'으로 읽으며, 직위가 오른 것을 뜻한다.

'대복(大服)'은 중요한 직무이다. 따라서 '龏于大服'은 높은 관직으로 승진하였다는 뜻이다.

(28) '공(工)'은 공업(功業)의 '공(功)'으로 읽는다. 따라서 '광성궐공(廣成厥工)'은 공업을 크게 이루었다는 뜻이다.

(29) '문왕손(文王孫)'은 문왕의 자손이란 뜻이다.
'회(褱)'는 '회(懷)'의 초문(初文)으로 그리워하다, 사모하다는 뜻이다.
'정(井)'은 '형(型)'으로 읽으며, 모범이란 뜻이다.

(30) '경(竞)'은 비교한다는 뜻이다. 서중서는 '亡克競厥烈'에 대하여 다음과 같이 말하였다.

> 그 빛나는 공렬을 견줄 수 없다는 뜻이다. 『초사·이소(楚辭·離騷)』에서 '뭇사람이 모두 함께 나아가 탐내는구나[衆皆競進而貪婪兮].'라고 하였는데, 주에서는 "경(競)은 함께 라는 뜻이다[競, 并也]."라고 하였다.

(31) '멱(覓)'에 대하여 곽말약은 "멱(覓)자는 맥(脈)으로 맥(覛)자와 같다.……『이아·석고(爾雅·釋詁)』에 '애(艾)·역(歷)·맥(覛)·서(胥)는 상(相)의 뜻과 같다[艾歷覛胥, 相也].'라고 하였다. 여기에서 멱(覓)은 바람을 일컫는다[此覓謂希冀也]."라고 하였다. 용경(容庚)은 이에 대하여 다음과 같이 말하였다.

> '멱(覓)'은 『설문해자』에 없다. 『국어·주어(國語·周語)』에서 "옛날 태사는 때에 따라 토지를 찾는다[太史順時覛土]."라고 하였으며, 『서경부(西京賦)』에서 "옛날에 보낸 객사를 찾는다[覛往昔之遺館]."라고 하였는데, 모두 '멱(覓)'으로 써야 한다. 후대인은 '멱(覓)'을 '맥(覛)'의 속체로 보았지만, 그 근원이 아니다.

용경의 말이 옳다. 『옥편』에서 "멱(覓)은 찾는다는 뜻이다[覓, 索也]."라고 하였으며, 『광운』에서는 "멱(覓)은 구한다는 뜻이다[覓, 求也]."라고 하였다. 따라서 "반비감멱(班非敢覓)은 반(班)이 감히 구하는 바가 아니라는 뜻이다.

(32) '소고(昭考)'는 영명하신 부친을 말한다.

'석(奭)'은 즉 '석(奭)'자의 이체자이지 상쾌하다는 '상(爽)'자가 아니다. 이 글자의 이체자는 매우 많다. 장정랑(張政烺)은 『석자설(奭字說)』에서 "이 글자는 대개 두 사물이 나란히 짝을 이루는 것이기에 형체에 구애받지 않는다."라고 하였다. 이 글자는 은나라 갑골문에 많이 보인다. 갑골문에서는 모두 '祖某奭妣某' 혹은 '妣某祖某奭'로 쓰이며, 장정랑은 '奭'을 '구(仇)'로 읽고 배우자[匹配]라는 뜻으로 해석하였다. 본 명문에서 '奭'과 '고(考)'는 서로 짝을 이루니, 바로 돌아가신 어머니[先妣]이다.

(33) '益'은 '시(謚)'로 읽으며, 발음은 shì(시)이다. 『일주서·시법(逸周書·謚法)』에서 "주공 단과 태공 망이 문왕의 업적을 이어서 열어, 목야에서 공을 세웠다. 〈문왕의〉 장례를 마치고 시호를 베푸는 법을 만들었다[惟周公旦·太公望開嗣王業, 建功于牧野之中, 終葬, 乃製謚叙法]."라고 하였다.

'대정(大政)'에 대하여 이학근은 집정대신을 일컫는 말이라 하였으며, 그 예는 『좌전·성공(左傳·成公)』6년, 『좌전·양공(左傳·襄公)』29년, 『좌전·소공(左傳·邵公)』7년 등에 보인다. 금문에서는 혹 '대정(大正)'으로 쓰기도 한다. 이학근은 또한 '익왈대정(益曰大政)'은 반(班)이 집정대신에게 부친을 위하여 시호를 내릴 것을 청하였다는 뜻이라 하였다.

(34) '자자손(子子孫)'은 서주중기 금문에서 자주 보이는 말이다. 말기

에 대부분 '자자손손(子子孫孫)'이라 하였다. '다세(多世)'는 '누세(累世)'로 대대로라는 뜻이다.

단대(斷代)

모백(毛伯)은 『목천자전(穆天子傳)』에 보이는 모반(毛班)이니, 본 기물은 목왕시기의 것이다.

26

長由盉

1954년 섬서성 장안현(長安縣) 두문진(斗門鎭) 보도촌(普渡村)의 서주 시기 묘에서 출토되어 현재 국가박물관에서 소장하고 있다. 뚜껑 안에 명문 6행 56자가 있다.

저록(著錄)

『문물참고자료(文物參考資料)』1955년 2기, 『고고학보(考古學報)』1957년 1기, 『금문통석(金文通釋)』권2 339쪽, 『은주금문집성(殷周金文集成)』15・9455

석문(釋文)

隹(唯)三月初吉丁亥，穆王才(在)下淢应(居)(1)。穆王卿(饗)豊(醴)(2)，卽(佽)井(邢)白(伯)大祝射(3)。穆王蔑長由(4)，以逨(仇)卽(佽)井(邢)白(伯)(5)，井(邢)白(伯)氏(視)殰(引)不奸(6)。長由蔑曆(歷)，敢對揚天子不(丕)杯(顯)休(7)，用肈(肇)乍(作)障彝(8)。

탁본(拓本)

모본(摹本)

번역(飜譯)

3월 초길 정해일에 목왕께서 하역(下淢)에 계시었다. 목왕께서 향례를 베푸시고 형백(邢伯)이 있는 곳에 이르시어 태축(大祝)과 활쏘기를 하시었다. 목왕께서 장불(長甶)을 격려하여 형백을 보조하시니, 형백이 크게 공경하였는데 거짓이 아니었다. 장불(長甶)은 격려를 받고 감히 천자의 위대하고 영명하심을 칭송하며 찬양하여 비로소 존귀한 예기를 만드노라.

주해(注解)

(1) '목왕(穆王)'은 소왕의 아들인 목왕 만(滿)이다. 목왕은 죽은 뒤의 시호이기 때문에 이 명문은 장불(長甶)이 과거의 일을 서술한 것임을 알 수 있다.

'하역(下淢)'은 지명으로 〈사사궤(師旋簋)〉에서 "역(淢)에 거처하였다[才淢应]."라는 말이 보인다. 노연성(盧連成)의 『주도역정고(周都淢鄭考)』와 왕휘(王輝)의 『서주기내지명소기(西周畿內地名小記)』에서는 모두 '역(淢)'을 지금의 봉상현(鳳翔縣) 남쪽으로 『한서 · 리지(漢書 · 地理志)』와 『한서 · 교사지(漢書 · 郊祀志)』에서 보이는 '역양(棫陽)'이라 추정하였다. 『시경 · 대아 · 문왕유성(詩經 · 大雅 · 文王有聲)[1)]』에서 "성을 쌓으며 이 해자를 팠다[築城伊淢]."라고 하였는데, 모전(毛傳)에서 "역(淢)은 사방 십리의 해자이다[淢, 成溝也[2)]]."라고 하였다. 여기에서 '하역(下淢)'이라 하였으니, 그 지역이 낮고 습하다는 것을 알 수 있다.

'옹(雍)'은 '옹(邕)'으로 쓰기도 하는데, 『설문해자』에서 "옹(邕)은 사방에 물이 있어 저절로 막혀 해자를 이룬 것이다[邕, 四方有水, 自邕成池者]."라고 하였다. 이로써 '역(淢)'과 '옹(雍)'의 의미가 유사함을 알 수 있다. 즉, 도성에 거처하고 있다는 의미이다. 『사기 · 주본기(史記 · 周本紀)』에서 "〈무왕은〉 낙읍에 주의 도성을 조성한 후 떠났다[營周居于雒邑而後去]."라고 하였다.

---

1) 역자주 : 문왕이 아니라 문왕유성이다.
2) 역자주 : '城溝也'라 하였는데, '成溝也'의 오타이다. 정현 전에서 "사방 10리를 성(成)이라 한다. 역은 그 도랑이니, 너비와 깊이는 각각 8척이다[方十里曰成. 淢, 其溝也, 廣深各八尺]."라고 하였다.

(2) ‘경(卿)’의 음은 qīng(경)이다. ‘[illegible]’으로 쓰는데, 두 사람이 서로 음식을 향하여 나아가는 형태를 상형한 것으로 ‘향(饗)’의 초문(初文)이며, 본래의 의미는 연회의 음식[饗食]이다. ‘향하다[嚮]’로 인신된다. 진초생(陳初生)은 『설문해자』에서 ‘향(鄕)’자는 본래 ‘𨛜’으로 구성되기 때문에 ‘경(卿)’자와 차이가 있다고 하였다. 그러나 뒤에 나온 ‘향(饗)’과 ‘향(嚮)’은 모두 ‘향(鄕)’이 소리요소가 되기에 혼란이 일어났다.

‘공경(公卿)’의 ‘경(卿)’은 가차자이다.

‘향(饗)’은 음식이다. 『시경 · 빈풍 · 칠월(詩經 · 豳風 · 七月)』에서 “술 두 단지로 잔치를 열고, 크고 작은 양을 잡았다[朋酒斯饗, 曰殺羔羊].”라고 하였다.

‘예(醴)’에 대하여 『설문해자』에서 “술을 하루 숙성시킨 것이다[酒一宿孰(熟)也].”라고 하였는데, 『옥편』에서는 “단술이다[甛酒也].”이라 하였다.

(3) ‘즉(卽)’은 차(佽, ci)로 읽는다. 〈중산왕착방호(中山王䳐方壺)〉에서 “어진 사람을 얻기에 힘쓰면, 그는 백성을 얻는데 도움을 준다[敄(務)在得臤(賢), 其卽得民].”라고 하였다. 『광운』에서 “차(佽)는 돕는다는 뜻이다[佽, 助也].”라고 하였다.

‘대축(大祝)’은 관직명으로 축고(祝告) · 기도의 직무를 전담하였다. 『주례 · 춘관 · 대축(周禮 · 春官 · 大祝)』에서 “대축은 6가지 축문을 관장한다. 사람 귀신과 하늘 귀신과 땅 귀신을 섬기고, 복과 상서로움을 기원하고, 항구한 올바름을 구한다[大祝掌六祝之辭, 以事鬼神示, 祈福祥, 求永貞].”라고 하였다. 목왕이 먼저 음례(飮醴)의 연회를 거행하고, 뒤에 형백(邢伯)이 있는 곳으로 와서 태축(太祝)과 활을 쏘았으니, 먼저 연회를 하고 후에 활쏘기를 하는 것이 예법이다.

(4) '불(甶)'의 음은 fú(불)이고, 『설문해자』에서 "귀신의 머리이다[鬼頭也]."라고 하였으며, '장불(長甶)'은 사람의 이름이다. 당란은 '귀(鬼)'로 예정하였다.

(5) 진검(陳劍)은 '逑郎'을 '구차(仇佽)'로 읽어야 하며, 보조한다는 뜻이라 하였다.

(6) '씨(氏)'는 '시(視)'로 읽는다. 『설문해자』에서 '시(視)'의 고문 중 하나로 '저(眂)'가 수록되어 있다. 고대에 '저(氐)'와 '씨(氏)'는 같은 글자였으므로 '저(眂)'자는 바로 '시(眂)'자이다.

'彌'은 '궁(弓)'으로 구성되며 '인(寅)'을 소리요소로 한다. 아마도 '인(引)'자의 이체자일 것이다. 『설문해자』에서 "인(引)은 활을 쏜다는 뜻이다[引, 開弓也]."라고 하였다. 따라서 '氏彌'을 '지인(祇夤)'으로 읽고, 크게 공경한다는 뜻이라고 보는 견해도 있는데, 또한 통한다.

'간(奸)'에 대하여 『광아·석언(廣雅·釋言)』에서 "간(奸)은 거짓이라는 뜻이다[奸, 僞也]."라고 하였다. 따라서 '불간(不奸)'은 거짓되지 않음[不僞], 성실함[誠信]을 뜻한다.

(7) '천자(天子)'는 상천(上天)의 자손이란 말이다. 고대에 제왕의 전용 명칭으로 사용되었으며, 일반적으로 당시 왕을 가리킨다. 『예기·곡례하(禮記·曲禮下)』에서 "천하에 임금 노릇하는 자를 천자라 한다[君天下曰天子]."라고 하였다. 여기에서는 목왕(穆王)을 가리킨다.

(8) '조(肇)'를 『설문해자』에서는 '조(肈)'로 썼다. 『이아·석고(爾雅·釋詁)』에서 "초(初)·재(哉)·수(首)·기(基)·조(肇)·조(祖) 등은 '비로소[始]'라는 뜻이다[初, 哉, 首, 基, 肇, 祖……始也]."라고

하였다.

단대(斷代)

본 명문에 '목왕(穆王)'이 언급되기 때문에 학계에서는 이를 목왕시기의 표준기물로 공인하고 있다. 그러나 이 명문은 과거의 일을 회고하여 기록한 것이기 때문에 기물이 만들어진 시점은 이미 공왕시기로 보아야 한다.

27

㦰簋

1975년 3월 섬서성 부풍현(扶風縣) 법문향(法門鄉) 장백촌(莊白村)에서 출토되었다. 현재 부풍현박물관에서 소장하고 있다. 기물과 뚜껑에 같은 명문 11행 136자가 있다.

저록(著錄)

『문물(文物)』1976년 6기, 『섬서출토상주청동기(陝西出土商周青銅器)』(二)104, 『금문총집(金文總集)』4 · 2836, 『은주금문집성(殷周金文集成)』8 · 4322

탁본(拓本)

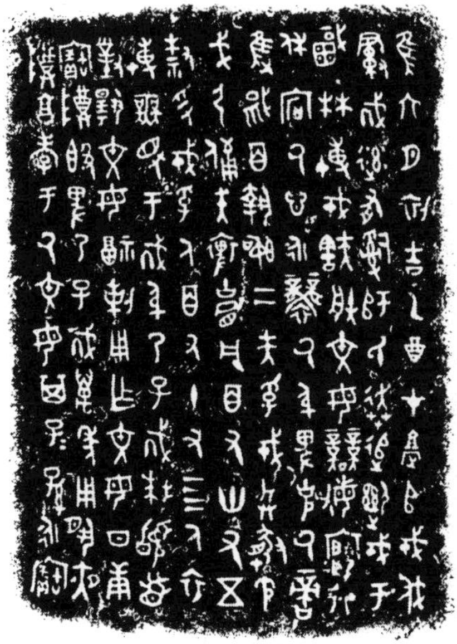

모본(摹本)

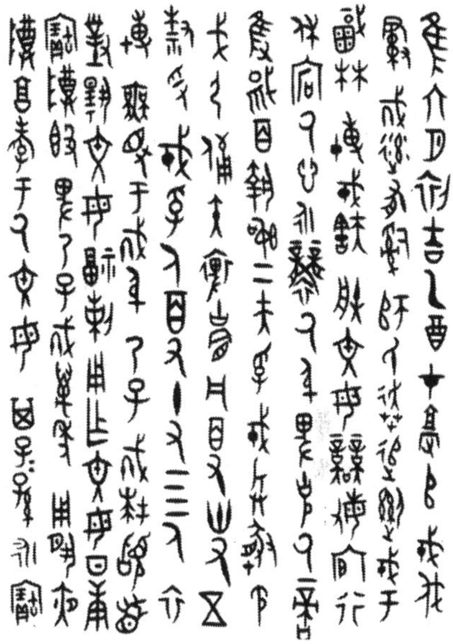

석문(釋文)

隹(唯)六月初吉乙酉，才(在)㙜𠂤(師)[1]，戎伐𣪕[2]。𢦔逹(率)有𤔲(司)、師氏奔追鄒(襲)戎于䮾(棫)林[3]，博(搏)戎𡘻[4]。朕文母競敏𩁹行[5]，休宕𠦪心[6]，永襲𠦪(厥)身[7]，卑(俾)克𠦪(厥)啻(敵)[8]。隻(獲)馘(聝)百[9]，執𠻍(訊)二夫[10]，孚(俘)戎兵𢧢(盾)、矛、戈、弓、備(箙)、矢、裨(裨)、胄，凡百又卅又五𣪘(款)[11]；寽(捋)戎孚(俘)人百又十又四人[12]。衣〈卒〉博(搏)，無眈(尤)于𢦔身[13]。乃子𢦔拜韻(稽)首[14]，對揚文母福剌(烈)[15]。用乍(作)文母日庚寶障毁[16]。卑(俾)乃子𢦔萬年[17]，用夙夜障(尊)享孝于𠦪(厥)文母[18]，其子子孫孫永寶。

번역(飜譯)

6월 초길 을해일에 경(坣)의 주둔지에 계셨는데, 융(戎)이 칙(䢵)을 공격하였다. 종(𢦚)은 유사와 사씨(師氏)를 이끌고 빠르게 엄습하여 역림(棫林)에서 융(戎)을 막고, 호(䟵)에서 융(戎)을 격파하였다. 나의 문덕을 갖춘 모친께서는 굳세고 민첩하게 길을 여시었다. 크고 아름답게 종(𢦚)의 마음을 개척하였으니, 모친의 미덕을 영원히 그 몸에 이르게 하여 하여금 그 적을 이기게 하셨다. 적의 귀 100개를 획득하였고, 포로 2명을 사로잡아 심문하였다. 융(戎)의 병기인 방패・긴 창・짧은 창・활・전동・화살・갑옷・투구 등 모두 135건을 노획하였고, 융(戎)에 의해 포로가 된 114명을 탈취하였다. 전투를 끝내고, 종(𢦚)의 몸에 잘못됨이 없었다. 당신의 아들 종(𢦚)이 절하고 머리를 조아리며, 문덕을 갖춘 모친의 복과 공적을 칭송하고 찬양하노라. 문덕을 갖춘 모친 일경(日庚)을 위한 보배롭고 존귀한 궤(簋)를 만드노라. 당신의 아들 종(𢦚)으로 하여금 만년토록 아침저녁으로 그 문덕을 갖춘 모친에게 효성을 누리게 하고, 자자손손 영원히 보배스럽게 여길지어다.

주해(注解)

(1) '坣'자는 '𡊨'로 쓰였고, 『설문해자』에는 '당(堂)'의 주문(籒文)으로 '𡌩'가 수록되어 있는데, 두 글자는 서로 비슷하면서도 조금 차이점이 있다. 어떤 학자는 직접 '당(堂)'으로 예정하기도 한다. '坣'은 종(𢦚)이 회융(淮戎)을 정벌할 때의 주둔지이다. 『설문해자』에서 "당(鄿)은 지명이다. '읍(邑)'으로 구성되며, '당(𡈼)'은 소리요소이다. '당(𡈼)'은 '당(堂)'의 고자(古字)이다[鄿, 地名. 從邑, 聲𡈼. 𡈼, 古堂字]."라고 하였다. 고대에 지명에 쓰이는 글자는 '읍(邑)'의 구

성여부에 관계없이 사용될 수 있었다. '당(鄌)'은 마땅히 '당(堂)'자이다. 춘추시기에 초나라 땅에 '당계(堂谿)'라는 곳이 있었다. 『사기・초세가(史記・楚世家)』에서 "초나라 소왕 11년 부개(吳王의 동생)가 패하여 초나라로 달아나자 〈초나라는 부개를〉 당계에 봉하였다[楚昭王十一年, 夫概敗奔楚, 封之堂谿]."라고 하였으며, 『한서・지리지(漢書・地理志)』에서 "당계의 옛 성은 예주 언성현의 서쪽 85리에 있다[堂谿故城在豫州郾城縣西八十有五里也]."라고 하였으니, '당(堂)'은 마땅히 '당계(堂谿)'를 가리킨다.

(2) '융(戎)'은 바로 회이(淮夷)로 회수 유역에 있었던 소수민족이다. 〈동방정2(㦰方鼎二〉에서 "왕께서 비로소 그 아들 종(㦰)에게 호신을 거느리고 회융을 물리치라고 하셨다[王用肇事(使)乃子㦰逹(率)虎臣禦伐淮(淮)戎]."라고 하였으며, 〈녹종유(彔㦰卣)〉에서는 "회이가 감히 우리나라를 쳤다[肇(肇)淮夷敢伐內國]."라고 하였다. '馭'은 지명이나 소재지는 분명하지 않다.

(3) '솔(逹)'은 전래문헌에서 통상 '솔(率)'로 쓴다. 거느리다, 통솔하다[統帥]라는 뜻이다. 『좌전・선공』12년에서 "군사를 이끌고 왔으니, 오로지 적군을 원할 뿐입니다[率師以來, 惟敵是求]."라고 하였다. '유사(有司)'는 고대에 관직을 만들면서 직책을 나누고, 각각 일을 전담하였기 때문에, 그 직관(職官)을 유사(有司)라 하는 것이다. 『상서・입정(尙書・立政)』에서 "유사의 목부[惟有司之牧夫]."라고 하였는데, 『의례・사관례(儀禮・士冠禮)』 정현의 주에서는 "유사란 일을 맡은 여러 관리이다[有司, 群吏有事者]."라고 하였다. '사씨(師氏)'는 관직명으로 공경(公卿)의 자제를 교육하고 왕실의 안전을 보위하는 직무를 맡았다. 『주례・지관・사씨(周禮・地官・師氏)』에서 "무릇 제사・빈객・회동・상제・군대의 일이 있을

때 왕이 행동하면 좇는다. 왕이 야외에서 조회할 때 역시 동일하게 한다. 부하에게 사이(四夷)의 노예를 거느리게 하고, 각각 그 병사로서 왕의 문 밖을 지킨다[凡祭祀, 賓客, 會同, 喪紀, 軍旅, 王擧則從, 聽治亦如之. 使其屬師四夷之隷, 各以其兵服守王之門外]."라고 하였다.

'분(奔)'은 『설문해자』에서 "달리는 것이다[走也]."라고 하였으니, 질주하다 혹은 빠르게 행군하다는 뜻이다.

'䢵'는 자서에 보이지 않으며, '어(御)'로 해석하는 학자와 '절(絶)'로 해석하는 학자가 있으나, 모두 자형과 부합하지 않는다. 구석규는 처음에 '란(闌, 攔)'으로 해석하였다가 뒤에 견해를 바꾸어 '습(襲)'으로 해석하였는데, 뒤의 설이 옳다. 〈진후극수(晉侯䟫盨)〉에서 "원습에서 즐거움에 빠졌다[甚(湛)樂于邍(原)邍(隰)]."라고 하였다. '습(隰)'과 '습(襲)'은 발음이 가깝다. 『춘추전·양공』23년에서 "제후(齊侯)가 거나라를 습격하였다[齊侯襲莒[1]]."라고 하였는데, 두예의 주에서는 "날래게 움직여 그 적이 대비 하지 못한 상태를 엄습하는 것이 습(襲)이다[輕行, 掩其不備曰襲]."[2]라고 하였다.

'역림(棫林)'에 대하여 '역림(棫林)'을 가리킨다는 견해도 있지만, 그 소재지에 대하여서는 모두 의견이 일치하지 않고 있다. 당란은 "주원(周原) 일대에 있었기 때문에 글자에 '주(周)'가 구성된다. 『좌

---

1) 역자주 : '齊師'가 아니라 '齊侯'이다.

2) 역자주 : 왕휘는 "가볍게 행동하고 빠르게 이르러 경계하지 못하였을 때 들어가는 것을 습(襲)이라 한다[輕行疾止(至의 오타), 不戒以入曰襲]."라고 하였는데, 이는 희공 33년에 보인다.

전・양공』14년에 진(晉)나라가 진(秦)나라를 친 것을 기록하며 “경수를 건너 주둔하여, 역림에 이르렀다[濟涇而次, 至于棫林].”라고 하였으며, “『한서・지리지(漢書・地理志)』에서 ”우부풍(右扶風)은 옹현(雍縣)으로 역양궁(棫陽宮)이 있으며, 소왕이 일어난 곳이다.……서정(西鄭)은 본래 봉상(鳳翔)에서 부풍(扶風)에 이르는 일대이다. 정 환공(鄭桓公)이 처음 정(鄭)에 봉해진 곳은 경수(涇水) 서쪽의 역림(棫林)이며, 뒤에 비로소 수도를 정현(鄭縣)으로 옮겼다[右扶風雍縣有棫陽宮, 昭王起.……西鄭本在鳳翔到扶風一帶, 鄭桓公始封之鄭, 是在涇西的棫林, 後來才遷到京兆鄭縣].”라고 하였다. 『상주청동기명문선(商周青銅器銘文選)』에서도 ‘역림(棫林)’이 경수(涇水) 서쪽에 있다고 주장하였지만, “회이가 종주(宗周)의 깊숙한 심장부까지 도달할 수 없었을 것 같기 때문에 어쩌면 또 다른 곳을 가리키는 지명일 수도 있다.”라고 하여 망설이는 태도를 보이고 있다. 구석규는 「종궤의 2개 지명—역림과 호를 논하다[論㦰簋的兩個地名—棫林和胡]」에서 역림은 하남성 섭현(葉縣)의 동북쪽에 있다고 하였다. 『좌전・양공』16년에서 진(晉)나라가 제후의 군대를 이끌고 허(許)나라를 정벌한 것을 기록하며 “여름 6월에 역림에서주둔하였다. 경인일에 허를 정벌하면서 함씨에서 머물렀다[夏六月, 次于棫林. 庚寅, 伐許, 次于函氏].”라고 하였는데, 두예의 주에서는 “역림과 함씨는 모두 허나라 땅이다[棫林, 函氏皆許地].”라고 하였다. 당시 형세로 보면, 구석규의 설이 맞는 것 같다.

(4) ‘박(博)’은 ‘박(搏)’으로 읽으며, 공격한다는 뜻이다.

‘호(㝬)’는 ‘호(胡)’로 읽는다. 〈호종(㝬鐘)〉에서 주나라 여왕은 ‘호(胡)’라 자칭하고 있다. 〈계궁보보(季宮父簠)〉의 ‘보(簠)’자는 ‘匿’

으로 쓰여서 '호(䖒)'를 구성요소로 하고 있다. '䖒'은 즉 『좌전・애공』11년에서 언급된 "호궤(즉 제사를 의미함)에 관한 일[胡簋之事]."의 '호(胡)'이다. 당란은 '융호(戎胡)'로 보고, 오랑캐[戎]의 일파라고 하였다. 구석규는 여기서의 '호(胡)'는 하남성 언성현(郾城縣)에 있었다고 하였다. 『사기・초세가(史記・楚世家)』에서 초나라 소왕 20년에 "호(胡)를 멸하였다[滅胡]"라는 기록이 있는데, 『사기정의(史記正義)』는 『괄지지(括地志)』를 인용하여 "옛날 호성은 예주 언성현 경계에 있었다[故胡城在豫州郾城縣界]."라고 하였다. 언성은 섭현의 동쪽에 있고, 역림 또한 섭현의 동쪽에 있다. 두 곳은 매우 가깝다.

(5) '경(競)'은 『설문해자』에서 "굳세다는 말이다. 내쫓는다[逐]라고도 한다[彊語也. 一曰逐也]."라고 하였으며, 『좌전・선공』원년에서 "그러므로 초나라보다 강하지 못했다[故不競于楚]."라고 하였는데, 두예의 주에서는 "경(競)은 강하다는 뜻이다[競, 强也]."라고 하였다. '민(敏)'에 대하여 『설문해자』에서 "민(敏)은 재빠른 것이다[敏, 疾也]."라고 하였으니, 민첩하다는 뜻이다.
'䨻'자에 대해서는 자세히 알 수 없다.

(6) '탕(宕)'은 '척(拓)'으로 읽으며, 개척한다는 뜻이다. 따라서 '휴탕궐심(休宕厥心)'은 종(㦰)의 마음을 아름답게 넓혀준다는 의미이다.

(7) '습(襲)'에 대하여 『광아・석고(廣雅・釋詁)』에서 "미치는 것이다[及也]."라고 하였다. 따라서 '영습궐신(永襲厥身)'은 어머니의 아름다운 덕이 영원히 그 몸에 이른다는 뜻이다.

(8) '비(卑)'는 '비(俾)'로 읽으며, ~로 하여금[使]이라는 뜻이다. 『상서・대우모(尙書・大禹謨)』에서 "나로 하여금 원하는 대로 다스리게 하였다[俾予從欲以治]."라고 하였다.

(9) '척(隻)'은 '획(獲)'의 본 글자이다. 이효정(李孝定)은 "갑골문에서 '척(隻)'의 자형은 금문(金文)·소전(小篆)과 동일하다. 의미는 '잡는다.'이며, 잡은 새가 손에 있다는 것이 '획(獲)'의 의미이다. 이 글자는 마땅히 획(獲)의 고문이다. 소전(小篆)의 '획(獲, 즉 獲)'은 후대에 만들어진 형성자이다."라고 하였다.

'괵(馘)'은 '괵(聝)'으로 읽는다. 『설문해자』에서 "군대에서 전쟁을 할 때 귀를 자르는 것이다. 『춘추전』에 '포로의 신세가 되었다.'[3] 라고 하였다. 이(耳)로 구성되며 혹(或)은 소리요소이다. 괵(聝)자에는 수(首)가 구성되는 경우도 있다[聝, 軍戰斷耳也. 『春秋傳』曰, '以爲俘聝.' 從耳或聲. 馘. 聝或從首]."라고 하였다. 옛날 전쟁을 할 때 죽은 적의 왼쪽 귀를 베어 가져가 수급을 대신하여 전공을 계산하였다. 그렇기 때문에 금문과 전래문헌에서 '적의 귀를 얻다[獲聝].' 혹은 '적의 귀를 바치다[獻聝].'라는 기록이 자주 보인다. 『시경·노송·반수(詩經·魯頌·泮水)』에서 "용맹한 호신이 반궁에서 적군의 귀를 바치네[矯矯虎臣, 在泮獻馘]."라고 하였다.

(10) '[illegible]'은 바로 '신(訊)'자이다. 전쟁 포로를 획득하여 끈으로 포박한 모습을 상형하였기 때문에 '사(糸)'가 구성되며, '구(口)'를 더하여 신문(訊問)하다라는 의미를 나타내었다. 본 명문에서는 전쟁 포로를 가리킨다. 『시경·소아·출거(詩經·小雅·出車)』에서 "포로를 잡고 적들을 얻다[執訊獲醜]."라고 하였는데, 금문에서의 용례

3) 역자주 : '부역(俘聝)'은 포로와 자른 귀라는 뜻으로 모두 일종의 전리품이다. 『좌전·성공』3년의 문장으로 여기서 지앵(知罃)은 이 두 가지로 자신의 처지를 설명하고 있다. 아울러 『좌전』에는 "以爲俘馘"으로 쓰여 있다.

와 같다.

'집(執)'은 포박한다는 뜻이다. 갑골문에서는 '[illegible]'로 써서 사람의 두 손에 쇠고랑이 채워진 모습을 상형하였다. 금문에서는 '[illegible]'이 '[illegible]'으로 와변(訛變)되었으며, '의(丮)'와 '극(丮)'으로 구성된다. '부(夫)'는 양사(量詞)로 성년 남자의 수량을 표시한다.

(11) '융병(戎兵)'은 병기의 총칭이다. 『상서・입정(尙書・立政)』에서 "장차 당신의 병기를 다스리시어[其克詰爾戎兵]."라 하였고, 〈숙이종(叔夷鐘)〉에서 "나는 너에게 마차와 병기를 하사하노라[余易(賜)女(汝)馬車戎兵]."라고 하였으며, 『시경・대아・상무(詩經・大雅・常武)』에서 "우리의 여섯 군대를 정돈하고, 우리의 병기를 손질하여[整我六師, 以修我戎]."라고 하였다.

'[illegible]'은 '[illegible]'으로 구성되고, 돈(豚)은 발음을 나타낸다. 즉 '순(盾)'에 발음이 더해진 형성자이다. '[illegible]'은 방패의 형태이고 의미를 나타내는 부수[意符]로 쓰였다. '돈(豚)'과 '순(盾)'은 상고음(上古音)에서 서로 통하였다. 『석명・석병(釋名・釋兵)』에서 "순(盾)은 물러난다는 뜻이다[盾, 遯也]."라고 하였다.

'비(備)'는 본래 '포(葡)'로 썼으니, 화살 주머니이다. 전래문헌에는 통상 '복(箙)'으로 쓴다. 『설문해자』에서 "복(箙)은 쇠뇌와 화살의 주머니라는 뜻이다. '죽(竹)'으로 구성되며, '복(服)'은 발음을 나타낸다. 『주례』에는 '중추에는 화살 주머니를 헌상한다.'라는 기록이 있다[箙, 弩矢箙也. 从竹, 服聲. 周禮, 仲秋獻矢箙]."라고 하였다. '복(箙)'은 대나무나 나무 혹은 짐승가죽으로 만든다.

'비(裨)'에 대하여 당란은 다음과 같이 말하였다.

'비(裨)'는 갑옷을 가리킨다. 『설문해자』에서 "비(萆)는 비옷이라는 뜻이다. 도롱이[衰衣]라고도 한다[萆, 雨衣, 一曰衰衣][4]."라고 하였다. 고대의 갑옷은 가죽으로 비늘 형태의 조그만 조각을 연결하여 만든 것으로(한나라 제왕이 죽은 뒤에 입는 '옥합(玉柙)', 즉 이른바 '금루옥의(金縷玉衣)'라는 것은 무사의 갑옷을 모방하였기 때문에 '합(柙)'이라 일컫는다.), 도롱이[蓑衣]의 형태와 유사하기 때문에 '비(裨)'라 한다.

'주(胄)'에 대하여 『설문해자』에서 "투구이다. '모(冃)'로 구성되며 '유(由)'는 발음을 나타낸다. 䩜은 『사마법』에 나오는 '주(胄)'자로, '혁(革)'으로 구성되었다[兜鍪也. 從冃, 由聲. 䩜, 司馬法胄從革]." 라고 하였다. 투구[頭盔]는 전사들이 쓰는 모자를 말한다.

'𢼸'는 갑골문에 자주 보이며, 『설문해자』에서는 '𣪊'로 쓰였다. 당란은 '관(款)'과 같이 읽으며, '건(件)'이란 의미라고 하였다.

(12) '률(寽)'은 '날(捋)'로 읽는다. 『설문해자』에서 "날(捋)은 가볍게 취한다는 뜻이다[捋, 取易]"라고 하였다.

'부(孚)'는 '부(俘)'로 읽으며, 포로로 잡았다는 뜻이다. 이 구절은 오랑캐에게 잡힌 포로 114명을 탈취하였음을 가리킨다.

(13) '의(衣)'는 '졸(卒)'을 잘못 생략한 것이다. '졸(卒)'자는 '의(衣)'와 '십(十)'으로 구성되는데, 생략하여 '의(衣)'만 썼다. 〈언왕직과(郾王職戈)〉에서는 '췌(萃)'자를 '의(苂)'로 썼고, 〈과자유(寡子卣)〉에서는 '수(誶)'자를 '諑'로 썼다.

4) 역자주 : 당란은 '衰衣'을 도롱이[蓑衣]로 보는 듯하나, 단옥재의 주에서는 재최복(齊衰服)로 이해하고 있다.

'박(博)'은 '박(搏)'으로 읽는다. '졸박(卒搏)'이란 전투가 끝났음을 뜻한다. 따라서 '無眈(尤)于㝩身'은 종(㝩)의 몸에 과오가 없다, 사고가 없었다는 뜻이다.

(14) '내(乃)'는 대명사로 '너의'와 같은 뜻이다. 따라서 '내자종(乃子㝩)'은 그 모친에게 "당신의 아들 종(㝩)"이라 말한 것이다.

(15) '날(剌)'은 공훈과 업적이다. 〈중산신차호(中山㚸蚉壺)〉에서 "선왕의 공적을 되새겨 말하노라[以追庸(誦)先王之工(功)剌]."라고 하였다. 전래문헌에서는 통상 열(烈)로 썼다. 따라서 복랄(福剌)은 공적을 이루도록 보우한다는 뜻이다.

(16) '일경(日庚)'에서 '경(庚)'은 날짜를 가리키는 명칭[日名]이다. 일명(日名)으로 사람을 지칭하는 것은 상나라 사람의 관습으로 종(㝩)의 모친은 아마 상나라 사람의 후예일 것이다.

'보(寶)'는 진귀하다는 뜻이다.

(17) '만년(萬年)'은 축원과 칭송의 말로 만세(萬歲)와 같다.

(18) '障'은 제사지낸다는 뜻이다.

단대(斷代)

종(㝩)은 또한 〈종정(㝩鼎)〉과 〈종방정(㝩方鼎)〉 두 기물에서도 보인다. '녹종(彔㝩)'을 또한 '백종(伯㝩)'이라고도 하는데, '녹백종(彔伯㝩)'은 녹국(彔國) 종족의 수령으로 목왕시기 때에 일찍이 백옹보(伯雍父)를 따라 회이(淮夷)를 정벌하였다. 따라서 본 기물은 마땅히 목왕시기에 제작되었을 것이다.

28

彔伯㺇簋蓋

전해 내려오는 기물(傳世器)이다. 기물의 뚜껑의 명문 11행 113자만 남아 있다. 〈녹백계돈(彔伯戒敦)〉 혹은 〈녹백융돈(彔伯戎敦)〉이라고도 한다.

저록(著錄)

『군고록금문(攈古錄金文)』三之二・15, 『양주금문사대계도록고석(兩周金文辭大系圖錄考釋)』錄35考62, 『금문통석(金文通釋)』17・209, 『은주금문집성(殷周金文集成)』8・4302

탁본(拓本)

모본(摹本)

석문(釋文)

隹(唯)王正月[1]，辰在庚寅。王若曰: "彔白(伯)㦰[2]，繇! 自乃且(祖)考又(有)爵(勞)于周邦[3]，右(佑)闢四方[4]，叀(惠)圅(弘)天令(命)[5]。女(汝)肈(肇)不家(墜)。余易(賜)女(汝)秬鬯卣、金車、奉(雕)幬(幬)較(較)[6]、奉(雕)圅(鞃)朱虢(鞹)靳(靳)[7]、虎冟(冪)窠(朱)裡[8]，金甬(筩)[9]、畫聞(輯)[10]、金厄(軛)[11]、畫轉[12]、馬四匹、鋚勒[13]。"彔白(伯)㦰敢拜手䭫(稽)首，對揚天子不(丕)顯休，用乍(作)朕皇考釐王寶隣簋[14]。余其永邁(萬)年寶用[15]。子子孫孫其帥帥井(型)受丝(茲)休[16]。

번역(飜譯)

왕의 정월에 일진(日辰)이 경인일에 있었다. 왕께서 다음과 같이 말씀하시었다.

"녹백(彔伯) 종(㦰)이여! 너의 조고로부터 주나라에서 위로함이 있었고, 사방의 강토를 개벽하는 데 도왔으며, 은혜롭고 관대한 천명이 있었다. 너는 이를 실추하지 말라. 나는 너에게 울창주 1통, 청동수레, 채색회화로 장식한 수레바퀴를 덮어씌우는 가죽과 청동으로 만든 굽은 갈고리 장식, 장식한 붉은색 가죽으로 덮어씌운 수레 앞턱 가로나무, 수레 바깥은 호피로 덮고 안은 붉은색을 한 것, 청동으로 만든 전동, 채색회화로 장식한 수레 굴대, 청동으로 만든 멍에, 수레와 끌채를 묶는 채색회화의 가죽 띠, 말 4필, 가죽 바탕에 청동으로 장식한 재갈을 하사하노라."

녹백(彔伯) 종(㦰)은 감히 절하고 머리를 조아리며, 천자의 위대하심과 영명하심을 칭송하고 찬양하여 나의 황고인 이왕을 위한 보배롭고 존귀한 궤를 만드노라. 나는 장차 영원히 만년토록 보배스럽게 사용할지니라. 자자손손 이 위대함을 법으로 본받고 따를지니라.

주해(注解)

(1) '왕정월(王正月)'은 주나라 왕의 정월이고, 또한 주나라 책력의 정월이기도 하다. '정월(正月)' 앞에 '왕(王)'자를 더한 것은 책력이 왕에게서 나온 것이지 제후국의 책력이 아님을 나타낸다. 『사기·역서(史記·曆書)』에서 "역성혁명을 통해 천명을 받으면, 반드시 처음을 신중히 해야 한다. 역법[正朔]을 개정하고, 복색을 바꾸는 것을 하늘의 원기운행의 법칙을 궁구하여 그 뜻에 따라야 한다. ……하나라는 정월을 한 해의 처음으로 삼았고, 은나라는 12월을 한 해의 처음으로 삼았으며, 주나라는 11월을 한 해의 처음으로 삼았다[王者易姓受命, 必愼始初, 改正朔, 易服色, 推本天元, 順承厥意. ……夏正以正月, 殷正以十二月, 周正以十一月]."라고 하였다. 『춘추(春秋)』 경문(經文)에서 "〈노나라 은공 즉위〉 원년 봄 왕 정월이다[經元年, 春, 王正月]."라고 하였는데, 두예의 주에서는 "은공이 즉위한 해이자, 주나라 왕의 정월이다[隱公之始年, 周王之正月也]."라고 하였으며, 공영달의 소에서는 다음과 같이 말하였다.

> 정월을 '왕정월(王正月)'이라 하였는데, 이는 왕이 이전 시대를 개혁하여 천하를 다스릴 때에는 반드시 역법을 고치고, 복색을 바꾸어서 사람의 보고 듣는 것을 바꾸었다. 하나라는 인(寅)의 달을 세워 정월로 삼았고, 은나라는 축(丑)의 달을 세워 정월로 삼았으며, 주나라는 자(子)의 달을 세워 정월로 삼았다. 하(夏)·은(殷)·주(周) 삼대는 제도가 다르며, 역법도 같지 않다.……한 해의 처음은 당시의 왕이 세우기 때문에 '왕(王)'자를 덧붙였으며, 재위하고

있는 왕의 정월을 뜻한다.
稱正月言'王正月'者, 王者革前代, 馭天下, 必改正朔, 易服色, 以變人視聽. 夏以建寅之月爲正, 殷以建丑之月爲正, 周以建子之月爲正. 三代異製, 正朔不同.……正以時王所建, 故以王字冠之, 言是今王之正月也.

(2) '녹(彔)'은 '녹(祿)'과 통하며, 국족(國族)의 명칭이다. 『광운·옥운(廣韻·屋韻)』에서 "녹(祿)은 성이다. 주왕의 아들 녹보의 후예이다[祿, 姓. 紂子祿父之後]."라고 하였으며, 『통지·씨족략삼(通志·氏族略三)』에서 "녹씨로 자성(子姓)이다. 『풍속통』에서 '상주의 아들 무경의 자가 녹보였는데, 그 후손들이 자를 성씨로 삼았다.' 라고 하였다. 경수의 남쪽에 녹성(祿姓)이 있는데 역시 부풍에서 나왔다[祿氏. 子姓. 『風俗通』云, "紂子武庚字祿父, 其後以字爲氏." 涇陽有此祿姓, 亦出扶風]."라고 하였다. 녹(祿)씨는 대대로 주나라에서 벼슬을 하였기 때문에 봉읍을 소유하였으며, 그 지역은 아마 부풍(扶風) 일대였을 것이다. 곽말약은 '녹(彔)'을 『춘추·문공』5년에서 "초나라 사람이 육을 멸하였다[楚人滅六]."라고 언급된 '육(六)'으로 보면서 이들은 고요(皐陶)의 후예이며, 지금의 안휘성 육안(六安) 부근에 있었다고 하였다. 녹자성(彔子耶)은 일찍이 주나라 성왕에게 정복당한 이후 주나라에 신하로 복종하였다.
(3) 『의례·근례(儀禮·覲禮)』에서 "〈후씨가〉 북쪽을 향해 서자 왕이 위로하셨다. 〈후씨는〉 두 번 절하고 머리를 조아렸다[(侯氏)北面立, 王勞之, 再拜稽首]."라고 하였는데, 정현의 주에서는 "위로했다는 것은 그 길에서의 수고를 위로하는 것이다[勞之, 勞其道勞也]."라고 하였다. 『목천자전(穆天子傳)』에서는 "하종의 백요는 천자를 연연의 산에서 맞이하고, 비단과 옥으로 위로하였다[河宗

伯夭逆天子燕然之山, 勞用束帛加璧].”라고 하였다. 위로하면 반드시 상을 내리기 때문에 물건을 하사하다는 뜻으로 인신되었다. 오진무(吳振武)는 ‘작(爵)’을 제후로 봉함[封爵]으로 보았다. ‘각(恪)’으로 읽고, 공경한다는 뜻으로 보는 견해도 있다.

(4) ‘우벽사방(右闢四方)’은 사방 강토의 개벽(開闢)에 도움을 주었다는 뜻이다.

(5) ‘叀’는 혜(惠)로 읽으며, 온순함[和順]・어질고 은혜롭다[仁惠]라는 뜻이다. 〈모공정(毛公鼎)〉에서 “너는 감히 편안함에 빠지지 않도록 하고, 아침저녁으로 공경하여 나 한 사람을 은혜롭게 하라[女(汝)母(毋)敢妄(荒)寧, 虔夙夕叀(惠)我一人].”라고 하였다.

‘宖’은 ‘[illegible]’로 쓰이기도 하며, 옛날에는 ‘굉(宏)’으로 해석하였다. 『금문편(金文編)』에서는 “‘厶’와 ‘궁(弓)’으로 구성되며, ‘횡(弦)’과 같은 글자이다. 『설문해자』에서 ‘굉(宏)은 집이 심하게 울리는 소리이다.’라 하였고, ‘횡(弦)은 집의 울리는 소리이다.’라고 하였으니, 뜻이 같다. 또 ‘굉(紘)’은 ‘홍(弘)’이 구성되어 ‘횡(紭)’으로 쓰기도 하는데, 형태가 통한다[從厶, 從弓, 與弦爲一字. 『說文』, “宏, 屋深響也”, “弦, 屋響也”, 其義同. 又紘或從弘作紭, 其形通].”라고 하였다. ‘홍(弘)’은 크다는 뜻이다. 따라서 ‘혜홍천명(惠弘天命)’은 은혜롭고 관대한 천명을 뜻한다.

(6) ‘금거(金車)’는 청동수레이다.

‘𠦪較’는 금문에서 자주 보인다. 유심원(劉心源)과 우성오(于省吾)는 ‘𠦪’을 ‘반(斑)’으로 읽었다. 『시경・주남・도요(詩經・周南・桃夭)』에서 “많고 많은 그 열매로다[有蕡其實]”의 ‘분(蕡)’이고, 『시경・소아・어조(詩經・小雅・魚藻)』에서 “커다란 그 머리로다[有頒其首].”의 ‘반(頒)’이다. 『설문해자』에서는 ‘분(賁)’이라 쓰고 '장식이다(飾也)'이라 하였다. 기소군(冀小軍)은 '조(雕)'로 읽었는데, 『상서·오자지가(尙書·五子之歌)』의 "집을 높이 하거나 담장을 새기고 장식하는 것[峻宇雕牆]."이라는 구절에서 공영달 소는 "조(雕)는 새기고 장식하는 것이다[雕, 畫飾]"라고 하였다.

'𠷎'는 즉 '주(疇)'자이다. 『설문해자』에서 "𠷎는 누구[誰]라는 뜻이다. '구(口)'와 '𠃬'로 구성되며 '우(又)'는 발음을 나타낸다. '𠃬'는 '주(疇)'의 고문이다[𠷎, 誰也. 從口𠃬又聲. 𠃬, 古文疇]."라고 하였다. '주(疇)'는 '주(幬, chōu)'로 읽으며, 수레바퀴를 덮는 가죽이다. 『집운(集韻)』에서 "주(幬)는 바퀴를 덮는 가죽이다.[幬, 幔轂之革也]."라고 하였는데, 손이양(孫詒讓) 『주례정의(周禮正義)』에서 "주(幬)는 본래 휘장[帳]이라는 뜻이었으며, 바퀴를 덮어씌운다는 뜻으로 인신되었다. 무릇 작은 수레바퀴는 가죽으로 덮어씌워 견고하게 하였으므로 또한 주(幬)라 일컫는다[幬, 本爲帳, 引申爲覆幬之義. 凡小車轂以革蒙幎爲固, 故亦謂之幬]."라고 하였다.

'䡈'는 '교(較)'이니, 수레 상자 양측 널빤지의 횡목이다. 그 위에 청동으로 만든 굽은 갈고리 장식이 있다. 『주례·고공기·여인(周禮·考工記·輿人)』에서 "그 수(隧)의 절반을 교(較)의 높이로 한다[以其隧之半爲之較崇]."라고 하였는데, 이에 대하여 손이양은 다음과 같이 말하였다.

> 대개 주나라 제도에서 서인은 짐수레를 타는데, 네모난 상자에 교(較)는 없다. 사(士)가 타는 잔거(棧車) 이상에는 모두 교(較)가 있다. 다만 사의 수레는 두 개의 교(較)가 식 위로 나와 정사각형으로 장식이 없으니, 교(較)가 있지만 무겁지는 않다. 대부 이상이 타는 수레에는 수레 위에 다시 청동으로 장식하였으니, 이를 곡동구라 한다.

蓋周製庶人乘役車, 方箱無較, 士乘棧車以上皆有較. 唯士車兩較出軾上者, 正方無飾, 則有較而不重也. 大夫以上所乘之車, 則於車上更以銅爲飾, 謂之曲銅鉤.

(7) '㔶'은 '굉(鞃)'으로 읽는다. 『설문해자』에서 "수레의 앞턱 가로대이다. '혁(革)'으로 구성되며 '홍(弘)'은 발음을 나타낸다. 『시경 · 대아 · 한혁(詩經 · 大雅 · 韓奕)』에서 '가죽 댄 수레 앞턱 가로나무와 덮개이다.'라고 하였다. '궁(穹)'과 같이 읽는다[車軾也. 從革, 弘聲. 『詩』曰, "鞹鞃淺幭." 讀若穹]."라고 하였다.
'괵(虢)'은 '곽(鞹)'으로 읽는다. 『설문해자』에서 "털을 제거한 가죽이다[去毛皮也]."라고 하였다. 〈번생궤(番生簋)〉 · 〈사태궤(師兌簋)〉 · 〈사극수(師克盨)〉 등의 명문에는 모두 '朱虢㔶䩛'으로 쓰였는데, 이에 대하여 『상주청동기명문선(商周靑銅器銘文選)』에서 "이는 마땅히 '朱虢鞃䩛'의 도치문이다."라고 하였다.
'䩛'은 혹 '䩛' · '靳'라고도 쓰는데, 이 글자에 대하여 명확히 알 수 없다. 『상주청동기명문선』에서는 '靳'자가 다른 준(尊)의 명문에서는 '䩛'으로 쓰이며, '衣'로 구성되고 석(析)은 발음을 나타내며, '식(軾)'으로 가차된다고 하면서 "'朱虢㔶䩛'이란 붉은색 가죽으로 덮어씌운 수레 앞턱 가로대를 뜻한다."라고 하였으니, '식(軾)'은 수레 상자 앞에서 서서 타는 사람이 의지할 수 있도록 잡을 수 있게 만든 횡목이다. 곽말약은 '䩛'을 '근(靳)'으로 읽고, 말의 가슴에 입히는 가죽을 뜻한다고 하였다. 조평안(趙平安)은 '근면의(靳冕衣)'가 합문이라 하였다.

(8) 『설문해자』에서 "석(皀)은 밥이 설익어 딱딱한 것과 부드러운 것이 조화롭지 않게 서로 섞여있는 것이다. 급(皀)으로 구성되고, 면

(冖)은 발음을 나타낸다. '적(適)'과 같이 읽는다[冟, 飯剛柔不調相著. 從皀冂聲, 讀若適.]"라고 하였다. 곽말약은 다음과 같이 말하였다.

> '석(冟)'은 '조(皀)'로 구성되고 '면(冖)'은 발음을 나타낸다. '冟'로도 쓰는데 '冖'는 구성요소인 동시에 발음을 나타낸다. '冖'는 '매(莓)'와 같이 읽고, '멱(冖)'과 같은 성모[同紐]이므로 '冟'은 '冟'과 같이 반드시 명뉴(明紐)로 읽어야 함을 알 수 있다. 『주례·건거(周禮·巾車)』에는 '명(複)'으로 썼고, 『의례·기석례(儀禮·既夕禮)』·『예기·옥조(禮記·玉藻)』·『예기·소의(禮記·少儀)』에서는 모두 '멱(幦)'으로 썼으니, 모두 발음이 가까운 글자들이다. 무릇 '석(冟)'이 언급될 때는 반드시 그 안쪽(즉, 裡)이 언급되는데, 안쪽의 색깔은 주(朱)·훈(熏)·유(幽)로 수식되어, '석(冟)'이 어떤 모습인지 알 수 있게 해준다. 안쪽(裡) 역시 여러 사람이 볼 수 있는 것이다. 『시경』에서의 '멸(幭)', 『예기』에서의 '명(複)'·'멱(幦)'은 모두 그 위치를 자세히 알 수 없다. 모전(毛傳)에서는 수레 앞턱 가로나무[軾]를 덮는 물건이라고 하였지만, 정현의 주에서는 수레의 령[笭, 즉 軨]을 덮는 물건이라 하여 설명이 모두 다르다. 『설문해자』는 '멸(幭)'에 대하여 뚜껑의 덮개이다[蓋幭]라 하였고, '멱(幦)'애 대하여 검은색의 베[髤布]라 하였다. 허신의 견해에서 미루어 보면, 수레뚜껑의 덮개는 검게 칠한 베[桼布]로 만들었음을 알 수 있다.……'개멸(蓋幭)' 자연히 수레의 장막[幕]이라는 점에는 의심의 여지가 없다.

(9) '용(甬)'은 '용(箭)'으로 읽으며, 발음은 yŏng(용)이다. 『집운(集韻)』에서 "용(箭)은 화살통이다[箭, 箭室]."라고 하였다.

(10) '문(聞)'은 '혼(輡)'으로 읽는다. 『설문해자』에서는 '혼(𨏶)'으로 쓰며, "수레의 복토 아래에 대는 가죽이다. '거(車)'로 구성되며 '혼

(䡅)'은 발음을 나타낸다. '䡅은 '혼(婚)'의 옛 자형이다[車伏兔下革也. 從車, 䡅聲. 䡅古婚字].”라고 하였는데, 단옥재는 『설문해자주(說文解字注)』에서 “굴대 위에 단단히 매는 것을 말한다. '䩵은 생가죽으로 실처럼 묶을 수 있는 것이다[謂以䩵固之於軸上也. 䩵者, 生革可以爲縷束也].”라고 하였다. '혼(䡣)'은 복토(伏兔) 아래의 차대(車帶), 뒤쪽은 굴대(軸), 앞쪽은 형대(衡)에 묶는다.

(11) '액(厄)'은 '액(軛)'으로 읽는다. 『설문해자』에서는 '액(軶)'이라 쓰고, “끌채 앞에 있는 것이다[轅前也].”라고 하였다. 주준성(朱駿聲)은 『설문통훈정성(說文通訓定聲)』에서 “멍에 시초의 가름대와 끌채 시초의 멍에를 모두 '액(軶)'이라 부르고, 그 아래 결핍된 곳을 멍에로 하니, 소와 말을 억제하여 다스리는 것을 일컫는다[輈耑之衡, 轅耑之槅皆名軶, 以其下缺處爲軥, 所以扼製牛馬領而稱也].”라고 하였다. 즉 소와 말을 수레에 메울 때 멍에가 목에 매는 기구이다.

(12) '박(轉)'은 『설문해자』에서 “수레 아래의 끈이다[車下索也].”라고 하였는데, 『석명 · 석거(釋名 · 釋車)』에서 “박(轉)은 묶는 것이다. 수레 아래에서 수레 상자와 서로 연결하여 묶는 것이다[轉, 縛也, 在車下, 與輿相連縛也].”라고 하였다. 따라서 '화박(畫轉)'이란 수레와 끌채를 묶는 채색회화의 가죽 띠를 말한다.

(13) '조륵(鋚勒)'은 혹 '유륵(攸勒)'으로 쓰이기도 한다. 『설문해자』에서 “조(鋚)는 철이다. 고삐머리의 청동이라는 견해도 있다[鋚, 鐵也. 一曰轡首銅].”라고 하였다. 재갈[勒]은 말머리의 고삐 가름대이고, 가죽으로 만들었다. 따라서 '조륵(鋚勒)'이란 가죽 바탕에 청동으로 장식한 '말머리 덮개[馬籠頭]'이다. 이를 전래문헌에서는 '조혁(鞗革)'으로 쓴다. 『시경 · 소아 · 채기(詩經 · 小雅 · 采芑)』에

서 "방문석으로 만든 휘장과 생선가죽으로 만든 화살통이며, 갈고리와 가슴걸이에 가죽고삐로다[簟茀魚服, 鉤膺鞗革]."라고 하였다.

(14) '이왕(釐王)'은 녹(彔)이란 국족(國族)의 왕이며, '녹백종(彔伯㦰)'의 돌아가신 부친이다. 서주시기에 희(姬)씨 성이 아닌 제후가 왕이라 칭하는 예로 '측왕(夨王)'·'기왕(幾王)' 등을 찾을 수 있다.

(15) '매(邁)'는 만(萬)으로 읽는다.

(16) '수수(帥帥)'에서 두 번째 '수(帥)'는 연문(衍文)이다. 『국어·주어(國語·周語)』에서 "수(帥)는 우임금의 공을 궤의(軌儀)에서 헤아리는 것과 같다[帥象禹之功, 度之于軌儀]."라고 하였는데, 위소의 주에서는 "수(帥)는 좇는다는 뜻이다[帥, 循也]."라고 하였다.

형('刑)'은 '형(型)'으로 읽으며, 전형·모범이라는 뜻이다. 따라서 '수형(帥型)'은 금문에서 자주 보이고, 모범이 되다, 본받는다는 뜻이며, '형수(型帥)'로 도치되는 경우도 있다. 〈사장반(史墻盤)〉에서 "공경스럽고 밝으신 목왕은 깊은 계책과 심원한 생각을 따르시었다[祇覭穆王, 井(型)帥宇誨]."라고 하였다.

단대(斷代)

본 기물과 위에서 소개한 〈종궤(㦰簋)〉는 같은 사람이 만든 것이다. 『양주금문사대계도록고석(兩周金文辭大系圖錄考釋)』에서 목왕시기로 정하였는데, 그 견해가 옳다.

29

趞鼎

『각재집고록(愙齋集古錄)』에서 "이산농이 소장하였던 기물이다[李山農藏器]."라고 하였으나, 현재 소장처는 불명이다. 명문은 9행 83자가 있다. 〈기궤(趞簋)〉라고도 한다.

저록(著錄)

『각재집고록(愙齋集古錄)』5・10, 『양주금문사대계도록고석(兩周金文辭大系圖錄考釋)』錄29・考56, 『금문통석(金文通釋)』16・114, 『은주금문집성(殷周金文集成)』8・4266

석문(釋文)

隹(唯)三月，王才(在)宗周。戊寅，王各(格)于大朝(廟)[(1)]。密弔(叔)又(佑)趞卽位(位)[(2)]。內史卽命[(3)]。王若曰:"趞!令(命)女(汝)乍(作)豳(豳)自(師)家嗣(司)馬[(4)]，啻(適)官[(5)]: 僕、射、士[(6)]，噝(訊)小大又(友)隣(鄰)[(7)]，取遺(徵)五寽(鋝)[(8)]。易(賜)女(汝)赤市幽亢(衡)[(9)]、䜌(鑾)旂[(10)]，用事。" 趞拜䭫(稽)首，對揚王休，用乍(作)季姜尊彝[(11)]，其子子孫孫邁(萬)年寶用。

탁본(拓本)

모본(摹本)

번역(飜譯)

3월에 왕께서 종주에 계시었다. 무인일에 왕께서 태묘에 이르시었다. 밀숙(密叔)은 기(趞)가 자리에 나아가는 것을 도왔다. 내사가 왕의 부름에 나아가 책명의 글을 펴서 읽었다. 왕께서 다음과 같이 말씀하시었다. "기(趞)야! 너에게 빈(豳) 군대의 대사마가 될 것을 명하니, 복·사·사의 직책을 거느리고 크고 작게 보필하는 부하관리의 의견을 물어 세금 5환(鍰)을 징수하여 취하여라. 너에게 붉은 폐슬, 흑색의 패옥, 방울달린 기를 하사하노니, 일에 사용하여라."

기(趞)는 절하고 머리를 조아리며 왕의 아름다움을 칭송하고 찬양하였다. 모친인 계강(季姜)을 위한 존귀한 예기를 만드니, 장차 자자손손 만년토록 보배스럽게 사용할지니라.

주해(注解)

(1) ‘각(各)’은 전래문헌에 대부분 격(格)으로 쓰였다. 『이아・석고(爾雅・釋詁)』에서 “격(格)은 이르다는 뜻이다[格, 至也].”라고 하였다. 『상서・탕서(尙書・湯誓)』에서 “왕이 말하였다. 오라, 그대 무리들이여, 모두 내 말을 듣거라[王曰, 格, 爾衆庶, 悉聽朕言].”라고 하였다.

‘조(朝)’는 ‘묘(廟)’이니, ‘대묘(大廟)’는 즉 ‘태묘(太廟)’로 태조의 종묘이다. 주나라 제도로 천자는 7묘(廟), 제후는 5묘(廟), 사는 1묘(廟)이다. ‘태조묘(太祖廟)’는 가운데에 있고, 양측에 각각 세 개의 소묘(昭廟)와 목묘(穆廟)가 자리한다. 주나라 때 천자는 항상 태묘에서 책봉을 진행하고, 조령(朝令)을 발포하는 등의 활동을 하였다.

(2) ‘조(弔)’는 ‘숙(叔)’으로 읽으니, ‘밀숙(密叔)’은 밀(密)나라의 귀족이다. 『시경・대아・황의(詩經・大雅・皇矣)』에서 “밀나라 사람은 공손치 못하여 감히 큰 나라에 대항하였다[密人不恭, 敢拒大邦].”라고 하였는데, 모전(毛傳)에서는 “밀수씨의 나라가 있었다[國有密須氏].”라고 하였으며, 공영달의 소에서는 왕숙(王肅)의 말을 인용하여 “밀수씨는 길성의 나라이다[密須氏, 姞姓之國也].”라고 하였다. 아마 후대에 희성(姬姓)으로 다시 분봉하였을 것이다. 『국어・주어상(國語・周語上)』에서 “공왕이 경수 위에서 놀자 밀강공이 따랐다[恭王游于徑上, 密康公從].”라고 하였는데, 위소의 주에서는 “강공은 밀나라의 군주로 희성이다[康公, 密國之君, 姬姓也].”라고 하였다. 『한서・지리지(漢書・地理志)』 안정군(安定郡) 음밀현(陰密縣) 아래의 반고(班固) 주에서 “『시경』에서 밀 사람의 나라이다[詩密人國].”라고 하였다. 당란은 본 명문의 ‘밀숙(密叔)’을 ‘밀강공(密康公)’의 선조일 것이라 보았다. 밀숙은 당시 왕조의

대신이었다.

'우(又)'는 우(右)로 읽는다. 『이아・석고(爾雅・釋詁)』에서 "인도하는 것이다[導也]."라고 하였다. 금문에서는 대부분 우(右)라 썼으며. 전래문헌에서는 우(佑)로도 쓴다.

'립(立)'은 위(位)로 읽는다.

(3) '내사(內史)'는 사관(史官)으로 대략 소왕 이후에 비로소 등장한다. 내사는 간책(簡冊)을 작성하고, 왕명을 받들어 제후와 신료를 책명(冊命)하는 일을 관장하였다. 이 밖에도 주나라 왕의 행적을 기록하는 일을 겸하여 관장한다. 금문에는 '작책내사(作冊內史)'도 있다. 『주례・춘관・내사(周禮・春官・內史)』에 다음의 기록이 있다.

> 내사는 왕의 8가지 법을 담당하여 왕의 다스림을 아뢴다. 첫째는 관직이고, 둘째는 봉록이고, 셋째는 폐함이고, 넷째는 세움이고, 다섯째는 죽임이고, 여섯째는 살림이고, 일곱째는 사여이고, 여덟째는 박탈이다.……무릇 제후・고경・대부를 임명할 때에는 곧 이를 간책으로 명한다. ……내사는 왕명을 기록하고, 그 사본을 만드는 일을 관장한다.
>
> 內史掌王之八枋之法, 以詔王治, 一曰爵, 二曰祿, 三曰廢, 四曰置, 五曰殺, 六曰生, 七曰予, 八曰奪.……凡命諸侯及孤卿大夫, 則策命之.……內史掌書王命, 遂貳之.

따라서 '내사즉명(內史即命)'은 내사가 왕의 부름에 나아가 책명의 글을 대중 앞에서 낭독하는 것을 말한다.

(4) '𨞾'은 지명으로, '빈(豳)'으로 보는 견해도 있다. 경대부(卿大夫)의 채지(采地)・식읍(食邑)이다.

'사마(司馬)'는 관직명으로 군정(軍政)과 군대의 재정[軍賦]를 맡아 관리하였다. 『주례·하관·서(周禮·夏官·序)』에서 "이에 하관 사마를 세우고, 그가 속관들을 이끌어 방국의 정치를 관장하게 하여 왕이 방국을 다스리는 것을 보좌하게 한다[乃立夏官司馬, 使帥其屬而掌邦政, 以佐王平邦國]."라고 하였다. 금문에서 사마는 삼유사(三有司)의 하나로 매우 중요한 지위였으며, 진(秦)·한(漢) 이후 삼공(三公)이라 일컬었다. 『주례』에서 사마는 육경(六卿)의 하나이다. 금문을 통하여 제후국에도 사마가 있었음을 알 수 있다. 『상주청동기명문선(商周青銅器銘文選)』에서는 '가사마(家司馬)'가 경대부(卿大夫)가 소유한 채지(采地)의 사마라고 말하였다.

'가(家)'를 '총(冢)'으로 해석하는 견해도 있으며, 이 경우 '총사마(冢司馬)'는 곧 '대사마(大司馬)'이다.

(5) '시(啻)'는 '적(敵)'으로 읽는다. 『이아·석고(爾雅·釋詁)』에서 "적(敵)은 짝이다[敵, 匹也]."라고 하였으며, 『광아·석고(廣雅·釋詁)』에서는 "적(敵)은 무리이다[敵, 輩也]."라고 하였다. 당란은 "적(敵)은 같은 관작이면서도 비교적 낮은 자이니, 마땅히 그 지휘 통솔을 받아야 한다."라고 하였다. '시(啻)'를 '적(適)'으로 읽고, 간다는 뜻 보는 견해도 있다. 이 경우 '적관(適官)'은 어떤 직책으로 관직을 옮기는 것을 뜻한다.

(6) '복(僕)'은 『시경·소아·출거(詩經·小雅·出車)』에서 "저 마부를 불러서 짐을 실으라고 한다[召彼僕夫, 謂之載矣]."라고 하였는데, 모전(毛傳)에서는 "복부(僕夫)는 말을 모는 사람이다[僕夫, 御夫也]."라고 하였다. 『주례』에는 대사마에 속한 관리로 '태복(太僕)'·'어복(御僕)' 등이 언급되어 있다.

‘사(射)’에 대하여 곽말약은 『주례』에서 사마에 속한 ‘사인(射人)’이라 하였는데, 『주례』에서는 “사인은…… 활 쏘는 법으로 사례(射禮)를 다스린다.……왕이 활을 쏘면 〈과녁을 가진 자를〉 과녁에서 떨어지라 명하고, 〈사인은 왕의〉 뒤쪽에 서서 화살을 쏘는 방향에 대하여 고한다[射人……以射法治射儀.……王射, 則令去侯, 立於後, 以矢行告].”라고 하였다. 『관제연구(官製硏究)』에서는 “본 명문의 사사(司射)와 『주례』에서 말한 사인은 어느 정도 관계가 있다.……서주시기 명문을 보면, ‘활쏘기[射]’는 역시 군사적 성질을 띠고 있다. 『주례』에서는 대부분 의례적 성격에 치중하고 있는데, 이는 사인의 직무가 동주(東周) 수백 년을 거치면서 약간의 변화가 발생하였음을 나타내는 것이다.”라고 하였다.

‘사(士)’에 대하여 곽말약은 『주례』의 사마(司馬)에 속하는 ‘사사(司士)’라 하면서 “여러 신하들의 명부를 맡아서 그 정령을 다스린다[掌群臣之版, 以治其政令].”라고 하였다. 사유지(斯維至)는 ‘사사(司士)’가 형벌을 관장한다고 보았지만, 『주례』의 내용과 부합하지 않는다. 아마도 사사(司士)는 『주례 · 추관 · 사구(周禮 · 秋官 · 司寇)』에서의 ‘사사(士師)’에 해당하는 것 같다.

(7) ‘䜌(訊)小大又(友)𨻰(鄰)’이라는 구절은 극히 이해하기 어렵다. 이에 대하여 당란은 ‘䜌’은 ‘신문(訊問)’을 가리키며, ‘又’는 ‘우(友)’와 통한다고 하였다. 즉 『주례 · 천관 · 태재(周禮 · 天官 · 太宰)』에서 “아홉 가지 어울리는 방법으로 방국의 백성들과 관계를 맺는다.……여덟째는 우(友)이다. 이로써 백성의 신뢰를 얻는다[以九兩繫邦國之民.……八曰友, 以任得民].”라고 한 ‘우(友)’로 지위는 ‘이(吏)’에 비하여 더욱 낮다. 그리고 ‘𨻰’을 ‘인(鄰)’으로 읽고 『주례 · 대사도(周禮 · 大司徒)』에서의 ‘인장(鄰長)’이라 하였다. 『상

주청동기명문선(商周靑銅器銘文選)』에서는 "신(訊)에 대하여 기록한 문헌은 찾을 수 없지만, 심문과 소송을 담당하였던 관리[訊訟官]일 것이다. '소대우(小大右)'에서 '소우(小右)'는 즉 '군우(群右)'로 '융우(戎右)'·'제우(齊右)'·'도우(道右)' 등이 포함된다. '대우(大右)'는 즉 '사우(司右)'로 군우를 총괄한다. 사우와 군우는 모두 『주례』에 보이는 사마에 속한다."라고 하였다.
필자의 생각은 다음과 같다. '우(友)'는 금문에 자주 보인다. 〈맥방정(麥方鼎)〉에서 "여러 신료와 우(友)에게 연회를 베푼다[用饗多寮友]."라 하였고, 〈사기정(師旂鼎)〉에서 "그 우(友)인 홍이 백무보에게 고하였다[厥友弘以告于伯懋父]."라고 하였으며, 〈사신정(師晨鼎)〉에서 "사신은 사속을 보좌하여 읍인을 관리하니, 소신·선부·수·우·관견 그리고 전인·선부·관·수·우이다[師晨疋(胥)師俗嗣邑人, 隹(惟)小臣善夫守友官犬, 眔奠人善夫官守友]."라고 하였다. '우(友)'는 아마도 『관제연구(官製硏究)』에서 말한 것처럼 일종의 관직에 대한 총칭으로 부하·조수라는 뜻일 것이다. '인(鄰)'은 좌우의 가까운 신하를 가리킨다. 『상서·익직(尙書·益稷)』에서 "사방에서 보필하는 신하를 공경하여라[欽四鄰]."라고 하였는데, 공영달의 소에서는 "사방으로 가까운 전후좌우 신하이다[四近, 前後左右之臣]."라고 하였으며, 또한 "신하가 좌우에서 보필하며, 보필함이 신하이다[臣哉鄰哉, 鄰哉臣哉]."라고 하였다. 채침(蔡忱)의 『서경집전(書經集傳)』에서는 "인(鄰)은 좌우에서 보필하는 것이다[鄰, 左右輔弼也]."라고 하였다. 『상서대전(尙書大傳)』 권2에서는 "옛날 천자는 반드시 사방에서 보필하는 신하가 있었으니, 앞은 의라 하고, 뒤는 승이라 하고, 왼쪽은 보라 하고, 오른쪽은 필이라 한다[古者天子必有四鄰, 前曰疑, 後曰丞, 左

曰輔, 右曰弼].”라고 하였다. 필자는 ‘訊小大又(友)㗊(鄰)’은 연결하여 읽어야 하며, “높고 낮은 부하들의 의견을 물어보았다.”라는 뜻으로 본다.

(8) ‘取遺五寽’의 해석에 대하여 학계에는 아직 정론이 없다. 곽말약은 다음과 같이 말하였다.

> ‘取遺(徵)若干寽’이란 말은 금문의 명문에 자주 보이니, 〈목궤(牧簋)〉·〈양궤(揚簋)〉·〈재궤(䵼簋)〉·〈처궤(䵼簋)〉·〈번생궤(番生簋)〉·〈모공정(毛公鼎)〉 등이 그 예이다. ‘遺’자는 ‘𧷸’으로 쓰기도 하며(〈䵼簋〉), ‘𧶠’로 쓰기도 하는데(〈毛公鼎〉), 대체로 화폐(貨貝)를 나타내는 것 같지만, 명확히 읽어낼 수는 없다. ‘률(寽)’의 수량은 〈모공정〉이 30률(卅寽)로 가장 많고, 다음은 〈번생궤〉이 20률(廿寽)이며, 그 다음은 모두 5률(五寽)이다. 그런데 오(五)·입(廿)·삽(卅)은 모두 5의 배수이니, 여기에는 아마 어떤 관계가 있는 것 같다.……‘取遺若干寽’은 대략 달마다 약간의 봉급을 취했다는 뜻이다.

당란은 다음과 같이 말하였다.

> ‘遺’자는 ‘징(徵)’자로 ‘패(貝)’로 구성되며 징세(徵稅)의 전용 글자이다. 『광아·석고(廣雅·釋詁)』에서 “징(徵)은 세금이라는 뜻이다[徵, 稅也].”라고 하였으나, 이는 조세(租稅)와는 다른 것 같다. 지금까지 알려진 바에 의하면, 본 명문과 〈양궤(揚簋)〉·〈처궤(䵼簋)〉에서와 같이 소송을 하여 세금 5환(鍰)을 징수하였다.…… 그렇다면, 여기에서의 아마도 ‘징(徵)’은 판공비와 같을 것이다.

‘률(寽)’은 『설문해자』에서 “다섯 손가락으로 잡는 것이다. ‘𠬪’로 구성되며, 일(一)은 발음을 나타낸다. ‘률(律)’과 같이 읽는다[五指

持也. 從叉一聲, 讀若律].”라고 하였다. 음은 luè(寽)이다. 곽말약은 “금문에서의 자형은 모두 한 손이 어떤 사물을 담고, 다른 한 손이 그것을 움켜잡는 모습으로 쓰였으며, 상의자(象意字)[1]이다. 다섯 손가락으로 잡는 것이라고 말한 것은 매우 정확지만, ‘叉’로 구성되고 일(一)은 발음을 나타낸다고 한 것은 옳지 않다.”라고 하였다. ‘률(寽)’을 ‘렬(鋝)’로 읽으며, 중량의 단위이다. 반량(半兩), 대반량(大半兩), 육량(六兩) 등의 설이 있다. 당란은 ‘률(寽)’을 ‘원(爰)’으로 예정하고 ‘환(鍰)’으로 읽었다.

(9) ‘유(幽)’는 ‘유(黝)’와 통하며, 흑색이다.
‘항(亢)’은 ‘황(璜)’으로 읽으니, 『설문해자』에서 “황(璜)은 반원형태의 옥이다[璜, 半璧也].”라고 하였다. 전래문헌에서는 ‘형(衡)’으로 썼다. 『예기・옥조(禮記・玉藻)』에서 “재명(再命) 등급에 속하는 관리들은 조복이나 붉은 가죽 무릎 가리개와 흑색의 옥형(玉衡)을 패용한다[再命赤韍幽衡].”라고 하였다.

(10) ‘䜌’은 ‘난(鑾)’으로 읽으며, 전래문헌에는 ‘난(鸞)’으로도 썼다. 『좌전・환공』2년에서 “석・난・화・영은 그 발음을 드러내는 것이다[錫鸞和鈴, 昭其聲也].”라고 하였는데, 두예의 주에서는 “석은 말 이마, 난은 재갈, 화는 수레의 횡목, 영은 깃발에 단다. 이것들은 모두 움직이면 울림소리가 난다[錫在馬額, 鸞在鑣, 和在衡, 鈴在旂, 動皆有鳴聲].”라고 하였으며, 공영달의 소에서는 “난・화 역시 방울이다. 다는 곳이 다르기 때문에 명칭이 다를 뿐이다[鸞和,

---

1) 역자주 : 『한서・예문지(漢書・藝文志)』에 보이는 글자의 조자방법으로 회의자에 해당한다.

亦鈴也, 以處異故異名耳].”라고 하였다.

‘기(旂)’에 대하여 『설문해자』에서는 “깃발에 여러 방울이 달린 것이다. 이로써 무리에게 명령을 내린다[旗有衆鈴以令衆也].”라고 하였다. 기치와 관직의 등급은 관계가 있다. 따라서 ‘난기(鑾旂)’는 방울을 매단 기를 말한다.

(11) ‘계강(季姜)’은 기(趞)의 모친으로 ‘강(姜)’은 성이고, ‘계(季)’는 항렬이다.

단대(斷代)

밀숙(密叔)은 최근에 출토된 〈호궤개(虎簋蓋)〉에서도 보인다. 〈호궤개〉는 목왕시기의 기물이다.(상세한 내용은 〈호궤개〉 고석을 참조하기 바란다.) 본 기물의 시기에 대하여 『양주금문사대계도록고석(兩周金文辭大系圖錄考釋)』 이하 대부분 목왕시기로 판정한다.

30

虎簋蓋

1996년 섬서성 단봉현(丹鳳縣) 산구촌(山溝村)에서 출토되어 현재 단봉현문화관에서 소장하고 있다. 단지 뚜껑 하나만 존재하고 기물 몸체는 어디에 있는지 모른다. 뚜껑 안에 명문 13행 161자가 있다. 다른 한 건이 있는데, 대만에서 소장하고 있다.

저록(著錄)

『고고여문물(考古與文物)』1997년 3기

석문(釋文)

隹(唯)卅(三十)年四月初吉甲戌[(1)]，王才(在)周新宮[(2)]，各(格)于大(太)室。密叔內(入)右虎卽立(位)[(3)]，王乎(呼)入(內)史曰：“冊令(命)虎[(4)]。”曰：“[illegible]乃且(祖)考事先王[(5)]，嗣(司)虎臣[(6)]。今令(命)女(汝)曰：更(賡)乃且(祖)考，足師戲嗣(司)走馬馭人眔五邑走馬馭人[(7)]，女(汝)毋敢不善于乃政[8]。易(賜)女(汝)載市[9]、幽(黝)黃(衡)、玄衣[10]，滰(絅)屯(純)[11]、䜌(鑾)旂五日[12]，用事。” 虎敢拜䭫(稽)首，對揚天子不(丕)㔻(顯)魯休[13]。虎曰: “不(丕)顯朕剌(烈)且(祖)考粦(粦)明[14]，克事先王。肄(肆)天子弗望(忘)氒(厥)孫子[15]，付氒(厥)尚(常)官[16]。天子其萬年𤕌(申)兹命[17]。” 虎用乍(作)文考日庚𨽍毁，子孫其永寶用，夙夕亯(享)于宗[18]。

탁본(拓本)

모본(摹本)

번역(飜譯)

30년 4월 초길 갑술일에 왕께서 주(周)의 신궁(新宮)에서 태실에 이르시었다. 밀숙(密叔)은 호(虎)가 자리에 나아가는 것을 도왔다. 왕께서 내사를 부르시어 말씀하시었다.

“호(虎)에게 책명을 내려라!”

책명에서 말씀하시었다.

"너의 조부와 부친이 선왕을 섬겨 호신(虎臣)을 지냈도다. 지금 너에게 명하여 말하노니, 너의 조부와 부친을 계승하여 사희(師戲)를 보좌하여 주마어인과 다섯 읍의 주마어인을 맡아 너는 감히 너의 정사를 잘하지 못함이 없도록 하여라. 너에게 재(載)의 폐슬, 흑색의 패옥, 적흑색의 비단옷, 옷 가선 솔기 가운데를 채색 실선으로 땋아 장식하여 선을 이룬 검은 색 의복, 방울이 달리고 다섯 개의 태양이 그려진 기를 하사하노니, 일에 사용하여라."

호(虎)는 감히 절을 하고 머리를 조아리며, 천자의 위대하고 영명하신 아름다움을 칭송하고 찬양하였다. 호(虎)가 말하였다.

"위대하고 빛난 나의 조부와 부친께서 현명하시어 선왕을 섬길 수 있었습니다. 천자께서 그의 자손을 잊지 않으시어 항상 세습하는 관직을 주셨습니다. 천자께서 영원히 선왕의 명을 거듭하시어 호(虎)에게 선조의 관직을 계승하도록 명하시었습니다."

호(虎)는 문덕을 갖춘 부친 일경(日庚)을 위한 존귀한 궤(簋)를 만드니, 자자손손 영원히 보배스럽게 사용하고, 아침저녁으로 종묘에 제사지낼지니라.

주해(注解)

(1) 필자는 '삼십년(三十年)'이 목왕의 기년이라 생각한다. 뚜껑의 직릉문(直棱紋)은 상해박물관에서 소장하고 있는 〈대사차궤(大師虘簋)〉·〈봉생궤(倗生簋)〉와 가깝고, '隹'·'王'·'卅'·'其永寶' 등의 글씨 풍격은 〈선궤(鮮簋)〉와 서로 가까우며, '밀숙(密叔)'은 〈기정(趞鼎)〉, '사희(師戲)'는 〈두폐궤(豆閉簋)〉에도 보이는데, 이것들은 모두 서주 중기의 기물이다. 본 명문에 언급되는 '주 신궁(周新宮)'은 소왕 이후의 것이다. 기물 주인 '호(虎)'는 〈원년사호궤(元

年師虎簋)〉의 ‘사호(師虎)’로 두 기물은 돌아가신 부친[文考]을 모두 일경(日庚)으로 호칭한다. 〈원년사호궤〉가 공왕원년에 제작되었으니, 본 기물은 목왕 30년에 제작된 것으로 보아야 한다. 『사기 · 주본기(史記 · 周本紀)』에서 “목왕은 55년간 재위하다 붕어하였다[穆王立五十五年崩].”라고 하였으며, 공왕의 재위연도에 대해서는 기록되지 않았다. 『태평어람(太平御覽)』84에서는 『제왕세기(帝王世紀)』를 인용하여 “공왕은 20년간 재위하였다[共王在位二十年].”라고 하였다. 또 황보밀(皇甫謐)의 “25년간 재위하였다[在位二十五年].”라는 말도 인용되어 있으나, 재위 기간이 30년은 넘지 않았을 것임이 분명하다. 1997년 『고고여문물(考古與文物)』 편집부에 개최한 좌담회에서 이상의 의견을 제시하자 장무용(張懋鎔)은 당시 공왕시기에 속하는 기물로 보아야 한다고 하였다. 그가 목왕시기로 본 근거는 주로 언어적 측면과 주 신궁(周新宮)의 설립시기이나, 목왕 후기와 공왕시기는 시대적으로 연속되기에 언어적 측면에서 유사한 것은 매우 자연스러운 일이며, 그 역시 뒤에 견해를 바꾸어 목왕시기설을 따랐다. 왕세민(王世民)은 『하상주단대공정중의 서주동기단대에 관한 문제[關於夏商周斷代工程中的西周銅器斷代問題]』에서 서주 말기로 판정하였으나 『서주청동기분기단대연구(西周青銅器分期斷代研究)』에서는 다시 “본 기물과 〈사호궤(師虎簋)〉는 동일한 사람의 기물이며, 목왕시기에 속하는 것으로 정정한다. 본 기물은 몸체가 존재하지 않기에 형제(形製)를 통해 어떤 시기의 유형인지 판단하기 어렵다. 의문점이 있지만 잠정적으로 여기에 위치시킨다.”라고 하면서 공왕 · 의왕시기 기물인 〈두폐궤(豆閉簋)〉의 앞에다 놓았다. 『하상주단대공정1996~2000년계단성과보고(夏商周斷代工程1996~2000年階段

成果報告)』에서 본 기물을 "서주시기 왕의 연대를 추정하는 7개 지점" 가운데 하나로 설정하면서 목왕 30년으로 판정하였다. 이 보고서는 또한 "목왕원년은 기원전 976년이고, 30년은 기원전 947년으로 당시 4월 병인삭(丙寅朔) 갑술(甲戌)일은 초구일(初九日)로 본 기물의 역일을 정확히 배열할 수 있다."라고 하였다. 그러나 이는 일부의 주장일 뿐 아직 학계의 정론이 아니다.

(2) '주신궁(周新宮)'은 〈사탕보정(師湯父鼎)〉·〈작조정(趞曹鼎)〉에도 보이며, 〈망궤(望簋)〉에는 '주강궁신궁(周康宮新宮)'이라는 것도 보인다. '강궁(康宮)'은 강왕의 종묘이며, '강궁신궁(康宮新宮)'의 출현은 그 이후일 것이다. 그러므로 '주신궁(周新宮)'이 서주 중기에 나타나는 것이다.

(3) '밀숙(密叔)'은 밀나라 귀족으로 길성(姞姓)이다. '밀(密)'은 또한 주원(周原) 갑골문에도 보이며, 지금의 감숙성 영대현(靈臺縣)에 있었다.

'즉위(卽位)'는 자리에 나아가는 것으로 대략 서주 중기부터 나타난다. 금문에서는 어떤 대신이 책명 받는 자를 인도하고 도우며, 사여 받는 자가 의례에 규정된 특정한 위치로 나아간다는 말 자주 보인다. 『예기·상복대기(禮記·喪服大記)』에서 "경대부는 당의 귀퉁이와 기둥의 서쪽으로 나아간다[卿大夫卽位于堂廉楹西]."라고 하였다.

(4) '입(入)'은 '내(內)'로 읽는다.

'책명(冊命)'은 관직을 봉하고 작위를 하사하는 것을 말한다. 정식 임명이기 때문에 임명서를 간책에 쓰고, 아울러 사관이 그 자리에서 펴서 읽는다. 『설문해자』에서 "책은 부명이다. 제후가 왕에게 나아가 받는 것이다. 간찰(簡札) 중에 긴 것과 짧은 것이 하나씩 이어지게 엮으며 가운데는 두 번의 묶음이 있는 모양을 상형하였다[冊, 符命也. 諸侯進受於王也. 象其札一長一短中有二編之形].”라고 하였다.

(5) ‘재(𢦏)’는 어조사로 전래문헌에서는 ‘재(載)’로 썼다. 『시경 · 용풍 · 재치(詩經 · 鄘風 · 載馳)』에서 “말을 달리고 수레를 몬다[載馳載驅].”라고 하였다.

(6) ‘호신(虎臣)’은 주나라 왕을 호위하는 신하로 용맹하고 전투를 잘하기가 마치 호랑이와 같기 때문에 붙여진 칭호이다. 호신은 정벌전쟁에도 참여하였다. 〈사원궤(師寰簋)〉에서 “지금 내가 비로소 너에게 명하노니, 제나라 군사……좌우의 호신 등을 이끌고 회이를 정벌하라[今余肇令(命)女(汝)逹(率)齊帀(師)·····左右虎臣征淮夷].”라고 하였다. 호신은 전래문헌에서도 많이 보인다. 『상서 · 고명(尙書 · 顧命)』에서 “이에 태보 석 · 예백 · 동백 · 필공 · 위후 · 모공 · 사씨 · 호신 · 백윤 · 어사를 함께 부르셨다[乃同召太保奭, 芮伯, 彤伯, 畢公, 衛侯, 毛公, 師氏, 虎臣, 百尹, 御事].”라고 하였는데, 공씨의 전에서는 “호신은 호분씨이다[虎臣, 虎賁氏].”라고 하였다. 〈사원궤(師寰簋)〉를 통하여 호신의 지위가 대략 ‘사(師)’보다 낮음을 알 수 있다. 『상서 · 고명』에 호신과 호분이 같이 보이는데, 왕중문(汪中文)은 두 가지가 같은 직책이 아닌 것 같다고 하였다.

(7) ‘족(足)’은 보좌한다는 뜻이다. 〈선정(善鼎)〉에서 “예전에 선왕께서는 이미 너에게 𩰫후를 보좌하라 명하시었다[昔先王旣令(命)女(汝)左(佐)足𩰫侯].”라고 하였다. ‘좌족(左足)’은 같은 의미의 글자가 연용된 것이다. ‘족(足)’과 ‘필(疋)’은 고문자에서 자형과 의미가 같다. 『설문해자』에서 “소(疋)는 발이다.……족(足)자로 보는 견

해도 있다. 어떤 사람은 '서(胥)'자라고도 한다[疋, 足也.……亦以爲足字, 或曰胥字].”라고 하였으며, 전래문헌에서는 대부분 '서(胥)'로 썼다. 『광아・석고(廣雅・釋詁)』에서는 “유(由)・서(胥)・보(輔)・좌(佐)・우(佑)는 돕는다는 뜻이다[由, 胥, 輔, 佐, 佑, 助也].”라고 하였으며, 『방언(方言)』에서는 “서(胥)・유(由)자는 돕는다는 뜻이다[胥, 由, 輔也].”라고 하였다.

'사희(師戲)'는 〈두폐궤(豆閉簋)〉에서도 보이며, '사(師)'의 직책을 맡았다.

'주마(走馬)'는 즉 '취마(趣馬)'이다. 『시경・대아・면(詩經・大雅・緜)』에서 “아침에 말을 달려오다[來朝走馬].”라고 하였는데, 『옥편』에서는 '주(走)'를 '취(趣)'로 썼다. 『주례・하관・취마(周禮・夏官・趣馬)』에서 “〈교인(校人)을〉 도와 좋은 말을 조교하며, 말 먹이를 조절하며, 말을 〈능력에 따라〉 6등급으로 나누고 선택하는 일을 관장한다. 수레에 쓸 말의 순서를 결정하는 일을 관장한다. 사계절에 따라 말을 기르는 장소를 결정하며, 어부(馭夫)의 명령에 따른다[掌贊正良馬, 而齊其飮食, 簡其六節. 掌駕說之頒. 辨四時之居治, 以聽馭夫].”라고 하였다. 그의 신분은 '하사(下士)'로 지위가 매우 낮다. 『상서・입정(尙書・立政)』에서는 “호분・철의・취마・소윤・좌우휴복・백사(虎賁・綴衣・趣馬・小尹・左右携僕・百司)”와 같은 관직이 언급되는데, 이는 『주례』의 언급과 부합한다. 그러나 금문에서 어떤 주마(走馬)의 신분은 비교적 높아 왕에게 매우 많은 사여를 받는 경우가 있는데, 아마도 주마의 우두머리이기 때문일 것이다.

'어(馭)'는 본래 '[古字]'라 쓴다. 채찍[攴]으로 말을 몬다는 뜻의 회의자이다. 고대에는 글자의 구성요소인 '복(攴)'을 '우(又)'로 바꿔 쓰기도 하였다. 예를 들면, 〈문부정준(文父丁尊)〉에서 '계(啓)'를 '[illegible]'로 쓴 것, 〈소유(召卣)〉에서 '계(啓)'를 '[illegible]'로 쓴 것을 들 수 있다. 그러므로 '駇'는 바로 '어(馭)'자이다. 『설문해자』에서 "어(御)는 말을 부리는 것이다. 척(彳)과 사(卸)로 구성된다. '어(馭)'는 '어(御)'의 고문(古文)이다[御, 使馬也. 從彳, 從卸. 馭, 古文御.]"라고 하였다. 『주례·하관·어부(周禮·夏官·馭夫)』에서 "이거·종거·사거를 관장한다. 왕실 6종의 말을 분류하고, 선별된 말을 조교한다[掌貳車從車使車, 分公馬, 而駕治之].”라고 하였다. 『주례』에는 '대어(大馭)'·'융복(戎僕)'·'제복(齊僕)'이라는 관직도 있는데, 모두 '어부(馭夫)'와 같은 유형의 관직이다.

'오읍(五邑)'은 〈작종(柞鐘)〉('五邑甸人')·〈사태궤(師兌簋)〉('五邑祝')·〈구궤개(救簋蓋)〉('五邑守堰')에서도 보인다. '오읍(五邑)'은 5개의 읍이라는 뜻이지만, 이것이 여러 읍의 통칭인지, 아니면 구체적인 5개의 읍을 가리키는 것인지는 확실히 알 수 없다.

(8) '정(政)은 정사를 말한다.

(9) '𢦏'자는 『설문해자』에서 보이지 않으나 '𢦏市'·'주불(朱市)'·'적불(赤市)'의 용례를 통해 '𢦏'가 색깔을 의미한다는 것을 알 수 있다. 그러나 도대체 어떤 색깔인지에 대하여서는 의견이 일치하지 않고 있다. 이 글자를 '매(韎)'로 읽는 견해도 있다. 『의례·사관례(儀禮·士冠禮)』에서 "작변복에는 진홍색 치마, 검은색 비단 웃옷, 검은색 비단으로 가선 장식을 한 허리띠, 적황색 무릎가리개를 착용한다[爵弁服, 纁裳, 純衣, 緇帶, 韎韐]"라는 기록이 있다. 『설문해자』에서 '매(韎)'자를 "꼭두서니로 염색한 가죽이다. 한번 물들인 것을 '매(韎)'라 한다[茅蒐染韋也, 一入曰韎].”라고 하였으며, 적황색이다. 진몽가는 '매(韎)'자는 위(韋)로 구성되고 '𢦏'는 발

음을 나타내며, '치(紂)' 혹은 '치(緇)'자에 해당한다고 하였다. 『설문해자』에서 "치(緇)는 검은색 비단을 뜻한다[緇, 帛黑色也]."라고 하였다.

(10) '현(玄)'은 『설문해자』에서 "아득하다는 뜻이다. 검붉은 색을 '현(玄)'이라 한다. 아주 작은 것으로 위를 얹은 모습을 상형하였다[幽遠也. 黑而有赤色者爲玄, 象幽而入覆之也]."라고 하였다. 현의(玄衣)는 검붉은 비단으로 만든 옷이며, '현곤의(玄袞衣)'라고도 한다. 〈오방이(吳方彝)〉에서도 보인다.

(11) '𧨝'자는 〈계유(啓卣)〉의 "왕께서 남산으로 사냥을 나가셨는데, 도적이 산각으로 가니 상후에 이르러 경천 근처에 있었다[王出狩南山, 寇邇山各, 至于上侯, 𧨝川上]."에서도 보인다. 진한평(陳漢平)은 '훈(訓)'자로 해석하였다. 백우란(白于蘭)은 '경(竟)'자가 언(言)·인(人)으로 구성되는 회의자이며, '𧨝'은 훈(訓)의 이체자로 '순(紃)'으로 읽는다고 하였다. 『설문해자』에서 둥근 무늬[紃, 圜采]라고 하였는데, 단옥재는 『설문해자주(說文解字注)』에서 "무늬 선으로 땋았으니 그 형체가 둥글다[以采線辮之, 其體圜也]."라고 하였으며, 『자림(字林)』에서는 "순(紃)은 가선을 둥글게 두른 끈이다[紃, 圜緣縚也]."라고 하였다. 『의례·사관례(儀禮·士冠禮)』에서 "검고 바른 검은색 신이고, 푸른 신코를 묶은 생사이다[玄端黑屨, 青約繶純]."라고 하였는데, 정현의 주에서는 "억(繶)은 솔기 가운데의 끈이다[繶, 縫中紃也]."라고 하였으며, 가공언(賈公彦)은 "'억(繶)은 솔기 가운데의 끈이다.'라는 것은 상아 밑에 서로 접하는 솔기 가운데 실을 땋은 납작하고 둥근 끈이다[繶, 縫中紃也者, 謂牙底相接之縫中有絛紃也]."라고 하였다. 백우란은 '억순(繶純)'은 바로 '순순(紃純)'이라 하면서 "검은 옷의 순순(紃純)은 옷 가선 솔

기 가운데를 채색 실선으로 땋아 장식하여 선을 이룬 검은 색 의복을 가리킨다."라고 하였다. '둔(屯)'은 '순(純)'으로 읽고, 음은 zhǔn(둔)이다. 『광아·석고(廣雅·釋詁)』에서 '순(純)'은 '연(緣)'이라 하였고, 주준성(朱駿聲)은 『설문통훈정성(說文通訓定聲)』에서 "순(純)은 연(緣)으로 가차된다[純, 假借爲緣]."라고 하였으며, 『상서·고명(尙書··顧命)』에서 "검고 흰무늬가 있는 조개로 장식한 평소에 쓰던 안석을 놓았다[敷重篾席黼純]."라고 하였다.

(12) '일(日)'은 깃발에 그린 태양이다. 『주례·춘관·사상(周禮·春官·司常)』에서 "사상은 아홉 가지 깃발의 사물명칭을 주관한다. 각각 속하는 바가 있으며, 이것들이 나랏일에 쓰임을 대비한다. 해와 달이 그려진 것을 상이라고 한다[司常, 掌九旗之物名, 各有屬, 以待國事. 日月爲常]."라고 하였다.

(13) '노(魯)'는 '여(旅)'·'가(嘉)'와 통용한다. 이에 대하여 우성오는 다음과 같이 말하였다.

> '노(魯)'와 '여(旅)'·'가(嘉)'는 고대에 통용되었다. 『설문해자』에서 "𣃓는 여(旅)의 고문이다. 고문에서 노나라와 위나라의 '노(魯)'라 한다[𣃓, 古文旅. 古文以爲魯衛之魯]."라 하였다. 『사기·주본기(史記·周本紀)』의 "천자의 명을 아름답게 여긴다[魯天子之命]."라는 문장은 『서서(書序)』에서는 "旅天子之命"으로 『사기·노주공세가(史記·魯周公世家)』에서는 "嘉天子之命"으로 되어 있다. '노(魯)'·'여(旅)'·'가(嘉)'는 서로 바꾸어 쓸 수 있으며, 어부(魚部)와 가부(歌部)는 통가될 수 있다.

따라서 '노휴(魯休)'는 아름답다는 뜻이다.

(14) '𠳋'은 '린(粦)'자이다. '인명(粦明)'은 〈윤길정(尹姞鼎, 〈穆公鼎〉이

라고도 칭함)·〈사장반(史墻盤)〉에서도 보이며, 서주 중기에 나타난 어휘로 대체로 영명 혹은 현명하다는 뜻이다. 『설문해자』에서 "린(粦)은 병사가 죽거나 소·말의 피를 '린(粦)'이라 한다. '린(粦)'은 도깨비불이다[粦, 兵死及牛馬之血爲粦. 粦, 鬼火也]."라고 하였다. 진몽가는 '린(粦)'을 '린(瞵)'으로 읽었으며, 『설문해자』에서는 "눈동자이다[目精也]."라고 하였다. 당란은 '령(令)', 이학근은 '영(靈)'으로 읽었으니, 근거가 있는 견해이다.

(15) '망(望)'은 '망(忘)'으로 읽는다. 〈현기궤(縣改簋)〉에서 "자자손손 감히 백휴를 잊지 말아라[孫孫子子毋(毋)敢望(忘)白(伯)休]."라고 하였다. '손자(孫子)'는 '자손(子孫)'의 도치문이다. 『시경·대아·문왕(詩經·大雅·皇矣)』에서 "자손에게 베풀다[施于孫子]."라고 하였다.

(16) '상(尙)'은 '상(常)'으로 읽으니, 〈종방정2(㦰方鼎二)〉에서 "이에 영원히 너의 아들 종의 마음을 너그럽게 하라[安永宕乃子㦰心]."라고 하였다.

'상(尙)' 아래 글자는 잘 식별되지는 않지만, 확실히 '관(官)'이지 '궁(宮)'이 아니다. 따라서 '상관(常官)'은 오래 재직한 관리로 『상군서·거강(商君書·去强)』에서 "상관이 법에 의하여 일을 잘 다스리면 관직이 승진한다[常官治者遷官治大]."라고 하였는데, 고형(高亨)의 주에서는 "상관은 오랫동안 한 관직을 맡는 것이다[常官, 久任一官]."라고 하였다. 또한 『시경·노송·민궁(詩經·魯頌·閟宮)』에서 "노나라를 항상 지키게 하시다[魯邦是常]."라고 하였는데, 정현의 주에서 '상(常)'은 '수(守)'라 하였다. 따라서 '부궐상관(付厥常官)'이란 항상 세습으로 주는 관리라는 뜻이다. 또한 '상(尙)'을 '상(裳)'으로도 읽을 수 있으니, 〈숙측방정(叔夨方鼎)〉의 '冋'와 같은 뜻이다.

(17) '𤕌'자는 금문에 자주 보이는 글자로 〈사극수궤(師克盨簋)〉에서 "지금 나는 거듭 명을 따른다[今余唯𤕌𠅘(就)乃命]."라고 하였으며, 〈모공정(毛公鼎)〉에서도 "지금 나는 선왕의 명을 거듭한다[今余隹(唯)𤕌先王命]."라고 하였다. '𤕌'은 '신(申)'이라 읽으니, 거듭한다는 뜻이다. 『의례 · 사혼례(儀禮 · 士婚禮)』에서 "부모의 명을 거듭한다[申之以父母之命]."라고 한 것은 〈모공정〉과 서로 같다. 따라서 '天子其萬年𤕌(申)茲命'이란 당시 왕께서 영원히 선왕의 명을 거듭하여 호(虎)에게 선조의 관직을 계승하도록 명하시었다는 뜻이다.

(18) '종(宗)'은 『설문해자』에서 "조부의 종묘에 제사지낸다[尊祖廟也]."라고 하였다. '용향우종(用享于宗)'은 〈사보종(士父鐘)〉에서도 보인다.

31

鮮簋

뚜껑이 없고 세 개의 귀가 있는 궤이다. 원래는 영국 런던 스커네지(Skenazy, 斯肯納齊) 상업은행에서 소장하고 있었으나, 현재는 프랑스 기메(Guimet, 吉美)박물관에서 소장하고 있다. 기물 안쪽 바닥에 명문 5행 44자가 있다. 〈선반(鮮盤)〉이라고도 한다.

저록(著錄)

『중일구미오뉴(中日歐美澳紐)』156, 『은주금문집성(殷周金文集成)』16·10166

탁본(拓本)

모본(摹本)

석문(釋文)

隹(唯)王卅(三十)又四祀，唯五月既望戊午，王在莾京，啻(禘)于珋(召)王[(1)]。鲜穖曆(歷)，祼，王𩏂(贛)祼玉三品、貝廿(二十)朋[(2)]。對王休, 用乍(作)[(3)]，子孫其永寶。

번역(飜譯)

왕 34년 5월 기망 무오일에 왕께서 방경(莾京)에서 소왕에게 체(禘)제사를 지내시었다. 선(鮮)을 멸력하시고 강신제를 지내시고 왕께서 옥 3품과 패화 20붕을 하사하시었다. 왕의 아름다움을 칭송하여 기물을 만드니 자손이 영원히 보배롭게 여길지니라.

주해(注解)

(1) '시(啻)'는 즉 '제(帝)'자이다. 은허 갑골문에서는 '𢍰'(『업(鄴)』3・34・5)・'𢍰'(『수(粹)』818)・'𢍰'(『척속(摭續)』91)로 썼다. 왕휘(王輝)의 『은인화제설(殷人火祭說)』에서는 "제(帝)의 본의(本義)는 체제사[禘祭]로 나무에 매달거나 묶어서 불사르는 모습을 상형한 것이다. 체제사는 처음에는 자연신에게 지내는 제사였으나, 후에 종묘 및 선왕에게도 체제사를 지내게 되었다."라고 하였다. 전래문헌에서는 보통 '체(禘)'로 썼다. '체(禘)'에 대하여 『설문해자』에서 "체는 체제사이다[禘, 禘祭也]."라고 하였으며, 단옥재는 『설문해자주(說文解字注)』에서 "체제사에는 3종류가 있으니, 시체・은체・대체가 있다[禘有三. 有時禘, 有殷禘, 有大禘]."라고 하였다. '대체(大禘)'는 교외에서 하늘에 지내는 제사이다. '은체(殷禘)'는 종묘에서 5년에 한 번 지내는 큰 제사로 '겁(祫)'과 함께 '은제(殷際)'로 병칭된다. '시체(時禘)'는 종묘에서 사계절마다 지내는 제사의 하나로 『예기・왕제(禮記・王制)』에는 "여름 제사를 체(禘)라고 한다[夏曰禘]."라는 기록이 있다. 본 명문의 시간적 배경은 5월이므로 마땅히 시제의 제사를 가리킨다.

'소(珋)'자는 '왕(王)'으로 구성되는데, 〈이궤(利簋)〉・〈하준(何尊)〉・〈대우정(大盂鼎)〉에서 무왕을 지칭할 때 쓰인 '무(珷)'자가 '왕(王)'으로 구성된 것과 같은 예이다.

'소(珋)'는 소왕(召王)의 전용 글자이다. 〈날정(剌鼎)〉 명문에 "5월에 왕께서 □에 계셨다. 정묘일에 왕이 체제사를 지내면서 태실에서 희생을 사용하고 소왕에게 체제사를 올렸다[唯五月, 王才

(在)□, 辰才(在)丁卯, 王啻, 用牡于太室, 啻昭王]."라는 기록이 있는데, 이는 〈선궤(鮮簋)〉 명문의 문장과 유사하다. 〈여방정(呂方鼎)〉에서도 "5월 기사패 임술일에 왕께서 태실에서 소왕을 제사지내셨다[唯五月既死霸, 辰才(在)壬戌, 王饔卲大室]."라고 하였다. 이학근은 다음과 같이 말하였다.

> 글자체가 〈선궤〉와 가장 유사한 것으로, 〈여방정(呂方鼎)〉·〈날정(剌鼎)〉을 꼽을 수 있는데, 많은 글자들이 매우 비슷하다. 이것들은 모두 제사지내는 일을 기록하였는데, 모두 5월의 일로 명기되어있다. 〈선궤〉는 5월 무오일, 〈여방정〉은 5월 임술일로 5일 차이이며, 〈날정〉은 5월 정묘일로 임술일과는 6일 차이이다. 이 세 기물은 같은 시기의 기물일 가능성이 매우 높다.

〈날정〉·〈여방정〉은 목왕시기 기물로 공인되었다. 황성장(黃盛璋) 또한 "禘昭王"을 근거로 "목왕시기의 표준기물이다."라고 하였다.

(2) '관(祼)'자는 '[illegible]'으로 썼다. 황성장은 '관(祼)'자의 자형 13종류를 열거하면서 '복(福)'자와의 차이점을 다음과 같이 비교하였다.

> '복(福)'자는 술을 담는 기물 중 목이 길고 뚜껑이 있으며, 둥근 배를 가진 호(壺)를 상형하였다 '관(祼)'자를 구성하는 주기(酒器)에 대부분 주둥이[流口]가 있으며, 일부 주둥이가 없는 자형의 경우에는 모두 '[illegible]'로 구성된다. '관(祼)'자의 하부구조에는 대체로 모두 기물받침[器座]이 상형되어 있지만, '복(福)'자의 하부구조에는 기물받침이 없다. '복(福)'은 정적인 모습을 상형하였고, '관(祼)'은 동적인 모습을 상형하였다. '복(福)'에는 모두 편방 '시(示)'로 구성되며, '관(祼)'에는 대부분 구성되지 않는다.

황성장은 이에 근거하여 본 글자가 '관(祼)'이라 하였는데, 믿을 만하다.

'䡇'에 대하여 진검(陳劍)은 『서주금문에서의 공자 고석[釋西周金文中的䡇(贛)字]』에서 『설문해자』에 수록된 '䡇'자이며, '공(贛)'으로 읽는다고 하였다. 『설문해자』에서 "공(贛)은 하사한다는 뜻이다. '패(貝)'로 구성되며, '䡇'의 생략된 자형이 발음을 나타낸다. 주문(籀文)의 자형은 '贑'이다[贛, 賜也. 从貝, 䡇省聲. 贑, 籀文贛.]"라고 하였다. "䡇이 통상적인 서사법이다."라고 하였다. 따라서 "王䡇(贛)祼玉三品"은 "강신제에서 사용한 옥과 패화를 선(善)에게 사여하였다."라는 뜻이다. 진검은 또한 옛날 글에서 '공(贛)'은 사여한다는 뜻이고[賞賜], '공(貢)'은 바치다[貢獻]라는 뜻으로 두 글자는 모두 준다는 뜻이지만, 윗사람이 아랫사람에게 또는 아랫사람이 윗사람에게 주는 차이가 있으며, 옛날 글에서는 이들이 종종 통용된다고 하였다. '공(贛)'자는 처음에 윗사람이 아랫사람에게 주는 것과 아랫사람이 윗사람에게 바친다는 두 가지 뜻을 모두 가지고 있었다.

(3) 용작(用作)"의 뒤에 기물을 만든 사람의 이름과 누구를 위하여 만드는 기물인지 그 이름이 생략되었다.

단대(斷代)

『하상주단대공정1996~2000년계단성과보고(夏商周斷代工程1996~2000年階段成果報告)』에서는 목왕 34년을 기원전 943년으로 결정하였으며, 이 해 5월 임인삭(壬寅朔)은 무오(戊午) 17일이다. 이것과 이학근(李學勤)이 『선궤의 초보연구[鮮簋的初步研究]』에서 말한 것이 모두 같지는 않다. 이학근은 〈선궤(鮮簋)〉·〈여방정(呂方鼎)〉·〈날정(剌

鼎)〉의 역일을 순서대로 배열하면서, 이것들이 기원전 10세기 범위 안에 있는데, 장배유(張培瑜)의 『중국선진사역표(中國先秦史曆表)』에 의하면, 각각 기원전 999년, 기원전 989년, 기원전 963년에 해당한다고 하였다. 본 기물을 목왕시기의 것으로 판정할 수는 있지만, 구체적 연도에 대해서는 차후 논의가 필요하다.

32

盠駒尊

1955년 3월 섬서성 미현(郿縣) 거참향(車站鄕) 이가촌(李家村)의 서주 청동기 교장(窖藏)에서 출토되었는데, 모두 2점이었다. 현재 국가박물관에서 소장하고 있다. 하나는 기물 본체의 명문은 9행 94자이고, 뚜껑의 명문은 3행 11자이다. 다른 하나는 뚜껑만 있다. 〈마준(馬尊)〉이라고도 한다.

저록(著錄)

『문물참고자료(文物參考資料)』, 1957년 44기, 『금문통석(金文通釋)』19 · 102, 『은주금문집성(殷周金文集成)』11 · 6011

탁본(拓本)

모본(摹本)

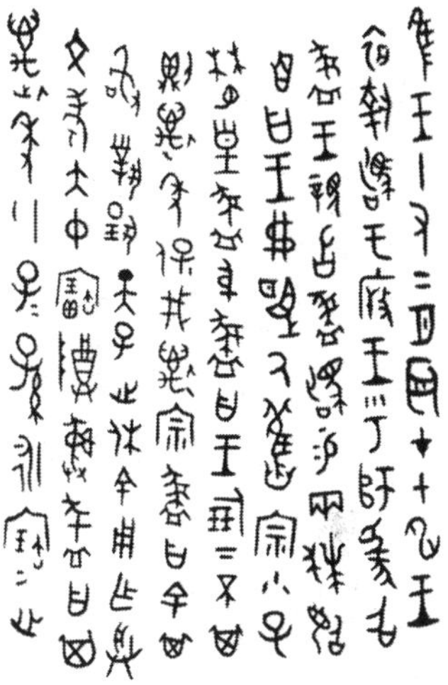

탁본(拓本)

개명(蓋銘)

모본(摹本)

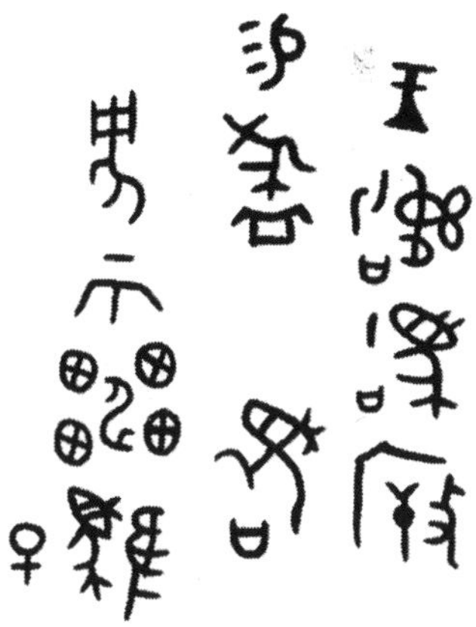

개명(蓋銘)

석문(釋文)

隹(唯)王十又二月辰才(在)甲申[1]，王初執駒于㪟[2]。王乎(呼)師豦召(詔)盠[3]。王親旨(詣)盠[4]，駒易(賜)兩[5]，拜䭫首曰: "王弗望(忘)氒(厥)舊宗小子[6]，䓣皇盠身[7]。" 盠曰: "王倗下不其(丕基)[8]，則邁(萬)年保我邁(萬)宗[9]。" 盠曰: "余其敢對揚天子之休，余用乍(作)朕文考大中(仲)寶障彝。" 盠曰: "其邁(萬)年世子子孫孫永寶之。"(이상 기물 본체 명문[器銘])

王䭼(拘)駒㪟[10]，易盠駒𤉲雷騅子[11]。(이상 뚜껑 명문[蓋銘])

번역(飜譯)

왕 12월 이월 성신이 갑신일에 있을 때에, 왕께서 처음 㪟에서 집구(執駒)를 행하시었다. 왕께서 사거(師豦)를 부르시어 이(盠)에게 고하도록 하시었다. 왕께서 친히 이(盠)가 있는 곳에 납시어 망아지 두 필을 하사하시었다. 이(盠)가 절하고 머리를 조아려 말하였다.

"왕께서는 그 옛날 종족의 자손들이 이(盠)의 몸에서 휘황찬란함을 잊지 마십시오."

이(盠)가 말하였다.

"왕께서 성대한 기업을 다지시어 만년토록 나의 많은 종족을 보호하소서."

이(盠)가 말하였다.

"내가 감히 천자의 아름다움을 보답하고 찬양하며, 문채가 나는 부친 대중(大仲)을 위한 보배롭고 존귀한 예기를 만드노라."

이(盠)가 말하였다.

"장차 만년토록 자자손손 영원히 보물로 삼을지니라."

(이상 기물의 명문)

왕께서 㪤에서 집구를 행하시고 이(盠)에게 𤆍와 뇌(雷)의 생산지인 푸르고, 희고, 검은 털이 섞인 오추마의 망아지를 하사하시었다.

(이상 뚜껑의 명문)

주해(注解)

(1) 곽말약은 '12월(十二月)', 어떤 학자는 '13월(十三月)'로 예정하였다. 이에 대하여 곽말약은 다음과 같이 말하였다.

> 본 명문에서의 "王十又二月"은 주나라 역법에 의한 것으로 하나라의 역법으로는 10월이며, 늦가을에서 초겨울에 해당한다. 이에 의하면, 봄・가을에 모두 '집구(執駒)'의 예를 행하였음을 알 수 있다. 『관자・산지수편(管子・山至數篇)』에서 "봄・가을에 마을에서 쓸데없이 여럿이 모여 놀지 않는 것을 예의라 일컫는다. 대부는 그 대열을 피하여 숨고, 백성은 그 문을 피하여 숨는다[春秋不鄕贅合遊者, 謂之禮義. 大夫幽其列, 民幽其門]."라고 하였다. ……소와 말은 봄・가을에 교배할 수 있다. 그러므로 본 명문을 통하여 『주례』에 근거가 있으며, 또한 『주례』가 후대에 나온 것임을 알 수 있다. 『주례・교인(周禮・校人)』에 4계절에 모두 '마제(馬祭)'가 있지만, '집구(執駒)'만이 봄으로 제한된 것은 후세에 조정된 것이다. 경험자의 말에 의하면, 가을에 교배하면 발육이 왕성하지 않는다고 한다.

(2) '집구(執駒)'는 고대 전례의 하나이다. 『주례・하관・교인(周禮・夏官・校人)』에서 "봄에는 말의 조상에게 제사지내고, 집구를 한다[春祭馬祖, 執駒]."라고 하였는데, 정현의 주에서는 "정사농은 집구는 어미를 가까이 하지 못하도록 하는 것으로 '공구(攻駒)'와 같은 것이다. 2살배기를 '구(駒)', 3살배기를 '조(駣)'라 하였다. 나

의 생각[鄭玄]은 다음과 같다. '집(執)'은 '구(拘)'와 같다. 봄은 교접하는 시기인데, 2살배기의 망아지는 약하고 혈기가 아직 안정되지 않아서 4마리・2마리로 짝을 이루어 쓰면 상한다[鄭司農云, 執駒, 無令近母, 猶攻駒也. 二歲曰駒, 三歲曰駣. 玄謂執猶拘也, 春通淫之時, 駒弱血氣未定, 爲其乘匹傷之]."라고 하였다. 또한『주례・하관・수인(周禮・夏官・廋人)』에서 "수인은 12개 마방의 말을 조련하고 기른다.……망아지를 가두고, 말이 시끄러운 소리에도 놀라지 않도록 길들인다[廋人掌十有二閑之政……執駒・散馬耳]."라고 하였다. 또한『대대예기・하소정(大戴禮記・夏小正)』에서 "4월에는……망아지를 어미에게서 격리하기 시작하며, 사람을 태울 수 있도록 교육한다[四月……執陟攻駒]."라고 하였는데, 대덕(戴德)의 전에서는 "집(執)이란 것은 처음으로 집구(執駒)하는 것이다. 집구라는 것은 망아지를 어미에게서 떨어뜨리는 것이다. '척(陟)'은 오르는 것이니, 좋은 말을 왕의 수레를 몰도록 선택하는 것이다[執也者, 始執駒也. 執駒也者, 離之去母也. 陟, 升也, 執而升之君也]."라고 하였다. 이에 대하여『상주청동기명문선(商周青銅器銘文選)』에서는 "집구의 예는 작은 말이 2살 때 어미말을 떠나 방어용 목책인 '왕한(王閑)'에 들여 말을 복종시킬 때, 처음 마구를 묶으며 행한 예이다. 주나라는 말 다스림을 중시하였기 때문에 집구의 예에 천자가 친히 참가한 것이다."라고 하였다. '㪅'은 지명이다.

(3) '사거(師豦)'는 〈사거궤(師豦簋)〉・〈사거이(師遽彝)〉에서 보이는 '사거(師豦)'로 곽말약은 이 기물들을 의왕시기로 판정하였다.

'소(召)'는 '조(詔)'로 읽는다.『옥편』에서 "조(詔)는 고하는 것이다[詔, 告也]."라고 하였다.『초사・이소(楚辭・離騷)』에서 "교룡을 지휘하여 나루터에 다리를 놓고, 서황에게 고하여 나를 건너게 하네[麾蛟龍使梁津兮, 詔西皇使涉予].”라고 하였는데, 왕일의 주에서는 “조(詔)는 고한다는 뜻이다[詔, 告也].”라고 하였다.

‘이(盠)’는 같이 출토된 〈이방이(盠方彝)〉에서도 보인다. 그 명문에서 ‘이(盠)’는 “육사・왕행과 세 명의 유사를 통솔하라[司六師王行, 參有司].”라고 책명을 받았기에 ‘삼유사(三有司)’보다 신분이 높으며, 군정을 관리하는 매우 존중받는 지위에 있었다.

(4) ‘지(旨)’에 대하여 곽말약은 ‘예(詣)’로 읽어야 할 것 같다고 하였다. 『옥편』에서 “예(詣)는 가는 것이다[往也)].”라고 하였다. 본 명문에서는 왕이 친히 이(盠)가 있는 곳에 이르렀음을 뜻한다.

(5) ‘구사(駒賜)’는 망아지를 하사하였다는 ‘사구(賜駒)’의 도치문이다. ‘양(兩)’은 두 필을 뜻한다.

(6) ‘소자(小子)’는 자손이다. 『상서・주고(尙書・酒誥)』에서 “문왕이 소자들에게 고하고 가르쳤다[文王誥教小子].”라고 하였는데, 공영달의 소에서는 “소자는 백성의 자손이다[小子, 民之子孫也].”라고 하였다. 이(盠)는 왕의 종족에 속하였기 때문에 매우 중시되었다.

(7) ‘䗝’자는 자서(字書)에 보이지 않는다. 곽말약은 이 글자에 대하여 다음과 같이 말하였다.

> ‘䗝’자는 극히 드물게 보이는데, 아마도 ‘비(蟦)’의 이체자로 ‘충(虫)’으로 구성되며, ‘분(焚)’의 생략된 자형이 발음을 나타내는 것 같다. ‘䗝皇’은 ‘휘황(輝煌)’과 같다. 춘추시기 진(晉)나라에 묘분황(苗賁皇)이라는 사람이 있었는데, 그의 이름은 아마 이 의미를 취하였을 것이다.

곽말약의 견해 또한 추측일 뿐이다.

(8) 같은 교장(窖藏)에서 함께 출토된 〈이방이(盠方彝)〉 명문에 "天子不叚不其"라는 구절이 있는데, 이 구절과 유사하다. 이에 대하여 곽말약은 다음과 같이 말하였다.

> '不其'는 '비기(丕基)'이다. 『상서 · 입정(尙書 · 立政)』에서 "이 크나 큰 터전을 이어받았다[以并受此丕丕基]."라고 하였다. '倗下'와 '不叚'는 발음도 가깝고 뜻도 가깝다. '倗'은 '붕(堋)의 가차자로 『설문해자』에서 "붕(堋)은 장례를 치를 때 흙 아래에 장사지내는 것을 뜻한다[堋, 喪葬下土也]."라고 하였다. "倗下丕基"는 바로 성대한 기업을 다졌다는 뜻이다.

그러나 '불하(不遐)'는 전래문헌에 자주 보이며, 모두 의문의 뜻을 가지고 있다. 왕인지의 『경전석사(經傳釋詞)』에서 "가(叚)는 어찌이다[叚, 何也]."라고 하였다. 『시경 · 대아 · 하무(詩經 · 大雅 · 下武)』에서 "하늘의 복을 받으시니 사방에서 하례하도다. 아, 만년토록 어찌 도울 이 없겠는가[受天之祜, 四方來賀, 於萬斯年, 不遐有佐]."라고 하였는데, 주희의 『시경집전(詩經集傳)』에서는 "하(遐)는 하(何)와 통한다[遐, 通何]."라고 하였다. 마서진(馬瑞辰)의 『모시전전통석(毛詩傳箋通釋)』에서는 "'불하(不遐)'는 '하불(遐不)'이 도치된 것이다. 『시경』에서 '하불(遐不)'이라는 말이 나오는데, '하(遐)' · '호(胡)'는 발음이 유사하니, '호불(胡不)'이라는 말과 같은 것이다."라고 하였다. '호불(胡不)'과 '하불(何不)'은 모두 반문의 어기사로 실제로는 왕이 성대한 기업을 가졌음을 긍정하는 말이다.

(9) 조상을 같이하는 것을 '종(宗)'이라 하는데, 직계는 대종(大宗), 지계는 소종(小宗)이 된다. 따라서 '만종(萬宗)'은 많은 종족을 뜻한다.

(10) '𩞁'자는 '𩝐'으로 구성되며, '구(句)'는 발음을 나타낸다. 금문에 "포

로를 잡고 목을 베었다[執訊折首].”라는 구절이 보이는데, 여기에서 '신(訊)'을 '[illegible]'으로 쓰는 경우가 있다. 이는 본래 끈으로 포로의 두 손을 결박한 모습을 상형한 것이다. '구(拘)'는 '집(執)'과 뜻이 가깝다. 주(2) 정현의 말을 참고하기 바란다. 『상주청동기명문선(商周青銅器銘文選)』에서 “기물 본체 명문에서는 '집구(執駒)'라 하였고, 뚜껑 명문에서는 '구구(拘駒)'라 하였으니, 이는 정현의 주를 증명하는 좋은 예이다.”라고 하였다.

(11) '[illegible]'와 '뇌(雷)'는 마땅히 말의 생산지이다.

'뇌(雷)'의 앞 글자에 대해서는 명확히 알 수 없다.

'추(騅)'에 대하여 『설문해자』에서 “푸른 털과 검은 털이 섞인 말이라는 뜻이다[馬蒼黑雜毛].”라고 하였으며, 『시경・노송・경(詩經・魯頌・駉)』에서 “잠시 건장한 말에 대하여 말하면, 추마(騅馬)와 비마(駓馬)가 있다[薄言駉者, 有騅有駓].”라고 하였는데, 모전(毛傳)에서는 “푸른 털과 흰 털이 섞인 말을 '추(騅)'라 한다[蒼白雜毛曰騅].”라고 하였다. '추(騅)'는 푸른 털, 흰 털, 검은 털이 섞인 말이다.

'자(子)'는 어린 말로 망아지이다.

또 다른 뚜껑의 명문은 이 뚜껑 명문과 대략 같지만, 다만 지명을 '후(厚)', 말 이름을 '낙(駱)'이라 하였다. '낙(駱)'은 『시경・노송・경(詩經・魯頌・駉)』에서도 보이며, 『설문해자』에서는 “백색의 털에 갈기와 꼬리가 검은 말이다[馬白色黑鬣尾也].”라고 하였다. 뚜껑과 기물 본체의 명문에서는 모두 '집구' 전례의 일을 언급하였는데, 각기 문장이 완결되기 때문에 이어 읽으면 안 된다. 어떤 학자는 이어 읽어야 한다고 하면서 뚜껑 명문을 기물 본체 명문 앞에 두기도 한다.

단대(斷代)

담계보(譚戒甫)는 선왕시기 기물로 판정하였는데, 이는 지나치게 늦게 잡았다. 곽말약은 "본 기물군의 연대는 위에서 이미 언급한 〈사이(師𠤱)〉만을 근거로 일단 의왕시기로 판정하여 둔다."라고 하였다. 이는 합당한 추측으로 〈사거궤(師遽簋)〉와 〈사거이(師遽彝)〉의 연대 역시 절대적이지 못하기 때문이다. 2003년 1월 19일 섬서성 미현(郿縣) 양가촌(楊家村)에서 선씨(單氏) 일족의 청동기 27건이 출토되었는데, 이 가운데 명문이 366자에 이르는 반(盤)이 있다. 이 명문에는 8대에 이르는 선씨(單氏)의 선조들과 주 문왕·무왕에서 선왕까지의 공적이 차례로 기술되어 있는데, 그 가운데 '惠仲𠤱父'[1]이 소왕·목왕시기에 활동하였으며, 일찍이 초형 정벌에 참여하였음이 언급되어 있다. 따라서 본 기물은 마땅히 목왕시기에 속한다.

---

1) 역자주 : 왕휘는 '惠仲𠤱文'이라 하였으나 탁본의 명문에 의거하여 '惠仲𠤱父'로 수정하였다. 이 기물은 〈내반(逨盤)〉이라는 명칭으로 널리 알려져 있다.

33

裘衛盉

1975년 2월 섬서성 기산현(岐山縣) 동가촌(董家村)에서 출토되어 현재 섬서역사박물관에서 소장하고 있다. 뚜껑 안에 명문 12행 132자가 있다.

저록(著錄)

『문물(文物)』1976년 5기, 『상주청동기명문선(商周青銅器銘文選)』193, 『은주금문집성(殷周金文集成)』15・9456

석문(釋文)

隹(唯)三年三月旣生霸壬寅[1]，王爯(偁)旂于豐[2]。矩白(伯)庶人取堇(瑾)章(璋)于裘衛[3]，才(戴)八十朋[4]，氒(厥)貯(賈)[5]，其舍田十田[6]。矩或(又)取赤虎兩[7]、麀皋兩[8]、皋韐一[9]，才(戴)廿(二十)朋，其舍田三田。裘衛迺彘(矢)告于白(伯)邑父、焚(榮)白(伯)、定白(伯)、琼白(伯)、單白(伯)[10]。白(伯)邑父、焚(榮)白(伯)、定白(伯)、琼白(伯)、單白(伯)迺令(命)參(三)有嗣(司)[11]：嗣(司)土(徒)散邑、嗣(司)馬單旟、嗣(司)工(空)邑人服[12]，眔受(授)田[13]。燹(豳)趕、衛小子□逆者(諸)其卿(饗)[14]。衛用乍(作)朕文考惠孟寶般(盤)[15]，衛其萬年永寶用。

탁본(拓本)

모본(摹本)

번역(飜譯)

3년 3월 기생패 임인일에 왕께서 풍(豐)에 기를 세우시었다. 구백(矩伯)의 서인(庶人)이 구위(裘衛)에게 아름다운 옥으로 만든 장(璋)을 취하여 80붕을 더하였으니, 그 가치는 토지 10전이었다. 구(矩)는 또 붉은색의 호피 한 쌍, 麀으로 장식한 것 한 쌍, 무릎가리개 하나를 취하여 20붕을 더하였으니, 그 가치는 토지 3전이었다. 구위(裘衛)는 이에 백읍보(伯邑父)・영백(榮伯)・정백(定伯)・경백(琼伯)・단백(單伯)에게 고하였다. 백읍보(伯邑父)・영백(榮伯)・정백(定伯)・경백(琼伯)・단백(單伯)은 이에 3명의 유사(有司)인 사도 미읍(微邑), 사마 단여(單旟), 사공 읍인(邑人)에게 복종하고 토지를 주도록 명하였다. 빈소(豳犀)와 위소자(衛小子)가 3명의 유사(有司)를 영접하여 연회를 베풀어 토지교역 수속이 이미 완성하였음을 표시하였다. 구위(裘衛)는 나의 문채나는 부친 혜맹(惠孟)을 위한 반(盤)을 만드니, 위(衛)는 장차 만년토록 영원히 보배스럽게 사용할지니라.

주해(注解)

(1) '삼년(三年)'은 공왕 3년이다. 〈구위화(裘衛盉)〉는 동가촌(董家村) 청동기 교장(窖藏)에서 출토되었다. 이 교장에서 출토된 청동기 37건은 서주 중기와 말기로 나뉘며, 여러 세대에 걸친 한 가족의 기물이다. 〈구위화〉의 형제는 목왕시기 기물인 〈장불화(長由盉)〉와 가까우며, '영백(榮伯)'・'형백(邢伯)' 등이 공왕시기의 집정대신이기에 학자들은 대부분 이에 근거하여 〈구위화〉를 공왕시기의 기물로 판정하지만, 의왕 혹은 효왕・이왕시기의 기물로 판정하는 학자도 있다. 이 '삼년(三年)'의 절대연도가 언제인가에 대해서

는 정설이 없다. 『하상주단대공정1996~2000년계단성과보고(夏商周斷代工程1996~2000年階段成果報告)』에서 "三年三月旣生霸壬寅"을 기원전 920년 3월 13일이라 판정하였으나, 하나의 설에 불과하다.

(2) '爯'은 '칭(偁)'으로 읽는다. 『설문해자』에서 "드날리는 것이다[揚也]."라 하였고, 『광아·석고(廣雅·釋詁)』에서는 "드는 것이다[擧也]."라고 하였으며, 전래문헌에서는 통상 '칭(稱)'으로 쓴다. 『상서·목서(尙書·牧誓)』에서 "그대들의 창을 들고, 그대들의 방패를 나란히 하며, 그대들의 긴 창을 들어라[稱爾戈, 比爾干, 立爾矛]."라고 하였다. 따라서 '칭기(偁旂)'는 기치를 세운 것이다. 『주례·춘관·사상(周禮·春官·司常)』에서 다음과 같이 말하였다.

> 왕은 대상(大常)을 세우고, 제후는 기(旗)를 세우고, 고경은 전(旜)을 세우고, 대부와 사는 물(物)을 세운다.
> 王建大常, 諸侯建旂, 孤卿建旜, 大夫士建物.

> 무릇 제사에는 각각 그 기를 세운다. 회동(會同)·빈객(賓客)의 경우도 이와 같이 한다. 정문(旌門)을 설치한다. 대상(大喪)에는 명정(銘旌)을 공급하며, 유해를 운구할 수레가 진설되면 그 위에 정(旌)을 세운다. 장사지낼 때도 이와 같이 한다. 무릇 군대의 일에는 정기(旌旗)를 세운다. 백성들을 소집할 기(旗)를 세우며, 모두 모이면 철수한다. 전렵할 때에도 이와 같이 한다. 무릇 활쏘기할 때 획정(獲旌)을 공급한다. 새 해가 되면 새로운 정(旌)으로 교환한다.
> 凡祭祀, 各建其旗. 會同賓客亦如之, 置旌門. 大喪共銘旌, 建廞車之旌. 及葬, 亦如之. 凡軍事, 建旌旗. 及致民, 置旗, 弊之. 甸, 亦如之. 凡射, 共獲旌. 歲時, 共更旌.

여기에서 왕이 '대상(大常)' 기를 세우는 것은 마땅히 제후를 조회하기 위함이다.

'풍(豐)'은 문왕이 세운 도읍으로 『시경・대아・문왕유성(詩經・大雅・文王有聲)』에서 "문왕께서 천명을 받으시어 이러한 무공을 세우셨도다. 이미 숭을 정벌하고 풍에 읍을 만드셨도다[文王受命, 有此武功. 旣伐于崇, 作邑于豐]."라고 하였는데, 정현의 주에서는 "읍을 만들었다는 것은 도읍을 풍으로 옮기고 천명에 응하였다는 것이다[作邑者, 徙都於豐以應天命]."라고 하였다. '풍(豐)'은 전래문헌에서 '풍(酆)'으로 쓰기도 한다. 『설문해자』에서 "풍(酆)은 주 문왕이 세운 도읍으로 경조 두릉의 서남쪽이다[酆, 周文王所都, 在京兆杜陵西南]."라고 하였다. 지금의 장안현(長安縣) 풍수(灃水) 서쪽 언덕 마왕진(馬王鎭)과 그 주위의 지역이다.

(3) '구(矩)'는 국족(國族)의 명칭이나 소재지는 명확치 않다. 따라서 '구백(矩伯)'은 구나라의 제후이고, 주나라 왕조의 '경사(卿士)'이다.

'서인(庶人)'은 부역에 징발되어 일하는 사람들이다.

'근(堇)'은 '근(瑾)'으로 읽는다. 『설문해자』에서 "근유(瑾瑜)라는 뜻으로 아름다운 옥이다[瑾瑜, 美玉也]."라고 하였다.

'章'은 '장(璋)'으로 읽는다. 『설문해자』에서 "위를 깎은 것을 규라 하고, 규의 반쪽을 장이라 한다[剡上爲圭, 半圭爲璋]."라고 하였다. '堇'을 '근(覲)'으로 읽어서 '근장(覲璋)'을 조회할 때 쓰는 장으로 보는 견해도 있다. 『좌전・희공(左傳・僖公)』28년에서 "책서를 받아서 나왔다. (진문공은) 드나들며 천자를 세 번 뵈었다[受策以出. 出入三覲]."라고 하였다.

'구위(裘衛)'에서 '위(衛)'는 사명(私名)이다. '구(裘)'는 그의 관직으로 바로 『주례』에 나오는 '사구(司裘)'이다. 『주례・천관・구위

(周禮・天官・司裘)』에서 "큰 가죽옷 만드는 일을 관장하며, 왕이 하늘에 제사지내는 옷을 공급한다. 중추에는 좋은 가죽옷을 공급한다. 왕에게 여러 신하에게 사여할 날짐승을 바친다. 계추에는 군신에게 사여할 조금 낮은 등급의 가죽옷을 공급하고, 나누어 주기를 기다린다.……무릇 나라의 가죽 다루는 일을 관장한다[掌爲大裘, 以共王祀天之服. 中秋獻良裘, 王乃行羽物. 季秋獻功裘, 以待頒賜.…… 凡邦之皮事掌之]."라고 하였다.

(4) '재(才)'를 '재(裁)'・'재(在)'・'재(財)'・'치(値)'로 읽는 견해들이 있지만, 모두 값어치란 의미로 해석하였다. 그러나 왕휘는 『몇 점의 청동기 명문에 반영된 서주중기의 토지교역(幾件銅器銘文中反映的西周中葉的土地交易)』에서 이를 '대(戴)'로 읽었다. 『설문해자』에서 "사물을 나누어 더함을 '대(戴)'라 한다[分物得增益曰戴]."라고 하였다. 따라서 '대팔십붕(戴八十朋)'은 다시 80붕이 더해졌다는 뜻이다. 여기에서는 분명히 교역에 참여한 보상물이지 교역의 가격이 아니다.

(5) '저(貯)'는 '가(賈)'로 읽는다. 조광현(趙光賢)은 이에 대하여 다음과 같이 말하였다.

> '저(貯)'・'거(賥)'・'거(居)'・'고(酤)'・'가(賈)'자는 발음상 모두 통가될 수 있다. 저장한다는 뜻에서 매매라는 뜻이 인신되었고, 다시 가격이라는 뜻이 인신되었다. '가(賈)'자가 사용되면서 '거(賥)'・'거(居)'・'고(酤)' 등의 글자들은 점차 없어졌다.

'저(貯)'는 즉 교역으로 위 구절의 '취(取)'와 아래 구절의 '사(舍)' 두 가지를 가리킨다. 어떤 사람은 '가(賈)'가 가격을 가리킨다고 하였고, 곽말약 · 당란은 '저(貯)'를 '조(租)'로 읽었다. 그러나 서주의 토지교역은 결코 시장을 통한 상품교역이 아니라 많은 왕의 신하가 현장에서 감시하는 관리방법을 통하여 인가되는 교환이기 때문에 토지의 임차나 사적 교역의 상황이 아니다.

(6) '사(舍)'는 '주다', '내려준다'는 뜻이다. 〈영정(令鼎)〉에서 "내가 너희들에게 10가의 신복(臣僕)을 주노라[余其舍女(汝)臣十家]."라고 하였다.

'전십전(田十田)'에서 앞의 '전(田)'은 명사이고, 뒤의 '전(田)'은 수량사이다. 『주례 · 고공기 · 장인(周禮 · 考工記 · 匠人)』에서 "전수(田首)는 배로 한다[田首倍之]."라고 하였는데, 정현의 주에서는 "토지는 남성 한 명이 경작하는 것으로, 100무이다[田, 一夫之所佃, 百畝]."라고 하였다. 따라서 '십전(十田)'은 주나라의 제도로 1,000무에 해당하지만, 실제 토지는 아마 균등치 못할 것이기 때문에 이렇게 정리할 수 없었을 것이다. 또한 어떤 학자는 '십전(十田)'은 단지 10무더기의 토지로 크기가 규정되지 않았다고 하기도 한다.

(7) '혹(或)'은 '우(又)'로 읽는다. 왕인지(王引之)의 『경전석사(經傳釋詞)』를 참고하기 바란다. 『시경 · 소아 · 빈지초연(詩經 · 小雅 · 賓之初筵)』에서 "이미 감시관을 세우고, 또한 기록관이 돕게 한다[既立之監, 或佐之史]."라고 하였는데, 정현의 주에서는 "또 기록관으로 보조하여 음주를 감독하게 한다[又助以史, 使督酒]."라고 하였다.

'적호(赤虎)'는 붉은 호랑이 가죽이다. 『주례 · 추관 · 소행인(周禮 · 秋官 · 小行人)』에서 "6가지 예물의 법식(法式)을 규정한다. 규는 말과 짝짓는다. 장은 가죽으로 짝짓는다. 벽은 비단으로 짝짓는다

[合六幣, 圭以馬, 璋以皮, 璧以帛].”라고 하였는데, 정현의 주에서는 “피(皮)는 호랑이나 표범의 가죽이다[皮，虎豹皮也].”라고 하였다. 호랑이 가죽은 근장(覲璋)의 깔개로 사용되었다. ‘虎’를 ‘호(琥)’로 읽는 견해도 있다. 『설문해자』에서 “호(琥)는 군사를 지휘할 수 있는 보배로운 옥으로, 호랑이 무늬이다.……『춘추전』에서 ‘(소공이) 자가씨(子家氏)에게 한 쌍의 호(琥)를 하사하였다.’라고 하였다[琥, 發兵瑞玉, 爲虎文.……『春秋傳』曰, ‘賜子家雙琥’].”라는 언급이 있다.

‘양(兩)’은 수량사로 한 쌍을 가리킨다.

(8) ‘麀’자는 자서(字書)에 보이지 않지만 ‘녹(鹿)’으로 구성되기 때문에 응당 사슴에 속한 짐승일 것이다.

‘桒’은 옛날에 ‘분(賁)’으로 읽었는데, 『설문해자』에서 “꾸미는 것이다[飾也].”라고 하였다. 기소군(冀小軍)은 ‘조(雕)’로 읽었는데, 역시 ‘꾸미다[飾]’라는 의미이다.

(9) ‘겹(韐)’은 ‘韐’과 같고, 음은 gé(겹)이다. 이에 대하여 『설문해자』에서 다음과 같이 말하였다.

> 사(士) 계급은 불(市)이 없고 겹(韐)이 있다. 그 모양은 술통[榼]과 같고, 네 모서리는 각지지 않으며, 작변복(爵弁服)에 속하니, 꼭두서니로 염색하여 색깔을 낸 가죽으로 만든다. 지위가 낮은 자는 상(裳)과 색을 맞출 수 없다. 정사농은 “상(裳)은 분홍색이다.”라고 하였다. ‘불(市)’로 구성되며, ‘합(合)’은 발음을 나타낸다. ‘겹(韐)’은 ‘겹(韐)’의 이체자로 ‘위(韋)’로 구성되는 경우도 있다.
>
> 韐, 士無市有韐. 制如榼, 缺四角, 爵弁服, 其色韎. 賤不得與裳同. 司農曰, “裳, 纁色.” 從市合聲. 韐, 或從韋.

겹(韐)은 무릎을 덮는 예복으로 꼭두서니로 노랗게 염색하며 타원형이다. 일반적으로 제사지낼 때 입는다.

(10) '내(迺)'는 전래문헌에서 대부분 '내(乃)'로 쓴다.

'체(彘)'는 '시(矢)'로 읽는다. 『이아 · 석고(爾雅 · 釋詁)』에서 "시(矢)는 늘어놓는 것이다[矢, 陳也]."라고 하였는데, 여기에서는 서술하다는 뜻으로 쓰였다.

'백읍보(伯邑父)' · '영백(燮伯, 즉 榮伯)' · '정백(定伯)' · '경백(㝬伯)' · '선백(單伯)'은 모두 집정대신으로 토지교역을 할 때 증인과 감독을 보는 사람들이다. 이는 서주 왕조가 토지교역의 합법성을 승인하는 것이다. 왕의 신하는 토지교역을 촉성시킨 뒤에 법률상의 보호 작용을 책임지고, 개인이 교역을 통하여 얻은 전답의 소유권을 승인해준다.

'백읍보(伯邑父)'에서 '선백(單伯)'에 이르는 5사람 이름 아래 모두 중문부호가 있다. '백읍보(伯邑父)'는 또한 〈오사위정(五祀衛鼎)〉에서도 보인다. '영백(燮[榮]伯)'은 서주시기 유명한 귀족으로 '영(榮)'은 〈대우정(大盂鼎)〉 · 〈형후궤(邢侯簋)〉에서도 보인다. 『서주기내지명소기(西周畿內地名小記)』에서 '영(榮)'은 기산현(岐山縣)과 부풍현(扶風縣)의 경계에 있다고 하였다. '영백(榮伯)'도 주공과 같이 역대로 계승하였기 때문에 〈사순궤(師訇簋)〉 · 〈묘궤(卯簋)〉 · 〈응후견공종(應侯見工鐘)〉 · 〈보사반궤(輔師嫠簋)〉 등 서로 다른 시대의 기물 명문에 보인다. 여왕시기의 '영이공(榮夷公)'은 '영백(榮伯)'의 후예로 여왕의 근신이었다. '정백(定伯)'은 〈오사위정〉과 〈즉궤(卽簋)〉에 보인다. '경백(㝬伯)' 또한 〈오사위정〉에 보인다. '선백(單伯)'은 『춘추 · 장공(春秋 · 莊公)』원년에서 "여름, 선백이 왕희를 전송하였다[夏, 單伯送王姬]."라고 하였는데,

두예의 주에서는 "선백은 천자의 경이다. 선은 채지이다[單伯, 天子卿也. 單, 采地]."라고 하였으며, 공영달의 소에서는 "선이라는 것은 천자의 기내의 지명이다[單者, 天子畿內地名]."라고 하였다. '선(單)'이 오늘날 하남성 맹진현(孟津縣)의 동남쪽에 있었다는 견해도 있다. '선(單)'은 서주시기 기내의 채지로 오늘날 섬서성 미현(郿縣) 양가촌(楊家村)이니, 이곳에서 2003년 선씨 가족의 청동기 27건이 출토되었다. 이에 대하여 『상주청동기명문선(商周青銅器銘文選)』에서 다음과 같이 말하였다.

> 선백의 전해 내려오는 기물[傳世器]로 〈선백호생종(單伯昊生鐘)〉이 있는데, 종 위아래의 매(枚)의 경계와 좌우측에는 방형의 돌출된 장식이 있다. 시대는 비교적 일러 서주중기의 기물인데, 이 '호생(昊生)'이 어쩌면 본 명문의 선백일 수도 있다.

(11) '삼유사(參有司)'는 아래 구절의 '사도(司徒)'·'사마(司馬)'·'사공(司空)'으로 당시 실무적인 직무를 처리한 관리들이다. 이들은 토지 교역에 구체적으로 참여하였다.

(12) '사(嗣)'는 전래문헌의 '사(司)'와 통한다. '사토(司土)'의 표기에 서주중기에는 모두 '토(土)'자를 쓰다가 말기에 비로소 '도(徒)'자가 사용되었다.

'사도(司徒)'는 주로 토지·농업·자전(藉田)·우(虞)·목(牧) 등 농사의 부업을 관리하였다. 『주례·지관사도·대사도(周禮·地官司徒·大司徒)』에서 "대사도의 직책은 나라를 세우는 토지의 지도와 그 인민의 수를 관장하여, 왕이 나라를 안정시키는 것을 보좌한다[大司徒之職, 掌建邦之土地之圖與其人民之數, 以佐王

安擾邦國].”라고 하였다.

‘사마(司馬)’는 무관으로 앞의 〈기개(趩簋)〉의 주(4)에서 설명하였다. ‘사공(司工)’은 전국 말기에서 진대(秦代)까지 ‘사공(司空)’으로 썼다. 『진한남북조관인정존(秦漢南北朝官印征存)』0019 〈우사공인(右司空印)〉에서 그 예가 보인다. 최근 서안 북쪽 교외에서 출토된 진(秦)나라 봉니 가운데 〈좌사공(左司空)〉·〈궁사공(宮司空)〉이 있다. 왕휘의 『진문자집증(秦文字集證)』 도판141을 참고하기 바란다. 주대(周代)의 ‘사공(司空)’은 토목공사를 주관하며, 토지행정도 겸한다. 『시경·대아·면(詩經·大雅·緜)』에서 “이에 사공을 부르고, 이에 사도를 부르며, 궁실을 세우게 하셨다[乃召司空, 乃召司徒, 俾立家室].”라고 하였다. 『주례·동관(周禮·冬官)』에 본래 ‘사공(司空)’이 있었지만, 오늘날에는 이미 사라졌으며, 후세에 「고공기(考工記)」로 보충한 부분만이 남아있다. 또한 『후한서·백관지(後漢書·百官志)』의 사공(司空) 조에서는 “강과 토지의 일을 관장한다. 무릇 성을 경영하고 읍을 세우며, 수로를 준설하고, 둑과 제방을 수리하는 일에는 그 득실을 의논하여 공사를 시행한다[掌水土事, 凡營城起邑, 浚溝洫, 修墳防之事, 則議其利建其功].”라고 하였다.

‘미읍(散邑)’·‘선여(單旟)’·‘복(服)’은 사람 이름이다.

‘읍인(邑人)’은 〈사유궤(師酉簋)〉에 보이는데, 곽말약은 생산에 종사하는 노예라 하였다.

(13) ‘답(眔)’은 ‘급(及)’·‘체(逮)’·‘도(到)’와 같다.

‘수(受)’는 ‘수(授)’로 읽는다.

(14) ‘빈서(燹戽, 豳戽)’와 ‘위소자□(衛小子□)’는 모두 구체적으로 일을 처리하는 사람이다. ‘위(衛)’는 바로 ‘구위(裘衛)’이다. ‘소자(小

子)'는 관직으로 본 명문에서는 구위의 부하로 사무를 처리하는 사람을 가리킨다.

'역(逆)'은 『설문해자』에서 "맞이하는 것이다[迎也]."라고 하였다. 어떤 학자는 '역(逆)'·'자(者)'를 모두 사람 이름으로 보기도 한다. 사무를 처리하는 사람이 '삼유사(三有司)' 등을 영접하고 연회를 베푸는 것으로 토지교역 수속이 이미 완료되었음을 나타낸다.

(15) 본 기물이 화(盉)이지만, 명문에서는 '반(盤)'이라 자칭하였다. 반(盤)·화(盉)는 모두 관세기(盥洗器)로 세트를 이루어 사용되었기 때문이다. 반(盤)을 주조할 때 화(盉)를 함께 주조하는데, '반(盤)'의 명문을 화'(盉)'에 잘못 주조하였기 때문이다.

34

五祀衛鼎

1975년 2월 〈구위화(裘衛盉)〉와 함께 섬서성 기산현(岐山縣) 동가촌(董家村) 청동기 교장(窖藏)에서 출토되어 현재 섬서역사박물관에서 소장하고 있다. 복부 안쪽 벽에 명문 19행 207자가 주조되었다.

저록(著錄)

『문물(文物)』1976년 5기, 『섬서출토상주청동기(陝西出土商周青銅器)』(一)173, 『은주금문집성(殷周金文集成)』5・2832

석문(釋文)

隹(唯)正月初吉庚戌[1]，衛以邦君厲告于井(邢)白(伯)、白(伯)邑父、定白(伯)、𤼈白(伯)、白(伯)俗父[2]，曰厲曰: "余執龔(恭，共)王卹(恤)工(功)[3]，于卲(昭)大室東逆(朔)燮(營)二川[4]。" 曰: "余舍女(汝)田五田[5]。" 正迺訊厲曰[6]: "女(汝)貯田不(否)[7]?" 厲迺許曰: "余𡪞(審)貯田五田[8]。" 井

(邢)白(伯)、白(伯)邑父、定白(伯)、𤔲白(伯)、白(伯)俗父迺顜[9]，事(使)厲誓[10]。迺令參(三)有嗣(司)嗣(司)土(徒)邑人趞、嗣(司)馬頞人邦、嗣(司)工(空)隆(陶)矩、內史友寺芻[11]。帥履裘衛厲田四田[12]，迺舍寓(宇)于氒(厥)邑[13]。氒(厥)逆(朔)彊(疆)眔厲田[14]，氒(厥)東彊(疆)眔散田[15]，氒(厥)南彊(疆)眔田，眔政父田，氒(厥)西彊(疆)眔厲田。邦君厲眔付裘衛田。厲弔(叔)子夙[16]、厲有嗣(司)𤕌(申)季[17]、慶癸、𤝔(豳)表、邢(荊)人敢[18]、井(邢)人隮屖[19]，衛小子逆其卿(饗)、𦢊(媵)[20]。衛用乍(作)朕文考寶鼎，衛其萬年永寶用。隹(唯)王五祀。

탁본(拓本)

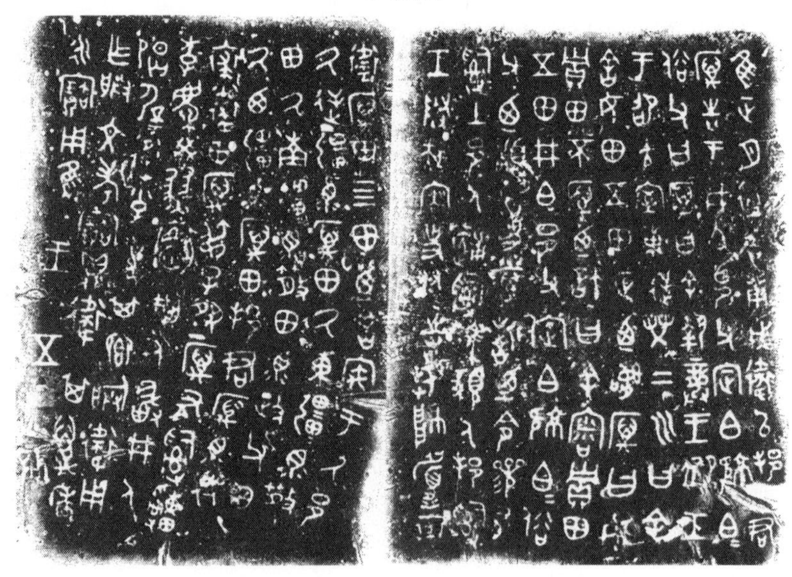

모본(摹本)

번역(飜譯)

정월 초길 경술일에 위(衛)는 형백(邢伯) · 백읍보(伯邑父) · 정백(定伯) · 경백(琼伯) · 백속보(伯俗父)에게 방군 여(厲)의 말을 전달하였다.

"여(厲)가 말하길 내가 공왕이 정사와 백성을 걱정하고 힘쓰는 노고를 맡아 처리하는데, 소왕의 태실(太室) 동북쪽의 두 줄기 하류를 다스렸습니다."

말하였다.

"내가 너에게 토지 5전(田)으로 교환한 것을 답하였다."

바로 이에 5명의 집정대신들이 여(厲)를 심문하여 말하였다.

"너는 토지를 넘겨주기로 하지 않았는가?"

여(厲)가 이에 인정하며 말하였다.

"나는 확실히 토지 5전을 넘겨주기로 하였습니다."

형백(邢伯)·백읍보(伯邑父)·정백(定伯)·경백(㝨伯)·백속보(伯俗父)가 이에 토론하고 상의하여 여(厲)로 하여금 약속하도록 하였다. 이에 3명의 유사인 사도 읍인(邑人) 보(趙), 사마 頞인(頞人) 방(邦), 사공 도구(陶矩), 내사우 사추(寺芻)에게 명하여 구위(裘衛)가 여(厲)로부터 받을 토지 4전을 현지 조사하도록 하고, 이에 그 읍에 있는 집을 구위(裘衛)에게 교부하였다. 그 북쪽 경계는 여(厲)의 토지에 이르고, 동쪽 경계는 산전(散田)에 이르며, 남쪽 경계는 산전(散田)에 이르고, 정부(政父)의 토지에 이르며, 서쪽 경계는 여(厲)의 토지까지 이르렀다. 방군 여(厲)가 구위(裘衛)에게 토지를 교부하였다. 여(厲)의 작은 아들 숙(夙)과 여(厲)의 유사인 신계(申季)·경계(慶癸)·빈표(豳表), 초나라 사람인 감(敢), 형나라 사람인 게서(陽犀)를 구위(裘衛)의 소자가 맞이하여 연회를 베풀고 예물을 보내주었다. 구위(裘衛)는 나의 문채나는 부친을 위한 보배스러운 정을 만드니, 구위(裘衛)는 장차 만년토록 영원히 보배스럽게 사용할지니라. 왕 5년이다.

주해(注解)

(1) 본 명문은 기년(紀年)이 명문 말미에 있고, 글머리에는 달·월상(月相)·간지(干支)가 있어서 기시(紀時)의 4요소를 모두 갖추었다. 『하상주단대공정1996~2000년계단성과보고(夏商周斷代工程1996~2000年階段成果報告)』에서는 이 기물이 공왕 5년(기원전 918년) 정월 초이틀에 만들어졌다고 하였으나 하나의 관점일 뿐이다.

(2) '이(以)'는 개사(介詞)로 현대 중국어 '파(把)'의 용법, 즉 목적어를 앞으로 도치하는 역할을 한다. 이 구절은 구위가 방군인 여(厲)의 말을 형백 등의 집정대신에게 전달하였다는 뜻이다.

'방군(邦君)'은 기내(畿內)의 제후이다.

'백읍보(伯邑父)' · '정백(定伯)' · '경백(𤔲伯)'은 앞의 〈구위화(裘衛盉)〉에 보인다.

'형백(邢伯)'은 형국(邢國)의 제후로 〈칠년작조정(七年趞曹鼎)〉 · 〈이정(利鼎)〉 · 〈두폐궤(豆閉簋)〉 등에 보이며, 공왕 · 의왕시기의 대신이었다.

'백속보(伯俗父)'는 〈남계정(南季鼎)〉(『삼대길금문존(三代吉金文存)』4 · 24 · 2)에서도 보이며, '사속(師俗)'(〈사영우(師永盂)〉)으로도 호칭된다. 고대에는 남자의 자 뒤에 '보(父)'를 덧붙여 미칭으로 사용하는 경우가 많았다. 『춘추 · 은공(春秋 · 隱公)』원년에서 "3월에 공과 주의보가 멸에서 맹서하였다[三月, 公及邾儀父盟于蔑]."라고 하였는데, 『곡량전 · 은공(穀梁傳 · 隱公)』원년에서 "'의(儀)'는 자이고, '보(父)'는 '부(傅)'와 같다. 남자의 미칭이다[儀, 字也, 父, 猶傅也. 男子之美稱]."라고 하였다. 전래문헌에서는 '보(甫)'로 쓰기도 한다. 『시경 · 대아 · 증민(詩經 · 大雅 · 蒸民)』에서 "천자의 일에 부족함이 있으면, 중산보가 도와주도다[袞職有闕, 惟仲山甫補之]."라고 하였다. 본 명문과 〈구위화〉에서 토지교역과 소송에 참여하였던 집정대신은 모두 5명인데, 이는 아마도 이는 당시의 관례인 것 같다.

(3) '집(執)'은 '관리하다', '처리하다'라는 뜻이다. 『시경 · 빈풍 · 칠월(詩經 · 豳風 · 七月)』에서 "읍으로 올라가 집의 일을 처리한다[上入執宮功]."라고 하였다.

'공(龔)'은 '공(恭)'과 통한다. '공왕(龔王)'은 바로 '공왕(恭王)'으로 전래문헌에서는 '공왕(共王)'으로 쓰기도 하였다. 『사기 · 주본기(史記 · 周本紀)』에서 "목왕이 재위 55년에 죽자 아들 공왕 예호가 즉위하였다[穆王立五十五年卒, 子共王繄扈立]."라 하였고, 『국어 · 노어하(國語 · 魯語下)』에서 "주 공왕이 소왕 · 목왕의 실수를 수습하였기에 공(恭)이라 하였다[周恭王能庇昭穆之闕而爲恭]." 라고 하였는데, 위소(韋昭)의 주에서는 "공왕은 주 소왕의 손자이고, 목왕의 아들이다[恭王, 周昭王之孫, 穆王之子]."라고 하였다.

'휼(卹)의 발음은 xù(휼)이다. 『설문해자』에서 "휼(卹)은 근심하는 것이다. 혈(血)로 구성되며 '절(卩)'은 발음을 나타낸다. '드물다'는 의미도 있다고 한다[卹, 憂也. 從血, 卩聲. 一曰鮮少也]."라고 하였는데, 단옥재는 『설문해자주』에서는 "휼(卹)과 심부(心部)의 휼(恤)은 발음과 의미가 모두 같다. 옛날 글에는 대부분 '휼(卹)'을 사용하는데, 후대인이 대부분 '휼(恤)'로 고쳐 썼다[卹與心部恤音義皆同. 古書多用卹, 後人多改爲恤]."라고 하였다.

'공(工)'은 '공(功)'으로 읽는다. 『상서 · 여형(尙書 · 呂刑)』에서 "이에 삼후(백이 · 우 · 후직을 지칭함)에게 명하여 백성을 구휼하는 공을 세우게 하시었다[乃命三后, 恤功于民]."라고 하였는데, 채침(蔡忱)의 주에서는 "휼공이란 백성을 걱정함에 이르는 공이다[恤功, 致憂民之功也]."라고 하였다. 따라서 '공왕휼공(共王恤功)'은 정사와 백성을 걱정하고 힘쓰는 노고를 뜻한다.

(4) '소대실(昭大室)'은 강궁(康宮)에 있는 소왕의 대실(大室)이다.

'역(逆)'은 탁부의뉴(鐸部疑紐), '삭(朔)'은 탁부산뉴(鐸部山紐)로 두 글자는 쌍성(雙聲) 관계이다.[1] '역(逆)'은 '삭(朔)'으로 읽는다. 『이아 · 석훈(爾雅 · 釋訓)』에서 "삭은 북방이다[朔, 北方也]."라

---

1) 역자주 : 원문에서는 첩운(疊韻)이라 하였으나, 오류이다. 두 글자가 발음상 성모(聲母)가 같은 경우 쌍성(雙聲), 운모(韻母)가 같은 경우 첩운이라 한다.

하였다. "동역(東逆)'은 즉 동북쪽이다. 뒤의 구절에서 언급되는 역(逆)·동(東)·남(南)·서(西)의 4경계에서 '역(逆)'은 반드시 '삭(朔)'으로 읽어야 한다.

'𤇾'은 '영(營)'으로 읽는다. 『시경·대아·서묘(詩經·大雅·黍苗)』에서 "엄숙한 사의 공을 소백이 경영하시다[肅肅謝功, 召伯營之]."라고 하였는데, 정현의 전(箋)에서는 "영은 다스리는 것이다[營, 治也]."라고 하였다.

'이천(二川)'은 두 줄기 하류로 대략 기산현(岐山縣)과 부풍현(扶風縣) 일대에 있다.

당란은 '𤇾'을 '영(禜)'으로 읽고 산천에 지내는 제사라 하였다. 『좌전·소공(左傳·昭公)』원년에서 "산천의 신이니, 물이 범람하고 가물며 염병의 재난이 나면, 산천에 제사지낸다[山川之神, 則水旱癘疫之災, 於是乎禜之]."라고 하였다.

(5) '余䆁(審)貯田五田'은 방군 여(厲)가 구위에게 한 말이다. 여(厲)는 물길을 다스리기 위하여 구위의 땅 일부분이 필요하였기 때문에 자신의 5전(田)으로 교환하는데 동의하였다.

(6) '정(正)'은 장관이니, 『상서·열명(尙書·說命)』에서 "옛날 선정인 보형(즉, 伊尹)이 우리 선왕을 일으키셨다[昔先正保衡, 作我先王]."라고 하였다. 여기에서 '정(正)'은 윗 구절에 언급된 5명의 집정대신을 가리킨다.

'신(訊)'은 묻는다는 뜻이다.

(7) '불(不)'은 '부(否)'로 읽으며 의문 어기사이다.

'저(貯)'는 '가(賈)'로 읽으며, 교역이라는 뜻이다.

(8) '䆁'은 즉 '심(審)'이다. 『설문해자』에서 "살피는 것이다. 자세히 살펴 아는 것이다[悉也. 知宷諦也]."[2]라고 하였는데, 정확하다.

(9) '강(顜)'의 발음은 jiǎng(강)이다. 『집운・강운(集韻・講韻)』에서 "밝은 것이다[明也]."라고 하였다. 『사기・조상국세가(史記・曹相國世家)』에서 "소하가 만든 법은 분명함이 한일자처럼 반듯하도다[蕭何爲法, 顜若畫一]."라고 하였는데, 『사기색은(史記索隱)』에서는 "강(顜)은 곧다는 뜻이며, 또 분명하다는 뜻이다[顜, 訓直, 又訓明]."라고 하였다. 『한서・조참전(漢書・曹參傳)』에서는 '강(顜)'을 강(講)으로 썼다. 『집운・강운』에서는 "강(講)은 의논하는 것이다[講, 謀也]."라고 하였다. 본 명문에서는 당연히 '토론하다'・'상의하다'라는 뜻으로 읽어야 한다.

(10) '사(事)'는 '사(使)'로 읽는다.

'서(誓)'에 대하여 『설문해자』에서 "약속이다[約束也]."라고 하였다.

(11) '三有司司徒邑人趙'는 아마도 〈구위화(裘衛盉)〉의 '선보(燹趙)'일 것이니, 그는 왕 재위 5년에 지위가 상승되었다. 사마・사공은 〈구위화〉와 같은 사람이 아니며, 아마도 〈구위화〉가 더 이른 시기에 제작되었을 것이다.

'[陶]'은 '도(陶)'로 해석하기도 한다. 〈불기궤(不其簋)〉에서 "험윤을 고도에서 크게 쳤다[宕伐玁狁于高陶]."라고 하였는데, '도(陶)'자를 '[陶]'라 써서 본 명문의 '[陶]'의 자형과 유사하고, '又'와 '[厥]'(氒, 厥)은 고문자에서 혼용되는 예가 많다. 용경(容庚)은 일찍이 "'[陶]'를 '[陶]'로도 쓰므로 '도(陶)'와 '[陶]'가 같은 글자임을 알 수 있다."(『금문편(金文編)』 942쪽)라고 지적하였으며, 그의 견해가 옳다. 본 기물을 보면, '도(陶)'자는 아마도 '[陶]'로 썼을 것이며, '도(陶)'라는 것은 도

2) 역자주 : 왕휘는 '悉也'를 '息也'라 잘못 인용하였기 때문에 바로잡는다.

랑 언덕에서 두 손으로 찰흙을 가지고 기물을 만드는 모습의 상형일 것이다. 『금문편(金文編)』14권(四版)의 도(陶)자 조목에는 '隱' 자가 빠졌지만, 보완하여야 한다. 이 글자는 보리예술박물관(保利藝術博物館)에서 소장하고 있는 〈빈공수(豳公盨, 豳公盨)〉에서도 보이는데, 이학근의 『빈공수와 그 중요한 의의를 논함[論豳公盨及其重要意義]』와 구석규의 『빈공수명문고석(豳公盨銘文考釋)』에서는 모두 '수(隨)'로 읽었다.

'내사(內史)'는 책명의 일을 관장하며 직위는 매우 높았다. 내사우(內史友)는 내사의 부하 관리로 『상서・주고(尙書・酒誥)』에 보인다.

'시(寺)'는 '시인(寺人)'이니, 『주례・천관총재・사인(周禮・天官冢宰・寺人)』에서 "시인(寺人)은 왕의 내인(內人) 및 여궁(女宮)의 계령(戒令)을 맡아서 그 출입의 일을 돕고 인도하며 바로잡는다. 만일 상기(喪紀)와 빈객과 제사의 일이 있으면 곧 여궁을 거느려 유사(有司)에게 이르게 하고 세부(世婦)를 도와 예사(禮事)를 다스린다[寺人掌王之內人及女官之戒令, 相導其出入之事而糾之. 若有喪紀賓客祭祀之事, 則帥女官而致於有司, 佐世婦治禮事]."라고 하였다. '시인(寺人)'은 내궁의 환관으로 세부(世婦)를 도우며, 궁녀[女官]를 관리하였다. 진(秦)나라 때에는 '시종(寺從)'이라 불렀는데, 서안의 북쪽 교외에서 출토된 진나라 봉니에 많이 보인다. 본 명문에서 시인 추(芻)가 토지교역에 참가한 것을 보면, 활동범위가 궁내에만 제한되지 않았음을 알 수 있다.

(12) '이(履)'는 『설문해자』에서 "발이 의지하는 것이다[足所依也]."라고 하였다. 『옥편』에서는 "이(履)는 밟는 것이다[履, 踐也]."라고 하였다. 여기에서 현지 조사라는 뜻으로 인신되었다. 『좌전・희공(左

傳·僖公)』4년에서 "나의 선군이 하사하신 곳을 현지 조사하여 보니 동쪽은 바다에 이르렀고, 서쪽은 황하에 이르렀다[賜我先君, 履, 東至于海, 西至于河]."라고 하였다.

'수(帥)'는 '따른다[循]'라는 뜻이다. 『예기·왕제(禮記·王制)』에서 "향에 명하여 가르침을 따르지 않는 자를 가려서 보고하게 하였다[命鄕簡不帥敎者以告]."라고 하였는데, 정현의 주에서는 "수(帥)는 따르는 것이다[帥, 循也]."라고 하였다. 따라서 '수리(帥履)'는 땅의 경계를 현지 조사하는 것이다. 그리고 "구위려전사전(裘衛厲田四田)"라는 것은 현재 구위에 속하지만 원래는 여(厲)에 속한 4덩어리의 토지를 뜻한다.

(13) 『설문해자』에서 "우(宇)는 지붕 가장자리이다. 면(宀)으로 구성되고 우(于)는 발음을 나타낸다. 『주역』에서 '위는 용마루, 아래는 지붕이다.'라고 하였다. 우(寓)는 주문의 우(宇)로 우(禹)로 구성되었다[宇, 屋邊也. 从宀, 于聲. 易曰, 上棟下宇, 寓, 籒文宇从禹]."라고 하였다. '거주하다'라는 뜻으로 인신되었다. 〈사장반(史墻盤)〉에서 "무왕이 주공에게 주나라 땅에서 거주하도록 하시었다[武王則令(命)周公舍圖(宇)于周)]."라고 하였다. 5명의 집정대신의 결재를 거쳐 여(厲)는 4덩어리의 토지와 읍(邑)의 가옥을 구위에게 교부하였다.

(14) '답(眔)'은 '급(及)'·'지(至)'·'도(到)'의 의미이다.

'삭강(朔疆)'은 북쪽 경계를 말한다.

(15) 구위에게 준 토지의 동쪽과 남쪽 끝은 모두 산전(散田)과 경계를 이루므로 그 토지가 산전의 서북쪽에 있음을 알 수 있다. 산전은 〈산씨반(散氏盤)〉에 보이며, '산(散)'은 대략 지금의 봉상현(鳳翔縣)과 기산현(岐山縣)의 남쪽이다. 이를 통하여 구위의 토지 역시

이곳에 있었음을 알 수 있다.

(16) 고대인은 '백(伯)'·'중(仲)'·'숙(叔)'·'계(季)'로 항렬을 나타냈으며, '숙(叔)'은 그 가운데 세 번째이다. 따라서 '숙자(叔子)'는 작은 아들이라는 뜻이다.

'숙(夙)'은 사람 이름[私名]이다.

(17) '여유사(厲有司)'는 방군 여(厲)의 일을 처리하는 관원이다.

'䨻'은 '신(申)'으로 읽는다. 〈증후을종(曾侯乙鐘)〉의 명문에서 "편안하게 손님을 맞이하는 것을 초나라에서는 '평황(坪皇)'이라 부르고, 신나라에서는 '지칙(遲則)'이라 부른다[妥賓之在楚號爲坪皇, 其在䨻號爲遲則]."라고 하여 '신(申)'과 '초(楚)'를 병렬하였으니, '신식(申息)'의 '신(申)'이다. 자세한 설명은 왕휘의 『고문자통가석례(古文字通假釋例)』 818쪽에 있다. '신(申)'은 강성(姜姓)의 나라로 백이(伯夷)의 후예라 전해지며, 옛 성이 지금의 하남성 남양(南陽)에 있다. 따라서 '신계(申季)'는 신나라의 귀족이다.

(18) '형(邢)'은 '형(荊)'으로 읽으니, 즉 주원 갑골문 H11:4의 "기미초□궐요(其微楚□氒寮)"에서 언급되는 '초(楚)'로 서주 기내(畿內)의 지명이지 강한(江漢)지역의 '초(楚)'가 아니다. 자세한 설명은 왕휘의 『서주기내지명소기(西周畿內地名小記)』에 있다.

(19) '정(井)'은 형(邢)으로 읽으니, 즉 형국(邢國)이다.

(20) '위소자(衛小子)'에서 '위(衛)'는 즉 '구위(裘衛)'이며, '소자(小子)'는 관직이다. 본 명문에서는 구위의 하속으로 일을 처리하는 관원을 가리킨다.

'[illegible]'은 인(人)으로 구성되고 짐(朕)은 발음을 나타낸다. 짐(朕)은 관(關)으로 구성되는 동시에 발음을 나타낸다. '잉(媵)'으로 읽는다. 『설문해자』에는 '倂'의 자형으로 수록되었으며, "보낸다는 뜻이다. 인(人)으로 구성되며 선(弁)은 발음을 나타낸다. 여불위의 『여씨춘추』에 '유선씨는 가 이윤을 딸을 시집보내는데 딸려 보냈다.'라고 하였다. 고문에서는 '훈(訓)'자이다[送也, 从人, 弁聲. 呂不韋曰, 有侁氏以伊尹倂女. 古文以爲訓字]."라고 하였는데, 단옥재는 『설문해자주(說文解字注)』에서 "倂은 오늘날의 '잉(媵)'자이다. 『석언(釋言)』에서 '잉(媵)은 전송하다는 뜻이다[倂今之媵字. 釋言曰, 媵將送也]."라고 하였다. 따라서 '향잉(饗賸)'은 연회 뒤에 예물을 보내주는 것을 말한다.

단대(斷代)

본 기물은 〈구위화(裘衛盉)〉보다 조금 늦은 공왕시기의 것이다.

35

史墻盤

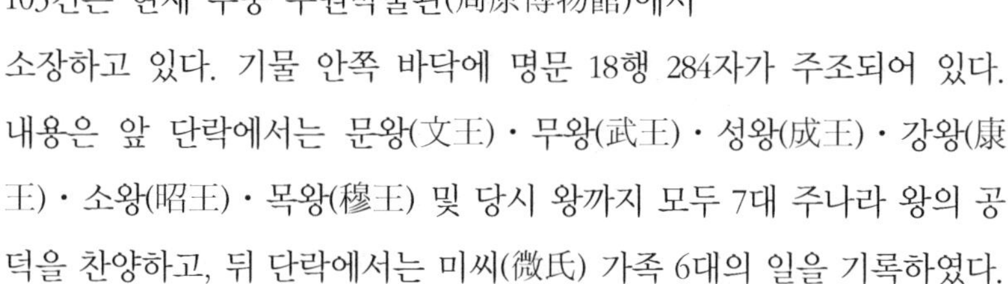

1976년 섬서성 부풍현(扶風縣) 법문향(法門鄕) 장백촌(莊白村) 1호 청동기 교장(窖藏)에서 출토되었다. 함께 출토된 기물 103건은 현재 부풍 주원박물관(周原博物館)에서 소장하고 있다. 기물 안쪽 바닥에 명문 18행 284자가 주조되어 있다. 내용은 앞 단락에서는 문왕(文王)·무왕(武王)·성왕(成王)·강왕(康王)·소왕(昭王)·목왕(穆王) 및 당시 왕까지 모두 7대 주나라 왕의 공덕을 찬양하고, 뒤 단락에서는 미씨(微氏) 가족 6대의 일을 기록하였다.

저록(著錄)

『문물(文物)』1978年 3期, 『금문총집(金文總集)』8·6792, 『은주금문집성(殷周金文集成)』16·10175

탁본(拓本)

모본(摹本)

석문(釋文)

曰古文王[(1)]，初盭(盭)龢于政[(2)]，上帝降懿德大甹(甹，屛)，匍(敷)有上下[(4)]，迨受萬邦[(5)]。䎸圉武王[(6)]，遹征(正)四方，達(撻)殷畯民[(7)]，永不鞏(恐)狄虘[(8)]，𢼸(懲)伐尸(夷)童[(9)]。憲聖成王[(10)]，左右綬(綏)𩐋(會)剛鯀(漁)[(11)]，用肈(肇)徹(徹)周邦[(12)]。𠂤(肅，肅)㮚(哲)康王[(13)]，分(遂)尹啻(億)彊(疆)[(14)]。弘(宏)魯卲(昭)王[(15)]，廣敝楚刑(荊)[(16)]，隹(唯)寏(煥)南行[(17)]。祇覭穆王[(18)]，井(型)帥宇誨[(19)]。𤔲(申)寧天子[(20)]，天子豳𧙊文武長剌(烈)[(21)]，天子釁(眉)無匄[(22)]，𩰫祁(示)上下[(23)]，亟獄(熙)逗(宣)慕(謨)[(24)]，昊𥏸(照)亡(無)昊(斁)[(25)]。上帝司夏尢保，受(授)天子綰(綰)令厚福豐年[(26)]，方䜌(蠻)亡(無)不𡕩見[(27)]。青(靜)幽高祖[(28)]，才(在)𢼸(微)霝(靈)處[(29)]。雩武王既𢦏殷[(30)]，𢼸(微)史[(31)]剌(烈)且(祖)迺來見武王，武王則令(命)周公舍圖于周，卑處[(32)]。甬(通)疐(惠)乙且[(33)]，逑(仇)匹氒(厥)辟[(34)]，遠猷𫎁(腹)心[(35)]，子𠭯𥁕(粦)明[(36)]。亞祖祖辛，𩃡毓(毓)子孫[(37)]，繁(繁)猶(祓)多孷(釐)[(38)]，櫅(齊)角𤎌(熾)光[(39)]，義(宜)其𥢧(禋)祀[(40)]。害(舒)屖(遲)文考乙公[(41)]，遽(競)𧽊(爽)𢔶(得)屯(純)無諫[(42)]，農嗇(穡)戉(越)曆(歷)[(43)]。隹(唯)辟孝𠬪(友)[(44)]，史牆夙夜不㒸(墜)[(45)]，其日蔑曆(歷)，牆弗敢取(沮)[(46)]，對揚天子不(丕)顯休令(命)，用乍(作)寶䵼(尊)彝。剌(烈)且(祖)文考弋(弋，翼)窺(宔)[(47)]，受(授)牆爾𪓰福褱(懷)猶(祓)彔(祿)[(48)]，黃耇彌生(性)[(49)]，龕(勘)事氒(厥)辟[(50)]，其萬年永寶用。

번역(飜譯)

아, 옛날 문왕이 처음 다스림에서 화합을 이루니, 상제께서 아름다운 덕과 크게 보좌하는 신하를 내려주시어 널리 사방을 소유하시고, 만방을 완전히 접수하시었다. 굳세고 강한 무왕은 사방을 통치하시어 은나라를 쳐서 백성을 바로잡아 주셨고, 북쪽 오랑캐인 차(虘)와의 관계를 오랫동안 공고히 하셨으며, 동쪽 오랑캐를 징벌하시었다. 기민하고 통달한 성왕은 보좌하는 각급 대신들이 모두 강직한 기풍이 있어 주나라를 다스리시었다. 깊고 밝은 강왕은 광대한 강토를 다스리시었다. 크고 장엄하며 아름다우신 소왕은 널리 초와 형(荊)을 안무하시고, 성대하게 남행하시었다. 공경스럽고 밝으신 목왕은 깊은 계책과 심원한 생각을 따르시었다. 자리를 이은 천자가 안녕을 얻어 천자께서 문왕과 무왕의 장구한 공적을 계승하시었다. 천자께서 만수무강토록 해가 없으시고, 일과 귀신을 공경하시었으며, 매우 아름답고 큰 계책을 도모하시니 하늘이 비쳐 임하여 게으르지 않으셨다. 상제를 계승한 하나라와 무보(巫保)에게 너그러운 임명을 주어 복이 두텁고 풍년 들도록 하시었고, 사방의 오랑캐가 잇달아 와서 조문하였다.
고요하고 그윽하신 고조께서 미(眉)에 편안히 거처하시었다. 무왕께서 은나라를 멸망시키자 미(眉)의 사관인 열조께서 와서 무왕을 알현하시었다. 무왕은 주공에게 주나라 땅에서 거주하도록 하시었다. 통달하고 어질며 은혜로운 을조께서 임금을 보필하심에 심원한 계책을 내는 심복이셨고, 근면하고 현명하셨다. 다음 할아버지 조신께서는 자손을 육성하시고, 악을 제거하는 제사를 많이 지내 장수하셨으며, 제사에 사용하는 희생의 소뿔은 반듯하고 붉으며 빛나야 하니, 마땅히 정갈한 뜻으로 제사지내셨다. 한가롭고 우아하신 문고·을공께서는 강직하고 굳세며 명랑하여 순수함을 얻고 재촉함이 없으셨으며, 씨 뿌리고 거두며 다스리셨다. 오직 효우(孝友)를 법 삼아 사장(史牆)은 아침저녁으로 떨어뜨리지 않고, 매일 격려하며, 나 장(牆)은 감히 멈추지 않겠노라. 천자의 크고 밝으며 아름다운 명을 보답하고 찬양하며, 이 보배롭고 존귀한 제기를 만든다. 열조와 문고께서 돕고 보호하시며, 나 장(牆)에게 많은 복과 봉록을 주셔서 늙어서도 오히려 임금을 잘 섬길 수 있으니, 만년토록 영원히 보배롭게 사용할지니라.

주해(注解)

(1) '왈(曰)'은 발어사이다. '왈고문왕(曰古文王)'은 『상서 · 요전(尙書 · 堯典)』의 첫머리에 나오는 "옛 요임금을 상고해 본다[曰若稽古帝堯]."라는 형식과 서로 비슷하다. 구석규(裘錫圭)는 이에 대하여 "주나라 사람이 옛날 일을 서술할 때 습관적으로 사용하는 말투이다."라고 하였다.

(2) '여(盭)'는 같은 교장에서 출토된 〈흥종(瘐鐘)〉의 명문에서는 '여(盭)'라 하였다. 『설문해자』에서 "'여(盭)'는 어그러짐을 돕는 것이다. '여(戾)'와 동일하게 발음한다[盭, 弼戾也. 讀若戾]."라고 하였다. 『한서 · 장이진여전찬(漢書 · 張耳陳餘傳贊)』에서 "뒤에서 서로 등지는 것이 '여(盭)'이다[後相背之盭也]."라고 하였는데, 안사고(顔師古)의 주에서는 "'여(盭)'는 옛날 '여(戾)'자이다[盭, 古戾字]."라고 하였다. 『이아 · 석고하(爾雅 · 釋詁下)』에서 "'여(戾)'는 이르는 것이다[戾, 至也]."라고 하였다.

'화(龢)'는 '화(和)'이다. 당란은 '여화(戾和)'는 곧 '치화(致和)'라고 하였다. 『상서 · 군석(尙書 · 君奭)』을 보면 "문왕께서는 우리 중화를 다스리시어 화평하게 하셨습니다[唯文王尙克修和我有夏]."라고 하였다. 여기서 '수화(修和)'와 '치화(致和)'의 의미는 서로 같다. 또한 『이아 · 석고하(爾雅 · 釋詁下)』에서 "'여(戾)'는 정하는 것이다[戾, 定也]."라고 하였는데, 『광아 · 석고(廣雅 · 釋詁)』에서 "'여(戾)'는 잘한다[戾, 善也]."라고 하였으니, 혹 '여화(戾和)'는 '선화(善和)'·'정화(定和)'와도 통한다고 하겠다. 처음 다스림에서 화합이 이루어지기 시작하여 정사의 조화에 이르렀다는 말이다.

(3) '의(懿)'는 아름답다[美]라는 뜻이다. '의덕(懿德)'이란 말은 전적에 자주 보인다. 『시경·대아·증민(詩經·大雅·蒸民)』을 보면 "백성이 잡은 떳떳함이라, 아름다운 덕을 좋아한다[民之秉彝, 好是懿德]."라고 하였으며, 『좌전·소공(左傳·昭公)』10년에서는 "양보하는 것을 일러 아름다운 덕이라 한다[讓之謂懿德]."라고 하였다.

'甹'은 『설문해자』에서 생략하여 '병(甹)'이라 썼는데, 음은 pīng(병)으로 '병(屛)'으로 읽으며 보좌하다는 뜻이다. 『상서·강왕지고(尙書·康王之誥)』에서 "제후들을 세워 울타리를 세웠다[建侯樹屛]."라고 하였으며, 『순자·유효(荀子·儒效)』에서는 "주공은 성왕을 보좌하고 무왕에 이르렀다[周公屛成王而及武王]."라고 하였다. 또한 〈반궤(班簋)〉·〈번생궤(番生簋)〉에서 "왕위를 보좌한다[甹王位]."라고 하였는데, 손이양(孫詒讓)은 이를 '甹'으로 해석하였다. 『설문해자』에서 "'甹'은 정하여 그치는 것이다. '혈(血)'로 구성되었고, '병(甹)'의 생략형이 발음을 나타낸다[甹, 定息也. 從血, 甹省聲]."라고 하였다. 혹자는 '대병(大甹)'은 즉 '대정(大定)'이라 하였는데, 역시 통한다.

(4) '포유상하(匍有上下)'는 〈대우정(大盂鼎)〉의 '포유사방(匍有四方)'과 의미가 같다. 상하와 사방은 모두 우주 안을 가리킨다. 『상서·금등(尙書·金縢)』을 보면 "널리 사방을 도왔다[敷佑四方]."라고 하였는데, 여기서 '부(敷)'는 두루 또는 널리라는 뜻이다.

(5) '합(迨)'은 '합(合)'으로 읽으며, 전적에서는 혹 '흡(翕)'이라 쓰기도 한다. 『상서·고요모(尙書·皐陶謨)』에서 "합하여 받고, 펴서 베

푼다. 구덕은 모든 일이다[翕受敷施, 九德咸事].”라고 하였는데, 공씨전(孔氏傳)에서는 “‘흡(翕)’은 ‘합(合)’이다[翕, 合也].”라고 하였다. 따라서 본문의 ‘迨受萬邦’이란 여러 나라들이 신하로 완전히 접수하였다는 의미이다. 문왕 때 “천하를 삼분하여 그 둘을 소유하였다[三分天下有其二].”라는 말과 〈대우정(大盂鼎)〉에서 “크게 나타난 문왕이 하늘에서 대명이 있음을 받았다[丕顯文王受天有大命].”라고 한 말이 모두 본문에서 말한 것과 서로 합하고 있다.

(6) ‘䋣’에 대해서는 확실히 알 수 없다. 『상주청동기명문선(商周青銅器銘文選)』에서는 이에 대하여 다음과 같이 설명하고 있다.

> ‘䋣’는 ‘삭(索)’·‘극(丮)’·‘구(口)’를 구성요소로 하고, ‘극(丮)’이 기본 소리부인데, 이는 ‘강(强)’자와 성뉴(聲紐)가 같다. ‘䋣圉’는 마땅히 고대 관용어인 ‘강어(强圉)’로 읽어야 한다. 『이소(離騷)』에서 “요는 몸이 굳세고 강하였음이여, 방종하고 욕심을 내며 참지 못하였네[澆身被服强圉兮, 縱欲而不忍].”라고 하였는데, 왕일(王逸)의 주에서는 “강어는 많은 힘이다[强圉, 多力也].”라고 하였다. ‘강어(强圉)’는 또한 강어(彊禦)라고도 하니, 『시경·대아·탕(詩經·大雅·湯)』에서 “아, 너의 은상이여, 억지로 착함을 막는 포악한 사람들이여[咨汝殷商, 曾是彊禦].”라고 하였는데, 모형(毛亨)의 전에서는 “강어는 강한 대들보로 방어를 잘 한다는 뜻이다[彊禦彊梁禦善也].”라고 하였다.

구석규(裘錫圭)는 이를 ‘신(迅)’이라 읽고, ‘신어(迅圉)’를 날래고 강인하다[迅猛强圉]는 뜻으로 해석하였다. ‘강어(强圉)’도 칭찬의 의미로 사용할 수 있다. 『일주서·시법해(逸周書·謚法解)』에서 “위엄 있는 덕과 강한 무를 ‘어(圉)’라 한다[威德剛武曰圉].”라고 하였다.

(7) '휼(遹)'의 음은 '율(聿)'이고 발어사이다.

'정(征)'은 많은 연구자들이 정벌로 해석하나 연소명(連劭名)은 '정(正)'으로 읽었다. 『여씨춘추 · 중언(呂氏春秋 · 重言)』에서 "나 한 사람으로써 사방을 평정하였다[以余一人正四方]."라고 하였는데, 여기서 '정(正)'은 '정(定)'으로 풀이하였다. 『상주청동기명문선(商周靑銅器銘文選)』에서는 '정(征)'은 곧 '정(正)'이고 '정(政)'으로 읽으면서 '정사방(正四方)'은 즉 사방을 통치한다는 뜻이라 하였다. 『시경 · 상송 · 현조(詩經 · 商頌 · 玄鳥)』에서 "저 사방 경계를 바로 잡게 하시니라[正域彼四方]."라고 하였는데, 정현의 주에서는 "천제가 위무의 덕이 있는 성탕에게 명하여 장이 나라 경계에 있어 천하를 위정하도록 하였다[天帝命有威武之德者成湯, 使之長有邦域, 爲政於天下]."라고 하였다.

'달(達)'은 '달(撻)'로 읽는다. 『설문해자』를 보면 "'달(撻)'은 향음주례에서 불경함을 벌할 때 등을 매질하는 것이다[撻, 鄕飮酒, 罰不敬, 撻其背]."라고 하였는데, 이를 공격하여 정벌한다는 의미까지 인신할 수 있다. 『상서 · 고명(尙書 · 顧命)』에서 "옛 임금 문왕과 무왕은 거듭 빛을 펴시어……은나라를 쳐서 대명을 모으셨다[昔君文王武王宣重光,……用克達殷集大命]."라고 하였는데, 굴만리(屈萬里)는 여기서 '達'을 '달(撻)'로 읽었다. 또한 『시경 · 상송 · 은무(詩經 · 商頌 · 殷武)』에서도 "빠른 저 은나라 무사여, 떨쳐 형초를 정벌한다[撻彼殷武, 奮伐荊楚]."라고 하였다.

'준(畯)'은 '전(悛)'이라 읽는다. 『상서 · 다사(尙書 · 多士)』에서 "성탕이 하나라를 혁명하셔서, 백성을 바르게 하고 사방을 다스리셨다[成湯革夏, 俊民甸四方]."라고 하였으며, 〈대우정(大盂鼎)〉에서는 "그 백성을 고쳐 바르게 한다[畯正氒(厥)民]."라고 하였는데,

여기에서 '준(俊)'과 '준(畯)'은 모두 '전(悛)'이라 읽는다. 『국어·초어(國語·楚語)』에서 "허물이 있으면 반드시 고친다[有過必悛]."라고 하였는데, 위소(韋昭)의 주에서는 "'전(悛)'은 고치는 것이다[悛, 改也]."라고 하였다. 따라서 '전민(悛民)'은 백성을 개과하여 착한 데로 향하도록 하는 것이니, '정민(正民)'과 같은 의미이다. 일설에 '준민(畯民)'은 무예에 재주가 있는 강대한 부족을 가리킨다고도 한다.

(8) 서중서(徐中舒)는 '적차(狄虘)'를 연독하고 다음과 같이 말하였다.

> 고대 북쪽 오랑캐족의 하나이다. 『국어·진어(國語·晉語)』에서 "헌공이 사냥을 하는데, 적조의 기운을 보았다[獻公田, 見翟祖之氛]."라고 하였는데, 여기에서의 '적조(翟祖)'는 즉 '적차(狄虘)'이다. '적(翟)'은 '적(狄)'과 같고, '조(祖)'는 '차(虘)'와 같으며, 소리는 '사(楂)'이다. 은나라가 망한 뒤에 '적차(狄虘)'는 북방에서 고립되어 구원이 없자 주나라 사람은 이때부터 다시는 북쪽 오랑캐인 '차(虘)'의 침략을 두려워하지 않았다.

일설에 '적(狄)'은 '적(逖)'이라 읽으며, 멀다는 뜻으로 해석하기도 한다. 따라서 '永不鞏(恐)狄虘'은 원방의 '차(虘)'나라와의 관계를 오랫동안 공고히 하였다는 뜻이다.

(9) '𢖻'는 옛날에 '𢖻'·'장(長)'·'표(髟)'로 해석하였으나 자형이 모두 거리가 있다. 유초당(劉楚堂)은 『장반신석(墻盤新釋)』에서 이 글자를 '𢖻'라 하고 "마땅히 '징(懲)'의 고자로 보아야 한다.……'척(彳)'·'복(攵)'·'심(心)'으로 구성되었으나 이후 더하여 번거롭게 되었다."라고 하였는데, '징(懲)'은 '징벌(懲伐)'이다. 『시경·노송·민궁(詩經·魯頌·閟宮)』에서 "서쪽 오랑캐와 북쪽 오랑캐를 응

징하고, 남쪽 형 땅과 서 땅의 오랑캐를 징벌한다[戎狄是膺, 荊舒是懲].”라고 하였는데, 공영달의 소에서는 “형초 지역과 서 지역의 반역자는 이에 이것으로 징벌한다[荊楚群舒叛逆者, 於是以此懲創之].”라고 하였다.

‘이동(夷童)’은 오랑캐 족에 대하여 멸시하는 칭호이다. 『설문해자』에서 “남자에 죄가 있는 것을 노라 하고, 노를 동이라 하며, 여자는 첩이라 한다[男有罪曰奴, 奴曰童, 女曰妾].”라고 하였으며, 『일주서・세부해(逸周書・世俘解)』에서도 “(무왕이) 마침내 사방을 정벌하니, 따르지 않아 (토벌한) 나라가 99국이다.…… 복종한 나라는 652국이다[遂征四方, 凡憝國九十有九國.…… 凡服國六百五十有二].”라고 하였다. 이 중에는 마땅히 ‘이동(夷童)’을 포괄하고 있다. 일설에 ‘동(童)’은 ‘동(東)’으로 읽어 ‘이동(夷童)’을 ‘동이(東夷)’로 보고 있지만, 전적에 이러한 용례가 없는 것 같다.

(10) 『설문해자』에서 ‘헌(憲)’은 ‘민(敏)’이라 하고, 또한 ‘성(聖)’은 ‘통(通)’이라 하였으니, 이 구절은 성왕이 기민하고 통달하다는 뜻이다.

(11) ‘좌우(左右)’는 보조 또는 보좌하다는 의미이니 『시경・상송・장발(詩經・商頌・長發)』에서 “바로 아형이신 이윤, 상나라 임금을 보좌하셨도다[實維阿衡, 實左右商王].”라고 하였는데, 이는 보정대신(輔政大臣)을 가리키는 말이다. 또한 『상서・입정(尙書・立政)』에서도 “왕을 보좌하는 삼공・육경・옥관[王左右常伯, 常任, 準人].”이라고 하였는데, 주공・소공・필공 등이 모두 성왕을 보좌하였다.

‘𣪕(綏)𢿢(會)剛鯀(漁)’는 해석하기가 매우 어려운 구절이다. 『상주청동기명문선』에서는 이에 대하여 다음과 같이 말하였다.

> ‘䋣’는 ‘삭(索)’으로 구성되었고, 수(受)는 발음을 나타낸다. ‘수(受)’・‘유(柔)’ 는 성모가 가깝고[旁紐] 운모가 같아서[同部] 가차할 수 있다. ‘䜋’는 ‘우(友)’로 구성되고 회(會)는 발음을 나타내니, 마땅히 ‘회(會)’자를 빌려 쓴 것이다. ‘회(會)’에는 ‘화(和)’의 뜻이 있으니, 『일주서・시법해(逸周書・謚法解)』에서 “화(和)는 회(會)이다[和, 會也].”라고 하였다. 따라서 ‘유회(柔會)’는 즉 ‘유합(柔合)’이다. ‘곤(鯀)’은 『이소(離騷)』에서 ‘곤(鮌)’이라 썼으니, 이 글자의 형상은 손으로 실을 잡아 물고기를 낚는 것으로 갑골문의 ‘어(漁)’자와 서로 같다. ‘강어(剛漁)’는 마땅히 ‘강어(剛禦)’로 읽어야 한다. ‘䋣䜋’와 ‘강어(剛漁)’는 모두 성왕의 보좌대신을 가리키는 것으로 강하고 부드러움이 서로 조화를 이룬 덕성을 말한다.

구석규는 이를 ‘수임강근(受任剛謹)’으로 읽어야 한다고 하였고, 서중서는 ‘곤(鯀)’은 가시가 딱딱하고 곧은 것으로 유명하다고 하였다. 따라서 이 구절은 성왕을 보좌하는 각급 대신들이 모두 강직한 기풍이 있음을 말하는 것이다.

(12) ‘철(徹)’은 다스리다[治]라는 뜻이다. 『시경・대아・강한(詩經・大雅・江漢)』에서 “우리 강토를 두루 통하게 하시다[徹我疆土].”라고 하였는데, 정현의 전에서는 “우리 경계를 다스렸다[治我疆界].”라고 하였다. 이 구절의 의미는 비로소 주나라를 다스렸다는 뜻이다.

(13) ‘[illegible]’에 대해서는 확실히 알 수 없다. 학자들은 혹 ‘예(睿)’・‘연(淵)’・‘숙(肅)’이라고도 하였는데, ‘숙(肅)’자 또한 ‘연(淵)’으로 구성된 글자이다. 서중서(徐中舒)는 이에 대하여 다음과 같이 말하였다.

> ‘[illegible]’은 〈제숙이박(齊叔夷鎛)〉에 ‘[illegible]’라 썼는데, ‘[illegible]’를 구성요소로 하는 이것과 형태가 같다. ‘숙철(肅悊)’이라는 연문은 〈왕손유자종(王孫遺者鐘)〉에서도 보인다. ‘숙철(肅悊)’은 주나라 사람의 상용

어로 『시경 · 소민(詩經 · 小旻)』에서 “혹은 현명하고, 혹은 계획을 잘하고, 혹은 신중하고, 혹은 잘 다스린다[或哲或謀, 或肅或艾].”라고 하였으며, 『상서 · 홍범(尙書 · 洪範)』에서도 “엄숙하다고 말함은 때에 비가 오는 것 같고, 잘 다스린다고 말함은 때에 해가 반짝하는 것 같고, 현명하다고 말함은 때에 빛나는 것 같고, 계획을 잘한다고 말함은 때에 추운 것 같다[曰肅, 時雨若, 曰乂, 時暘若, 曰哲, 時燠若, 曰謀, 時寒若].”라고 한 것은 모두 ‘숙철모예(肅哲謀乂)’를 호환한 글이다.

당란(唐蘭)은 ‘𣶒’을 ‘연(淵)’이라 읽고 ‘심(深)’으로 해석하였으니, ‘연철(淵哲)’은 즉 『시경 · 장발(詩經 · 長發)』에서 “깊고 밝은 상나라[濬哲維商]”라고 한 ‘준철(濬哲)’로 모전에서도 ‘준(濬)’을 ‘심(深)’으로 뜻풀이하였다.

(14) ‘윤(尹)’은 다스린다는 뜻이다.

‘啻’은 ‘억(億)’의 본자(本字)이다. 『설문해자』에서 “‘意’은 가득한 것이다. ‘심(心)’으로 구성되고, ‘啻’ 소리이다[意, 滿也, 從心, 啻聲].”라고 하였다. 옛날에는 십만이 억이었으나 한나라 이후 만만을 억이라 하였으니, 억은 수가 가득 찬 것이다. 따라서 ‘수윤억강(遂尹億疆)’이란 광대한 강토를 다스린다는 뜻이다.

(15) ‘홍(宖)’은 ‘홍(弘)’이라 읽으니 크다는 것이고, ‘노(魯)’는 아름답다는 뜻이다. 따라서 ‘홍노(宖魯)’는 즉 크고 장엄한 아름다움으로 소왕 때 나라가 강성하였음을 말한다.

(16) ‘광(廣)’자에 대하여 『설문해자』에서 “광은 궁궐의 큰 집이다[廣, 殿之大屋也].”라고 하였는데, 이를 인신하여 크다는 의미로 사용하였다. ‘𢿙’자에 대하여 『상주청동기명문선』에서는 다음과 같이 설명하고 있다.

'䏌'은 '복(攴)'으로 구성되었고, '능(能)'은 발음을 나타낸다. 『설문해자』에서 "능(能)은 곰에 속하는데 다리는 사슴과 같다. '육(肉)'으로 구성되었고, '이(㠯)'는 발음을 나타낸다."라 하였고, 『사기·천관서(史記·天官書)』에서는 "큰 것 아래 여섯별이 둘씩 서로 짝지은 것을 '삼능(三能)'이라 한다."라고 하였는데, 배인(裴駰)의 『사기집해(史記集解)』에서는 소림(蘇林)의 말을 인용하여 '능(能)'은 음이 '태(台)'라 하였고, 사마정(司馬貞)은 『사기색은(史記索隱)』에서 '삼태(三台)'라 하였다. '䏌'자는 '복(攴)'으로 구성되었고 회의자이니 마땅히 '태(笞)'로 읽어야 하고, '능(能)'과 '태(台)'는 모두 '이(㠯)' 소리이다. 『설문해자』에서 '태(笞)'는 '격(擊)'이라 하였으니, 의미는 종아리를 치는 것이다.

진세휘(陳世輝)는 이 글자를 『시경·민궁(詩經·閟宮)』에서 "남쪽 형 땅과 서 땅의 오랑캐를 징벌한다[荊舒是懲]."라고 한 말을 인용하여 '징(懲)'으로 읽었다. 그러나 위에서도 말한 바와 같이 '징(徵)'의 처음 글자가 '𡈼'이고, 같은 명문에서 두 종류의 사법(寫法)이 있는 것도 마땅하지 않으며, 또한 문헌에서 아직까지 '능(能)'과 '징(懲)'을 통용한 용례는 찾아볼 수 없다. 혹자는 '능(能)'은 『상서·순전(尙書·舜典)』과 『시경·대아·민로(詩經·大雅·民勞)』에서 "멀리 있는 자를 회유하고, 가까이 있는 자를 돕는다[柔遠能邇]."라고 한 '능(能)', 즉 형초(荊楚)를 안무하고 화목하게 한다는 의미로 보기도 하였다.

(17) '奐'에 대하여 우성오(于省吾)는 이 글자를 '환(煥)'으로 읽고 성대하다고 해석하면서 다음과 같이 말하였다.

『설문해자』에 '환(煥)'자가 없으니, 이는 '환(奐)'자 이후에 생긴 글자이다. 『한서·위현성전(漢書·韋玄成傳)』에서 "오직 아름답고,

> 오직 성대하다[惟懿惟奐].”라고 하였는데, ‘환(奐)’을 안사고(顔師古)의 주에서는 ‘성(盛)’이라 하였다. 『초학기(初學記)』권7에서 『고본죽서기년(古本竹書紀年)』을 인용하여 “소왕 16년, 형초를 정벌하려고 한수를 건너다 큰 외뿔소를 만났다[昭王十六年, 伐楚荊, 涉漢, 遇大兕].”라고 하였으며, 또한 “19년에 한수에서 육사를 잃었다[十九年, 喪六師于漢].”라고도 하였다. 이 구절의 ‘隹奐南行’은 소왕이 육사(六師)를 통솔하여 남쪽 정벌할 때 군사가 많고 규모가 성대하였음을 형용한 것으로 가히 상상하여 알 수 있다. 그러나 명문의 뜻은 나쁜 것을 감추고 좋은 것을 찬양하는 데에 있으므로 단지 출정의 성대함만 빛내고, 『사기・주본기(史記・周本紀)』에 보이는 “물에 빠져 붕어하셨다[沒于水中而崩].”라는 사실은 감추었다.

그리고 어떤 학자는 窦을 ‘한(患)’으로 읽었고, 당란은 ‘수(狩)’로 해석하였는데 또한 통한다.

(18) ‘지(祗)’에 대하여 『설문해자』에서 “공경하는 것이다[敬也]”라고 하였다.

‘䚍’을 서중서(徐中舒)는 경(耿)이라 읽고 다음과 같이 말하였다.

> ‘䚍’은 ‘견(見)’・‘일(日)’로 구성된 회의자이며, 또한 윤‘(尹)’은 구성요소인 동시에 소리요소이기 때문에 마땅히 경(耿)이라 읽는다. ‘윤(尹)’과 ‘경(耿)’은 옛날 ‘진(眞)’ 운자이므로 서로 통한다. 금문 〈사송궤(史頌簋)〉에서 “천자의 밝은 명을 두루 하다[曰遲天子䚍命].”라고 한 것은 즉 『상서・입정(尙書・立政)』에서 “상제의 빛나는 명을 크게 다스리다[丕釐上帝之耿命].”라고 한 것이고, 〈괵계자백반(虢季子白盤)〉에서 “백부는 크게 빛나고 밝도다[白父孔䚍有光].”라고 한 것은 『상서・입정』에서 “문왕의 밝은 빛을 뵙다[以覲文王之耿光].”라고 한 것과 같다. 이것들을 서로 대조하면,

> '覠'은 '경(耿)'보다 밝음이 더한 것이라 할 수 있다. 서주 금문에서 '경(耿)'은 모두 '覠'으로 썼다. 〈모공정(毛公鼎)〉에 경'(耿)'자가 있는데, 이는 서주말기의 청동기이다. '覠'은 밝다는[明] 의미이다. '祇覠'([輝案] 서중서는 '祇'를 '地坤'으로 해석하였다.)은 즉 '신명(神明)'의 의미이다. 『죽서기년』에서 "목왕 원년 겨울 10월에 지궁을 남정에다 축조하였다[穆王元年, 冬十月, 築祇宮于南鄭]."라고 하였으며, 『좌전 · 소공(左傳 · 昭公)』12년에서도 "목왕은 이것으로 지궁에 빠진 것을 얻었다[穆王是以獲沒于祇宮]."라고 하였다. 목왕이 '지궁(祇宮)'에서 거하였기 때문에 주나라 사람은 '신명(神明)'함으로 목왕을 일컬은 것이다.

'覠'은 혹 의미가 '현(顯)'과 같다고도 한다.

(19) '형수(型帥)'는 법을 따른다는 뜻이다. '우회(宇誨)'는 즉 『시경 · 대아 · 억(詩經 · 大雅 · 抑)』에서 "헤아림을 크게 하여 명을 정하였다[訏謨定命]."라고 한 '우모(訏謨)'로 모전(毛傳)에서 '우(訏)'는 '대(大)', '모(謨)'는 '모(謀)'라고 하였으니 원대한 계책을 말한다. 이는 깊은 계책과 심원한 생각을 가진 문왕과 무왕을 가리키는 말이다.

(20) '𤕰'은 신(申)으로 읽는다. 『이아 · 석고하(爾雅 · 釋詁下)』에서 '신(申)'은 '중(重)'이라 하였다.

'영(寧)'은 안정 또는 안녕이고, '천자(天子)'는 당시 왕인 공왕이다. 이 명문에서 선왕을 문왕 · 무왕 · 강왕 · 소왕 · 목왕이라 칭하고, 당시 왕은 천자라 칭하였다. 이는 당시 왕이 아직 생존하였기 때문에 품평을 진행하지 못하고 아름다운 말로 찬미하였으니, 이를 보면 서주시기에 이미 시법(謚法)이 있었음을 알 수 있다. 따라서 '신령천자(申寧天子)'라는 것은 자리를 이은 천자가 안녕을 얻었다는 뜻이다. 혹자는 이 네 글자를 위에 붙여 읽으면서 목왕이 자리를 이은 천자에게 안녕을 얻도록 하였다고 해석하기도 한다.

(21) '[illegible]'자에 대한 설은 일치하지 않는다. 장정랑(張政烺)은 『주여왕호궤석문(周厲王𫓧簋釋文)』에서 〈구년위정(九年衛鼎)〉의 '[illegible]裘'를 글자의 음에 의하여 마땅히 '초구(貂裘)'로 읽어야 한다고 하였다. 왕휘(王輝)는 『[illegible], [illegible], [illegible], [illegible][illegible], [illegible][illegible] 등에 대한 재고찰([illegible], [illegible], [illegible], [illegible][illegible], [illegible][illegible]諸辭再考辨)』에서 '[illegible]'는 '소(紹)'로 읽어야 한다고 하였다.

'찬([illegible])'자는 『옥편(玉篇)』에서 '찬(饡)'의 고자(古字)로 음은 zàn(찬)이라 하였다. 명문에서는 '찬(纘)'으로 읽으니 『설문해자』에서 '계(繼)'라고 하였다. 따라서 '[illegible][illegible]'은 같은 뜻을 연용한 것으로 계승을 뜻한다. 그리고 '문무장랄(文武長剌)'의 '장랄(長剌)'은 '장열(長烈)'로 문왕과 무왕의 장구하고 심원한 공열(功烈)을 뜻한다.

(22) '[illegible]'은 혹 '[illegible]'으로도 쓴다. 세숫대야에서 얼굴을 씻는 것을 형상한 글자로 '[illegible](沬)'자의 이체자이다. 금문에서는 대부분 '말(沬)'자를 가차하여 '미수(眉壽)'의 '미(眉)'자로 썼다.

'개(匄)'는 '해(害)'와 통한다. 〈백가보궤(伯家父簋)〉에서 "해로움을 다스려 만수무강하리라[用易害[illegible]壽黃耇]."라고 하였으며, 『시경·노송·민궁(詩經·魯頌·閟宮)』에서는 "만에 천세가 있도록 재앙 없이 만수무강하리라[萬有千歲, 眉壽無有害]."라고 하였다. 여기서 '미수무해(眉壽無害)'는 고대 관용어로 만수무강토록 해가 없다는 뜻이다.

(23) '[illegible]祁上下'는 해석하기가 매우 어렵다. 이에 대하여 서중서(徐中舒)는 다음과 같이 말하였다.

'건(攓)'자의 원래 문자는 '爰'로 구성되고 '한(寒)'은 발음을 나타내며, '수(手)'와 '𠬪'로 구성되는 것은 의미가 같다. 『설문해자』에서 '건(攓)'은 뽑아 취하는 것[拔取]이고, 건(搴)으로도 쓴다고 하였다. '기(祁)'자는 '읍(邑)'으로 구성되고 시(示, 갑골문으로 丅이다.)는 발음을 나타낸다. '시(示)'는 옛날에 '제(提)'와 같게 읽었는데, 『사기·진세가(史記·晉世家)』에 '시미명(示眯明)'이라는 인명이 나오는데, 『좌전·선공(左傳·宣公)』2년에는 이를 '제미명(提彌明)'이라 하였다. '기(祇)'는 '시(示)'·'씨(氏)'로 구성되고 '이(二)'는 발음을 나타내며, 『설문해자』에서 "'기(祇)'는 토지의 신이니, 만물을 내는 자이다[祇, 地祇, 提出萬物者也]."라고 하였으니, 즉 '제(提)'를 '기(祇)'로 해석하였다. '기(祁)'는 '시(示)'로 구성되는 동시에 소리요소이며, 그 뜻 또한 마땅히 '제(提)'가 된다. 따라서 '건기(攓祁)'는 위아래 각급 대신이라는 뜻이다.

혹자는 '攓'을 '건(虔)'으로 읽고 '경(敬)'으로 해석하며, '기(祁)'를 '기(祇)'로 읽고, 역시 '경(敬)'으로 해석하며, '攓祁上下'는 귀신을 공경하여 받는다는 뜻으로 풀기도 한다.

(24) '극(亟)'은 '극(極)'으로 읽고, 부사이며, 가장 또는 최고라는 뜻이다. '獄'는 '희(熙)'와 통하니, 〈노후희격(魯侯獄鬲)〉은 즉 『사기·노세가(史記·魯世家)』에서 보이는 노양공희(魯煬公熙)이다.
『상서·요전(尙書·堯典)』에서 "희제의 해[熙帝之載]"라고 하였으며, 『사기·오제본기(史記·五帝本紀)』에서는 "아름다운 요임금의 일[美堯之事]"이라고 하였다.
'亘'은 '환(桓)'이라 읽으니, 크다는 뜻이다.
'모(慕)'는 '모(謨)'와 통한다. 당란은 이 구절을 "매우 아름답고 큰 계책이다."라고 해석하였다. 어떤 학자는 '亟獄'을 속히 감옥의 송사를 듣는 것이고, '亘慕'는 계책을 펴는 것이니, 즉 국가의 책략을 장악함을 뜻한다고도 한다.

(25) '호(昊)'는 넓은 하늘[昊天]이다.

'𥃩'는 '조(照)'로 읽는다. 따라서 '호조(昊照)'는 넓은 하늘이 밝게 임하는 것이다.

'무역(亡斁)'은 '무역(無斁)'으로 『설문해자』에서 "'역(斁)'은 푸는 것이다. '복(攴)'으로 구성되고, '역(睪)'은 발음을 나타낸다[斁, 解也. 從攴睪聲]."라고 하였으며, 『시경・주남・갈담(詩經・周南・葛覃)』에서는 "입고 싫어함이 없다[服之無斁]."라고 하여 '염(猒)'으로 해석하였다. '무역(亡斁)'은 또한 '무사(無射)'이니, 게으르지 않다는 뜻이다. 『시경・대아・사제(詩經・大雅・思齊)』에서 "나타나지 않아도 또한 임하시고, 싫은 기색 없이 또한 보호하시네.……옛사람이 싫어함이 없으니, 훌륭한 선비 등용하셨네[不顯亦臨, 無射亦保.……古之人無猒, 譽髦斯士]."라고 하였으며, 〈모공정〉에서도 "하늘이 싫어함이 없어 임하고 보호하여 나에게 주나라가 있게 하셨다[肆皇天無斁, 臨保我有周]."라고 한 용례는 서로 같다.

(26) '사(司)'는 '사(嗣)'라 읽으니, 계승이라는 뜻이다. 〈숙향보궤(叔向父簋)〉에서 "저 소자가 아버지를 계승하였다[余小子司朕皇考]."라고 하였다.

'사(司)'자 아래에 있는 글자를 당란은 '하(夏)'로 해석하고 "상제가 하나라를 이었으니, 마땅히 하나라의 축복이다[上帝嗣夏應是夏祝]."라고 하였다.

'왕(尢)'은 고문에서는 '왕(尪)'이라 썼는데, 『설문해자』에 보이니, '우보(尤保)'는 '무보(巫保)'이다. 『사기・봉선서(史記・封禪書)』에서 "진나라 무당 사당의 주인은 무보・족류에 속한다[秦巫祠社

主, 巫保族纍之屬].”라고 하였는데, 여기서 ‘무보(巫保)’·‘족류(族纍)’는 귀신 이름이다. 진국의 지역은 원래 서주였기 때문에 ‘무보’라는 신은 마땅히 서주시기에 있었을 것이다. 따라서 ‘상제우보(上帝司夏尢保)’라는 것은 상제를 계승한 하나라와 ‘무보’라는 뜻이다. 그러나 구석규는 ‘사하(司夏)’를 ‘후직(后稷)’으로 해석하고 다음과 같이 말하였다.

『대아·생민(大雅·生民)』과 『노송·민궁(魯頌·閟宮)』에 의하면, 주나라 사람은 본래 후직을 상제의 아들로 여겼음을 알 수 있다. 또한 『대아·운한(大雅·雲漢)』에서도 “후직이 이기지 못하니, 상제가 임하지 않았다[后稷不克, 上帝不臨].”라고 하였으니, 이후 모두 후직과 상제를 함께 거론한 것은 본 명문과 같다.

‘우(尢)’는 고문으로 ‘왕(尫)’이라 썼는데, ‘왕(尫)’은 ‘광(匡)’과 통한다. ‘수(受)’는 ‘수(授)’라 읽으니, 옛날에 ‘수(受)’·‘수(授)’는 모두 ‘수(受)’로 썼다.

‘𡪢’은 ‘관(綰)’으로 너그럽다는 뜻이니, ‘관령(綰令)’은 너그러운 임명을 말한다.

(27) ‘방(方)’은 ‘방국(邦國)’을 말하고, ‘䜌’은 ‘만(蠻)’으로 읽으니 ‘방만(方䜌)’은 ‘이적(夷狄)’을 말한다.

‘𡚬’은 『설문해자』에서 ‘과(踝)’라 읽었으니, 이어지다[踵繼]라는 의미이다. 따라서 ‘𡚬見’은 즉 ‘조현(朝見)’이니, 사방의 오랑캐가 잇달아 와서 조문한다는 뜻이다.

(28) ‘청(靑)’은 ‘정(靜)’이라 읽고, ‘유(幽)’는 『설문해자』에서 ‘은(隱)’이라 하였으니, ‘정유(靜幽)’는 고요하다, 편하고 한가롭다는 뜻이다.

‘고조(高祖)는 시조 또는 원조이다. 〈진후인자제돈(陳后因資(齊)

敦)〉에서 "고조 황제[高且(祖)黃啻(帝)]"라고 하였다. 〈사장반〉은 고조 이하 또한 열조(烈祖)·을조(乙祖)·아조(亞祖)·문고(文考)가 있고, 장(墻)에 이르기까지 6대이다.

(29) '미(散)'는 '미(微)'자로 지명이다. 상나라 미자계(微子啓)의 봉지인 산서성 노성현(潞城縣)의 동북쪽을 가리키기도 하고, 또는 서주시기 서남이(西南夷) 지역의 나라로 대략 지금의 사천성 파현(巴縣)을 가리키기도 한다. 미씨 가족은 주나라 이후 기내에서 거주하였다. 주원갑골 H11:4를 보면 "其微楚□厥燎"라 하였고, 〈구위화(裘衛盉)〉에서도 "嗣土微邑"이라 하였다. 『노사·국명기(路史·國名紀)』에서 "미(微)는 자작이다.……지금의 기산 미현이다[微, 子爵.……今岐山郿縣.]"라고 하였다. 서중서는 갑골문을 해석하여 '미(微)'는 즉 '미자계(微子啓)'라 하였다.

'霝'은 '영(靈)'으로 읽는데, 『이아·석고(爾雅·釋詁)』에서는 이를 '선(善)'으로 풀었다. 일설에서는 이를 '영(令)'으로 읽고 '선(善)'으로 해석하기도 한다. 구석규는 '영(靈)'은 '무령(巫靈)'이니, '영처(靈處)'는 즉 편안히 잘 계신 곳을 뜻한다고 하였다.

(30) '𢦏'에 대하여 『설문해자』에서 "상처입히는 것이다[傷也.]"이라 하였으며, 인신하여 쳐부순다는 뜻으로 사용하였다. 따라서 이 구절은 무왕이 상나라를 멸하였다는 뜻이다.

(31) '사(史)'는 '사(使)'로 읽는다.

(32) '𡨦'는 같은 교장에서 출토된 30호 〈흥종(𤼈鍾)〉에서는 '우(寓)'라 썼으니, 즉 '우(宇)'자이다. 『광아·석고이(廣雅·釋詁二)』에 '우(宇)'는 '거(居)'라 하였으니, 명사이다. 『국어·주어중(國語·周語中)』에서는 "그 나머지는 모두 공·후·백·자·남에게 나누어 각기 집에서 편안함이 있도록 하여라[其餘以均分公侯伯子南, 使

各有寧宇].”라고 하였다.

‘비(卑)’는 ‘비(俾)’로 읽으니, ‘하여금’이란 뜻이고, ‘처(處)’는 거주하다는 뜻이다. 이 구절은 무왕이 이미 은나라를 정벌하였으니, 미씨 고조는 그 아들 열조(烈祖)가 무왕에게 조공하도록 하고, 무왕은 주공에게 명하여 그 땅을 주어 주나라 땅에서 거주하도록 하였다는 뜻이다. 그러나 구석규는 ‘비처용(卑處甬)’을 연독하고 ‘용(甬)’을 ‘송(頌)’으로 읽었다. ‘송(頌)’은 ‘용(容)’의 원래 글자로 관직을 뜻한다. 따라서 구석규는 이 구절을 미씨 가족이 서주의 관리가 되어 주왕실의 위엄과 의례를 관장하였다는 뜻으로 풀었다.

(33) ‘용(甬)’은 ‘통(通)’으로 읽고, ‘叀’는 ‘혜(惠)’로 읽으며, 통달하고 어질며, 은혜롭다는 뜻이다.

(34) ‘逑’는 ‘구(仇)’라 읽으니, 앞의 〈하준(䚄尊)〉 주에 보인다. 따라서 ‘구필(仇匹)’은 친구 혹은 배필을 말한다. 『시경·진풍·무의(詩經·秦風·無衣)』에서 “그대와 더불어 같은 짝이다[與子同仇].”라고 하였는데, 공영달의 소에서는 “그대와 더불어 같은 것이 구필이다[與子同爲仇匹].”라고 하였다. 주자는 『주자어류(朱子語類)』 권8에서 “이와 같은 여자를 일러 바야흐로 가히 군자의 짝이 될 수 있다 하겠다[謂如此之女子, 方可爲君子之仇匹].”라고 하였다. 본 명문에서 ‘구필(仇匹)’은 보필한다는 뜻이다.

‘벽(辟)’은 임금을 말하니 명문에서는 마땅히 주나라 왕을 가리킨다.

(35) ‘유(猷)’는 『이아·석고(爾雅·釋詁)』에서 ‘모(謀)’라 하였고, ‘원유(遠猷)’라는 단어는 자주 보인다. 〈호궤(㝬簋)〉에서 “우는 심원한 계책을 원하였다[宇慕遠猷].”라고 하였으며, 『시경·대아·억(詩經·大雅·抑)』에서는 “심원한 계책은 알맞은 때에 훈계한다[遠猷辰告].”라고 하였다.

'𠬏'자에 대하여 『설문해자』에서 "復은 거듭이다. '포(勹)'로 구성되고, '복(復)'은 발음을 나타낸다. '𠬏'으로 써서 혹 '척(彳)'을 생략하기도 한다[復, 重也. 從勹復聲. 𠬏, 或省彳]."라고 하였으니 '復'은 중복의 의미를 나타내는 '복(復)'자이다. 그러나 이 명문에서는 '복(腹)'으로 읽는다. 『시경·주남·토저(詩經·周南·兎罝)』에서 "용맹스러운 무부여, 공후의 심복이다[赳赳武夫, 公侯腹心]."라고 하였는데, 주희는 이에 대하여 "복심은 같은 마음과 덕을 일컫는다[腹心, 同心同德之謂]."라고 하였다. 따라서 이 글 앞에 있는 '을조(乙祖)'는 주왕을 위하여 계책을 내었던 심복임을 알 수 있다.

(36) '𠨘'자의 음과 뜻은 분명하지 않다. 구석규는 이에 대하여 다음과 같이 추측하였다.

> '子'는 '자(孜)'로 읽어야 하고, 『설문해자』에서 '자(孜)'는 '급급(汲汲)'이라 하였다. '𠨘'자는 알 수 없으나 '입(入)'자가 소리부의 구성요소 일 것이니, 고음(古音)은 '급(及)'과 같은 운모이므로 아마도 '급(汲)'으로 읽어야 할 것이다. '자급(孜汲)'은 '자자급급(孜孜汲汲)'과 같은 말로 근면하여 게으르지 않다는 뜻이다.

'인명(䚄(粦)明)'에 대하여서는 〈호궤개(虎簋蓋)〉의 주 (14)를 참고하기 바란다.

(37) '𤭛'자는 알 수 없으나, 글자가 '인(垔)'을 소리부의 구성요소로 하고 있어서 학자들은 대부분 '견(甄)'으로 읽는다. 『설문해자』에서 "견(甄)은 질그릇이다[甄, 匋也]."라고 하였는데, 서개(徐鍇)는 『설문해자계전(說文解字繫傳)』에서 '화(化)'라 하였다.

'𤰈'는 '육(毓)'이니 '육(育)'자이다. 은나라 갑골문에서 '육(毓)'자를 '𣫭'으로 썼으니, 부인이 어린아이를 거꾸로 낳는 형상이다. 이 글자는 위의 '시(尸)'가 '인(人)'으로 되어 잘못 변한 것이다. 고문자에서 '인(人)'·'모(母)'는 편방에 있어 특정한 상황에서 뜻이 서로 같아 호환할 수 있다. 따라서 '견육(甄育)'은 '화육(化育)'으로 육성하다는 뜻이다. 『후한서·반표전부반고(後漢書·班彪傳附班固)』에서 "이에 먼저 우를 잉태하고 하를 길렀으며, 은과 주를 육성하였다[乃先孕虞育夏, 甄殷陶周]."라고 한 용례와 서로 같다.

(38) '鬒'은 '번(繁)'으로 읽으니 많다는 뜻이다.

'猶'은 '발(髮)의 이체자로 '볼(祓)'로 읽고 악을 제거하는 제사이니 대부분 악을 제거하고 복을 받는다는 뜻으로 쓰인다.

'이(孷)'는 '이(釐)'와 같고 복이라는 뜻이다. 〈숙향궤(叔向簋)〉에서 "나에게 많은 복을 제수하였다[除余多福繁孷]."라고 한 용례와 같다. 구석규는 '번(繁)'을 '파(皤)'로 읽었는데, 『이아·석고(爾雅·釋詁)』에서 "누런 머리털은 장수이다[黃髮, 壽也]."라고 하였다. 따라서 구석규는 '황발(黃髮)'과 '파발(皤髮)'을 같은 의미로 보고 장수라는 뜻으로 풀었다.

(39) 이에 대하여 연소명(連劭名)은 다음과 같이 말하였다.

> '櫅角櫱光'은 마땅히 제사에 사용하는 희생의 소를 가리킨다. '제(櫅)'는 '제(齊)'를 소리부의 구성요소로 하므로 '제(齊)'라 읽는다. 『시경·소아·소완(詩經·小雅·小宛)』에서 "바르고 성스러운 사람[人之齊聖]"라고 하였는데, 모전에서는 '제(齊)'는 '정(正)'이라 하였다. '櫱'는 '시(戠)'를 소리부로 하므로 응당 '시(戠)'로 읽어야 한다. 『상서·우공(尙書·禹貢)』에서 "그 흙의 붉은 점토로 무덤을 하였다[厥土赤埴墳]."라고 하였는데, 정현의 주에서는 "치(埴)'는 '시(戠)'로 쓴다[埴作戠]."라고 하였으며, 아울러 '시(戠)'는 '치(熾)'로 읽으며 '적(赤)'이라 하였다. 따라서 '시광(戠光)'은 선명한

붉은색으로 희생하는 소의 색깔을 형용한다. 주나라 사람은 희생하는 소의 색깔을 주의하였을 뿐만 아니라 제사할 때 소의 뿔에 대하여서도 자못 강구하였다. 『논어・옹야(論語・雍也)』를 보면 "얼룩소의 새끼라도 털이 붉고 뿔이 반듯하다면 비록 쓰지 않으려 하여도 산천이 버리겠는가[犁牛之子騂且角, 雖欲勿用, 山川其舍諸]?"라고 하였는데, 하안(何晏)의 주에서는 "'성(騂)'은 붉은 것이다. '각(角)'은 두루 반듯하여야 희생에 맞는다[騂, 赤也. 角者, 角周正, 中犧牲]."라고 하였다.

'犅角龔光'의 4글자는 또한 64호의 〈흥종(癲鐘)〉에서도 보이는데, 형태와 뜻이 이와 같다.

(40) '의(義)'는 '의(宜)'라 읽고, '𥙐'은 '인(禋, yīn)'이니, 『설문해자』에서 "깨끗한 제사이다. 일왈 정갈한 뜻으로 제사지내는 것을 '인(禋)'이라 한다. '𡨦'은 주문으로 '면(宀)'으로 구성되었다[潔祀也. 一曰精意以享爲禋. 𡨦, 籒文從宀]."라고 하였다.

(41) '해(害)'는 〈왕손유자종(王孫遺者鐘)〉에서 '호(誅)'라 썼고, 전적에서는 '서(舒)'로 썼다.

'서(屖)'는 『설문해자』에서 '지(遲)'라 하였으니, '해서(害屖)'는 즉 '서지(舒遲)'이다. 『예기・옥조(禮記・玉藻)』에서 "군자의 용모는 펴지고 부드러워야 한다[君子之容舒遲]."라고 하였는데, 공영달의 소에서는 "서지는 한가롭고 우아한 것이다[舒遲, 閑雅也]."라고 하였다.

(42) '거상(遽趞)'에 대하여 우성오는 마땅히 '경상(競爽)'으로 읽어야 하며, 금문의 상용어라 하였다. 마왕퇴백서 『노자』갑본 권 뒤에 옛날 일서(佚書)인 『오행(五行)』에서 『시경』의 "힘쓰지도 않고 구하지도 않는다[不勮不救]."라는 것을 인용하였는데, 이에 대하여

모시(毛詩)에서는 "힘쓰지도 않고 늦추지도 않는다[不競不絿]."라고 하였다. 『상서・중훼지고(尙書・仲虺之誥)』에서 "그 무리들을 밝히노라[用爽厥師]."라고 하였으며, 『묵자・비명상(墨子・非命上)』에서도 "엄습하여 그 군사를 죽였다[襲喪厥師]."라고 하였다. 『좌전・소공(左傳・昭公)』3년에서 "두 혜공의 자손이 왕성함을 다투었을 때는 오히려 괜찮았다. 또한 하나가 약해졌으니 강성의 종족은 위태로울 것이오[二惠競爽, 猶可, 又弱一个焉, 姜其危哉]."라고 하였는데, 두예(杜預)의 주에서는 "경은 굳세다. 상은 밝다[競, 彊也. 爽, 明也]."라고 하였다.

'㝵'은 '득(得)'자의 옛글자[古字]이다.

'둔(屯)'은 '순(純)'으로 읽으니 순수하고 아름답다는 뜻이다.

'속(諫)'은 '책(責)'으로 읽으니 요구하다는 뜻이다. '책(責)'자는 본래 '賨'으로 '자(朿)'를 소리부의 구성요소로 한다. 『논어・위령공(論語・衛靈公)』에서 "몸소 스스로 두텁게 하고, 다른 사람에게는 야박하게 요구하였다[躬自厚, 而薄責於人]."라고 하였다. 따라서 '遽趣㝵屯無諫'이란 을공이 강직하고 굳세며 명랑하여 순수함을 얻고 재촉함이 없음을 뜻한다.

(43) '색(嗇)'은 '색(穡)'으로 읽으니, 『설문해자』에서 "곡식을 거둘 수 있는 것을 '색(嗇)'이라 한다[穀可收曰嗇]."라고 하였다. 『좌전・양공(左傳・襄公)』9년에서 "백성이 농사짓고 거두는 것에 힘쓴다[其庶人力于農嗇]."라고 하였는데, 두예의 주에서는 "씨 뿌리는 것을 농이라 하고, 거두는 것을 색이라 한다[種曰農, 收曰嗇]."라고 하였다.

'월(戉)'은 '부월(斧鉞)'의 본 글자[本字]로 '월(越)'이라 읽는데, 『광아・훈고(廣雅・訓詁)』에서는 '치(治)'라 하였다.

'㬜'는 '역(厤, 歷의 古字)'으로 읽는데, 『설문해자』에서 '치(治)'라 하였으니, '월력(越歷)'은 같은 뜻을 연용하여 다스린다는 의미이다. 혹 '월(戉)'은 응당 '세(歲)'라 하여야 한다고도 하는데, 『좌전·애공(左傳·哀公)』16년의 주에서 '연곡(年穀)'이라 하였다. '월(戉)'자를 금문에서 '[illegible]'로 썼는데 〈괵계자백반(虢季子白盤)〉에서 보이고, '세(歲)'자를 금문에서 '[illegible]'로 썼는데 〈자화자부(子盉子釜)〉에서 볼 수 있다. 이 두 글자는 형태가 비슷하기 때문에 혼동하기 쉽다. 『시경·정료(詩經·庭燎)』에서 '홰홰(噦噦)'라 한 것은 『설문해자』에서의 '월월(鉞鉞)'을 인용한 것이기 때문에 이 명문에서도 '월(戉)'로 '세(歲)'를 썼을 가능성이 있다. 구석규는 '㬜'을 '가(稼)'로 해석하였다.

(44) '벽(辟)'은 본받는다는 뜻이다. 『시경·대아·억(詩經·大雅·抑)』에서 "그대가 본받아 덕을 행하다[辟爾爲德]."라고 하였는데, 정현은 '벽(辟)'은 '법(法)'이라 하였다. 서중서는 '벽(辟)'은 군왕이니 주 목왕을 가리킨다고 하였다.

'효우(孝友)'는 주나라 사람의 윤리 원칙이다. 『설문해자』에서 『주례·춘관종백·대사악(周禮·春官宗伯·大司樂)』의 정현 주에서 "부모에게 잘하는 것을 효라 하고, 형제에게 잘하는 것을 우라 한다[善父母曰孝, 善兄弟曰友]."라고 하였다. 따라서 이 구절은 장(墻)이 효우의 도를 따른다는 뜻이다.

(45) '수(豕)'자는 '추(墜)'로 읽으니, '불추(不墜)'는 고문자와 전적에서 자주 보인다. 〈진공종(秦公鐘)〉에서 "아래로 떨어지지 않는다[不豕在下]."라고 하였으며, 『국어·주어이(國語·周語二)』에서도 "예를 알면 부릴 수 있고, 공경하여 명을 떨어뜨리지 않는다[知禮可使, 敬不墜命]."라고 하였다.

(46) '叡'는 '저(沮)'로 읽는다. 『시경 · 소아 · 소민(詩經 · 小雅 · 小旻)』에서 "꾀하는 일이 오히려 삐뚤게 돌고 있으니 어느 날에나 그칠 것인가[謀猶回遹, 何日斯沮]."라고 하였는데, 모전에서 '저(沮)'는 '괴(壞)'라 하였고, 정현은 '지(止)'라 하였다.

'멸(蔑)'자는 '수(首)'로 구성되고 벌(伐)은 발음을 나타내며, 공적을 찬미한다는 의미의 '벌(伐)'과 통용한다.

'曆'은 '역(歷)'과 '여(勵)'의 의미이다. '멸력(蔑歷)'은 금문에서 늘 사용하는 단어로 천자나 대신이 신하의 공적을 칭송하고 찬미하며 격려한다는 의미로 쓰인다. '멸(蔑)'은 '면(勉)'과 통하고, '역(歷)'은 '여(勵)와 통하니 '면려(勉勵)'는 격려하다는 뜻이다.

'불감저(弗敢沮)'는 감히 폐지하지 않는 것이니 '불추(不墜)'의 의미와 크게 접근하고 있다.

(47) '𢍰'은 '익(弋)'자이다. 서중서는 『익사와 노의 기원과 이와 관련된 명물의 고석[弋射與弩之起源及關於此類名物之考釋]』에서 "글자는 활을 만든 형태와 같다. 중간은 곧은 필획은 활자루이고, 긴 가로획은 활을 푼 형태를 나타내며, 짧은 가로획은 아마도 활로 별을 조준하는 것 같다."라고 하였다. '弋'은 '익(翼)'이라 읽으니, 『상서 · 다사(尙書 · 多士)』에서 "감히 은의 명을 도왔다[敢弋殷命]."라고 하였는데, 『경전석문(經典釋文)』에서는 "익을 마융본에서는 '익(翼)'이라 썼다[弋, 馬本作翼]."라고 하였으며, 공영달의 소에서도 "정현과 왕숙본에 '익(翼)'이라 하였다[鄭玄王肅本作翼]."라고 하였다. 『상서 · 익직(尙書 · 益稷)』에서도 "내가 좌우에 백성이 있으려면 네가 도와야 한다[予欲左右有民, 汝翼]."라고 하였는데, 공영달의 소에서는 "너는 마땅히 나를 도와야 한다[汝當翼贊我也]."라고 하였다.

'䆞'자는 알 수 없으나 용법은 금문에서 자주 보이는 '宣'와 서로 같다. 용례를 귀납하여보면 그 의미는 대략 '휴(休)'·'사(賜)'와 같다. 이 구절의 의미는 열조와 문고가 장(墻)을 돕고 보호하였다는 뜻이다. 혹 아래 글의 '수(受)'와 연독하여 준다는 뜻으로 해석할 수도 있다.

또한 '익(弋)'자에 대하여 구석규는 '식(式)', 우성오는 '특(特)'으로 읽었는데, 모두 가능하다.

(48) '수(受)'는 '수(授)'로 읽으니 주다는 뜻이다.

'이(爾)'는 제이인칭의 대명사로 열조와 문고가 '장'을 부르는 것이다. '䰞' 또한 함께 출토된 정조(丁組)의 〈흥중(癲鐘)〉에서도 보인다. 이 글자에 대하여 구석규는 마땅히 '黼'의 이체자로 보아야 한다고 하였다. 『설문해자』에서 "'黼'은 다섯 빛깔의 선명한 색으로 '치(黹)'로 구성되고 '차(虘)'는 발음을 나타낸다. 『시경』에서 '衣裳䰞䰞'라고 하였다[黼, 合五采鮮色, 從黹, 虘聲. 詩曰, 衣裳䰞䰞]."라고 하였다. 이는 『시경·조풍·부유(詩經·曹風·蜉蝣)』에서 인용한 것으로 현행본에서는 '초초(楚楚)'라 되어 있고, 모전에서는 이를 선명한 모양이라 하였다. 따라서 '黼福'은 대략 '노복(魯福)'과 같은 의미로 큰 복이란 뜻이다. 어떤 학자는 '爾䰞'을 연용하여 읽기도 하니, '이(爾)'와 '䰞'의 의미는 서로 접근하고 있다. 『설문해자』에서 "'이(爾)'는 아름답고 화려하니 사치한 아름다움과 같다[爾, 麗爾, 猶靡麗也]."라 하였고, 『시경·소아·채미(詩經·小雅·采薇)』에서는 "저 화려한 것은 무엇인가[彼爾維何]?"라고 하였는데, 모전에서는 "'이(爾)'는 화려함이 성한 모양이다[爾, 華盛貌]."라고 하였다.

'회(褱)'는 '회(懷)'로 읽으니 주다는 뜻이다. 『시경·회풍·비풍

(詩經 · 檜風 · 匪風)』에서 "누가 주나라 있는 서쪽으로 가서 좋은 소식 품어올까[誰將西歸, 懷之好音]?"라고 하였는데, 모전에서는 '회(懷)'는 '귀(歸)'라 하였다. '회(懷)'는 윗글의 '수(授)'와 대구를 이루는 글이다.

'癹'은 '발(髮)'자의 고문으로 마땅히 '폐(廢)'라 읽으니, 크다는 뜻이다. 구석규는 '녹(祿)' 앞에 '발(髮)'을 가하여 봉록 많음이 마치 머리카락과 같다고 하였다. '녹(彔)'은 '녹(祿)'으로 읽는다.

(49) '황구(黃耉)'는 장수이다. 이에 대하여 서중서는 다음과 같이 말하였다.

> 황구(黃耉)라는 것은 옛날에 장수를 상징하는 말이었다. 『논형 · 무형편(論衡 · 無形篇)』에서 "사람이 젊으면 머리까락이 검고, 늙으면 머리까락이 희며, 흰 것이 오래되면 누렇게 된다. 사람이 젊으면 피부가 희고, 늙으면 피부가 검으며, 검음이 오래되면 어두워져 마치 때가 있는 것 같다. 머리까락이 누렇고 피부에 때가 있기 때문에 『예기』에 황구무강이라 하였다[人少則髮黑, 老則髮白, 白久則黃. 人少則膚白, 老則膚黑, 黑久則黯, 若有垢矣. 髮黃而膚有垢, 故禮曰黃耉無疆]."라고 하였다.

'미생(彌生)'은 오래 산다는 뜻이다. 『소이아 · 광고(小爾雅 · 廣詁)』에서 미'(彌)'는 '구(久)'라 하였다. '생(生)'은 전적에서 '생(牲)'으로 썼다. 『시경 · 대아 · 권아(詩經 · 大雅 · 卷阿)』에서 "오래오래 사시오[俾爾彌爾性]."라고 하였는데, 모전에서는 '미(彌)'는 '종(終)'이라 하고, 정현은 "즐겁게 군자로 바꾸어 재위에 오게 하고, 너로 하여금 너의 생명을 마칠 때까지 곤란과 병의 근심을 없게 하겠다[樂易之君子來在位, 乃使女終女之性命, 無困病之憂]."라고 하였다.

(50) 『설문해자』에서 "'감(龕)'은 용의 아들로 '용(龍)'으로 구성되고, '금(今)'은 발음을 나타낸다."라고 하였는데, 단옥재는 『설문해자주(說文解字注)』에서 "'戕'자와 가차하면서 글자가 혼란이 있게 되었다. 지금 사람은 감'(勘)'·'감(堪)'자를 사용하는데, 옛사람은 대부분 '감(龕)'을 빌려 썼다.……각 본에서 '합(合)' 소리로 쓴 전서체 또한 잘못이니, 지금 『구경자양(九經字樣)』에 의하여 바로 잡는다[假借爲亂字. 今人用勘堪字, 古人多假龕.……各本作合聲, 篆體亦誤, 今依九經字樣正]."라고 하였다. 단옥재의 설과 금문은 서로 합한다. '감(堪)'은 '능(能)'이다. 『한비자·난삼(韓非子·難三)』에서 "그대가 두 사람 섬김이 아니면 제거하려던 악이 다만 할 수 없을까 두렵다[君令不二, 除君之惡, 惟恐不堪]."라고 하였다. 이 명문은 사장(史墻)이 늙어서도 오히려 그 임금을 잘 섬기고 있음을 말하고 있다.

단대(斷代)

이 명문은 문왕(文王)·무왕(武王)·성왕(成王)·강왕(康王)·소왕(昭王)·목왕(穆王)의 공덕을 기술하였다. 이들에게는 모두 시법(謚法)을 사용하고, 당시 왕은 '천자(天子)'라 일컬었으니, 천자는 바로 목왕의 아들 공왕(共王)임을 알 수 있다. 〈사장반(史墻盤)〉 기물은 공왕 때 제작하였다. 『일주서·시법해(逸周書·謚法解)』를 보면, 다음과 같이 말이 나온다.

> 주공단과 태공망이 왕업을 열고 이어 목야에서 싸우다 죽어 장사지내니, 이에 시호를 베푸는 법을 제정하였다. 시호라는 것은 행

함의 자취이고, 호라는 것은 공로의 밝힘이며, 수레와 복식은 위치의 상징이다. 그러므로 큰 행함은 큰 이름을 받고, 작은 행함은 작은 이름을 얻으며, 행함은 자신에서 나오고, 이름은 다른 사람에게서 나오는 것이다.

維周公旦, 太公望開嗣王業, 攻于牧野之中, 終葬, 乃製謚叙法. 謚者, 行之迹也, 號者. 功之表也, 車服, 位之章也. 是以大行受大名, 細行受小名, 行出於己, 名生於人.

지금 사람들은 처음 왕호를 불렀던 시법(謚法)이 공왕(共王)·의왕(懿王) 이후 혹은 전국시기에서 일어났다고 하나 〈사장반(史墻盤)〉을 보면, 이는 믿을 수 없음을 알 수 있다. 미씨(微氏)는 은나라 사람의 후예이기 때문에 선조를 을조(乙祖)·조신(祖辛)·을공(乙公)이라 일컬어서 일명(日名)을 사용하고 있다.

찾아보기

郭魯鳳

別號

銕肩, 淸閑齋主人, 西園煙客, 杭州外客, 東華居士、冠岳道人, 落星齋主人, 常安遯夫

문학박사(외대, 중문학)
문학박사(중국미술학원, 서법이론)
동방대학원대학교 문화예술콘텐츠학과 교수
한국서예학회 회장
중국청년작가협회 고문
한국서학연구소장
원곡서예학술상 수상
대한민국서예전람회 심사위원장 역임

譯著

- 『書藝百問百答』, 미진사, 1991.
- 『書法論叢』, 東文選, 1993.
- 『中國書藝全集』 7권, 미술문화원, 1994.
- 『포청천』 상하, 미술문화원, 1995.
- 『어린이 포청천』 상하, 미술문화원, 1995.
- 『中國書藝80題』, 東文選, 1995.
- 『中國書藝論文選』, 東文選, 1996.
- 『中國書藝美學』, 東文選, 1998.
- 『中國書學論著解題』, 다운샘, 2000.
- 『中國書法與中國當代書壇現狀之研究』, 西泠印社(中國), 2000.
- 『中國歷代書論』, 東文選, 2000.
- 『中國書藝理論體系』, 東文選, 2002.
- 『古書畵鑑定概論』, 東文選, 2004.
- 『안진경 서예와 조형분석』, 다운샘, 2004.
- 『銕肩 郭魯鳳 書論99展』, 미술문화원, 2005.
- 『書藝家列傳』, 다운샘, 2005.
- 『소동파 서예세계』, 다운샘, 2005.
- 『회화백문백답』, 東文選, 2006.

- 『서론용어소사전』, 다운샘, 2007.
- 『韓國書學資料集』, 다운샘, 2007.
- 『서예치료학』, 다운샘, 2008.
- 『인학사』, 다운샘, 2011.
- 『畵禪室隨筆』, 다운샘, 2012.
- 다운샘, 2013.

論文

- 「篆書的演變對于篆刻藝術的影響」, 『西泠印社國際印學研討會論文集』, 西泠印社, 1999.
- 「중국의 '학원파'서예에 대한 초탐」, 『書藝學研究』 第1號, 韓國書藝學會, 2000.
- 「중국 '현대파'서예에 대한 고찰」, 『書藝學研究』 第2號, 韓國書藝學會, 2001.
- 「중국서론체계에 대한 초탐」, 『書藝學研究』 第4號, 韓國書藝學會, 2004.
- 「현대서예의 특징과 방향성에 대한 모색」, 『書藝學研究』 第5號, 韓國書藝學會, 2004.
- 「蔡襄의 '神氣'說에 관한 考察」, 『書藝學研究』 第6號, 韓國書藝學會, 2005.
- 「서예의 用筆에 관한 연구」, 『東方思想과 文化』 창간호, 동방사상문화학회, 2007.
- 「時代書風에 대한 小攷」, 『서학연구』 제2집, 한국서학연구소, 2008.
- 「書論이 書風에 미친 영향」-'尙意'書風을 중심으로- 『韓國思想과 文化』 제43집, 韓國思想文化學會, 2008.
- 「高麗前期와 宋의 서예 비교」, 『書藝學研究』 第13號, 韓國書藝學會, 2008.
- 「서예의 結構에 관한 연구」, 『韓國思想과 文化』 제43집, 韓國思想文化學會, 2009.
- 「'尙意'書風과 '大學派'를 통해 바라본 未來 韓國書壇」, 『書藝學研究』 第16號, 韓國書藝學會, 2010.
- 「傳統書藝의 用筆과 結構」, 『書藝學研究』 第20號, 韓國書藝學會, 2011.
- 한국서단에 관한 연구」, 『書藝學研究』 第18號, 韓國書藝學會, 2012.
- 書藝研究」, 『韓國思想과 文化』 제64집, 韓國思想文化學會, 2012.
- 「〈산씨반〉의 서예연구」, 『書藝學研究』 第22號, 韓國書藝學會, 2013.
- 「최치원의 삶과 〈진감선사비〉의 서예연구」, 『文化藝術研究』 第一輯, 2013.

한 국 연 구 재 단
학술명저번역총서
[동 양 편] 606

상주금문 上

초판 인쇄 2013년 12월 20일
초판 발행 2013년 12월 31일

저 자 | 왕휘(王輝)
역 자 | 곽노봉
펴 낸 이 | 하운근
펴 낸 곳 | 學古房

주 소 | 서울시 은평구 대조동 213-5 우편번호 122-843
전 화 | (02)353-9907 편집부(02)353-9908
팩 스 | (02)386-8308
홈페이지 | http://hakgobang.co.kr/
전자우편 | hakgobang@naver.com, hakgobang@chol.com

등록번호 | 제311-1994-000001호

ISBN 978-89-6071-351-2 94910
978-89-6071-287-4 (세트)

값 : 28,000원

■ 이 저서는 2011년 정부(교육과학기술부)의 재원으로 한국연구재단의 지원을 받아 수행된 연구임(NRF-2011-421-G00004)
This work was supported by National Research Foundation of Korea Grant funded by the Korean Government (NRF-2011-421-G00004).

이 도서의 국립중앙도서관 출판시도서목록(CIP)은 서지정보유통지원시스템 홈페이지(http://seoji.nl.go.kr)와 국가자료공동목록시스템(http://www.nl.go.kr/kolisnet)에서 이용하실 수 있습니다.(CIP제어번호: CIP2013027955)